Geschäftsführung und Vertretung im Gesellschaftsrecht
Deutschlands, Frankreichs und Englands

EUROPÄISCHE INTEGRATION UND INTERNATIONALE WIRTSCHAFTSBEZIEHUNGEN

Rechtswissenschaftliche Studien

Herausgegeben von Peter Behrens

Band 12

PETER LANG

Frankfurt am Main · Berlin · Bern · Bruxelles · New York · Oxford · Wien

Ulrike Schmidt-Tiedemann

Geschäftsführung und Vertretung im Gesellschaftsrecht Deutschlands, Frankreichs und Englands

Eine rechtsvergleichende Untersuchung zur Feststellung gemeineuropäischer Prinzipien des Gesellschaftsrechts

PETER LANG
Europäischer Verlag der Wissenschaften

Bibliografische Information Der Deutschen Bibliothek
Die Deutsche Bibliothek verzeichnet diese Publikation in der Deutschen Nationalbibliografie; detaillierte bibliografische Daten sind im Internet über <http://dnb.ddb.de> abrufbar.

Zugl.: Hamburg, Univ., Diss., 2003

D 18
ISSN 0948-8774
ISBN 3-631-52256-8

www.peterlang.de

Inhaltsübersicht

Inhaltsverzeichnis

Abkürzungsverzeichnis

a.A.	Anderer Ansicht
A.C.	Appeal Cases (House of Lords and Privy Council)
ABl.EG	Amtsblatt der Europäischen Gemeinschaften
Abs.	Absatz
AcP	Archiv für die civilistische Praxis
ADHGB	Allgemeines Deutsches Handelsgesetzbuch
AE	Am Ende
AG	Aktiengesellschaft, auch Die Aktiengesellschaft (Zeitschrift)
AktG	Aktiengesetz
All ER	The All England Law Reports
Anm.	Anmerkung
Art.	Article
Aufl.	Auflage
BayObLG	Bayerisches Oberstes Landesgericht
BB	Der Betriebs-Berater
BCLC	Butterworths Company Law Cases
Bd.	Band
BetrVG	Betriebsverfassungsgesetz
BFH	Bundesfinanzhof
BGB	Bürgerliches Gesetzbuch
BGBl.	Bundesgesetzblatt
BGH	Bundesgerichtshof
BGHZ	Entscheidungen des Bundesgerichtshofs in Zivilsachen
BKR	Zeitschrift für Bank- und Kapitalmarktrecht
B.O.D.A.C.C	Bulletin officiel des annonces civiles et commerciales
BT-Drucks.	Bundestagsdrucksache
Bull. Civ.	Bulletin des arrets de la Cour de sassation (Chambres civiles)
Bull. Joly	Bulletin Joly mensuel d'information des sociétés
CA	Companies Act
CA	Court of Appeal
Cah.dr.europ.	Cahier de droit européen
Cass.	Cour de Cassation
Cass. Com.	Cour de Cassation, chambre commerciale

CC	Code Civil
Ccom	Code de commerce
CDDA 1986	Company Directors Disqualification Act 1986
CFILR	The Company Financial and Insolvency Law Review
Ch App	Chancery Appeal Cases
Ch.	Chancery
Ch.D.	Chancery Division
Cmnd	Command [Government Paper]
Co Law	The company lawyer
D	Recueil Dalloz
DB	Der Betrieb
Doctr.	Doctrine
DR	Deutsches Recht
Dr. sociétés	Droit des sociétés
DstR	Deutsches Steuerrecht
DTI	Department of Trade and Industrie
Ebda	Eben da
EC	European Community
ECA	European Communities Act
EGV	Vertrag zur Gründung der europäischen Gemeinschaft
Einf.	Einführung
Eq	Equity Cases
EuGHE	Entscheidungen des Europäischen Gerichtshofes
EUR	Euro
EURL	Entreprise unipersonnelle à responsabilité limitée
EuropaR	Zeitschrift für Europarecht
EWG	Europäische Wirtschaftsgemeinschaft
EWGV	Vertrag zur Gründung der Europäischen Wirtschaftsgemeinschaft v. 25.03.1957
Fasc.	Fascicule
FF	Franc
FGG	Gesetz über die Angelegenheiten der freiwilligen Gerichtsbarkeit
Fn.	Fußnote
FS	Festschrift
FSA	Financial Services Act

Gaz. Pal.	Gazette du Palais
GbR	Gesellschaft bürgerlichen Rechts
GmbH	Gesellschaft mit beschränkter Haftung
GmbHG	GmbH-Gesetz
GmbHR	GmbH-Rundschau
HGB	Handelsgesetzbuch
Hk-BGB	Handkommentar Bürgerliches Gesetzbuch
HL	House of Lords
Hrsg.	Herausgeber
i.S.v.	Im Sinne von
IA	Insolvency Act
ICCLJ	International and Comparative Corporate Law Journal
J.-Cl. Civ.	Juris-Classeur, Civile
J.-Cl. S.	Juris-Classeur, Sociétés
J.O.	Journal officiel, édition des lois et décrets
J.Soc.	Journal des sociétés
JCP	Jurisclasseur périodique, Semaine Juridique
JCP éd. E	Jurisclasseur périddique, Semaine Juridique, édition entreprise
JCP G	Jurisclasseur périodique, Semaine Juridique, édition générale
Journ Soc.	Journal des Sociétés
JurA	Juristische Analysen
JuS	Juristische Schulung
JZ	Juristen-Zeitung
K.B.	King's Bench Division
KB	King's Bench Division
KG	Kommanditgesellschaft
L.	Loi
L.R.	Law Reports
L.R. Ex.	The Law Reports Exchequer Cases
LC	Lord Chancellor
LJ	Lord Justice [Court of Appeal Judge]
LLPA	Limited liability partnerships Act
LPA	Limited partnership Act

LQR	The Law Quarterly Review
LR	The Law Reports
Ltd.	Limited
MitbestErgG	Mitbestimmungsergänzungsgesetz
MitbestG	Mitbestimmungsgesetz
MLR	The Modern Law Review
MontanmitbestErgG	Montanmitbestimmungsergänzungsgesetz
MontanMitbestG	Montanmitbestimmungsgesetz
MwN	Mit weiteren Nachweisen
NJW	Neue Juristische Wochenschrift
NJW-RR	NJW-Rechtsprechungs-Report Zivilrecht
NZG	Neue Zeitschrift Gesellschaftsrecht
OHG	Offene Handelsgesellschaft
p.	Page
PA	Partnership Act
Pan.	Panorame d'actualité
para.	Paragraph
PC	Privy Council
P-DG	Président directeur général
Q.B.	Queen's Bench Division, bis 1952
QBD	Queen's Bench Division, ab 1900
RabelsZ	Rabels Zeitschrift für ausländisches und internationales Privatrecht
R.C.S.	Registre du commerce et des sociétés
Rép. Civ.	Répertoire Dalloz Civile
Rép. Civ. Dalloz	Répertoire Dalloz Civile
Rép. Soc.	Répertoire Dalloz des Sociétés
Rev. Soc.	Revue des sociétés
RG	Reichsgericht
RGZ	Entscheidungen des Reichsgerichts in Zivilsachen
RIW	Recht der internationalen Wirtschaft
Rn.	Randnummer
RTD civ.	Revue trimestrielle de droit civil
RTD com	Revue trimestrielle de droit commercial et de droit économique

S.	Recueil Sirey
SA	Société anonyme
SARL	Société à responsabilité limitéé
SCS	Société en commandite simple
Sec.	Section
SI	Statutory Instrument
SME	Small and Medium Enterprise
SNC	Société en nom collective
Soc.	Cour de Cassation, Chambre sociale
Somm.	Sommaire
Suppl.	Supplement
T.Com.	Tribunal de commerce
Teilw.	Teilweise
Üb	Überblick
UK	United Kingdom
v.	Versus
Vgl.	Vergleiche
Vol.	Volume
Vorb.	Vorbemerkung
WLR	The Weekly Law Reports
WM	Wertpapier Mitteilungen
WM	Zeitschrift für Wirtschafts- und Bankrecht
WN	The Weekly Notes
ZGR	Zeitschrift für Unternehmens- und Gesellschaftsrecht
ZIP	Zeitschrift für Wirtschaftsrecht und Insolvenzpraxis
Zugl.	Zugleich

1. Teil: Einleitung

§ 1. Problemstellung und Ziel der Untersuchung

Seit dem 1993 verwirklichten EG-Binnenmarkt, der durch den freien Verkehr von Waren, Personen, Dienstleistungen und Kapital gekennzeichnet ist (Art. 14 EGV), wächst Europa zunehmend zusammen. Dies hat vor allem Auswirkungen auf die inner-europäischen Handelsbeziehungen. Hier spielt auch das Gesellschaftsrecht eine wichtige Rolle. Der EG-Vertrag sieht in Artikel 43 vor, dass die Beschränkungen der Niederlassungsfreiheit innerhalb der Gemeinschaft schrittweise aufgehoben werden. Zu diesem Zweck werden in Artikel 44 Abs. 2 (g) EGV der Rat und die Kommission ermächtigt, soweit erforderlich die Schutzbestimmungen zu koordinieren, die in den Mitgliedstaaten den Gesellschaften im Sinne des Artikels 48 Abs. 2[1] im Interesse der Gesellschafter sowie Dritter vorgeschrieben sind, um diese Bestimmungen gleichwertig zu gestalten. Gemäß diesem Auftrag[2] hat der Rat auf Vorschlag der Kommission mehrere gesellschaftsrechtliche Richtlinien erlassen. Die Harmonisierung auf diesem Gebiet hat sich jedoch als schwierig herausgestellt. *Kötz* fasst die Schwierigkeiten der Harmonisierung wie folgt zusammen:

> „Die Rechtsvereinheitlichung durch den Gesetzgeber – sei es durch Ratifikation internationaler Übereinkommen, sei es durch Verordnungen und Richtlinien der Europäischen Union – ist sicherlich auf vielen Gebieten als Mittel der Beseitigung von Handelshemmnissen unverzichtbar. Aber dass die Gesetzgebung den Königsweg zur europäischen Rechtseinheit darstellt, wird heute zunehmend in Zweifel gezogen. Es ist bisher nur zur Vereinheitlichung punktueller Einzelfragen gekommen. Der fragmentarische Charakter des Einheitsrechts hat nicht selten dazu geführt, dass das Recht eines bestimmten Gebiets zu einem buntgewirkten Flickenteppich wird, zusammengesetzt aus einzelnen Stücken nationalen und vereinheitlichten Rechts, die sich oft überlappen, in ihrer gegenseitigen Abgrenzung unklar sind, auf unterschiedlichen Wertungen beruhen. Dies hat zur Folge, dass die Rechtsanwendung durch Rechtsvereinheitlichung nicht nur nicht vereinfacht, sondern erheblich erschwert wird.“[3]

Vor dem Hintergrund dieser Schwierigkeiten soll die vorliegende Arbeit feststellen, ob eine weitere Harmonisierung der Rechtsvorschriften in Europa

---

[1] Artikel 48 Abs. 2 EGV: Als Gesellschaften gelten die Gesellschaften des bürgerlichen Rechts und des Handelsrechts einschließlich der Genossenschaften und die sonstigen juristischen Personen des öffentlichen und privaten Rechts mit Ausnahme derjenigen, die keinen Erwerbszweck verfolgen.

[2] Zum Umfang von Art. 54 (3) (g) EWG-Vertrag siehe Edwards, EC Company Law, S. 5 ff.

[3] Zweigert/Kötz, S. 27.

notwendig ist, oder ob es im Gesellschaftsrecht der Mitgliedstaaten bereits Übereinstimmungen gibt, die eine Harmonisierung entbehrlich machen. Der Wert solcher rechtsvergleichender Arbeiten ist heute allgemein anerkannt. So schreibt z.B. *Großfeld*: „Wichtig ist es Gemeinsamkeiten zu erkennen. Sie bilden interkulturelle „Brücken", ermöglichen entgrenzende Verständigung."[4] Übereinstimmende Rechtsgrundsätze erleichtern den internationalen Handel und führen damit zu einer Hebung des allgemeinen Lebensstandards, indem Rechtsunterschiede relativiert und so der internationale Austausch gefördert wird.[5] *Kötz* geht sogar noch einen Schritt weiter und fordert: „Es sollte der Rechtsvergleichung auch darum gehen, auf vergleichender Grundlage ein eigenes gemeineuropäisches System zu entwickeln und für bestimmte Gebiete – z.B. Gesellschaftsrecht – zu zeigen, ob es in Europa allgemein akzeptierte Regeln gibt, welches diese Regeln sind und ob ihre Entwicklung in Europa auf konvergierenden oder auch divergierenden Linien verläuft."[6]

Die vorliegende Arbeit soll eben jene von *Kötz* geforderte vergleichende Grundlage für einen Ausschnitt des Gesellschaftsrechts bieten. Sie beschäftigt sich mit den Regelungen der Geschäftsführung und Vertretung in den Personen- und Kapitalgesellschaften Deutschlands, Frankreichs und Englands. Die Arbeit stellt die Regelungen in den verschiedenen Gesellschaftsformen der drei Länder dar und vergleicht sie. Hierbei soll es entscheidend darauf ankommen, gemeineuropäische Regeln und Grundsätze aufzuzeigen. Ziel ist es insbesondere, gemeinsame europäische Prinzipien herauszuarbeiten.

Eine Hilfestellung bietet dabei die erste Richtlinie zur Harmonisierung des Gesellschaftsrechts[7] vom 9. März 1968, die dem Drittschutz gewidmet ist und Regelungen hinsichtlich der Offenlegung (Art. 1-6), der Wirksamkeit von im Namen der Gesellschaft eingegangenen Verpflichtungen (Art. 7-9) und der Nichtigkeit von Gesellschaften (Art. 10 bis 12) enthält. Bei entsprechender Umsetzung der Richtlinie müssten die nationalen Regelungen sich weitgehend angenähert haben. Zu berücksichtigen ist jedoch, dass die Richtlinie nur Regelungen für Aktiengesellschaften, Kommanditgesellschaften auf Aktien und Gesellschaften mit beschränkter Haftung trifft.[8] Sie basiert über-

---

[4] Großfeld, S. 17.

[5] Zweigert/Kötz, S. 3.

[6] Zweigert/Kötz, S. 29.

[7] Erste Richtlinie 68/151/EWG des Rates vom 9. März 1968 zur Koordinierung der Schutzbestimmungen, die in den Mitgliedstaaten den Gesellschaften im Sinne des Artikels 58 Absatz 2 des Vertrages im Interesse der Gesellschafter sowie Dritter vorgeschrieben sind, um diese Bestimmungen gleichwertig zu gestalten, ABl. EG Nr. L 65 v. 14.3.1968, S. 8 ff.

[8] Für diese Gesellschaften wurde eine gemeinsame Regelung als besonders dringend empfunden, da die Tätigkeit dieser Gesellschaften häufig über die Grenzen eines nationalen Hoheitsgebietes

wiegend auf deutschen Ideen. Hauptgrund hierfür war die dualistische Natur und die Klarheit des deutschen Aktiengesetzes von 1965, sowie das damals mit überwiegend deutschen Mitgliedern besetzte *General Directorate III.*[9] Die Umsetzung der Richtlinie ist seit langem abgeschlossen.[10]

§ 2. Gang der Untersuchung und Methode

Die Arbeit bedient sich der Methode der funktionalen Rechtsvergleichung. Deshalb folgt einer kurzen Darstellung der Rechtsgrundlagen des Gesellschaftsrechts und der untersuchten Gesellschaftsformen eine Analyse der Funktionen der entsprechenden Regelungen der Geschäftsführung und Vertretung. Dabei zeigt sich eine Parallelität der Problemstellung. Trotz zum Teil erheblicher Unterschiede im einzelnen, stellen sich in der modernen Industriegesellschaft fast überall ähnliche Grundprobleme.[11] Aus diesem Grund wird die Arbeit auch nicht nach Länderberichten, sondern problemorientiert gegliedert. Dies ermöglicht eine stärkere Konzentration auf das jeweilige Sachproblem. Behandelt werden die Gesellschaft bürgerlichen Rechts, die offene Handelsgesellschaft, die Kommanditgesellschaft, die Gesellschaft mit beschränkter Haftung und die Aktiengesellschaft des deutschen Rechts, die *société civile*, die *société en nom collectif*, die *société en commandite simple*, die *société à responsabilité limitée* und die beiden Formen der *sociétés anonymes* des französischen Rechts und die *partnership*, die *limited partnership*, die *private* sowie die *public company* des englischen Rechts als die wichtigsten Gesellschaftsformen. Dabei werden die jeweiligen Leitungspersonen der Einfachheit halber sämtlich als Geschäftsführer bezeichnet. Geschäftsführer wird also als Oberbegriff für geschäftsführende Gesellschafter, Vorstandsmitglieder, *gérants*, *administrateurs*, *directors* etc. verwendet.

An die Feststellung der Funktionen schließt sich die Behandlung der Konzeptionen von Geschäftsführung und Vertretung sowie eine Darstellung der Organisationsstruktur in den verschiedenen Gesellschaftsformen an. Danach wird auf die Rechtsstellung der Geschäftsführer eingegangen. Im Anschluss wird untersucht, wie die Geschäftsführerstellung beginnt und endet

---

hinausreicht und sie zum Schutz Dritter lediglich das Gesellschaftsvermögen zur Verfügung stellen (Präambel).

[9] Hopt, (1999) ICCLJ, Vol. 1, Issue 1, page 41 (45).

[10] Deutschland: „Koordinierungsgesetz“ v. 15.08.1969 (BGBl. 1969 I S. 1146) und Verordnung v. 23.07.1969 (BGBl. 1969 I S. 1152); vgl. auch Regierungsentwurf dazu, BT-Drucks. V/3862 v. 13.02.1969; Frankreich: *Ordonnance No. 69-1176* v. 20.12.1969 (J.O. v. 28.12.1969) und *Décret* No. 69-1177 v. 24.12.1969 (J.O. v. 28.12.1969); England: Sec. 9 ECA 1972; sowie später secs. 108-112 *Companies Act 1989*.

[11] Rheinstein, S. 26.

sowie ob und welche Publizitätserfordernisse diesbezüglich bestehen. Weiterhin wird geprüft, ob und unter welchen Voraussetzungen die Geschäftsführer in einem Anstellungsverhältnis stehen bzw. eine Vergütung verlangen können. Schließlich erfolgt eine Untersuchung des Umfangs und der Grenzen der Geschäftsführungsbefugnis sowie des Umfangs und der Grenzen der Vertretungsmacht. Entsprechend dem deutschen Modell wird insofern eine getrennte Darstellung von Geschäftsführungs- und Vertretungsbefugnis vorgenommen. Geprüft wird also hinsichtlich der Geschäftsführung und Vertretung, wer was wann warum tut und wie dies im einzelnen ausgestaltet ist. Konzernrechtliche Aspekte sowie die Kontrolle der Geschäftsführung und die Pflichten der Geschäftsführer werden bewusst nicht behandelt.[12]

Jeder Abschnitt enthält eine Darstellung und Auswertung der gefundenen Regelungen und Grundsätze der Mitgliedstaaten und vergleicht diese miteinander. Häufig ergibt sich eine Trennung zwischen Personen- und Kapitalgesellschaften. Dies ist jedoch nicht zwingend. Die Ergebnisse des Vergleichs sowie die aus der Untersuchung folgenden gemeinsamen Prinzipien werden am Ende jedes Abschnitts dargestellt. Im abschließenden Teil der Untersuchung werden die vergleichenden Analysen noch einmal ausgewertet und die gefundenen allgemein-europäischen Prinzipien inklusive kurzer Erläuterung zusammengefasst.

[12] Siehe hierzu die gesonderten Untersuchungen von Wendt und Einmahl.

2. Teil: Die Rechtsgrundlagen des Gesellschaftsrechts und die untersuchten Gesellschaftsformen

Zunächst sollen nun die Rechtsgrundlagen des Gesellschaftsrechts in den zu vergleichenden Rechtsordnungen vorgestellt werden. Außerdem ist eine kurze Darstellung der untersuchten Gesellschaftsformen unerlässlich.

§ 1. Die Rechtsgrundlagen

A. Das deutsche Recht

In Deutschland besteht keine allgemeine Kodifikation des Gesellschaftsrechts. Die gesellschaftsrechtlichen Grundlagen sind vielmehr auf mehrere Einzelgesetze, vor allem das BGB, das HGB, das AktG und das GmbHG verteilt. Hinzu treten zahlreiche andere Gesetze, wie z.B. das Gesetz über die Mitbestimmung der Arbeitnehmer (MitbestG). Auch die Rechtsprechung der Gerichte ist eine für die Feststellung des geltenden Gesellschaftsrechts unerlässliche Quelle.[13]

B. Das französische Recht

Eine umfassende Grundlage des Gesellschaftsrechts bildeten in Frankreich die Art. 1832 - 1844-17 des *Code Civil* (CC) in der Fassung des Gesetzes vom 4.1.1978[14] und das Gesetz über die Handelsgesellschaften vom 24.7.1966[15] in Verbindung mit der Ausführungsverordnung vom 23.3.1967[16]. Mit Überarbeitung und Neustrukturierung des Handelsgesetzbuches, des *Code de Commerce* (CCom), durch Verordnung vom 18.09.2000[17] wurden die meisten Gesetze mit handelsrechtlichem Inhalt, u.a. auch das Gesetz von 1966 sowie z.T. die Verordnung von 1967, in den CCom integriert. Die Kodifizierung erfolgte *à droit constant*, d.h. ohne inhaltliche Änderungen der bestehenden Vorschriften, lediglich die Nummerierung der Artikel wurde novelliert. Durch Gesetz vom 15.5.2001[18] wurden einige Bestimmungen ge-

---

[13] Schmidt, Gesellschaftsrecht, S. 32, § 2 I 2.
[14] *Loi No. 78-9* und *décret No. 78-704* vom 3.7.1978.
[15] *Loi No. 66-537 sur les sociétés commerciales.*
[16] *Décret No. 67-236.*
[17] *Ordonnance no. 2000-912* v. 18.09.2000, J.O. v. 21.09.2001, S. 14783.
[18] *Loi no. 2001-420* vom 15.05.2001 *relative aux neuvelles régulations économiques*, J.O. no. 113 v. 16.05.2001, S. 7776.

ändert. Die französischen Gesellschaften finden ihre Rechtsgrundlage nunmehr in Art. 1832 ff. des CC sowie Art. L. 210-1 ff. CCom.

Für alle französischen Gesellschaften besteht mit den Vorschriften der Art. 1832 bis 1844-17 CC eine relativ umfassende allgemeine Regelung, von der in einigen Bereichen im CCom für Handelsgesellschaften abgewichen wird. So sind in Frankreich alle hier untersuchten Gesellschaften mit Rechtspersönlichkeit ausgestattet.[19] Ferner müssen alle französischen Gesellschaften nach Art. 1832 CC einen wirtschaftlichen Zweck verfolgen (*spécialité légale*). Dies soll die Abgrenzung zu anderen juristischen Personen ermöglichen.[20] Zudem enthalten die Art. L. 210-1 bis 210-9 CCom sowie der dritte Titel des zweiten Buches des CCom (Art. L. 231-1 ff.) auch für die Handelsgesellschaften allgemeine Regelungen. Handelsgesellschaft kraft Rechtsform sind die *société en nom collectif*, die *société en commandite simple*, die *société à responsabilité limitée* sowie die *sociétés par actions*.[21]

C. Das englische Recht

Das englische Recht ist nicht wie das deutsche oder französische Recht dem kontinental-europäischen Rechtskreis des *civil law* zuzuordnen. Deshalb ist hier eine kurze Einführung in das englische Rechtssystem geboten. Das englische Recht ist historisch gewachsen. Es baut auf der jahrhundertealten, durch Gerichtsentscheidungen entstandenen Rechtsfindung auf (*Case Law*). Die Entscheidung eines höheren Gerichts bindet alle niedrigeren Gerichte und bleibt bestehen, bis sie von einem wiederum höheren Gericht oder von neuer Gesetzgebung außer Kraft gesetzt wird. Man spricht von sog. Präzedenzfällen. Die ursprünglichen Gesetzgeber des englischen Rechts waren und sind die Richter. Ihre Urteile haben (weitgehend) Gesetzeskraft. Die Rolle des Parlaments ist demgegenüber von untergeordneter Natur.

Es ist zwischen *common law* und *equity* zu unterscheiden. Das *common law* hat seine Wurzeln im Feudalstaat und dem Bestreben der Normannenkönige, nach ihrer Invasion in England (1066) ein zentralistisches Regierungssystem aufzubauen.[22] Die Könige herrschten mit Hilfe der Curia Regis, einem Gremium von Staatsräten. Im Laufe des 13. Jahrhunderts entwickelten sich aus der Curia Regis mit Berufsrichtern besetzte königliche Zentralgerichte mit Sitz in Westminster. Repräsentanten dieser Gerichte wurden in alle Teile des Landes geschickt, um die örtliche Verwaltung zu kontrollieren. Hieraus entwickelte sich bald eine juristische Tätigkeit. Nach Beendigung

[19] Art. 1842 (1) CC und Art. L. 210-6 (1) CCom.
[20] Micha-Goudet, J.-Cl. S. 1, Fasc. 9-10, S. 6 Nr. 19.
[21] Art. L. 210-1 (1) CCom.
[22] Zweigert/Kötz, S. 178 f.

ihrer Reisen diskutierten die Repräsentanten in Westminster die örtlichen Traditionen und Gewohnheiten und entwickelten nach und nach ein einheitliches Regelwerk für England. So wurde durch die Auswahl bestimmter Gebräuche und ihre Anwendung auf ähnliche Fälle das *common law* geschaffen.[23] Gegen Ende des 14. Jahrhunderts zeigte sich jedoch, dass das *common law* oft zu unbilligen Ergebnissen führte. Neben dem zu starren und lückenhaften Fallrecht, waren Verfahrensfehler, bestochene Zeugen oder politischer Einfluss dafür verantwortlich.[24] Eine Partei konnte in diesem Fall nur eine Petition an den König richten, welche später aufgrund der Vielzahl der Fälle an den Kanzler weitergeleitet wurde. Der *Court of Chancery* wurde gegründet. Dessen Entscheidungen verfestigten sich mit der Zeit zu einem Komplex besonderer Rechtsregeln, die unter dem Begriff *equity* zusammengefasst werden.[25] Die *equity* bildet kein geschlossenes Rechtssystem, sondern setzt *common law* voraus und ergänzt bzw. korrigiert dieses, wo dessen Mängel zu unbilligen Ergebnissen führen.[26]

Common law und *equity* bilden als Fallrecht die Basis des englischen Rechts. Das von der Legislative (dem Parlament) geschaffene Recht, das sog. *statute law*, ist dagegen nur als Rechtsquelle „zweiten Ranges" zu betrachten. Dies wird damit begründet, dass das *statute law* lediglich die Aufgabe habe, den Normenkomplex des *case law* zu ergänzen oder notwendige Korrekturen aufgrund von veränderten Umständen vorzunehmen.[27] Das englische Gesellschaftsrecht ist daher durch das Fallrecht geprägt. Die auf Fallrecht basierenden Gesetze enthalten auf der einen Seite detaillierte Regelungen, die bestrebt sind, jeden Einzelfall abzudecken. Auf der anderen Seite fehlen Regelungen ganz, so dass auf das Fallrecht zurückgegriffen werden muss.

Das Recht der *partnership* ist in England seit 1890 in dem *Partnership Act 1890* (PA 1890)[28] kodifiziert. Fehlt eine gesetzliche Regelung, so gilt nach sec. 46 PA 1890 weiterhin das *common law* und die *equity. Limited partnerships* werden vom *Limited Partnership Act 1907* (LPA 1907) geregelt. Dieser basiert, im Gegensatz zum PA 1890, nicht auf vorheriger Rechtsprechung des *common law.* Für *companies* ist der *Companies Act 1985* (CA 1985) in der Fassung des CA 1989, ergänzt durch eine Fülle weiterer Gesetze, einschlägig. Hervorzuheben ist die *Table A*, eine durch Rechtsverord-

---

[23] Keenan/Riches, S. 6.
[24] Zweigert/Kötz, S. 184.
[25] Keenan/Riches, S. 6.
[26] Keenan/Riches, S. 7.
[27] Henrich, S. 1; Bernstorff, S. 9.
[28] Lindley & Banks, S. 1003 ff. (Appendix 1).

nung[29] (*statutory instrument*) vorgeschriebene Modellsatzung für *companies*, die diese übernehmen oder nach ihren Bedürfnissen abändern können.[30]

§ 2. Unterscheidung zwischen Personen- und Kapitalgesellschaften

In allen hier untersuchten Ländern findet eine Unterscheidung zwischen Personengesellschaften (*sociétés de personnes, partnerships*) und Kapitalgesellschaften (*sociétés de capitaux, companies*) statt.

A. Personengesellschaften

Bei den Personengesellschaften spielt die Person der Mitgesellschafter („*intuitus personae*") eine wesentliche Rolle.[31] Der Zusammenschluss beruht auf dem persönlichen Vertrauen, das sich die einzelnen Gesellschafter entgegenbringen.[32]

I. Deutsche Personengesellschaften

Grundform der deutschen Personengesellschaft ist die Gesellschaft bürgerlichen Rechts, deren rechtstechnische Ausgestaltung, insbesondere durch die Figur der gesamthänderischen Vermögensbindung, weitgehend auch das Recht von OHG und KG als Personenhandelsgesellschaften bestimmt.[33]

Die Gesellschaft bürgerlichen Rechts (GbR) ist in den §§ 705-740 BGB geregelt und wird in § 705 BGB als vertragliche Verbindung mehrerer Personen zur Förderung eines gemeinsamen Zwecks definiert. Da die GbR

---

[29] *The Companies (Tables A to F) Regulations 1985, SI 1985/805, Schedule, Table A as amended by SI 1985/1052.*

[30] Wainman, S. 250; Ferran, Company Law, S. 115. Die *company* kann die *Table A* ganz oder teilweise in ihre Satzung übernehmen, sec. 8 (1) CA 1985. Ist die Satzung nicht eingetragen oder so eingetragen, dass sie *Table A* nicht ausschließt oder abändert, konstituiert die *Table A* die Satzung der *company* in derselben Weise und im gleichen Umfang als wenn eine Satzung in Form der *Table A* ordentlich eingetragen wäre, sec. 8 (2) CA 1985. Änderungen der *Table A*, die nach Eintragung der *company* wirksam werden, wirken sich nicht auf diese aus, sec. 8 (3) CA 1985. Die Übernahme von *Table A* ist häufig bei *private companies* der Fall. Die Übernahme der *Table A* ist jedoch ungewöhnlich für *public companies*. Diese haben in der Regel spezielle Satzungen, welche die spezifischen Voraussetzungen in der *company* besser treffen oder sich als geeigneter oder praktischer erwiesen haben. (Halsbury, Companies, S. 389 para. 534; Loose/Giffiths/Impey, S. 27, 1.6.1.)

[31] Juglart/Ippolito, S. 25 Rn. 15; Merle, S. 147 Rn.129; Jauffret/Mestre, S. 199 Rn. 287.

[32] James LJ in *Baird's Case* (1870) LR 5 Ch App 725 at 733; Eisenhardt, Rn. 12.

[33] Westermann, Personengesellschaften, Rn. 17.

jeden erlaubten Zweck verfolgen kann, ist der Anwendungsbereich entsprechend groß und reicht von Gelegenheitsgesellschaften über private Hobby-Clubs bis hin zu Dach- oder Holdinggesellschaften sowie Sozietäten und Bürogemeinschaften. Die GbR wird jedoch oft verkannt, weil sie als „Auffanggesellschaft" in vielen Fällen dort vorliegt, wo sich die Beteiligten keine Gedanken über ihr Gesellschaftsverhältnis gemacht haben. Die GbR betreibt kein vollkaufmännisches Handelsgewerbe und braucht nicht auf Gewinnerzielung ausgerichtet zu sein. So können auch ideelle Zwecke verfolgt werden, wie die Förderung karitativer, künstlerischer oder wirtschaftlicher Aufgaben.[34] Berücksichtigt werden soll hier nur die sog. Außengesellschaft[35], die nach dem Urteil des BGH vom 29.1.2001 Rechtsfähigkeit besitzt, soweit sie durch Teilnahme am Rechtsverkehr eigene Rechte und Pflichten begründet.[36]

Die offene Handelsgesellschaft (oHG) ist ihrem Wesen nach eine handelsrechtliche Sonderform der Gesellschaft bürgerlichen Rechts.[37] Sie ist in den §§ 105-160 HGB geregelt. Die §§ 705-740 BGB sind grundsätzlich anwendbar, soweit das HGB keine Sondervorschriften enthält, § 105 II HGB. § 105 I definiert die oHG als einen Zusammenschluss mehrerer Gesellschafter, deren Zweck auf den Betrieb eines Handelsgewerbes unter gemeinschaftlicher Firma gerichtet ist und bei denen die Haftung gegenüber den Gesellschaftsgläubigern nicht beschränkt ist. Nach heute h.M. gehört die oHG nicht zu den juristischen Personen, sondern ebenso wie die GbR zu den Gesamthandsgemeinschaften.[38] Gemäß § 124 HGB kann die oHG aber Trägerin von Rechten und Pflichten sein. Die oHG ist also hinsichtlich der Teilnahme am Rechtsverkehr einer juristischen Person gleichgestellt.

Auf die Kommanditgesellschaft (KG) finden die §§ 161-177 HGB ergänzt durch §§ 105-160 HGB und §§ 705-740 BGB Anwendung. Sie ist eine durch haftungsrechtliche Besonderheiten qualifizierte Sonderform der oHG. Die KG entspricht somit der oHG mit dem einzigen Unterschied, dass in der Gesellschaft mindestens ein persönlich haftender Gesellschafter, der sog. Komplementär und mindestens ein sog. Kommanditist, der den Gesellschaftsgläubigern nicht nach § 128 ff. HGB, sondern nach § 171 ff. HGB nur beschränkt bzw. nach Leistung seiner Einlage gar nicht haftet, vorhanden sein müssen. Im übrigen ist die KG wie die oHG eine Personengesellschaft und kann ebenso wie diese Trägerin von Rechten und Pflichten sein.[39]

---

[34] Ballerstedt, JuS 1963, 253 (254).

[35] Zur Frage, wann eine Außengesellschaft vorliegt: Hadding, ZGR 2001, 712 (714 - 717).

[36] BGH, NJW 2001, 1056.

[37] Roth, Gesellschaftsrecht, S. 102 Rn. 187; Heymann/Emmerich, § 105 Rn. 1.

[38] Hueck, S. 32; Krage, S 24. Früher wurde die oHG aber verschiedentlich als juristische Person angesehen. So Wieland, S. 396 ff.

[39] § 161 II i.V.m. § 124 HGB.

Eine Sonderform der KG ist die sog. GmbH & Co. KG. Dabei handelt sich um eine „Grundtypenvermischung", die heute im Wirtschaftsleben große Bedeutung hat und als Konstruktion nicht mehr bestritten wird.[40] Die GmbH & Co. KG ist eine Personengesellschaft des Handelsrechts, deren (in der Praxis meist einziger) Komplementär eine Gesellschaft mit beschränkter Haftung ist. Demzufolge finden grundsätzlich die Vorschriften über die KG Anwendung.[41] Für die Komplementär-GmbH gilt das GmbHG.

II. Französische Personengesellschaften

Bei den französischen Personengesellschaften unterscheidet man zwischen der *société civile*, der *société en nom collectif* und der *société en commandite simple*.[42]

Die *société civile* (SC) verdankt ihre jetzige Regelung der bedeutenden Reform durch das Gesetz Nr. 78-9 vom 4. Januar 1978. Durch dieses Gesetz wurde das Recht der SC modernisiert und dem der Handelsgesellschaften angeglichen.[43] Die SC kann nur negativ definiert werden. *Sociétés civiles* sind solche, denen das Gesetz keine besonderen Eigenschaften aufgrund ihrer Form, ihrer Natur oder ihres Gegenstandes zuschreibt, Art. 1845 CC.[44] Eine *société* ist also „*civile*", wenn sie nicht „*commerciale*" ist.[45] Regelungen bezüglich der SC sind in Art. 1845 bis 1870 CC niedergelegt. Neben der allgemeinen SC bestehen eine Reihe spezieller Gesellschaften, insbesondere im landwirtschaftlichen Bereich, im Bereich des Grundstücksgewerbes oder der Freiberufler[46], welche hier jedoch nicht näher behandelt werden sollen. Aus deutscher Sicht ist zu betonen, dass die SC nicht mit der GbR nach §§ 705 ff. BGB zu verwechseln ist. Sie hat kraft Gesetzes Rechtspersönlichkeit und setzt nach der Definition des Art. 1832 CC zwingend den Zweck der Erzielung von Gewinn oder Ersparnissen voraus.

Die *société en nom collectif* (SNC) ist eine Handelsgesellschaft, deren Gesellschafter sämtlich Kaufleute sind und die für die Verbindlichkeiten der Gesellschaft unbeschränkt und gesamtschuldnerisch haften.[47] Rechtsgrundlage sind die Art. L. 221-1 bis 221-17 CCom sowie Art. 6-16 *décret 67-236.*

---

[40] Klunzinger, S. 298.

[41] Abweichend sind aber die Bestimmungen der §§ 19 II, 125 a, 129 a, 130 a I, 172 VI, 172 a, 177 a HGB zu beachten.

[42] Auf die *société en participation* sowie die *société de fait* soll hier nicht eingegangen werden.

[43] Cozian/Viandier/Deboissy, S. 579 Rn. 1490; Saintourens, Rép. Civ. Dalloz, Société civile, S. 3 Nr. 5.

[44] Guyon, Droit des affaires, S. 233 Rn. 223.

[45] Venandet, J.-Cl. S. 1, Fasc. 20-30, 2002, S. 5 Nr. 21.

[46] Hohloch/Tillmanns, Frankreich, Rn. 30; Cozian/Viandier/Deboissy, S. 579 Rn. 1490.

[47] Juglart/Ippolito, S. 263 Rn. 200.

Die sehr kurze Regelung im Gesetz bestätigt, dass die SNC nicht im Mittelpunkt des Interesses steht. Die Zahl der SNC ist wegen der unbeschränkten Solidarhaftung der Gesellschafter gering.[48]

Die *société en commandite simple* (SCS) ist auf der SNC aufgebaut. Sie besteht aus einem oder mehreren Komplementären, den *commandités*, die solidarisch für die Gesellschaftsverbindlichkeiten haften, und einem oder mehreren Kommanditisten (*commanditaires*), die nur bis zum Betrag ihrer Einlagen haften.[49] Die SCS ist in Art. L. 222-1 bis 222-12 CCom geregelt. Nach Art. L. 222-2 CCom sind darüber hinaus die Vorschriften der SNC anwendbar, soweit keine Sondervorschriften bestehen. Solche Sonderbestimmungen betreffen vor allem die Stellung des Kommanditisten.

III. Englische *partnerships*

Zu den englischen *partnerships* zählen die *general partnerships* und die *limited partnerships*.[50]

Nach der Legaldefinition in sec. 1 PA 1890 ist eine *general partnership* ein „Rechtsverhältnis zwischen Personen, die mit der Absicht, Gewinn zu erzielen, gemeinsam ein Geschäft betreiben". Betroffen ist jedes Geschäft, jedes Gewerbe, somit alle Aktivitäten, die mit Gewinnerzielungsabsicht betrieben werden können.[51] Der Anwendungsbereich der *partnership* ist also relativ groß.[52] Nach sec. 716 CA 1985 dürfen bestimmte *partnerships* jedoch nicht mehr als 20 Mitglieder haben. Eine *partnership* hat keine eigene Rechtspersönlichkeit.[53] Die *partnership* wird daher als „*group of individuals trading collectively*" behandelt.[54] Die *partnership* wird praktisch jedoch einer juristischen Person gleichgestellt, so dass sie klagen und verklagt werden kann.[55] Insofern besteht eine Differenz zwischen rechtlicher und wirtschaft-

---

[48] Siehe Jauffret/Mestre, S. 152, 153 Rn. 208.

[49] Art. L. 222-1 CCom; Legeais, S. 148 Rn. 339.

[50] Mit *Limited Liability Partnerships Act 2000* wurde als weitere *partnership* die *limited liability partnership* entwickelt. Diese ist jedoch als Körperschaft juristische Person und wird nicht von den Vorschriften des PA 1890, sondern denen des CA 1985 geregelt (siehe sec. 1 LLPA 2000). In dieser Arbeit wird die *limited liability partnership* nicht berücksichtigt.

[51] Halsbury, Partnerships, S. 5 para. 4; Bernstorff, S. 210.

[52] Siehe *Partnership law, a joint consultation paper*, S. 1, 1.2.

[53] Kelly/Holmes, S. 291, 12.4.1; Pollock/Gower, S. 24. Die *Law Commission* hat aber in ihrem *Consultation Paper* vorgeschlagen, der *partnership* zukünftig Rechtssubjektivität (*legal personality)* zu verleihen (*Partnership law, a joint consultation paper*, S. 21, 3.8).

[54] Kelly/Holmes, S. 316, 13.2.2; siehe auch *Partnership law, a joint consultation paper*, S. 6, 2.3.

[55] Grier, S. 13; Pollock/Gower, S. 24; Halsbury, Partnerships, S. 3 para. 1. *Order 81 sec. 1 of the procedural Rules of the Supreme Court* bestimmen, dass eine *partnership* unter ihrer Firma klagen

licher Sichtweise.[56] Der Einfluss von *partnerships* auf die Wirtschaft ist bedeutend. Tatsächlich existieren fast so viele *partnerships* wie *companies* in England.[57]

Die *limited partnership* ist eine Mischform (*hybrid*) zwischen *limited company* und *partnership*. Sie wird durch den *Limited Partnership Act 1907* (LPA 1907) geregelt und muss wie eine *company* beim Gesellschaftsregister (*Registrar of Companies*) eingetragen werden. Die *limited partnership* setzt sich aus *general partners* und mindestens einem *limited partner* zusammen, der Kapital einbringt. Häufig ist dies eine *limited company*. Die Teilnahme des *limited partner* wird nicht als unternehmerische Tätigkeit, sondern als Kapitalanlage im Unternehmen eines anderen qualifiziert.[58] Rechtsgrundlagen der *limited partnership* sind außer dem LPA 1907 auch der PA 1890 und die zur *partnership* ergangenen Entscheidungen des *common law* und der *equity*, soweit sie nicht durch besondere Regelungen im LPA 1907 ausgeschlossen sind (sec. 7 LPA 1907). *Limited partnerships* sind in der Praxis selten, da sie keine Vorteile bieten, die nicht einfacher durch eine *limited company* erreicht werden könnten.[59]

B. Kapitalgesellschaften

Kapitalgesellschaften sind Gesellschaften, bei denen nicht die Person der Gesellschafter, sondern das gemeinsame Kapital im Vordergrund steht. Die Gesellschaften werden unter dem Gesichtspunkt errichtet, dass ein bestimmter Finanzierungsfonds gebildet wird (*intuitus pecuniae*). Sie sind juristische Personen.

I. Deutsche Kapitalgesellschaften

Zu den Kapitalgesellschaften zählen die deutsche Gesellschaft mit beschränkter Haftung und die Aktiengesellschaft.

Die Gesellschaft mit beschränkter Haftung (GmbH) ist eine Handelsgesellschaft mit eigener Rechtspersönlichkeit, die zu jedem gesetzlich zulässigen Zweck errichtet werden kann und für deren Verbindlichkeiten den Gläubigern nur das Gesellschaftsvermögen haftet. Die GmbH ist im Gesetz

---

und verklagt werden kann, obwohl der Urteilsspruch gegen jeden der *partner* vollstreckt werden kann (abgedruckt in Underhill's, S. 201, Appendix C).

[56] So auch *Partnership law, a joint consultation paper*, S. 7, 2.5.

[57] Nach der DTI, *Small and Medium Enterprise (SME) Statistics for the UK 1998* (August 1999) gab es 1998 684.645 *partnerships* und 738.325 *companies* (*private and public*).

[58] Prime and Scanlan, Private Limited Companies, S. 5.

[59] Grier, S. 20.

betreffend die Gesellschaften mit beschränkter Haftung vom 20.4.1892 (GmbHG) geregelt. Sie verdankt ihre Entstehung dem in den 80er Jahren des neunzehnten Jahrhunderts offenbar gewordenen Bedürfnis, einen Gesellschaftstyp zur Verfügung zu haben, der in der Handhabung einfacher als die AG und mit geringeren Risiken als die Personengesellschaften ausgestattet sein sollte.[60] Das GmbHG schuf so einen völlig neuen Gesellschaftstyp unter Ableitung aus der AG und unter Aufnahme von Wesenszügen der oHG.[61] Die GmbH ist die einfachste und am wenigsten aufwendige Form einer Kapitalgesellschaft und eignet sich deshalb für kleine Unternehmen. Kein Gesellschafter muss ein volles persönliches Haftungsrisiko tragen. Die Gesamtzahl an GmbHs wurde im Jahre 2001 auf über 850.000 geschätzt.[62] Damit ist die GmbH die in Deutschland am weitesten verbreitete Unternehmensform.[63]

Als Sonderform der GmbH kann die Einpersonen-GmbH bezeichnet werden. Bereits bevor die GmbH-Reform von 1980 die unmittelbare Einpersonengründung bei der GmbH ermöglichte, war die rechtliche Zulässigkeit der nachträglichen Entstehung einer Einpersonen-Kapitalgesellschaft anerkannt. Nunmehr ist die Einmanngründung in § 1 GmbHG ausdrücklich geregelt.

Die Funktion der Aktiengesellschaft (AG) besteht darin, eine Vielzahl von Kapitalbeiträgen unternehmerisch zu organisieren.[64] Der Prototyp dieser Gesellschaftsform stellt sich als Vereinigung einer größeren Anzahl eher passiver Aktionäre dar, die beruflich anderweitig interessiert, dem Unternehmen nicht weiter verbunden sind und die ihre Beteiligung in erster Linie als Kapitalanlage betrachten.[65] Die AG ist im Aktiengesetz geregelt. Charakteristisch ist die Verselbständigung in einer juristischen Person mit Ausschluss der persönlichen Haftung der Gesellschafter (§ 1 I AktG), die Zerlegung des Eigenkapitals in standardisierte Anteile (Aktien) und deren rechtlich wie faktisch erleichterte Übertragbarkeit, die Drittorganschaft und eine daran anknüpfende komplizierte Innenstruktur sowie die mannigfaltigen Schutzvorschriften zugunsten von Aktionären und Gläubigern.[66]

---

[60] GmbH-Handbuch/Kallmeyer, Teil I, Rn. 1.
[61] GmbH-Handbuch/Kallmeyer, Teil I, Rn. 1.1.
[62] Hansen, GmbHR 2002, 148; Roth/Altmeppen, Einl. Rn. 6.
[63] Krüger, S. 73.
[64] Roth, Gesellschaftsrecht, S. 203 Rn. 388.
[65] Roth, Gesellschaftsrecht, S. 203 Rn. 388.
[66] Roth, Gesellschaftsrecht, S. 204 Rn. 389.

II. Französische Kapitalgesellschaften

Als Kapitalgesellschaften kennt das französische Recht die *société anonyme*, die *société en commandite par actions* und die *société par actions simplifiée*, wobei hier nur die *société anonyme* (SA) behandelt werden soll. Die *société à responsabilité limitée* ist eine Mischform zwischen Personen- und Kapitalgesellschaft (*Hybride*)[67], die sich jedoch immer mehr der *société anonyme* angleicht.[68] In der folgenden Untersuchung wird sie zur Vereinfachung daher in den Begriff der Kapitalgesellschaften einbezogen.

Die *société à responsabilité limitée* (SARL) wurde durch Gesetz vom 7.3.1925 geschaffen, um eine Gesellschaftsform für kleinere Unternehmen zu bieten. Einen entscheidenden Impuls gab nach dem Ende des Ersten Weltkrieges die Fortgeltung des deutschen GmbHG in den Gebieten Elsaß-Lothringens, die nunmehr zu Frankreich zählten. Es sollte auch im übrigen Frankreich eine vergleichbare Gesellschaftsform eingeführt werden.[69] Die SARL ist heute in Art. L. 223-1 bis 223-34 CCom geregelt. Zu beachten sind ferner die Art. 20 ff. des *décret 67-236*. Die SARL kann als eine Gesellschaft mit eigener Rechtspersönlichkeit und einem festen oder variablen Kapital, das in jedem Fall mindestens 7500 Euro (50.000 F) betragen muss (Art. L. 223-2 CCom), beschrieben werden. Ferner darf sie eine Mitgliederzahl von 50 Personen nicht übersteigen. Die SARL ist als hybride Gesellschaftsform sehr erfolgreich. Im Jahre 1996 gab es ungefähr 600.000 solcher Gesellschaften in Frankreich.[70]

Erst 1985 wurde in Frankreich die Gründung einer Einpersonen-SARL, das sog. *entreprise unipersonnelle à responsabilité limitée* (EURL), zugelassen.[71] Das EURL ist nun in Art. L. 223-1 ff. CCom geregelt. Für das EURL gilt mit einigen Besonderheiten dasselbe Recht wie für die SARL.

Die *société anonyme* (SA) ist nicht nur Organisationsform der Großindustrie, sondern auch von mittleren Betrieben und Familienunternehmen.[72] Das Recht der *société anonyme* bildet daher den Kern des Gesellschaftsrechts. Die SA ist als die Gesellschaft definiert, deren Kapital in Aktien aufgeteilt ist und deren Gesellschafter für die Verluste der Gesellschaft nur in Höhe ihrer Einlagen haften. Ihre Rechtsgrundlage findet sich in den Art. L. 224-1 bis 225-270 sowie den Art. L. 242-1 bis 242-31 CCom und den Art.

---

[67] Merle, S. 180 Rn.174; Chaput, Droit des sociétés, S. 202 Rn. 416.

[68] Merle, S. 180 Rn. 174; Juglart/Ippolito, S. 668, Rn. 768.

[69] Behrens, S. 256; Chaput, Droit des sociétés, S. 202 Rn. 416.

[70] Legeais, S. 151 Rn. 345; Jauffret/Mestre, S. 152, 153 Rn. 208.

[71] Mit *Loi 85-697* vom 11.7.1985.

[72] Sonnenberger/Autexier, S. 194 Rn. 134.

54-201 *décret 67-236.*[73] Insbesondere für das Thema der Geschäftsführung und Vertretung ist es wichtig, zwei Formen der SA zu unterscheiden. Während die monistische Organisationsform mit einem Verwaltungsrat (*conseil d'administration*) und einem Generaldirektor (*directeur général*) ausgestattet ist, verfügt die dualistische Organisationsform über einen Vorstand (*directoire*) und einen Aufsichtsrat (*conseil de surveillance*).

III. Englische Kapitalgesellschaften

Im englischen Recht sind zwei Haupttypen von Kapitalgesellschaften, nämlich die *public company* und die *private company* zu unterscheiden. *Public* und *private company* sind Typen einer einheitlichen Gesellschaftsform und unterliegen daher grundsätzlich den gleichen Rechtsregeln.[74] Sie haben eine von den beteiligten Personen unabhängige Rechtspersönlichkeit.[75] Soweit im folgenden die *public* oder *private company* behandelt wird, beschränken sich die Erörterungen auf diejenigen *companies*, in denen die Haftung durch Ausgabe von Anteilen auf das Gesellschaftsvermögen beschränkt ist (*limited by shares*).

Sec. 1 (3) CA 1985 definiert die *public company*. Danach ist eine *company* dann *public*, wenn in ihrer Satzung[76] festlegt ist, dass es sich um eine *public company* handelt und alle Voraussetzungen für die Eintragung als *public company* erfüllt sind. Dazu muss die *public company* zunächst ein gezeichnetes Stammkapital von 50.000 Pounds haben.[77] Bei der Aktienausgabe müssen hiervon mindestens 25 % aufgebracht sein. Weiterhin muss die *public company* einen Gewerbeschein (*trading certificate*) besitzen, bevor sie ihre Geschäfte beginnt.[78]

Alle *companies*, die diese Voraussetzungen nicht erfüllen, sind *private companies*.[79] Die grundlegende Unterscheidung ist, dass eine *public company*

---

[73] Auf die *société anonyme sans appel public à l'épargne* soll hier aufgrund ihrer eingeschränkten Bedeutung nicht näher eingegangen werden.

[74] Dies will die *Company Law Review Steering Group* teilweise durch Vorschläge zur Reform der internen Verwaltung von *private companies* ändern. *Modern Company Law, Final Report*, Vol. I, S. 27 ff. Siehe auch die Modellverfassung einer *private company* in *Modern Company Law, Final Report*, Vol. II, ab S. 476.

[75] Festgestellt vom *House of Lords*' in *Salomon v. Salomon & Co.* [1897] AC 22, 30.

[76] Die Satzung besteht aus zwei Teilen: der Gründungsurkunde (*memorandum of association*) für das Außenverhältnis und der Satzung (*articles of association*) für das Innenverhältnis des Unternehmens. Für die Satzung besteht eine Modellregelung in Form der *Table A*.

[77] Sec. 11, 118 CA 1985.

[78] Sec. 117 CA 1985.

[79] Sec. 1 (3) CA 1985.

ihre Aktien und Obligationen öffentlich anbieten darf, während dies der *private company* verboten ist.[80]

Single member private limited companies wurden von SI 1992/1699 eingeführt, um die 12. Gesellschaftsrechtliche Richtlinie 89/667 umzusetzen. Bis dahin brauchten alle *companies* mindestens zwei Mitglieder, auch wenn tatsächlich nur einer mit den Geschäften der Gesellschaft betraut war.

Obwohl die Führungssysteme von *private* und *public company* im Detail voneinander abweichen, sind sie doch im wesentlichen dieselben.[81] Bei der nachfolgenden Analyse wird vom gemeinsamen Begriff der *company* ausgegangen und auf Unterschiede zwischen *private* und *public company* nur eingegangen, wo dies erforderlich ist.

§ 3. Allgemeine strukturelle Schlussfolgerungen

Bereits hier können einige strukturelle Schlussfolgerungen gezogen werden, die für die nachfolgende Analyse der Geschäftsführung und Vertretung erheblich sind. So besteht in den drei untersuchten Rechtsordnungen übereinstimmend eine Unterscheidung zwischen Gesellschaften, die auf persönlichem Vertrauen der Gesellschafter aufgebaut sind und solchen, bei denen das Kapital im Vordergrund steht. Diese Unterscheidung führt zum Teil, wie im folgenden noch ausführlich dargestellt werden wird, zu verschiedenen rechtlichen Regelungen hinsichtlich der Geschäftsführung und Vertretung, so z.B. bei der Frage der Person des Geschäftsführers.

Festzuhalten ist weiterhin, dass nunmehr in allen drei Ländern eine Einpersonengesellschaft mit beschränkter Haftung zulässig ist. Für sie können sich Besonderheiten ergeben.

Bei den Kapitalgesellschaften kann zwischen Gesellschaften unterschieden werden, deren Anteile dem öffentlichen Handel zugänglich sind, und solchen, bei denen dies unzulässig ist. Die ersteren sollen im folgenden offene Gesellschaften, die letzteren geschlossene Gesellschaften genannt werden. Zu den offenen Gesellschaften zählen die AG, die beiden hier untersuchten Formen der SA sowie die *public company*. Geschlossene Gesellschaften sind die GmbH, die SARL und die *private company*.

Des Weiteren ist schon hier festzuhalten, dass nunmehr alle Gesellschaftsformen einen gewissen Grad an rechtlicher Verselbständigung genießen. So sind in Frankreich alle hier untersuchten Gesellschaftsformen als juristische Personen rechtsfähig. Dabei bedeutet Rechtsfähigkeit, die Fähigkeit „Träger von Rechten und Pflichten“ zu sein. In Deutschland und England

---

[80] Bourne, S. 5, 1.2.5.
[81] Wilkinson, S. 203.

besitzen die Kapitalgesellschaften als juristische Personen Rechtsfähigkeit. Die deutsche oHG ist nach § 124 HGB ohne juristische Person zu sein, Trägerin von Rechten und Pflichten. Für die Außen-GbR hat der BGH nunmehr entschieden, dass auch sie rechtsfähig ist. Problematisch sind insofern allein die englischen *partnerships*. Sie sind an sich nicht rechtsfähig, werden in der Praxis jedoch so wie juristische Personen behandelt. Diese Frage der rechtlichen Verselbständigung hat z.B. Einfluss darauf, ob die Gesellschaft als eigenständige Rechtspersönlichkeit oder die Gesellschafter vertreten werden. Ohne die Unterscheidung von Mandatstheorie und Organtheorie vorwegnehmen zu wollen, kann bereits hier festgestellt werden, dass zumindest bei juristischen Personen stets die Gesellschaft als eigenständige Einheit vertreten wird. So wird in Frankreich nach dem eindeutigen Wortlaut des Gesetzes stets die Gesellschaft vertreten. Für die Personengesellschaften heißt es jeweils: „*le gérant engage la société*".[82] Bei den Kapitalgesellschaften wird generell die Formel: „*agir au nom de la société*", gebraucht.[83] Weiter heißt es: „*la société est engagée...*".[84] Für die englischen *companies* ergibt sich aus dem *agency law*, dass die *company principal* ist.[85] Nunmehr lässt sich auch aus sec. 35 A (1) CA 1985 ersehen, dass der *board of directors* die Gesellschaft vertritt. Dort heißt es: „*...to bind the company*". Auch in der AG und der GmbH wird die Gesellschaft als solche vertreten.[86] Wegen der relativen Verselbständigung der deutschen Personenhandelsgesellschaften vertritt der vertretungsbefugte Gesellschafter nach § 125 I HGB nicht die anderen Gesellschafter, sondern die Gesellschaft selbst.

Bei der GbR und den englischen *partnerships* ist die Rechtslage hingegen schwieriger. § 714 BGB spricht von einer Vertretung der anderen Gesellschafter durch die Geschäftsführer einer deutschen GbR. Trotzdem gehörte es seit 30 Jahren zu den strittigsten Fragen im Recht der GbR, wer aufgrund welcher Legitimation wen vertritt. Dieser Streit ist die Fortsetzung des Streits über die Teilrechtsfähigkeit der Gesamthand auf der Ebene der Vertretung. Eine ältere Auffassung lehnte den Gedanken einer selbständigen GbR, die als Gesamthandsgemeinschaft Subjekt von Rechten und Pflichten sein kann, ab.[87] Nach dieser sog. individualistischen Lehre war die GbR lediglich als Sondervermögen der Gesellschafter zu qualifizieren. Entsprechend dem Wortlaut des § 714 BGB war nur die Vertretung der anderen Gesellschafter

---

[82] Art. 1849 (1) CC, Art. L. 221-5 (1) CCom.

[83] Art. L. 223-18 (5) 1, 225-56 (1), 225-64 (1) CCom.

[84] Art. L. 223-18 (5) 2, 225-56 (2), 225-64 (2) CCom.

[85] Fridman, S. 322.

[86] § 78 I AktG, § 36 GmbHG.

[87] Jauernig/Stürner, Anm. zu den §§ 714, 715 Rn. 1; Staudinger/Keßler, § 714 Rn. 2.

möglich.[88] Diese Lehre wird heute nur noch vereinzelt vertreten.[89] Ende der neunziger Jahre hat sich die neuere Lehre von der Teilrechtsfähigkeit[90] durchgesetzt, die die GbR als Gesamthandsgemeinschaft und damit als Gruppe ansieht, die selbst Zuordnungsobjekt für Rechte und Pflichten ist.[91] Im Rahmen der mitgliedschaftlichen Vertretungsmacht der geschäftsführenden Gesellschafter werden die Gesellschafter nicht persönlich, sondern in ihrer gesamthänderischen Verbundenheit vertreten. Neben der organschaftlichen Vertretung der Gesamthand besteht die rechtsgeschäftliche Vertretungsmacht gegenüber den Gesellschaftern persönlich.[92] Die Gesellschafter haben also eine doppelte Vertretungsmacht: einmal vertreten sie die Gesellschaft, zum anderen auch die einzelnen Gesellschafter. Mit seinem Urteil vom 29.1.2001, in dem er die Rechtsfähigkeit der Außen-GbR ausspricht, nimmt der BGH indirekt auch zur Person des Vertretenen Stellung. Als Trägerin von Rechten und Pflichten muss die Gesellschaft durch Vertreter rechtsgeschäftlich handeln können.[93] § 714 BGB knüpft diese Vertretungsmacht im Zweifel an die einem Gesellschafter übertragene Geschäftsführungsbefugnis. Die Haftung der Gesellschafter mit ihrem Privatvermögen ergibt sich aus deren Einstehenmüssen für Verbindlichkeiten der Gesellschaft im Sinne einer akzessorischen Haftung.[94] Diese Konstruktion spricht dafür, Vertretung insoweit als Handeln für die Gesellschaft, d.h. mit Wirkung für das Gesellschaftsvermögen zu verstehen.[95] Die Konstruktion einer Doppelverpflichtung der Gesellschaft und der Gesellschafter ist aufgrund der akzessorischen Haftung der Gesellschafter nicht mehr nötig.

Auch bei der englischen *partnership* ist unklar, wer *principal* ist. Sec. 5 PA 1890 besagt, dass der *partner agent „of the firm and his other partners“* ist. Die *firm* ist dabei nach sec. 4 (1) PA 1890 der Zusammenschluss der Personen, die miteinander eine *partnership* errichtet haben. Zum Teil wird angenommen, dass dies bedeute, die *partnership* sei *principal.*[96] Überwiegend wird jedoch vertreten, dass jeder *partner* gleichzeitig *principal* und *agent* in Bezug auf die Geschäfte der *partnership* ist[97], dass somit eine gegenseitige

---

[88] Waldner/Wölfel, S. 77.
[89] Lang/Fraenkel, WM 2002, 260.
[90] Im Anschluß an Fabricius, S. 158ff.
[91] Habersack, JuS 1993, 1 ff.; Lindacher, JuS 1981, 431 (433); Ulmer, AcP 198 (1998), 113 (149 ff.); ausführlich auch Mülbert, AcP 199 (1999), 38.
[92] Ulmer, GbR, § 714 Rn. 31.
[93] Hüffer, Gesellschaftsrecht, S. 61, § 9 1; Siegmund/van Venrooy, Rn. 107.
[94] BGH, NJW 2001, 1056 (1961); Hadding, ZGR 2001, 712 (735).
[95] Palandt/Sprau, § 714 Rn. 1; Schmidt, NJW 2001, 993 (998); ebenso vorausgesetzt von Scholz, NZG 2002, 153 (159).
[96] Chitty, Vol. 2, S. 11, 31-016.
[97] Burgess/Morse, S. 111; Billins, A 13.1; Milman/Flanagan, S. 62.

Vertretung (*mutual agency*) der *partners* besteht. Das heißt also, dass ein *partner* sämtliche anderen *partner* als Zusammenschluss mehrerer Individuen vertritt. Angesichts der Übereinstimmung der übrigen Regelungen, muss die Regelung der englischen *partnerships* als Ausnahmeregelung aufgefasst werden. Es ergibt sich deshalb das folgende gemeinsame Prinzip:

Die Geschäftsführer leiten und vertreten die Gesellschaft.

3. Teil: Funktionen und Konzeption von Geschäftsführung und Vertretung

§ 1. Funktionen der Geschäftsführung und Vertretung

Da hier eine funktionale Rechtsvergleichung betrieben werden soll, ist es zunächst sinnvoll, die mit den Konzepten Geschäftsführung und Vertretung bezeichneten Funktionen zu bestimmen, also festzustellen, welchen Zweck sie im Gesellschaftsrecht erfüllen. Geschäftsführung und Vertretung dienen unterschiedlichen Zwecken. So muss eine Gesellschaft nach außen vertreten werden, um am Rechtsverkehr teilnehmen zu können. Denn gleichgültig, ob eine Gesellschaft als juristische Person rechtsfähig ist, ob man ihr eine beschränkte oder „relative" Rechtsfähigkeit zuspricht oder nicht, handlungsfähig ist die Gesamthandsgemeinschaft oder ein Zusammenschluss von Individuen wie bei der englischen *partnership* ebenso wenig wie die juristische Person; handlungsfähig sind nur natürliche Personen. Gesellschaften können demnach am Rechtsverkehr nur im Wege der Vertretung durch natürliche Personen teilnehmen. Funktion der Vertretungsmacht ist es daher, diese Handlungsfähigkeit der Gesellschaft sicherzustellen. Im Innenverhältnis erfordert die Funktionsfähigkeit der Gesellschaft, dass eine Geschäftsführung vorhanden ist. Die geschäftsführenden Organe treffen laufende Entscheidungen und sorgen für einen reibungslosen Ablauf der Tätigkeit der Gesellschaft. Es lässt sich somit das folgende gemeinsame Prinzip herleiten:

Unabhängig davon, ob eine Gesellschaft Rechtsfähigkeit besitzt oder nicht, benötigt sie natürliche Personen, um handlungs- und funktionsfähig zu sein. Deshalb muss jede Gesellschaft mindestens einen Geschäftsführer haben.

Im Gesellschaftsrecht spiegelt sich häufig ein Konflikt widerstreitender Interessen wider. So auch im Bereich Geschäftsführung und Vertretung. Die gesetzlichen Regelungen der Geschäftsführung und Vertretung können in den verschiedenen Gesellschaftsformen und untersuchten Rechtsordnungen unterschiedlich ausgestaltet sein und den Schwerpunkt auf verschiedene Aspekte legen. In der Regel sind die Interessen der Gesellschaft, der einzelnen Gesellschafter, der Geschäftsführer und des Rechtsverkehrs zu beachten. Hierbei können für den jeweiligen Gesetzgeber unterschiedliche Gewichtungen ausschlaggebend gewesen sein. Beispielsweise werden bei den Regelungen über den Umfang der Vertretungsmacht die Interessen des Rechtsverkehrs mit den Interessen der Gesellschafter abgewogen und eine entsprechende Entscheidung getroffen. Bei der Gestaltung der Geschäftsführungsbefugnis oder auch der Vertretungsmacht ist eine Entscheidung zwischen

Flexibilität und Kontrolle zu treffen. Die Interessen des Rechtsverkehrs verlangen vor allem im Außenverhältnis Klarheit und Verlässlichkeit, während im Innenverhältnis die Interessen der geschäftsführend tätigen Person sowie das Interesse an der Funktionsfähigkeit der Geschäftsführung größere Bedeutung erlangen. Die unterschiedlichen Interessen stehen sich also recht gegensätzlich gegenüber. Es ist somit Aufgabe der Gesetzgeber festzulegen, welches Interesse Vorrang hat oder wie ein gerechter Ausgleich dieser Interessen aussehen könnte.

§ 2. Konzeption der Geschäftsführung und Vertretung

Die Unterscheidung von Geschäftsführung und Vertretung ist typisch für das deutsche Recht. Im folgenden sollen diese Begriffe definiert werden. Darüber hinaus soll festgestellt werden, welche konzeptionellen Unterteilungen innerhalb dieser Begriffe möglich sind, da die verschiedenen Aufgaben eventuell von unterschiedlichen Organen wahrgenommen werden. Ebenso soll diese Konzeption anschließend für das französische und englische Recht untersucht werden.

A. Die deutsche Konzeption

I. Geschäftsführung

Der Begriff der Geschäftsführung wird weit gefasst und ergreift alle Maßnahmen, gleich ob rechtsgeschäftlicher oder tatsächlicher Art, die den Gesellschaftszweck unmittelbar oder mittelbar fördern sollen.[98] Keine Rolle spielt, ob es sich um rechtsgeschäftliche oder tatsächliche, gewöhnliche oder außergewöhnliche Geschäfte handelt.[99] Unbedeutend ist auch, ob die Tätigkeit auf das Innenverhältnis beschränkt ist oder Außenwirkungen hinsichtlich der Vertretung der Gesellschaft Dritten gegenüber entfaltet.[100]

Die Aufgaben der Geschäftsführung können grob in zwei Bereiche aufgegliedert werden, nämlich in Aufgaben der laufenden Geschäftsführung und in Aufgaben der Leitung. Die Leitung stellt einen herausgehobenen Teil der Geschäftsführung dar, während unter die laufende Geschäftsführung die Ge-

---

[98] Jauernig/Stürner, Anm. zu den §§ 709 - 713 Rn. 6; Erman/Westermann, § 709 Rn. 5; Glasenapp, S. 2; Waldner/Wölfel, S. 22; Hachenburg/Mertens, § 37 Rn. 3; Geßler, § 77 Rn. 1; Ballerstedt, JuS 1963, 253 (256).

[99] Heymann/Emmerich, § 114 Rn. 2.

[100] Ulmer, GbR, § 709 Rn. 7; Siegmund/van Venrooy, Rn. 106; Staudinger/Keßler, vor § 709 Rn. 6, 22.

schäfte des täglichen Lebens fallen. Besonders hervorgehoben ist der Leitungsaspekt beim Vorstand der AG.[101] Zur laufenden Geschäftsführung zählen zum Beispiel der Erwerb und Verkauf von Waren, die Erneuerung des Materials, die Einstellung des Personals, die Eröffnung und Führung der Bankkonten sowie Gerichtsverhandlungen. Weiterhin kann die laufende Geschäftsführung in gewöhnliche und außergewöhnliche Geschäfte untergliedert werden. Diese Unterteilung findet man insbesondere bei den Personenhandelsgesellschaften.[102]

Von dem Begriff der Geschäftsführung als Tätigkeit im Namen der Gesellschaft ist der Begriff der Geschäftsführungsbefugnis zu unterscheiden.[103] Auch dieser wird im Gesetz nicht definiert. Unter Geschäftsführungsbefugnis versteht man die Kompetenz zum Handeln für die Gesellschaft („rechtliches Dürfen"). Inhalt und Umfang ergeben sich regelmäßig aus dem Gesellschaftsvertrag.

Nicht zur Geschäftsführung zählen Geschäfte, die die Grundlagen der Gesellschaft betreffen.[104] Zu diesen sog. Grundlagengeschäften, durch die das Gesellschaftsverhältnis geändert wird, gehören die Änderung des Gesellschaftsvertrages[105] bzw. der Satzung, die Umstrukturierung (z.B. Umwandlung) oder die Auflösung der Gesellschaft. Beispiele für Vertragsänderungen sind die Änderung des Zwecks, des Namens, der Organisation und Fragen der Mitgliedschaft.[106] Entscheidungen über die Grundlagen der Gesellschaft unterliegen der Entscheidung der Gesellschafter.[107] Während dies für die Personengesellschaften sowie die GmbH ein ungeschriebener Grundsatz ist, sind Satzungsänderungen der AG gemäß § 119 I Nr. 5 AktG ausdrücklich der Hauptversammlung zugewiesen. Nach Auslegung von § 119 II AktG wird deutlich, dass Satzungsänderungen auch hier nicht zur Geschäftsführung zählen sollen.[108]

---

[101] § 76 I AktG.

[102] §§ 116 I, 161 II HGB.

[103] Ulmer, GbR, § 709 Rn. 8; Soergel/Hadding, § 709 Rn.14; Westermann, Personengesellschaften Rn. 252; Jagenburg, S. 13.

[104] Ballerstedt, JuS 1963, 253 (256); Michalski, § 114 Rn. 5; Heidelberger Kommentar/Stuhlfelner, § 114 Rn. 2.

[105] Erman/Westermann, § 709 Rn. 6; Soergel/Hadding, § 709 Rn. 3, 11; Baumbach/Hopt, § 114 Rn. 3.

[106] Soergel/Hadding, § 709 Rn. 11; Jauernig/Stürner, Anm. zu den §§ 709 - 713 Rn. 7.

[107] Westermann, Personengesellschaften, Rn. 236; Kübler, S. 22, § 6 III 1 a, Glasenapp, S. 3.

[108] So auch Hüffer, AktG, § 77 Rn. 4.

II. Vertretung

Die Vertretung der Gesellschaft gegenüber Dritten ist nicht etwa eine von der Geschäftsführung zu unterscheidende Tätigkeit, sondern derjenige Aspekt der Geschäftsführung, der das rechtsgeschäftliche Außenhandeln der Geschäftsführer umfasst. Ein und dieselbe Handlung kann also gleichzeitig ein Akt der Geschäftsführung und der Vertretung sein. Für die Unterscheidung kommt es darauf an, von welchem Gesichtspunkt aus die Tätigkeit betrachtet wird. Wird die Betätigung vom Innenverhältnis her gesehen, handelt es sich um Geschäftsführung, bei Betrachtung der Tätigkeit vom Außenverhältnis her um Vertretung. Ein Vertretungsakt ist also dadurch charakterisiert, dass eine Rechtshandlung im Namen einer Gesellschaft und mit Wirkung für diese Gesellschaft vorgenommen wird. Im materiellen Recht versteht man unter Vertretung jedes rechtsgeschäftliche Handeln[109] im Namen eines anderen und mit Wirkung für diesen anderen.[110]

Von der Vertretung ist die Vertretungsmacht zu unterscheiden, also die Befugnis für die Gesellschaft im Außenverhältnis zu handeln. Während die Geschäftsführungsbefugnis das „rechtliche Dürfen", also die interne Verantwortlichkeit bestimmt, ist unter Vertretungsmacht das „rechtliche Können" als externe Handlungskompetenz zu verstehen.[111] In Abgrenzung zur Vertretung ist unter Vertretungsmacht also nicht jedes Außenhandeln für die Gesellschaft, sondern die Frage, ob der Geschäftsführer im Außenverhältnis gegenüber Dritten eine Handlung vornehmen kann, zu begreifen.[112] Es geht um die Frage, ob eine Willenserklärung im Außenverhältnis gegenüber Dritten für die Gesellschaft bindend ist. Als Vertretungsmacht wird folglich die im Außenverhältnis wirkende Befugnis bezeichnet, Erklärungen im Rechtsverkehr abzugeben, die für und gegen die Gesellschaft wirken.[113]

B. Die französische Konzeption

Der französische Gesetzgeber unterscheidet nicht so sehr zwischen den Begriffen Geschäftsführung und Vertretung, als vielmehr zwischen dem Innenverhältnis („*les rapports avec les associés*") und dem Außenverhältnis („*les rapports avec les tiers*").

---

[109] Auf die Vornahme und Entgegennahme rechtsgeschäftsähnlicher Handlungen, etwa einer Mahnung i.S.v. § 284 I S. 1 BGB, finden die Vertretungsregeln entsprechende Anwendung; vgl. nur Larenz/Wolf, AT, S. 873, § 46 Rn. 57; Brox, AT, Rn. 513.

[110] Larenz/Wolf, AT, S. 859, § 46 Rn. 2; Brox, AT, Rn. 513, Palandt/Heinrichs, Einf. v. § 164 Rn. 1.

[111] MüKomm/Ulmer, § 709 Rn. 9; Hueck, S. 117.

[112] Mack, S. 96.

[113] Scholz/Schneider, § 35, Rn. 12.

I. Innenverhältnis

Für das Innenverhältnis werden die Begriffe *gestion*, *gérance*, *administration* und *direction* verwandt. Dem Grunde nach bedeuten sie alle Geschäftsführung. Eine gesetzliche Definition gibt es nicht. Der Begriff Geschäftsführung muss auch hier weit verstanden werden.[114] Er wird nach dem Ziel der Geschäftsführung, also als Durchführung der notwendigen Handlungen zur Funktionsfähigkeit der Gesellschaft, definiert.[115] Der Begriff umfasst daher ebenso wie im deutschen Recht alle Maßnahmen, die den Gesellschaftszweck unmittelbar oder mittelbar fördern sollen.[116] Auch hier ist unbedeutend, ob die Tätigkeit auf das Innenverhältnis beschränkt ist oder Außenwirkungen, die regelmäßig in der Vertretung der Gesellschaft Dritten gegenüber bestehen, entfaltet.[117] Es wird insofern zwischen der *gestion interne* und der *gestion externe* unterschieden. Die Geschäftsführer übernehmen die Funktionen eines Unternehmers und vertreten die Gesellschaft.[118] Umfasst sind sicherlich alle Verwaltungsmaßnahmen, aber auch ohne Zweifel die meisten Verfügungsakte (*disposition*).[119] Unter die Maßnahmen der Geschäftsführung fallen z.B. der Ein- und Verkauf, die Einstellung von Personal, die Sicherstellung der Produktion, die Erledigung des Zahlungsverkehrs, der Abschluss von Verträgen und die Führung von Prozessen.[120] Zur Geschäftsführung zählen aber auch weit wichtigere Angelegenheiten mit schwerwiegenderen Konsequenzen: der Erwerb und Verkauf von Immobilien oder des Geschäftsvermögens, die Bildung von Zweigniederlassungen, der Erwerb von Anteilen anderer Gesellschaften, die Bestellung von Sicherheiten aus Gesellschaftsvermögen.[121]

Eine Unterscheidung zwischen laufender Geschäftsführung und Leitung findet sich vor allem bei der monistischen SA. Die beiden Funktionen sind hier auf verschiedene Organe der Gesellschaft verteilt. Während der Verwaltungsrat die Leitungsfunktion wahrnimmt, übt der Generaldirektor die laufende Geschäftsführung aus.[122] Eine Untergliederung von gewöhnlichen und ungewöhnlichen Geschäftsführungsaufgaben kennt das französische Recht hingegen nicht.

---

[114] Storck, J.-Cl. S. 4, Fasc. 74-10, S. 18 Nr. 81; Cozian/Viandier/Deboissy, S. 163 Rn. 355.

[115] Berr, S. 59 Rn. 66; Storck, J.-Cl. S. 4, Fasc. 74-10, S. 18 Nr. 83.

[116] Berr, S. 59 Rn. 66; Goldstein, S. 59.

[117] Guyon, Droit des affaires, S. 264 Rn. 265; Goldstein, S. 60.

[118] Cozian/Viandier/Deboissy, S. 163 Rn. 355.

[119] Guyon, Droit des affaires, S. 264 Rn. 265; Storck, J.-Cl. S. 4, Fasc. 74-10, S. 18 Nr. 81.

[120] Dictionnaire Permanente Droit des Affaires, Dirigeants sociaux, S. 3800 Nr. 49; Saintourens, Rép. Civ. Dalloz, Société civile, S. 11 Nr. 84; Cozian/Viandier/Deboissy, S. 163 Rn. 355.

[121] Goldstein, S. 60; Jauffret/Mestre, S. 183 Rn. 258.

[122] Art. L. 225-35, 225-51-1 CCom.

Auch das französische Recht kennt Geschäfte, die zu ihrer Vornahme der Entscheidung aller Gesellschafter bedürfen und damit grundsätzlich der Geschäftsführung entzogen sind. Dies sind Geschäfte, durch die das Gesellschaftsverhältnis geändert wird, wie z.B. die Änderung des Gesellschaftsvertrages[123] oder die Auflösung der Gesellschaft. Solche Entscheidungen unterliegen der Entscheidung der Gesellschafter.[124] So bestimmt Art. 1836 (1) CC z.B. für alle französischen Gesellschaftsformen, dass Änderungen der Statuten durch einstimmigen Beschluss aller Gesellschafter vorgenommen werden müssen. Die Statuten können jedoch eine abweichende Regelung vorsehen. Auch das Recht der SCS sieht eine Variante vor. Hier ist die Zustimmung aller persönlich haftenden Gesellschafter sowie der Mehrheit der beschränkt haftenden Gesellschafter zur Änderung der Statuten erforderlich.[125]

II. Außenverhältnis

Von dem Innenverhältnis wird auch in Frankreich das Außenverhältnis unterschieden. Für die „Vertretung" der Gesellschaft wird kein einheitlicher Begriff verwendet. Dies mag darauf zurückzuführen sein, dass die Figur der *représentation* im französischen Recht relativ neu ist.[126] Zum Teil wird von der „*gestion externe*" im Gegensatz zur „*gestion interne*" gesprochen.[127] Dies impliziert, dass die Vertretung wie im deutschen Recht als ein Teil der Geschäftsführung anzusehen ist. Zum Teil wird von der *représentation* der Gesellschaft gesprochen.[128] Häufig wird im Gesetz auch bloß auf die *pouvoirs*, also die Vertretungsmacht hingewiesen. Jedenfalls geht es hier um das Verhältnis zu Dritten, „*les rapports avec les tiers*". Vertretung bedeutet rechtsgeschäftliches Handeln einer Person im fremden Namen und für fremde Rechnung mit der Folge, dass sich die Wirkung des Rechtsgeschäftes nur in der Person des Vertretenen verwirklicht.[129] Hat der Geschäftsführer im Namen und für Rechnung der Gesellschaft ein Geschäft mit einem Dritten abgeschlossen, so hat dieser einen direkten Anspruch aus dem Gesellschaftsver-

---

[123] Berr, S. 62 Rn. 69; Jeantin, S. 135 Rn. 257; Saintourens, L´entreprise, S. 71 Rn. 218.

[124] Saintourens, L´entreprise, S. 77 Rn. 240.

[125] Art. L. 222-9 (2) CCom.

[126] Berr, S. 2 Rn. 1; Starck/Roland/Boyer, S. 94 Nr. 224.

[127] So in Art. L. 222-6 (1) CCom bezüglich der SCS. Siehe auch Dictionnaire Permanent Droit des Affaires, Gérant de SNC, S. 3937 Nr. 15.

[128] So bei der monistischen SA in Art. L. 225-56 (2) CCom.

[129] Starck/Roland/Boyer, S. 94 Nr. 223; Pétel, Rép. Civ. Dalloz, Représentation, S. 1 Nr. 1, 5; Stertkamp, S. 18.

mögen.[130] Der Geschäftsführer wird entsprechend den Grundsätzen der Vertretung nicht persönlich verpflichtet.[131]

III. Befugnisse

Es wird allgemein von Befugnissen (*pouvoirs*) gesprochen. Eine direkte Unterscheidung zwischen Geschäftsführungsbefugnis und Vertretungsmacht macht das Gesetz nicht. „*Pouvoir*" wird als Befugnis definiert, durch Vornahme einer Rechtshandlung ein fremdes Interesse wahrzunehmen und ausschließlich einen anderen zu verpflichten.[132] Um die Gesellschaft gegenüber Dritten wirksam zu verpflichten, benötigt der Geschäftsführer „*pouvoir de représentation*", also Vertretungsmacht.[133]

C. Die englische Konzeption

Das englische Recht wendet auch im Gesellschaftsrecht die allgemeinen Grundsätze der *agency* an.

I. *Agency*

Nach einer allgemeinen Definition ist *agency* ein treuhänderisches Verhältnis zwischen zwei Personen, in dem die eine Person ausdrücklich oder stillschweigend einwilligt, dass die andere Person in ihrem Namen mit Wirkung gegenüber Dritten handelt und die andere Person sich einverstanden erklärt, so zu handeln.[134] Kurz gesagt: Eine Person hat die Befugnis, eine andere Person in eine vertragliche Beziehung mit einem Dritten zu bringen.[135] Die Person, in deren Namen gehandelt wird, wird *principal* genannt, die handelnde Person heißt *agent*. Der Begriff der *agency* verkörpert somit einen Regelungsverbund grundsätzlicher Natur, in dem der *agent* berechtigt ist, die Rechtsbeziehungen des *principal* zu gestalten.[136] *Agency* beschreibt folglich ein Rechtsverhältnis, in dem eine Person bestimmt ist, eine andere zu vertreten.[137]

---

[130] Cass. Com. 31 mai 1983, Rev. Soc. 1983, 800, note Chartier.

[131] Guyon, J.-Cl. S. 1, Fasc. 28-15, 1997, S. 27 Nr. 85; Starck/Roland/Boyer, S. 107 Nr. 258.

[132] Pétel, Rép. Civ. Dalloz, Représentation, S. 3 Nr. 32; Gaillard, S. 21 Nr. 20.

[133] Saintourens, Rép. Civ. Dalloz, Société civile, S. 11 Nr. 86; Pétel, Rép. Civ. Dalloz, Représentation, S. 3 Nr. 31.

[134] Bowstead & Reynolds, S. 1, 1-001.

[135] Stone, S. 351, 17.1.

[136] Chitty, Vol. 2, S. 1, 31-001.

[137] Cheshire, Fifoot & Furmston, S. 482.

Die allgemeine Doktrin der *agency* hat zwei Aspekte. Sie umfasst anders als die Stellvertretung im deutschen Recht gleichzeitig auch die Grundlagen der Stellvertretung.[138] Es ist insofern zwischen *internal* und *external aspects of agency* zu unterscheiden. Nach dem Außenaspekt hat der *agent* die Befugnis, die Rechtsposition des *principal* im Verhältnis zu Dritten zu beeinflussen. Die *agency* dient somit erstens zur vertraglichen Bindung des *principal* gegenüber dem Dritten. Der interne Aspekt betrifft hingegen die Beziehung zwischen *principal* und *agent* und regelt die Rechte und Pflichten untereinander. Zweitens wird also eine Bindung zwischen *principal* und *agent* geschaffen, in welcher jeder im Hinblick auf den anderen Rechte und Pflichten erwirbt.[139] Die *agency* regelt damit auch das Innenverhältnis zwischen *principal* und *agent*. Interne und externe Aspekte sind dabei eng miteinander verbunden. Ungeklärt ist, welcher Aspekt den Vorrang hat. Einerseits heißt es, der interne Aspekt folge dem externen Aspekt. Aufgrund der nach außen bestehenden Befugnis des agent die Position des *principal* zu ändern, habe er interne treuhänderische Pflichten. Auf der anderen Seite sei es die interne Übertragung der Befugnisse, welche diese Befugnis rechtfertige, was den internen Aspekt vorrangig mache.[140]

Bei der *partnership* ist zu berücksichtigen, dass das Recht im Hinblick auf das Rechtsverhältnis der *partner* untereinander vom Recht der *agency* abweicht. In secs. 24 (5) und (8) PA 1890 sind hierfür spezielle Regelungen vorhanden. Der interne Aspekt wird im PA 1890 mit *management* bezeichnet. Im Recht der *company* findet sich der Begriff des *management* nur in *Table A* sowie dem *Company Directors Disqualification Act 1986* (CDDA 1986). Nach einer Definition des Management-Begriffs des CDDA 1986 ist unbeachtlich, ob die Tätigkeit auf das Innenverhältnis beschränkt ist oder Außenwirkungen entfaltet.[141]

Im Recht der *partnership* findet sich eine Unterscheidung zwischen gewöhnlichen und ungewöhnlichen Geschäften einerseits bei der Geschäftsführung, andererseits bei der Vertretung.[142] Eine Untergliederung in Leitung und laufende Geschäftsführung kann man in *companies* häufig dann antreffen, wenn ein *managing director* bestellt wurde. Diesem ist dann die laufende Geschäftsführung übertragen, während die Leitung beim *board of directors* verbleibt.

Für die *partnership* sowie die *limited partnership* ist in sec. 24 (8) PA 1890 (i.V.m. sec. 7 LPA 1907) bestimmt, dass Änderungen in der Natur der

---

[138] Cheshire, Fifoot & Furmston, S. 483, Bippus, S. 281, 282.
[139] Bowstead & Reynolds, S. 8, 1-016.
[140] Bowstead & Reynolds, S. 13, 1-021.
[141] Sealy, Disqualification, Nr. 201.
[142] Secs. 24 (8), 5 PA 1890.

partnership nur mit Zustimmung aller existierenden *partner* (also *general und limited partner*) vorgenommen werden dürfen.[143] Für diese grundlegenden Geschäfte greifen die Prinzipien der *agency* also nicht ein. Auch in der *company* werden grundlegende Geschäfte von der Gesellschafterversammlung vorgenommen. Hierzu zählt z.B. die Änderung des Gesellschaftsgegenstandes, die nur mit einer Dreiviertelmehrheit (*special resolution*) beschlossen werden kann.[144]

II. *Authority*

Die Befugnis (*power*), die rechtlichen Beziehungen der Gesellschaft mit Dritten zu beeinflussen, beruht auf der *authority* des Geschäftsführers.[145] Als *agents* können die Geschäftsführer nur innerhalb ihrer *authority* für die *partnership* bzw. die *company* wirksam handeln. Die *authority* kann *actual*, *usual* oder *apparent* sein. Die *actual authority* wird dem Geschäftsführer ausdrücklich (*express*) oder stillschweigend (*implied*) erteilt.[146] *Diplock LJ* erklärt dazu in *Freeman and Lockyer v. Buckhurst Park Properties (Mangal) Ltd* [1964] 2 QB 480, CA at pp. 502-3:

> *„An „actual" authority is a legal relationship between principal and agent created by a consensual agreement to which they alone are parties. Its scope is to be ascertained by applying ordinary principles of construction of contracts, including any proper implications from the express words use, the usages of the trade, or the course of business between the parties. To this agreement the contractor is a stranger; he may be totally ignorant of the existence of any authority on the part of the agent. Nevertheless, if the agent does enter into a contract pursuant to the „actual" authority, it does create contractual rights and liabilities between the principal and the contractor."*

Dabei wird die stillschweigende *authority* aus dem Verhalten der Parteien und den Umständen des Falles geschlossen. *Usual authority* ist die *authority*, die das Gesetz einem bestimmten Typen von *agent* zuspricht, auch wenn diese *authority* nicht ausdrücklich vereinbart wurde, d.h. der *agent* darf alle Handlungen vornehmen, die einem normalen *agent* dieses Typs erwartungsgemäß zufallen.[147] *Apparent authority* ist die *authority* des *agent* wie sie anderen erscheint.[148] Unter der Doktrin der *apparent authority* kann die Gesellschaft gebunden werden, weil es den Anschein hatte als bestehe *authority*,

---

[143] Lindley & Banks, S. 464, 15-05; Blackett-Ord, S. 176, 11.3.
[144] Sec. 4 (1) CA 1985.
[145] Bowstead & Reynolds, S. 1, 1-001; Chitty, Vol. 2, S. 25, 32-042.
[146] *Freeman & Lockyer v. Buckhurst Park Properties (Mangal) Ltd.* [1964] 2 Q.B. 480, 502.
[147] Burgess/Morse, S. 111.
[148] *Hely-Hutchinson v. Brayhead Ltd.* [1968] 1 Q.B. 549, 583.

obwohl tatsächlich zwischen Gesellschaft und Geschäftsführer keine *authority* vereinbart war und die normalen Konsequenzen der *authority* nicht eingetreten sind.[149] Entscheidungen welche *authority* Geschäftsführer normalerweise tatsächlich besitzen sind deshalb relevant für die Doktrin. Im allgemeinen bestehen *actual* und *apparent authority* nebeneinander und überschneiden sich.[150] Eine klare Unterscheidung wurde erst vor relativ kurzer Zeit gemacht.[151] Sec. 5 PA 1890 legt die Prinzipien der *actual* und *apparent authority*, wie sie für *partner* gelten, dar.[152] In der *company* ist nunmehr sec. 35 A CA 1985 anzuwenden, die später genauer behandelt wird.

D. Vergleich

Begrifflich wird nicht in allen untersuchten Ländern so streng zwischen Geschäftsführung und Vertretung getrennt wie in Deutschland. Eine Unterscheidung zwischen Innen- und Außenverhältnis findet sich hingegen überall. In Frankreich werden keine einheitlichen Begriffe für die Beschreibung von Innen- und Außenverhältnis verwendet. In England werden beide Verhältnisse von einem Begriff, dem der *agency*, umfasst. Für die Zwecke der folgenden Untersuchung sollen dennoch die Begriffe der Geschäftsführung und Vertretung zugrunde gelegt werden. Es lässt sich folgendes Prinzip ableiten:

Innen- und Außenverhältnis sind zu unterscheiden. Die Geschäftsführungskompetenz betrifft das Innenverhältnis, die Vertretungskompetenz das Außenverhältnis.

Die Geschäftsführung kann grundsätzlich in tägliche, laufende Geschäftsführung und Leitung untergliedert werden. Besonders ausgeprägt ist diese Unterscheidung bei den geschlossenen Kapitalgesellschaften. Bei der monistischen SA sind die Aufgaben auf unterschiedliche Organe verteilt. Bei den *companies* ist dies zumeist der Fall, wenn ein *managing director* bestellt wurde. Weiterhin ist eine Aufgliederung der laufenden Geschäftsführung in gewöhnliche und außergewöhnliche Angelegenheiten möglich. Auch diese werden zum Teil von unterschiedlichen Organen wahrgenommen. Auf die genaue Kompetenzverteilung wird insbesondere in Teil 4, 10 § 2 und 11 § 2

---

[149] Chitty, Vol. 2, S. 25, 32-042.

[150] *Freeman & Lockyer v. Buckhurst Park Properties (Mangal) Ltd.* [1964] 2 Q.B. 502; *Hely-Hutchinson v. Brayhead Ltd.* [1968] 1 Q.B. 549, 583.

[151] *Burt v. Claude Cousins & Co. Ltd.* [1971] 2 Q.B. 426, 454; *Barrington v. Lee* [1972] 1 Q.B. 326, 336.

[152] Chitty, Vol. 2, S. 11, 32-017.

eingegangen. Bereits hier lassen sich jedoch folgende gemeinsame Prinzipien festhalten:

Die Geschäftsführung wird inhaltlich in laufende Geschäfte und Leitungsaufgaben untergliedert.

Es sind ferner gewöhnliche und außergewöhnliche Geschäfte zu unterscheiden.

Laufende Geschäfte, Leitungsaufgaben, gewöhnliche und außergewöhnliche Geschäfte können verschiedenen Organen übertragen sein.

Während im deutschen und französischen Recht die Vertretung als Außenaspekt der Geschäftsführung aufgefasst wird, bestimmt der allgemeine Begriff der *agency* des englischen Rechts sowohl Innen- als auch Außenverhältnis. Im Rahmen der folgenden Untersuchung der Vertretung einer Gesellschaft ist folglich nur auf den Außenaspekt der *agency* abzustellen.

Von der Geschäftsführung und Vertretung als Tätigkeit sind die jeweiligen Befugnisse zu unterscheiden. Dies sind im deutschen Recht die Geschäftsführungs- und Vertretungsbefugnisse, im französischen Recht die *pouvoirs* und im englischen Recht die *authority*. Erst sie verleihen den Organen die Kompetenz zum Handeln.

Schließlich werden in allen untersuchten Rechtsordnungen sog. Grundlagengeschäfte von der Geschäftsführung getrennt. Sie werden von der Gesellschaftergesamtheit vorgenommen und sind von der Tätigkeit der Geschäftsführer ausgenommen. Hierzu zählen insbesondere Änderungen des Gesellschaftsvertrages sowie die Auflösung der Gesellschaft. Es ergibt sich das folgende gemeinsame Prinzip:

Grundlagengeschäfte, wie z.B. die Änderung des Gesellschaftsvertrags oder die Auflösung der Gesellschaft, sind nicht vom Begriff der Geschäftsführung umfasst. Sie unterliegen der Kompetenz der Gesellschaftergesamtheit.

4. Teil: Geschäftsführung und Vertretung in der Organisationsstruktur der verschiedenen Gesellschaftsformen

In diesem Teil soll auf die Organisationsstruktur der verschiedenen Gesellschaftsformen eingegangen werden. Dabei soll festgestellt werden, wie die Aufgaben der Geschäftsführung und der Vertretung innerhalb dieser Organisationsstruktur verteilt sind. Dies ist entscheidend für die Frage der Kompetenzabgrenzung, die im Rahmen des Umfangs von Geschäftsführungsbefugnis und Vertretungsmacht von Bedeutung ist. Weiterhin spielt die Organisationsstruktur bei der Frage der Inkompatibilität verschiedener Ämter innerhalb einer Gesellschaft eine Rolle. Ihrer Funktion nach können Willensbildung-, Leitungs- und Aufsichtsorgane unterschieden werden.

§ 1. Personengesellschaften

A. Rechtslage im Allgemeinen

In den Personengesellschaften nehmen die Gesellschafter die Geschäfte der Gesellschaft wahr. Sie handeln entweder als Geschäftsführer oder als Gesamtheit der Gesellschafter. Sind einzelne Gesellschafter von der Geschäftsführung ausgeschlossen, so findet sich eine organisatorische Abschichtung der Geschäftsführung von der Gesellschaftergesamtheit. In diesem Fall gibt es Kompetenzen der geschäftsführenden Gesellschafter im Unterschied zu Kompetenzen der Gesamtheit aller Gesellschafter. Lediglich in den französischen Personenhandelsgesellschaften können die Gesellschafter gemäß Art. L. 221-9 CCom zusätzlich einen oder mehrere Rechnungsprüfer (*commissaires aux comptes*) bestellen, auf die dann bestimmte Befugnisse verlagert werden.

B. Besonderheiten bei den Kommanditgesellschaften

Bei den Kommanditgesellschaften ergeben sich regelmäßig Besonderheiten hinsichtlich der Kommanditisten.

I. Die deutsche Kommanditgesellschaft

Die Geschäftsführungsbefugnis in der KG entspricht im wesentlichen der in der oHG.[153] Geschäftsführungsbefugt sind aber nur die Komplementäre; die Kommanditisten sind gemäß § 164 S. 1 1. HS. HGB von der Geschäftsführung ausgeschlossen. Ihnen ist die Stellung von Kapitalgebern eingeräumt, die nicht berechtigt sind, aktiv an der Geschäftsführung teilzunehmen.[154] Aus ihrer Gesellschafterstellung ergibt sich demnach weder das Recht noch die Pflicht zur Besorgung der Geschäfte der KG. § 164 HGB ist nach § 163 HGB dispositiv. Im Innenverhältnis können Komplementäre und Kommanditisten somit durch Vertragsbestimmungen eine gleichrangige Stellung erhalten.[155] Die Haftung des Kommanditisten ändert sich hierdurch nicht. Selbst wenn er die eigentlich bestimmende Person in der KG ist, haftet er nur beschränkt nach § 171 ff. HGB.[156] Von der Vertretung der Gesellschaft ist der Kommanditist gemäß § 170 HGB zwingend ausgeschlossen.[157]

II. Die *société en commandite simple*

Die Komplementäre sind entsprechend den Vorschriften der SNC geschäftsführungsbefugt, Art. L. 222-2 CCom. Die Kommanditisten können die Stellung als Geschäftsführer hingegen nicht innehaben.[158] Nach der Regel des Art. L. 222-6 (1) CCom dürfen sie keine Handlung der *gestion externe* vornehmen, also solche Handlungen, die einen Dritten vermuten lassen, sie seien Komplementäre.[159] Ihnen ist sogar das Handeln aufgrund einer Vollmacht untersagt (*meme en vertu d'une procuration*). Man spricht von der „*prohibition d'immixtion dans la gestion*". Diese Regelung soll dem Drittschutz dienen.[160] Handlungen der *gestion interne*, also solche, die sich ohne Außenwirkung vornehmen lassen, können hingegen durch Kommanditisten vorgenommen werden. Die Kommanditisten sind folglich zur Teilhabe an Maßnahmen der inneren Organisation berechtigt. Hierzu zählen nach Art. 18 *décret 67-236* Kontroll- und Überwachungsmaßnahmen sowie nach Art. L. 222-7 CCom i.V.m. Art. 19 *décret 67-236* die Einsicht in die Bücher und Unterlagen der Gesellschaft. Weiterhin dürfen sie ihre Meinung äußern und

---

[153] § 161 II i.V.m. § 114 ff. HGB.

[154] Horst, S. 269.

[155] Horst, S. 223.

[156] BGHZ 45, 204; Ebenroth/Boujong/Joost/Weipert, § 164 Rn. 26, 27; Heidelberger Kommentar/Stuhlfelner, § 164 Rn. 3.

[157] Baumbach/Hopt, § 170 Rn. 1.

[158] Cozian/Viandier/Deboissy, S. 184 Rn. 385, Didier, S. 214; Ripert/Roblot, S. 156 Rn. 1232.

[159] Juglart/Ippolito, S. 306 Rn. 240.

[160] Oppetit/Sayag, S. 175 Rn. 148.

mit Ratschlägen weiterhelfen, die Geschäftsführung kontrollieren und an den gemeinsamen Entscheidungen der Gesellschafter teilnehmen.[161] Die Rechte der Kommanditisten entsprechen damit weitgehend denen der nichtgeschäftsführenden Gesellschafter der SNC.[162] Bei Verstoß gegen das Verbot des Art. L. 222-6 (1) CCom haftet der Kommanditist mit den Komplementären gesamtschuldnerisch für die Verpflichtungen und Verbindlichkeiten der Gesellschaft, die aufgrund der verbotenen Handlung entstanden sind. Dabei haftet der Kommanditist je nach Anzahl und Bedeutung seiner Handlungen für alle Gesellschaftsverbindlichkeiten oder nur für einzelne.[163]

III. Die *limited partnership*

Das Recht die *partnership* zu führen, ist den *general partners* allein übertragen. Ein *limited partner* darf weder direkt noch indirekt in die Geschäftsführung der *partnership* eingreifen, sec. 6 (1) LPA 1907. Ungeklärt ist die genaue Bedeutung dieses Verbots an der Geschäftsführung teilzunehmen. Das Gesetz besagt lediglich: „*A limited partner shall not take part in the management of the partnership business.*“. Nach überwiegender Ansicht beschränkt sich die Teilhabe am Management nicht auf Maßnahmen nach außen, sondern sieht, wie der Wortlaut der Vorschrift nahe legt, auch aktive Schritte im Innenverhältnis davon umfasst.[164] Dies ergibt sich auch daraus, dass sec. 6 (1) LPA 1907 ferner besagt, dass ein *limited partner* keine Befugnis hat, die *firm* im Rechtsverkehr zu verpflichten. Der *limited partner* verfügt aber über ein gesetzliches Recht, die Gesellschaftsbücher einzusehen, sich über den Stand und die Möglichkeiten des Unternehmens zu informieren und mit den *general partners* zu beraten.[165] Er darf jedoch keinen Einfluss auf die Geschäftsführungsentscheidungen nehmen. Rechte und spezielle Befugnisse, die durch Vereinbarung auf den *limited partner* übertragen werden, müssen so ausgeübt werden, dass jede Beteiligung am Management verhindert wird.[166] Nimmt ein *limited partner* an der Geschäftsführung teil, so haftet er während der Zeit seiner Geschäftsführung für alle Verbindlichkeiten und Pflichten der *firm* wie ein *general partner*.[167] *Banks* legt die Worte „während der Zeit seiner Geschäftsführung“ nicht wörtlich aus, sondern ist der Ansicht, dass die Haftung nicht unbedingt mit der Beendigung der Teilnahme an der Geschäftsführung

[161] Ripert/Roblot, S. 157 Rn. 1232; Legeais, S. 149 Rn. 343.
[162] Bippus, S. 443.
[163] Art. L. 222-6 (2) CCom.
[164] Miller, S. 609; Thole, S. 160.
[165] Sec. 6 (1) Satz 2 LPA 1907.
[166] Lindley & Banks, S. 872, 31-04.
[167] Sec. 6 (3) LPA 1907.

endet, sondern solange weiter besteht, bis die Entscheidungen des *limited partner* umgesetzt sind.[168] Jeder *limited partner*, der an der Geschäftsführung teilnimmt, verliert also seine beschränkte Haftung. Er hört jedoch nicht auf *limited partner* zu sein, sondern muss nur die Nachteile eines *general partner* auf sich nehmen.[169]

§ 2. Kapitalgesellschaften

Unterschiedlich ist die Organisationsstruktur in den Kapitalgesellschaften.

A. Deutsche Kapitalgesellschaften

I. Die Gesellschaft mit beschränkter Haftung

Nach dem GmbHG sind zwei Organe der Gesellschaft zwingend vorgeschrieben: Die Geschäftsführer als Handlungsorgan (§§ 6, 35 ff. GmbHG) und die Gesellschafter als Willensbildungsorgan (§§ 45 ff. GmbHG). Die Gesellschafter fassen in der Gesellschafterversammlung die für die Geschicke der Gesellschaft wesentlichen Entscheidungen.[170] Die Geschäftsführer sind als Handlungsorgan das zur Geschäftsführung und Vertretung der Gesellschaft berufene Organ. Diese Unterscheidung zum dreigliedrigen Aufbau der AG wurde damit begründet, dass die Gesellschafter einer GmbH in großer Nähe zum Gesellschaftsgeschehen stünden und überdies untereinander verbunden seien; deshalb könnten sie ihre Interessen selbst wahrnehmen und bräuchten keinen Aufsichtsrat, der sie repräsentiere.[171] Allein um die Mitwirkungsinteressen der Arbeitnehmer organisationsrechtlich umzusetzen, hat der Gesetzgeber das GmbH-spezifische Konzept für bestimmte Gesellschaften zwingend zum dreigliedrigen erweitert. Obligatorisch ist ein Aufsichtsrat somit, soweit die GmbH der Mitbestimmung unterliegt.[172] Im übrigen kann ein Aufsichtsrat gemäß § 52 I GmbHG fakultativ bestellt werden. Im Unterschied zu der auf Machtbalance der einzelnen Organe abzielenden und die Aktionäre von der unmittelbaren Einflussnahme auf die Geschäftsführung der Gesellschaft ausschließenden Verfassung der AG ist die Organisation der

[168] Lindley & Banks, S. 872, 31-04 Fn. 15.
[169] Blackett-Ord, S. 484, 20.7.
[170] BGH, GmbHR 1997, 705 (706).
[171] Hommelhoff, S. 26 (40).
[172] §§ 6 I mit 1 I MitbestG, § 77 I BetrVG 1952 §§ 1, 3 I MontanmitbestG, § 1 MitbestErgG. Siehe hierzu Raiser, Kapitalgesellschaften, S. 615 ff., § 35 Rn.1 ff.

GmbH hierarchisch gestaltet.[173] Die Gesamtheit der Gesellschafter ist das oberste Organ der GmbH.

II. Die Aktiengesellschaft

Die AG hat kraft Gesetzes zwingend einen dreigliedrigen Aufbau, drei zwingend vorgeschriebene Organe: den Vorstand (§§ 76-94 AktG), den Aufsichtsrat (§§ 95-116 AktG sowie die Mitbestimmungsgesetze) und die Hauptversammlung (§§ 118-147 AktG). Die Zuständigkeiten der Organe sind im Gesetz grundsätzlich abschließend geregelt und zwingend gegeneinander abzugrenzen (Grundsatz der strengen Funktionsteilung).[174] Dies soll ein Gleichgewicht der Kräfte im Sinne einer auf Machtbalance abzielenden Kompetenzordnung gewährleisten.[175] Es gibt kein oberstes Organ, vielmehr stehen die drei Organe hierarchisch ungeschichtet nebeneinander.[176] Der Vorstand ist jedoch das Organ der Gesellschaft, dem die wichtigsten Zuständigkeiten zufallen.[177] Gemäß § 76 I AktG hat der Vorstand die AG unter eigener Verantwortung zu leiten. Er führt die Geschäfte gemäß § 77 AktG und vertritt die Gesellschaft gerichtlich und außergerichtlich, § 78 AktG. Unter dem Begriff „Leitung" ist nach h.M. jedoch mehr zu verstehen, als die Summe von Geschäftsführung und Vertretung in ihrer oben dargestellten Bedeutung.[178] Zur Leitung der Gesellschaft gehören grundsätzlich alle Maßnahmen und Entscheidungen, die für eine AG auf deren rechtlicher Grundlage und im Rahmen ihrer Gesamtstruktur getroffen werden müssen. Durch die Leitung legt der Vorstand die Richtlinien der Unternehmenspolitik fest und nimmt die eigentliche unternehmerische Funktion dadurch wahr, dass er die geschäftspolitischen Initiativen ergreift.[179] Die Leitung erfordert Führungsentscheidungen, wie Unternehmensplanung, Unternehmenskoordination und Unternehmenskontrolle.[180] Die Leitung ist mithin ein herausgehobener Teilbereich der Geschäftsführung.[181] Die Abgrenzung der Leitungs- von der Geschäftsführungsfunktion erlangt Bedeutung, wenn es um die Delegation von Ge-

[173] GmbH-Handbuch/Kallmeyer, Teil I, Rn. 1514.

[174] Kölner Kommentar/Mertens, Vorb. § 76 Rn. 1; Vogel, S. 36.

[175] Nirk/Reuter/Bächle, Rn. 601; Raiser, Kapitalgesellschaften, S. 129, § 13 Rn. 11. Raiser spricht insofern von einem System der *„checks and balance of power"*.

[176] Im Gegensatz zum früheren Recht kann die Hauptversammlung nicht mehr als das oberste Organ angesehen werden. Raiser, Kapitalgesellschaften, S. 129 § 13 Rn. 11; Hommelhoff, S. 26 (43); a.A. Vogel, S. 34.

[177] Henn, Rn. 530; Nirk/Reuter/Bächle, Rn. 606.

[178] Kessler, S. 29; Nirk/Reuter/Bächle, Rn. 710.

[179] Nirk/Reuter/Bächle, Rn. 710.

[180] Martens, FS Fleck, S 191 (200, 201); Dose, S. 39, 40; Kucera, S. 30.

[181] Hüffer, AktG, § 76 Rn. 7.

schäftsführungsaufgaben auf einzelne Vorstandsmitglieder geht.[182] Dem Aufsichtsrat wurde gemäß § 111 I AktG die Überwachung des Vorstands übertragen, während die Hauptversammlung auf die Ausübung ihrer gesetzlich normierten Informations- und Kontrollrechte sowie der im Katalog des § 119 AktG aufgeführten wesentlichen Gesellschaftsangelegenheiten beschränkt ist. Der Vorstand und der Aufsichtsrat stellen somit gemeinsam die Verwaltung der AG dar.[183] Im Schrifttum wird diese dreigliedrige Struktur als zweckmäßig und daher beizubehaltende Organisationsstruktur gewürdigt.[184]

B. Französische Kapitalgesellschaften

I. Die *société à responsabilité limitée*

Die SARL hat die Geschäftsführung (*gérance*) als Leitungsorgan, unter bestimmten Voraussetzungen Rechnungsprüfer (*commissaires aux comptes*, Art. L. 223-35 CCom) als Kontrollorgan und die Gesellschafterversammlung (*assemblée*, Art. L. 223-27 CCom) als Willensbildungsorgan. Ein Aufsichtsrat (*conseil de surveillance*) kann fakultativ vorgesehen werden.[185] Die Geschäftsführer verwalten die Gesellschaft und vertreten sie nach außen.

II. Die *société anonyme*

Hinsichtlich ihrer Organisation ist die SA durch eine hierarchische Struktur gekennzeichnet, innerhalb derer den einzelnen Organen gesetzlich zwingend festgelegte Aufgaben und Befugnisse zukommen.[186] Seit dem Gesetz von 1966 kennt das französische Recht zwei Organisationsformen der Geschäftsleitung der SA. Dies ist eine der Neuerungen dieses Gesetzes. Bereits bestehende und zukünftige Gesellschaften haben gleichermaßen freie Wahl zwischen den beiden Systemen. Das sog. monistische System besteht aus einem Verwaltungsrat, dem *conseil d'administration*.[187] Daneben existiert die Hauptversammlung der Aktionäre als zweites Gesellschaftsorgan. Die der deutschen Tradition nachgebildete dualistische Organisationsform besteht aus einem Vorstand (*directoire*) und einem Aufsichtsrat (*conseil de surveillance*).[188] Daneben besteht ebenfalls die Hauptversammlung der Aktionäre. In

---

[182] Hüffer, AktG, § 76 Rn. 7; Semler, S. 10 Rn. 11, S. 18 Rn. 23; Stein ZGR 1988, 163 (168).
[183] Kölner Kommentar/Mertens, Vorb. § 76 Rn. 2; Kessler, S. 27; Henn, Rn. 525.
[184] Raiser, Kapitalgesellschaften, S. 130 § 13 Rn. 14 mwN.
[185] Bougnoux, J.-Cl. S. 4, Fasc. 76-10, 2001, S. 3 Nr. 4.
[186] Cass. Civ. 4. juin 1946, JCP 1947 II 3518 (Arret Motte); Guyon, Droit des affaires, S. 276 Rn. 279; Hübner/Constantinesco, S. 222; Sonnenberger/Autexier, S. 195 Rn. 134.
[187] Art. L. 225-17 bis 225-56 CCom.
[188] Art. L. 225-57 bis 225-93 CCom.

der Satzung muss festgelegt werden, ob die SA in der monistischen oder der dualistischen Organisationsform gebildet werden soll. Während des Bestehens der Gesellschaft ist ein Wechsel zwischen beiden Organisationsformen durch Änderung der Statuten zulässig.[189] Als Folge von Gewohnheit und Routine sind die meisten Gesellschaften jedoch bei dem monistischen Organisationssystem geblieben.[190]

1. Die monistische Organisationsform: der Verwaltungsrat

Bis zur *loi 2001-420* war der Verwaltungsrat mit der „*administration*" der Gesellschaft befasst, während der Präsident des Verwaltungsrats die „*direction*" der Gesellschaft sicherstellen sollte. Es gab aber keine Legaldefinition dieser Begriffe. Ins Deutsche wurden beide mit Geschäftsführung oder Leitung übersetzt. Das Gesetz formulierte keine klare Abgrenzung der Rollen von Verwaltungsrat und dessen Präsidenten. Zur Präzisierung der Funktionen hatte der Gesetzgeber auf eine identische Formulierung zurückgegriffen und sagte von jedem der beiden, dass er die weitestgehenden Befugnisse besitze, um in allen Situationen im Namen der Gesellschaft tätig zu werden.[191] Der Gesetzeswortlaut war unklar und wurde zum Teil als widersprüchlich angesehen.[192] Insofern war eine Abgrenzung der Kompetenzbereiche beider Organe schwierig.[193] In der Praxis wurde die Befugnis des Verwaltungsrats zur Geschäftsführung bereits vermindert und mehr und mehr nur auf die Kontrolle der Geschäftsführung durch den Präsidenten beschränkt.[194] Der Verwaltungsrat leitete nicht mehr aktiv die Gesellschaft. Vielmehr beschränkte sich seine Tätigkeit darauf, die grobe Orientierung der Geschäftsleitung zu definieren und die Geschäftsführung des Präsidenten zu überwachen.[195] Praktisch griff der Verwaltungsrat nur im Falle einer schwerwiegenden Krise in die Geschäfte der Gesellschaft ein.[196]

Einer der wichtigen Aspekte der Unternehmensreform im Jahr 2001 betraf die Neudefinition der Befugnisse des Verwaltungsrats und seines Präsidenten im Rahmen der Trennung der Funktionen des Präsidenten und des Generaldirektors. Das verfolgte Ziel war, ein ausgewogenes Verhältnis der Verwaltungsorgane der Gesellschaft zu schaffen, inspiriert durch die Prinzi-

---

189 Chaussade-Klein, S. 55.
190 Ripert/Roblot, S. 1038 Rn. 1369.
191 Art. L. 225-35 (1) und 225-51 (2) CCom.
192 Chartier/Mestre, S. 161; Sonnenberger, S. 173 § 2 III 159.
193 Diese Problematik bestand bereits unter dem Gesetz von 1940, siehe Wander, S. 98 ff.
194 Ripert/Roblot, S. 400 Rn. 1625.
195 Merle, S. 390 Rn. 372; Ripert/Roblot, S. 440 Rn. 1670-2; Chaput, Droit des sociétés, S. 158 Rn. 327; Didier, S. 225.
196 Didier, S. 228.

pien der *Corporate Governance*.[197] Mit der *loi 2001-420* hat der französische Gesetzgeber die Kompetenzabgrenzung klarer gefasst und praktisch den status quo in das Gesetz übernommen. Nach Art. L. 225-35 (1) CCom bestimmt der Verwaltungsrat den Kurs der Gesellschaftstätigkeit (*les orientations de l'activité*) und überwacht seine Umsetzung. Ferner greift er alle Fragen betreffend eines guten Gesellschaftsbetriebes auf und regelt alle Geschäfte, die diesen betreffen (*il se saisit de toute question intéressant la bonne marche de la société et règle par ses délibérations les affaires que le concernent*). Durch diese Aufgreifbefugnis lädt das Gesetz den Verwaltungsrat ein, sich über den täglichen Geschäftsbetrieb des Unternehmens Gedanken zu machen.[198] In diesem Punkt finden sich aber nach wie vor Überschneidungen mit den Aufgaben des Generaldirektors.[199] Es fragt sich, ob hier nicht implizit die Befugnis des Verwaltungsrats, in allen Angelegenheiten der Gesellschaft zu handeln, wiederhergestellt wird.[200] Der Verwaltungsrat wird so umschrieben, als würde er für die Gesellschaft handeln, denn die Gesellschaft wird durch seine Handlungen verpflichtet. Dies wird durch die Tatsache bekräftigt, dass an den herkömmlichen Einschränkungen der Befugnisse des Verwaltungsrats durch den Gesellschaftsgegenstand und die Befugnisse der Aktionärsversammlung festgehalten wurde.[201] Seine Rechte sind jedoch begrenzt und die Umsetzung seiner Entscheidungen nach außen werden notwendigerweise durch den Generaldirektor übernommen, der nach Art. L. 225-56 CCom der gesetzliche Vertreter der Gesellschaft, d.h. der einzige ständige Gesprächspartner Dritter ist.[202]

Der Präsident des Verwaltungsrats vertritt den Verwaltungsrat. Er organisiert und leitet dessen Arbeit und legt gegenüber der Hauptversammlung Rechenschaft ab. Weiterhin überwacht er die Tätigkeit der Organe und stellt insbesondere sicher, dass die Verwaltungsratsmitglieder in der Lage sind, ihren Auftrag auszuführen.[203]

Die *direction générale*, also die eigentliche Geschäftsführung der Gesellschaft, wird nunmehr vom Präsidenten oder einem durch den Verwaltungsrat ernannten Generaldirektor (*directeur général*) in eigener Verantwortung vorgenommen.[204] Die Trennung der Funktionen von Präsident und Generaldirektor ist folglich nicht zwingend.[205] Der Verwaltungsrat muss sich

---

[197] Bureau, Bull Joly 2001, 553 (561 Nr. 14); Couret, JCP G 2001 I 339 Nr. 27.
[198] Merle, S. 434, Rn. 404.
[199] Couret, Le Dalloz 2001, 3027 (3029).
[200] Merle, S. 434, Rn. 404.
[201] Merle, S. 434, Rn. 404.
[202] Bouère, Bull Joly 2001, 695 (711 Nr. 13).
[203] Art. L. 225-51 CCom.
[204] Art. L. 225-51-1 (1) CCom.
[205] Bureau, Bull Joly 2001, 553 (565 Nr. 23).

nach in den Statuten festgelegten Voraussetzungen für eine der beiden Möglichkeiten entscheiden. Aktionäre und Dritte sind über die Entscheidung zu informieren[206] Nunmehr koexistieren also drei Strukturen der société anonyme: die Gesellschaft mit Vorstand und Aufsichtsrat, die Gesellschaft mit Verwaltungsrat und Präsidenten, der selbst die Geschäftsführung innehat, sowie die Gesellschaft mit dem Verwaltungsrat und seinem Präsidenten einerseits und Generaldirektor andererseits.[207] Nimmt der Präsident des Verwaltungsrats die Geschäftsführung wahr, so sind jedoch auch auf ihn die Vorschriften über den Generaldirektor anzuwenden.[208] Für das hier behandelte Thema ergeben sich dennoch einige Unterschiede, so z.B. bei den Möglichkeiten der Abberufung. Die Ernennung eines Generaldirektors ist zwingend, er ist nunmehr die zentrale Figur der monistischen SA.[209] Der Generaldirektor nimmt also die Geschäftsführung der Gesellschaft wahr. In Art. L. 225-56 I. (2) Satz 1 CCom ist zudem bestimmt, dass der Generaldirektor die Gesellschaft gegenüber Dritten vertritt. Dabei hat er wie zuvor der Präsident die weitestgehenden Befugnisse.[210] Ferner kann der Verwaltungsrat auf Vorschlag des Generaldirektors einen oder mehrere *directeur général délégué* zur Unterstützung des Generaldirektors bestellen, Art. L. 225-53 (1) CCom. Diese haben im Verhältnis zu Dritten die gleichen Befugnisse wie der Generaldirektor.[211] Die neuen Vorschriften sollen für eine bessere Balance der Verwaltungskompetenzen der Gesellschaft sorgen. Es ist davon auszugehen, dass Verwaltungsratspräsident und Generaldirektor nunmehr häufig verschiedene Personen sein werden. Nur so ist eine vernünftige Kontrolle der Geschäftsführung durch den Verwaltungsrat möglich.[212]

2. *Die dualistische Organisationsform: Vorstand und Aufsichtsrat*

Die Kompetenzverteilung bei der dualistischen SA ist nach wie vor klarer als bei der monistischen SA. Der Vorstand vereinigt die Befugnisse des Generaldirektors und des Verwaltungsrats des monistischen Systems auf sich, wobei die Kontrollfunktion des Verwaltungsrats ausgegliedert und dem Aufsichtsrat überlassen ist.[213] Dem Vorstand obliegt demnach die Verwaltung der Gesellschaft, während der Aufsichtsrat den Vorstand überwacht. Die Ge-

---

[206] Art. L. 225-51-1 (2) CCom.

[207] Viandier/Mansuy, J.-Cl. S. 4, Fasc. 133-10, S. 5 Nr. 12; Bureau, Bull Joly 2001, 553 (565 Nr. 23).

[208] Art. L. 225-51-1 (3) CCom.

[209] Merle, S. 466 Rn. 429.

[210] Art. L. 225-56 I. (1) CCom.

[211] Art. L. 225-56 II. (2) CCom.

[212] Omar, Co Law 2000, 30.

[213] Legeais, S. 179 Rn. 399; Guyon, Droit des affaires, S. 371 Rn. 354.

schäftsführungsbefugnisse sind nicht in den Händen einer einzigen Person zentriert, sondern dem Vorstand, einem Kollegialorgan, übertragen. Die Vorstandsmitglieder können die Befugnisse relativ leicht unter sich aufteilen. Insbesondere kann der Vorstandsvorsitzende die generelle Geschäftsführung übernehmen, während jedes andere Mitglied mit einem speziellen Aufgabenkreis betraut ist.[214] Nach außen vertritt der Vorstandsvorsitzende die Gesellschaft gemäß Art. L. 225-56 (1) und 225-66 (1) CCom allein. Den übrigen Vorstandsmitgliedern kann jedoch als *directeurs généraux* Vertretungsmacht verliehen werden.

C. Englische Kapitalgesellschaften

In einer *company* existieren die Gesellschafterversammlung (*general meeting*) und der *board of directors* als zwei primär entscheidungsbefugte Gremien. Weiterhin hat die *company* eine Art „Urkundsbeamten" (*secretary*) und Rechnungsprüfer (*auditors*) als Kontrollgremium. Eine formale Trennung von Leitungs- und Kontrollfunktion wie in der deutschen AG ist dem englischen Recht fremd. Es besteht ein einheitlicher *board of directors* (*one tier oder unitary system*).[215] Der CA 1985 legt nur einen groben Rahmen der Kompetenzverteilung nieder, Konkretisierungen werden den Entscheidungen der Gerichte durch Anwendung der Regeln des *common law* und der *equity* überlassen.[216] Viele der Details werden auch der Satzung anvertraut. So wird die Verteilung der Kompetenzen zwischen Gesellschafterversammlung und *board of directors* ausschließlich im Gesellschaftsvertrag (*articles*) geregelt. Hierbei wird oft auf die *Table A* als Modellsatzung zurückgegriffen.[217] Nach Art. 70 *Table A* liegt die allgemeine Verwaltungsbefugnis der Gesellschaft beim *board*. Soweit mehrere *directors* im *board* sitzen, hat sich in der Praxis jedoch eine gewisse Teilung der Aufgaben herausgebildet. So können Mitglieder des *board* zu *managing* oder *executive directors* bestellt werden[218],

[214] Lemeunier, S. 151.

[215] Obwohl die mangelnde Effektivität des *board* kritisiert wird und im Rahmen der Debatte über *Corporate Governance* eine stärkere Kontrolle der *executive directors* durch *non-executive directors* eingeführt werden soll, spricht sich die überwiegende Meinung in England seit langem gegen ein *two-tier board* wie in der deutschen AG aus. So schon das *Bullock Committee* in 1977 (Maw on Corporate Governance, S.37); siehe auch Prentice, S. 30, Cheffins, S. 619, 621; zuletzt *The Company Law Review Steering Group, Developing the Framework*, S. 69, 3.139 –3.141.

[216] Dorresteijn/Kuiper/Morse, S. 128.

[217] Die in der *Table A* zu findenden Details, erwartet man an sich eher in der Gesetzgebung selbst. Ansatz der englischen Gesetzgebung war es jedoch anzunehmen, dass die Gesellschaftsverfassungen den traditionellen Linien folgen würden und daher nur sehr wenig strenge Regeln hierüber festzulegen. Für die Verfasser eines Gesellschaftsvertrages besteht also ein großer gestalterischer Spielraum. Sealy, Cases, S. 183.

[218] Art. 84 *Table A*.

denen dann die tägliche Geschäftsführung im gesamten Geschäftsbereich oder bestimmten Geschäftsbereichen der Gesellschaft obliegt. Nur diese *managing directors* sind mit den deutschen Geschäftsführern vergleichbar. Die übrigen *directors* (sog. *non-executive directors*) wirken dann nur bei der Festlegung der allgemeinen Richtlinien der Geschäftspolitik mit, nehmen an der Entscheidung über außergewöhnliche oder besonders bedeutsame Geschäfte teil und üben eine geschäftsmäßige Kontrolle über die *managing directors* aus.[219] Das englische Gesellschaftsrecht erkennt *non-executives* jedoch nicht als besondere Kategorie von *directors* an. Alle *directors* haben die gleichen rechtlichen Pflichten und sind gleichermaßen für Entscheidungen des ganzen *board* verantwortlich.[220] Dennoch wird mehr und mehr anerkannt, dass *executive* und *non-executive directors* eine verschiedene Rolle spielen.[221] Die Funktionen des *board* kommen dann in der Praxis denen eines deutschen Aufsichtsrats nahe[222], obwohl auch die Leitungsfunktion des deutschen Vorstands weiterhin vom *board* wahrgenommen wird.

§ 3. Folgerungen für die weiteren Untersuchungen

Bei den Personengesellschaften obliegt die Geschäftsführung und Vertretung grundsätzlich den persönlich haftenden Gesellschaftern. Bei der GmbH und der SARL ist die Kompetenzverteilung relativ einfach geregelt. Neben der Gesellschafterversammlung existiert zumindest ein Geschäftsführungsorgan, das die Geschäftsführung und Vertretung der Gesellschaft vornimmt.

Komplizierter ist die Aufteilung der Kompetenzen bei den offenen Gesellschaften und den *private companies*. Während die gesamte Leitung der Gesellschaft bei der deutschen AG und der französischen dualistischen SA dem Vorstand obliegt und die Kontrolle hierüber durch den Aufsichtsrat ausgeübt wird, sind die Regelungen bei der monistischen SA sowie den *compa-*

---

219 Art. 72 *Table A*; Dine, S. 179.

220 *Dorchester Finance Co Ltd. v. Stebbing* [1989] BCLC 498,505 (Ch. D.); Cheffins, S. 97.

221 Börsennotierte Gesellschaften (*listed companies*) müssen unter den Zulassungsregeln (*listing rules*) der Londoner Börse (*Stock Exchange*) den *Combined Code of Best Practice* als Selbstregulierung (*self-regulation*) beachten und in ihrem Jahresbericht offenlegen, dass sie die Vorschriften einhalten oder warum sie dies nicht tun. Für die übrigen *companies* ist die Befolgung des *Code* freiwillig. Nach dem *Combined Code* soll mindestens ein Drittel des *board* aus *non-executive directors* bestehen, die von der Geschäftsführung unabhängig sind und die Gesellschaft leiten und kontrollieren (A 3.). Auch der 1992 veröffentlichte *Cadbury Report* sieht eine solche Trennung von *non-executive* und *executive directors* vor. Die *Codes* sind abgedruckt in Bruce, Appendix 24 und 27. Siehe auch S. 199 ff., 10 sowie *The Company Law Review Steering Group, Developing the Framework*, S. 60 ff., 3.112 ff.

222 So Triebel, S. 268 Rn. 714. Siehe auch *The Company Law Review Steering Group, Developing the Framework*, S. 68, 3.138.

nies nicht so einfach. Der Verwaltungsrat der monistischen SA steht zwischen Vorstand und Aufsichtsrat der deutschen AG.[223] Einerseits legt er wie der Vorstand der AG die Richtlinien der Unternehmenspolitik fest, andererseits übernimmt er die Kontrollfunktion eines Aufsichtsrats. Die Funktionen des Generaldirektors auf der anderen Seite sind nicht so weit reichend wie die des deutschen Vorstands, da er eben gerade nicht auch die Leitung der Gesellschaft wahrnimmt. Ihm steht vielmehr nur die Geschäftsführung und Vertretung zu. Die Regelung der englischen *companies* entspricht mit ihrem *one-tier board* am ehesten dem der monistischen SA. Im Unterschied hierzu ist die Wahl eines *managing directors* jedoch nicht zwingend, sondern kann aufgrund von Art. 84 *Table A* erfolgen. In diesem Fall bleibt die Leitungs- und Überwachungsfunktion beim *board*, während der *managing director* die tägliche Geschäftsführung übernimmt. Es bildet sich dann in den offenen Kapitalgesellschaften faktisch ein dreigliedriger Aufbau von Willensbildungs-, Geschäftsführungs- und Aufsichtsorgan heraus. Somit ist die Struktur der *companies* in England in wesentlich geringerem Umfang gesetzlich fixiert als in Deutschland und Frankreich. Allerdings sind in jüngster Zeit auch in Deutschland Versuche erkennbar, die tatsächliche Struktur des Vorstands dem englischen Modell anzunähern, indem die Rolle des Vorstandsvorsitzenden an diejenige eines *Chief Executive Officer* (CEO) angelehnt wird. So erfolgte zu Beginn des Jahres 2002 eine Reform der Führungsstruktur bei der Deutsche Bank AG, die eine breite Diskussion in der Öffentlichkeit auslöste. Eine solche Ablösung des in Deutschland geltenden Kollegialprinzips durch ein Direktoralprinzip, in dem der Vorstand hierarchisch strukturiert und auf die Vorrangstellung des CEO ausgerichtet ist, ist mit dem geltenden deutschen Aktienrecht nicht vereinbar.[224] Der CEO der Deutschen Bank AG bleibt daher in seinem Vorstand auch weiterhin „Erster unter Gleichen“.[225]

---

[223] So zum alten Recht auch: Sonnenberger, S. 173 § 2 III 159.
[224] Herrmann, BKR 2002, 193; Fleischer, NZG 2003, 339 (458) mwN.
[225] Herrmann, BKR 2002, 193.

5. Teil: Rechtsstellung der Geschäftsführer

Ein Ausgangspunkt für die Ausgestaltung der Interessenbalance zwischen Gesellschaftern und Dritten liegt in der Regelung des Verhältnisses der Geschäftsführung zu den Gesellschaftern. Haben die Gesellschafter einen großen Einfluss auf die Geschäftsführung, so werden ihre Interessen preferiert, während eine von den Gesellschaftern unabhängige Geschäftsführung einen stärkeren Schutz Dritter impliziert.[226] Der Grund für die unterschiedliche Regelung des Verhältnisses zwischen Gesellschaftern und Geschäftsführung liegt im unterschiedlichen Verständnis des Wesens der Gesellschaft. Einerseits wird sie als Vertragsverhältnis zwischen den Gesellschaftern betrachtet, andererseits als eine gegenüber den Gesellschaftern selbständige Institution verstanden. Demgemäß ist die rechtliche Rolle der Geschäftsführung unterschiedlich.

§ 1. Organtheorie

In Deutschland gilt die auch in der 1. Gesellschaftsrechtlichen Richtlinie als Grundkonzeption[227] vorgesehene Organtheorie. Dabei geht die Verwendung des Organbegriffs auf den bereits im 19. Jahrhundert geführten Meinungsstreit zur Rechtsnatur der juristischen Person zurück.[228] Nach der Organtheorie tritt das vertragliche Element hinter die gesetzlich vorgegebene, institutionelle Ausgestaltung der Gesellschaft zurück. Die Organe sind Willens- und Handlungsträger der Gesellschaft.[229] Sie entscheiden und handeln nicht als Dritte für die juristische Person, sondern ihr Wollen und Handeln ist das der Gesellschaft.[230] Die Geschäftsführung steht als selbständiges Organ neben der Gesellschafterversammlung. Das Bild der Gesellschaft wird durch die Unabhängigkeit der Gesellschaftsorgane voneinander geprägt. In der AG hat jedes Organ eigene gesetzlich umschriebene Befugnisse. Während das Geschäftsführungsorgan die Geschäfte der Gesellschaft nach innen und außen führt, haben die Gesellschafter auf diese Tätigkeit der Geschäftsführung nur mittelbaren Einfluss. In der GmbH wird die Unabhängigkeit der Organe voneinander nicht ganz so deutlich. Die Geschäftsführer sind zwar auch hier notwendiges Organ, sie sind jedoch gegenüber der Gesellschafter-

[226] Fischer-Zernin, S. 14.
[227] *Advocate General Mayras* in *Firma Friedrich Haaga GmbH* EuGHE 1974, 1201 (1214).
[228] Schmidt, Gesellschaftsrecht, S. 250 § 10 I 2 b.
[229] Gierke, Genossenschaftstheorie, S. 615.
[230] Gierke, Genossenschaftstheorie, S. 624 f. Zur Ausdehnung auf alle rechtsfähigen Verbände: Schmidt, Gesellschaftsrecht, S. 261 § 10 I 3.

versammlung weisungsgebunden. Auch bei den Personengesellschaften ist anerkannt, dass die geschäftsführenden Gesellschafter als Organe der Gesellschaft handeln.[231] Die wesentliche Funktion des Organbegriffs besteht darin, die Zurechnung von rechtsrelevantem Wissen, Wollen und Handeln für die juristische Person als Zurechnungssubjekt zu erklären.[232] Folge der Organtheorie ist, dass den Interessen der Gesellschafter nur ein eingeschränkter Stellenwert zugebilligt wird. Sie können zwar die Geschäftsführungsbefugnis der Geschäftsführung im Innenverhältnis eingrenzen, müssen aber die Einhaltung dieser Schranken intern kontrollieren und sanktionieren. Dritte sollen von internen Interessenkonflikten verschont bleiben.[233]

§ 2. Mandatstheorie

Frankreich folgte lange der Mandatstheorie. Nach der Mandatstheorie werden die Mitglieder der Geschäftsführung als Beauftragte (*mandataires*) der Gesellschafter angesehen.[234] Die Gesellschafter sind durch die Gesellschafterversammlung befugt, den Mitgliedern der Geschäftsführung bindende Weisungen zu erteilen. Ferner kann die Gesellschafterversammlung jederzeit die Geschäftsführung der Gesellschaft selbst übernehmen.[235] Folge dieser Abhängigkeit der Geschäftsführung von den Gesellschaftern ist die den Interessen der Gesellschafter eingeräumte Vorrangstellung. Als Beauftragte werden die Mitglieder der Geschäftsführung durch das ihrer Tätigkeit zugrunde liegende Auftragsverhältnis in ihren internen Befugnissen gebunden. Der Mandatstheorie ist eine klare Trennung zwischen Innen- und Außenverhältnis grundsätzlich fremd.[236] Aus der Rechtsnatur des Auftrags in Frankreich ergab sich daher, dass der Auftrag auch im Außenverhältnis die Grenze der Befugnisse der Mitglieder der Geschäftsführung bildete. Damit deckten sich interne Geschäftsführungsbefugnis und externe Vertretungsmacht. Beschränkungen im Innenverhältnis schlugen auf das Außenverhältnis durch. Dritte waren aufgrund möglicher Einschränkungen der Vertretungsmacht weitgehend ungeschützt.

---

[231] Erman/Westermann, § 714 Rn. 1, 3; Baumbach/Hopt, § 125 Rn. 2; Lang/Fraenkel, WM 2002, 260 (261); Ulmer, GbR, § 705 Rn. 210; Soergel/Hadding, § 714 Rn. 7.

[232] Mildenberger, S. 40.

[233] Lutter, EuropaR 1969, 1 (7).

[234] Siehe noch Art. L. 223-22 (5) CCom und Cass. Com. 29 mai 1972, Rev. Soc. 1973, 487.

[235] Fischer-Zernin, S. 16.

[236] Einmahl, AG 1969, 167 (169).

Diese Blickweise ist heute veraltet.[237] Bereits vor Erlass der 1. Gesellschaftsrechtlichen Richtlinie, die von den Organen der Gesellschaft spricht, bahnte sich in Frankreich durch das Gesetz vom 24. Juli 1966 zur Reform des Gesellschaftsrechts eine Wende zu einer mehr institutionellen Sichtweise an.[238] Den Geschäftsführungsorganen wird nunmehr eine gesetzlich zwingend ausgestaltete Position in der Gesellschaft zugewiesen.[239] Die Befugnisse der Organe werden überwiegend kraft Gesetzes übertragen. Man spricht in allen Gesellschaftsformen von den *pouvoirs legaux des gérants*.[240] Es wird allgemein angenommen, dass die Befugnisse sich originär von der juristischen Person ableiten und der Geschäftsführer ein durch das Recht geschaffenes Organ der Gesellschaft ist.[241] Grundgedanke ist, dass die Geschäftsführer eine Einheit mit der Gesellschaft bilden: Handeln sie, handelt die Gesellschaft; ihr Fehlverhalten wird als Fehlverhalten der Gesellschaft angesehen.[242] Die sich aus dem Gesetz ergebende Vertretungsmacht[243] kann im Außenverhältnis nicht durch die Gesellschafter beschränkt werden. Damit hat sich der Schutz außenstehender Dritter verbessert.

Lediglich die *directeurs généraux délégués* der monistischen SA haben keine originären, sondern nur von dem Verwaltungsrat in Übereinstimmung mit dem Generaldirektor verliehene Befugnisse, die zudem von diesem definiert werden.[244] Die *directeurs généraux délégués* sind Mandatsträger des Verwaltungsrats und bloße Gehilfen des Generaldirektors.[245] Dasselbe gilt für die Generaldirektoren der dualistischen SA.

§ 3. *Agency*

Ein der Mandatstheorie ähnliches Verständnis von dem Verhältnis zwischen Geschäftsführung und Gesellschaftern herrschte in England. Es entsprach dem Verhältnis von *principal* und *agent*.[246] In der *company* wurde die Gesell-

---

[237] Sie bleibt aber zum Beispiel in der Möglichkeit der sofortigen Abberufbarkeit ad nutum bei der monistischen SA zum Teil erhalten. Vidal, S. 364 Rn. 978.

[238] Levebvre, S. 167 Rn. 438; Lutter, NJW 1967, 1153 (1154).

[239] Hubrecht/Couret/Barbiéri, S. 122.

[240] Juglart/Ippolito, S. 172 Rn. 123-3; Cozian/Viandier/Deboissy, S. 163 Rn. 354; Chartier, Droit des affaires, S. 117; Guyon, Droit des affaires, S. 245 Rn. 240.

[241] Merle, S. 109 Rn. 94, S. 194 Rn. 190; Ripert/Roblot, S. 113 Rn. 1149; Kruse, S. 42-49; Chartier, La Gestion, S. 15.

[242] Com., 21 décembre 1964, Bull. Civ. III, no 516, 517; Civ. 1., 3. Février 1993, RTD civ. 1994, p. 596, 597, obs. Mestre.

[243] Ripert/Roblot, S. 116 Rn. 1152; Hubrecht/Couret/Barbiéri, S. 122.

[244] Cozian/Viandier/Deboissy, S. 305 Rn. 687.

[245] Guyon, Droit des affaires, S. 363 Rn. 347.

[246] *Cairns L.J.* in *Ferguson v. Wilson* (1866) L.R. 2 Ch. 77 (89).

schafterversammlung (*general meeting*) bis zum Ende des 19. Jahrhunderts als oberstes Gremium der Gesellschaft angesehen. Der *board of directors* war lediglich ein *agent* der Gesellschaft und der Kontrolle durch die Gesellschaft in der Hauptversammlung unterworfen.[247] Auch in England wurde somit den Gesellschaftern eine Vorrangstellung gegenüber Dritten eingeräumt. In der Entscheidung *Automatic Self-cleansing Filter Syndicate Co. Ltd. v. Cuninghame*[248] hat der *Court of Appeal* jedoch klargestellt, dass die Kompetenzverteilung zwischen dem *board* und der Gesellschafterversammlung ausschließlich von der Gestaltung des Gesellschaftsvertrags abhängt. Die Gesellschafter durften also nicht länger in die Befugnisse der *directors* eingreifen. Ferner durften die den *directors* übertragenen Befugnisse bis auf einige Ausnahmen nicht von der Gesellschafterversammlung ausgeübt werden. Wollten diese die Befugnisse der *directors* modifizieren, so mussten sie den Gesellschaftsvertrag ändern.[249] Das erste Mal, dass der *board of directors* ausdrücklich als Organ bezeichnet wurde, war in *Lennard's* Case[250]. Dort heißt es:

> „*A corporation is an abstraction. It has no mind of its own any more than it has a body of its own; its active and directing will must consequently be sought in the person of somebody who for some purposes may be called an agent, but who is really the directing mind and will of the corporation, the very ego and centre of the personality of the corporation.*"

Diese Einführung des Organbegriffs geschah aufgrund einer Haftungslücke bei Handlungen außerhalb des Gesellschaftsgegenstands.[251] Die Gedanken des Urteils sind in zwei weiteren Entscheidungen wieder zu finden.[252] Während die Rechtsprechung und einzelne Stimmen in der Literatur den *board of directors* und auch einzelne *executives* also mittlerweile als Organe der Gesellschaft betrachteten[253], blieb der Gesetzgeber dabei, dass es sich um *agents* handelt. Die Befugnisse des *board* werden ihm nach wie vor durch die Gründungsurkunde (*memorandum*), die Satzung (*articles*) oder unter Umständen durch die übrigen *directors* verliehen. Ein Beispiel für die Befugnisse der *directors* findet sich in Art. 70 *Table A*, wonach das Unternehmen der Gesellschaft von den *directors* geführt werden soll, die alle Befugnisse der Gesell-

---

[247] Gower, 183.

[248] [1906] 2 Ch. 34, CA.

[249] *Shaw & Sons (Salford) Ltd. v. Shaw* [1935] All ER 456, 464, CA.

[250] *Lennard's Carrying Co. v. Asiatic Petroleum Co* [1915] A.C. 705, 713.

[251] Bücker, S. 16.

[252] *Rudd v. Elder Dempster & Co.* [1933] 1 K.B. 566, 576; *Wheeler v. New Merton Board Mills* [1933] 2 K.B. 669, 678.

[253] *Bolton (Engineering) Co. Ltd. v. Graham & Sons Ltd.*, [1957] 1 Q.B. 159 (172) CA; *The Lady Gwendolen* [1965] 2 All ER 283, 294 ff., 302 f.; *Bramford v. Bramford* [1970] Ch 212, 231; Gower, S. 14 ff., 178 ff., 232; MacKenzie, Co Law 1983, 99 (100); Yavasi, Co Law 2000, 47 (51).

schaft ausüben dürfen. In der Praxis werden Befugnisse häufig auf sog. *executive directors* oder *managing directors* übertragen. Problematisch war insofern die Umsetzung der 1. Gesellschaftsrechtlichen Richtlinie, die vor dem Beitritt Englands zur Europäischen Gemeinschaft entworfen wurde und von dem Konzept eines „Organs“ der Gesellschaft spricht.[254] In der englischen Umsetzung der Richtlinie wurde dem *board of directors* die Rolle des zuständigen Organs zugewiesen, nicht jedoch den *managing directors*.[255]

Auch die *partner* einer englischen *partnership* sind *agents*. Im Recht der *partnership* ist das Recht der *agency* in sec. 5 PA 1890 jedoch speziell geregelt. Auch im Hinblick auf die Beziehung der *partner* untereinander weicht das Recht der *partnership* vom allgemeinen Recht der *agency* ab.[256] Die *partner* leiten sowohl ihre Geschäftsführungs- als auch ihre Vertretungsbefugnisse direkt aus dem Gesetz ab.[257] Es handelt sich folglich um gesetzliche Befugnisse.[258] Ob hier auch von organschaftlichen Befugnissen gesprochen werden kann, ist fraglich[259], da die *partnership* als solche keine Willens- und Handlungseinheit bildet, sondern lediglich einen Zusammenschluss von Individuen darstellt.

§ 4. Vergleich

Das französische Recht hat sich der deutschen Rechtslage angenähert. Hier wie dort werden die Geschäftsführer nunmehr als Organe angesehen, die mit originären Befugnissen ausgestattet sind. In der englischen *partnership* werden die *partner* zwar als gesetzliche Vertreter angesehen, sie erhalten ihre Befugnisse ebenfalls kraft Gesetzes. Hingegen wird die Rechtsstellung der *directors* einer englischen *company* mangels gesetzlicher Bestimmungen nach wie vor unter Zuhilfenahme des Instituts des *agents* bestimmt.[260] Dieser ist nicht Organ der Gesellschaft und auch nicht mit originären Befugnissen ausgestattet. Nach wie vor besteht also hinsichtlich der Rechtsstellung der Leitungsperson ein unterschiedliches dogmatisches Verständnis. Ein gemeinsames Prinzip lässt sich hier demnach nicht bilden. Im Folgenden wird den-

---

[254] Siehe nur Art. 2 und Art. 9 der 1. Gesellschaftsrechtlichen Richtlinie.

[255] Mayson, French & Ryan, S. 654.

[256] Billins, A 13.42.

[257] Siehe sec. 5, 24 (5) PA 1890.

[258] So auch für die Vertretungsmacht: Hofer, S. 86; Thole, S. 55.

[259] So aber Thole, S. 55.

[260] Zudem werden auch die Institute des *trustee* und des *servant* zur Qualifizierung der rechtlichen Position des *director* herangezogen. Diese sind vor allem für die Bestimmung der Rechte und Pflichten der *directors* von Bedeutung. Siehe hierzu: Hartlieb, S. 13 ff.

noch von Geschäftsführungsorganen gesprochen, um die Darstellung zu vereinfachen.

6. Teil: Begründung der Geschäftsführerstellung

Betrachtet man die Begründung der Geschäftsführerstellung, so ist zwischen „geborenen“ und „gekorenen“ Geschäftsführern zu unterscheiden.[261] Erstere erhalten ihre Geschäftsführerstellung mit Entstehung der Gesellschaft als Ausfluss ihrer persönlichen Mitgliedschaft. Das Geschäftsführungsrecht wird aus der Gesellschafterstellung abgeleitet und bedarf keines besonderen Bestellungsakts. So liegt es bei den deutschen Personengesellschaften, den englischen *partnerships* und den französischen Personenhandelsgesellschaften.[262] Etwas anderes kann in den Gesellschaftsverträgen festgelegt werden. „Gekorene“ Geschäftsführer finden sich in allen übrigen Gesellschaften. Hier beginnt die Geschäftsführerstellung mit einem besonderen Bestellungsakt. Diese Differenzierung hängt mit der unterschiedlichen Ausgestaltung der Haftung der Gesellschafter in den einzelnen Gesellschaften zusammen.

§ 1. „Gekorene“ Geschäftsführer

Zu den Gesellschaften, die ihre Geschäftsführer erst bestellen müssen, zählen sämtliche untersuchten Kapitalgesellschaften. Im übrigen ist nur bei der französischen SC gemäß Art. 1846 (1) CC eine Bestellung zwingend vorgesehen. Es sind also anders als bei den übrigen Personengesellschaften nicht automatisch alle Gesellschafter Geschäftsführer. Die SC hat damit ebenso wie die Kapitalgesellschaften keine „geborenen“ Geschäftsführer. Die unterschiedliche Ausgestaltung der Bestimmungen zur Begründung der Geschäftsführerstellung der SC und der übrigen Personengesellschaften könnte auf die unterschiedlichen Haftungsregelungen zurückzuführen sein. Während die Gesellschafter in der SC gemäß Art. 1857 CC anteilig haften, haften in den übrigen Personengesellschaften alle Gesellschafter gesamtschuldnerisch,[263] müssen also die ganze Leistung erbringen. Darüber hinaus wird zur Begründung dieser Unterscheidung der SC von den französischen Personenhandelsgesellschaften angeführt, dass in der SC im Gegensatz zur SNC üblicherweise eine Vielzahl von Gesellschaftern vorhanden ist, was die Geschäftsführung durch alle Gesellschafter erschwert.[264] Die SC bildet damit eine Ausnahme unter den Personengesellschaften. Ein Bestellungsakt ist hier immer erforderlich. Insofern ist die SC den Kapitalgesellschaften angeglichen. Diese Gesellschaften haben folglich „gekorene“ Geschäftsführer.

---

[261] Siehe hierzu Schmidt, Gesellschaftsrecht, S. 415 f., § 14 III 1 b, 2.
[262] § 709 BGB, § 114 HGB; sec. 24 (5) PA 1890; Art. L. 221-3 (1) CCom.
[263] § 128 HGB, Art. L. 221-1 CCom, secs. 9, 12 PA 1890.
[264] Guigou, RTD com. 1983, 525 (526).

Für die Kapitalgesellschaften lässt sich damit bereits hier folgendes gemeinsames Prinzip ermitteln:

Die Geschäftsführer einer Kapitalgesellschaft werden durch förmlichen Bestellungsakt in ihre Stellung berufen.

A. Anzahl und Zusammensetzung

I. Eine oder mehrere Personen

Üblich ist die Regelung, dass die Gesellschaft durch eine oder mehrere Personen geführt wird. Höchstzahlen sind zumeist nicht vorgesehen. So muss die GmbH nach § 6 I GmbHG einen oder mehrere Geschäftsführer haben. Nach § 76 II S. 1 AktG kann der Vorstand einer deutschen AG aus einer oder mehreren Personen bestehen. Die Zahl der Vorstandsmitglieder oder die Regeln, nach denen diese Zahl bestimmt wird, sind gemäß § 23 III Nr. 6 AktG in der Satzung anzugeben. Die SARL wird gemäß Art. L. 223-18 (1) CCom durch einen oder mehrere Geschäftsführer geleitet. Nach Art. 1846 (1) CC kann auch die SC durch eine oder mehrere Personen geführt werden. Im Höchstfall können hier alle Gesellschafter als Geschäftsführer bestellt werden.[265] In *private companies* muss mindestens ein *director* vorhanden sein.[266] Für die tägliche Geschäftsführung können ein oder mehrere *managing directors* bestellt werden.

II. Abweichungen im deutschen Recht

Abweichungen von dieser Regelung ergeben sich im deutschen Recht in mitbestimmten Gesellschaften. So ist im Geltungsbereich des Mitbestimmungsgesetzes und der Montanmitbestimmung in der GmbH die Mindestzahl zwei, da als weiterer gleichberechtigter Geschäftsführer ein Arbeitsdirektor zu bestellen ist.[267] Auch mitbestimmte AGs müssen gemäß § 33 I MitbestG und § 13 I MontanMitbestG einen aus mindestens zwei Mitgliedern – dem Arbeitsdirektor und einem weiteren Vorstandsmitglied – bestehenden Vorstand haben.[268]

Bei AGs mit einem Grundkapital von mehr als 3 Mio. Euro muss der Vorstand gemäß § 76 II S. 2 AktG ebenfalls aus mindestens zwei Personen bestehen, sofern die Satzung nicht bestimmt, dass eine Person ausreicht.

[265] Guyon, Droit des affaires, S. 244 Rn. 236.
[266] Sec. 282 (3) CA 1985.
[267] § 33 MitbestG, § 13 MontanMitbestG, § 13 MitbestErgG; Raiser, MitbestG, § 33 Rn. 6.
[268] h.M., Raiser, MitbestG, § 33 Rn. 6; Kölner Kommentar/Mertens, § 76 Rn. 93.

Auch hinsichtlich der geschlossenen Gesellschaften Frankreichs und Englands bestehen abweichende Regelungen, auf die im Folgenden einzugehen ist.

III. Die französischen *sociétés anonymes*

Der Verwaltungsrat der monistischen SA besteht aus mindestens drei bis maximal achtzehn Personen, Art. L. 225-17 (1) CCom.[269] In diesem Rahmen können die Statuten die Anzahl der Verwaltungsratsmitglieder frei bestimmen. In den Statuten kann vorgesehen werden, dass der Verwaltungsrat neben durch die Aktionäre gewählten Mitgliedern, auch aus von den Arbeitnehmern gewählten Arbeitnehmervertretern besteht.[270] Als Arbeitnehmervertreter dürfen nicht mehr als vier Personen (bei börsengängigen SA fünf) jedoch nicht mehr als 1/3 der Vertreter der Aktionäre ernannt werden.[271] Die durch die Arbeitnehmer gewählten Mitglieder werden bei der Berechnung der Mindest- und Höchstzahl der Verwaltungsratsmitglieder nicht mit einbezogen.[272]

Die Mitglieder des Verwaltungsrats wählen aus ihrer Mitte einen Vorsitzenden, den *président*.[273] Der Verwaltungsratspräsident übt unter Umständen die Doppelfunktion als Generaldirektor aus und ist dann *président-directeur-général* (PDG).[274] Die *direction générale* der monistischen SA wird allein vom Generaldirektor bzw. dem PDG ausgeübt.[275] Werden zu seiner Unterstützung auch *directeurs généraux délégués* ernannt, so legen die Statuten eine Höchstzahl fest, die aber fünf nicht überschreiten darf.[276]

Der Vorstand der dualistischen SA kann bis zu fünf, bei börsengängigen Gesellschaften bis zu sieben Mitglieder haben[277] Lediglich in einer SA mit einem Grundkapital von weniger als 1 Mio. FF (entspricht 150 000 Euro)[278] darf der Vorstand aus einer Person, dem *directeur général unique* bestehen.[279] Demgemäß, muss eine Gesellschaft mit höherem Grundkapital mindestens zwei Vorstandsmitglieder haben. An der Spitze des Vorstands

---

[269] Nach Art. 89 (1) *loi 66-537* war noch eine Höchstzahl von vierundzwanzig Mitgliedern möglich.

[270] Art. L. 225-27 (1) Satz 1 CCom.

[271] Art. L. 225-27 (1) Satz 2 CCom; Legeais, S. 174 Rn. 391.

[272] Art. L. 225-27 (2) CCom.

[273] Art. L. 225-47 (1) CCom.

[274] Hohloch/Tillmanns, Frankreich, Rn. 211.

[275] Art. L. 225-52-1 (1) CCom.

[276] Art. L. 225-53 (2) CCom.

[277] Art. L. 225-58 (1) CCom.

[278] *Ordonnance no 2000-916* vom 19.09.2000 *portant adaptation de la valeur en euros de certains montants exprimés en francs dans les textes législatifs*, Annex II.

[279] Art. L. 225-58 (2) CCom.

steht der Präsident. Arbeitnehmervertreter können hier nur für den Aufsichtsrat bestellt werden.[280]

IV. Die englischen *public companies*

In England muss jede vor dem 1. November 1929 eingetragene *public company* mindestens einen *director* haben, jede nach diesem Datum eingetragene *public company* mindestens zwei, sec. 282 (1), (2) CA 1985. Eine Höchstzahl ist nicht vorgesehen. Insbesondere ist die Zahl der *directors* nicht von der Unternehmensgröße abhängig.[281] Die *directors* können einen Vorsitzenden, den *chairman*, bestellen (Art. 91 *Table A*). Dieser steht den Sitzungen der *directors* vor. Eine Mitwirkung von Arbeitnehmervertretern findet nicht statt. Diesbezüglich legt sec. 309 CA 1985 lediglich fest, dass die *directors*, als Teil ihrer Pflichten gegenüber der Gesellschaft, die Interessen der Arbeitnehmer und der Mitglieder berücksichtigen müssen. Zur laufenden Geschäftsführung können ein oder mehrere *managing directors* bestellt werden.

V. Vergleich

Wie bereits in Teil 3 dargestellt, lässt sich aus der Funktion der Geschäftsführung ableiten, dass jede Gesellschaft mindestens einen Geschäftsführer benötigt, um die Handlungs- und Funktionsfähigkeit der Gesellschaft sicherzustellen. Dieser Grundsatz ist regelmäßig noch einmal ausdrücklich im Gesetz festgehalten.[282] Es sind jeweils ein oder mehrere Geschäftsführer zu bestellen. Eine Höchstzahl von Geschäftsführern ist nicht festgelegt. Für die offenen Kapitalgesellschaften haben die Gesetzgeber zum Teil detailliertere Regelungen getroffen.

Für die geschlossenen Kapitalgesellschaften lässt sich somit das folgende gemeinsame Prinzip festhalten:

In den geschlossenen Kapitalgesellschaften sind ein oder mehrere Geschäftsführer zu bestellen. Eine Höchstgrenze besteht nicht.

In den offenen Kapitalgesellschaften werden in der Regel mehr als eine Person zur Geschäftsführung verlangt. In der englischen *public company* sind in der Regel zwei *directors* vorgesehen. Die laufende Geschäftsführung kann jedoch einem *managing director* übertragen werden. Bei der dualistischen

---

[280] Art. L. 225-79 CCom.

[281] Güthoff, S. 36.

[282] § 6 I GmbHG, § 76 II S. 1 AktG, Art. 1846 CC, Art. L. 223-18 (1) CCom, sec. 282 (3) CA 1985.

SA wie der deutschen AG wird bei Überschreitung eines Grundkapitals von 150 000 Euro bei der SA bzw. 3 Mio. Euro bei der AG ein zweites Vorstandsmitglied verlangt. Bei einem geringeren Grundkapital ist hier ein Vorstandsmitglied ausreichend. Bei der monistischen SA führt ein Generaldirektor die laufenden Geschäfte. Der Verwaltungsrat muss aber mindestens drei Mitglieder haben. Eine Höchstzahl an geschäftsführungsberechtigten Personen ist in der Regel nicht vorgesehen. Eine Ausnahme bilden insofern nur die französischen SAs. Bei der dualistischen SA ist eine Höchstzahl von fünf Vorstandsmitgliedern vorgesehen, bei der monistischen darf der Verwaltungsrat höchstens achtzehn Mitglieder haben. Angesichts der großen Vielzahl von unterschiedlichen Regelungen, lässt sich für die offenen Kapitalgesellschaften kein gemeinsames Prinzip feststellen.

Arbeitnehmervertreter werden in der Regel nicht an der Geschäftsführung beteiligt. In einigen Gesellschaften ist jedoch die Mitbestimmung durch Arbeitnehmer vorgesehen. In diesem Fall erhöht sich die Anzahl der geschäftsführungsberechtigten Personen. So sind in einer mitbestimmten GmbH bzw. AG jeweils zwei Geschäftsführer bzw. Vorstandsmitglieder notwendig, da einer von ihnen als Arbeitsdirektor fungiert. Auch bei der monistischen SA können Arbeitnehmervertreter in den Verwaltungsrat gewählt werden, die nicht in die Mindest- und Höchstzahl mit einbezogen werden. Alle anderen Gesellschaften sehen keine Mitwirkung von Arbeitnehmervertretern an der Geschäftsführung vor. Folglich ist auch hier die Bestimmung eines gemeinsamen Prinzips nicht möglich.

B. Voraussetzungen

Grundsätzlich können die Geschäftsführer frei gewählt werden. Die Gesetze sehen lediglich teilweise Voraussetzungen vor, die erfüllt werden müssen. Überwiegend haben die Gesetzgeber jedoch negative Voraussetzungen vorgesehen, d.h. Gründe, die eine Person von der Geschäftsführerstellung ausschließen.

I. Gesellschafter oder Dritte

In den Gesellschaften mit gekorenen Geschäftsführern besteht zumeist der Grundsatz der Fremdorganschaft, d.h. auch Fremde können zu Geschäftsführern bestellt werden. So bestimmt § 6 III S. 1 GmbHG, dass sowohl Gesellschafter als auch andere Personen zu Geschäftsführern der GmbH bestellt werden können. Im Gesellschaftsvertrag kann abweichend bestimmt werden, dass sämtliche Gesellschafter zur Geschäftsführung berechtigt sein sollen, § 6 IV GmbHG. Diese Möglichkeit eröffnet eine stark personalistische Ausgestaltung der GmbH. Obwohl das Gesetz hierzu schweigt, gilt auch für die AG das Prinzip der Drittorganschaft, damit die Bestellung einer kompetenten Führungsmannschaft unabhängig von einer etwaigen Aktionärsstellung des Einzelnen gewährleistet ist.[283]

Bei der SC sind nach Art. 1846 (1) CC ausdrücklich Fremde als Geschäftsführer zugelassen. Anders als bei den deutschen und englischen Personengesellschaften gilt also der Grundsatz der Fremdorganschaft.[284] Auch die Geschäftsführer der SARL müssen gemäß Art. L. 223-18 (2) Satz 1 CCom nicht unbedingt Gesellschafter sein, sondern können außerhalb der Reihe der Gesellschafter gewählt werden. Die Vorstandsmitglieder der dualistischen SA sind ebenfalls nicht verpflichtet, Aktionäre zu sein. Pflichtaktien sind bei den Vorstandsmitgliedern nicht vorgesehen. Nach Art. L. 225-59 (3) Satz 2 CCom können die Vorstandsmitglieder außerhalb der Reihe der Aktionäre gesucht werden. So können kompetente und spezialisierte Personen die Geschäftsführung der dualistischen SA sicherstellen.[285] Dies ist eine der wesentlichen - als Vorteil empfundenen - Neuerungen hinsichtlich der dualistischen Form der SA.[286]

Die *directors* einer englischen *company* müssen nicht zugleich Gesellschafter sein. In früherer Praxis wurde oft in der Satzung verlangt, dass die *directors* mit einem bestimmten Minimum als Anteilseigner am Gesellschaftskapital beteiligt sind. Der CA 1985 macht die sog. *share qualification* jedoch nicht zu einer allgemeinen Voraussetzung. [287] Auch in der *Table A* besteht eine solche Voraussetzung nicht mehr.[288] Unabhängig von etwaigen Satzungsbestimmungen besteht keine Pflicht, Anteile zu halten.[289] Heute ist die Festlegung einer *share qualification* eher selten.[290] Die Identität von Gesellschaftern und *directors* ist gewöhnlich in kleinen Familienbetrieben zu finden. Größere *companies* bestellen jedoch häufig Dritte als *directors*.[291]

Lediglich in der monistischen SA ist nach Art. L. 225-25 (1) CCom jedes Mitglied des Verwaltungsrats verpflichtet, im Besitz einer in der Satzung festgelegten Anzahl von Pflichtaktien zu sein, und zwar während der gesam-

---

[283] Kessler, S. 27; Nirk/Reuter/Bächle, Rn. 708.

[284] Zu den übrigen Personengesellschaften siehe Teil 6 § 2.

[285] Jeantin, S. 271 No. 524.

[286] Jeantin, S. 270 No. 521.

[287] Sec. 291 CA 1985.

[288] Wilkinson, S. 206; Pennington, Company Law, S. 662 Fn. 11.

[289] *Re British Provident Life and Guarantee Association, De Ruvigne's Case* (1877) 5 Ch D 306, CA; Charlesworth & Morse, S. 240.

[290] Prime/Scanlan, Private Limited Companies, S. 152; Smith & Keenan, S. 284. *The Company Law Review Steering Group* schlägt sogar eine Abschaffung von sec. 291 vor (*Developing the Framework*, S. 60, 3.111).

[291] Loose/Giffiths/Impey, S. 55, 3.1.

ten Dauer seiner Amtsausübung. In der Praxis ist die Anzahl der Aktien generell sehr niedrig angesetzt. Dies erscheint vernünftig, da es nicht vertretbar ist, qualifizierte Personen aus dem einzigen Grund vom Verwaltungsrat fernzuhalten, dass sie nicht genügend Aktien halten.[292] Dennoch führt diese Regelung praktisch zur Selbstorganschaft. Da der Präsident notwendig Verwaltungsratsmitglied ist, muss auch er notwendig Aktionär der Gesellschaft sein. Für den Generaldirektor einer monistischen SA besteht eine Verpflichtung zum Aktienerwerb grundsätzlich nicht. Er kann also auch außerhalb der Gesellschafter gewählt werden.[293] Nur wenn er gleichzeitig Präsident des Verwaltungsrats ist, ist auch er verpflichtet Aktionär zu sein. Auch die delegierten Generaldirektoren müssen weder Verwaltungsratsmitglieder noch Aktionäre sein und können daher außerhalb des Kreises der Gesellschafter gewählt werden.[294]

Bei den Kapitalgesellschaften sowie der SC gilt also grundsätzlich Fremdorganschaft. In allen drei untersuchten Rechtsordnungen wurde folglich der Kompetenz der Leitungspersonen als Auswahlkriterium der Vorrang eingeräumt. Die französische dualistische SA hat sich insofern dem Konzept der deutschen AG angeschlossen. Auch der englische CA 1985 macht den Erwerb von Anteilen nicht zu einer Voraussetzung für die Stellung als Geschäftsführer. Durch die Verpflichtung zu einer sog. *share qualification* in der Satzung kann jedoch eine quasi Selbstorganschaft eingeführt werden. Eine Ausnahme bildet die französische monistische SA für Verwaltungsratsmitglieder und Präsidenten. Der Generaldirektor kann hingegen dann, wenn er nicht gleichzeitig Verwaltungsratspräsident ist, frei gewählt werden. Dies gilt auch für die delegierten Generaldirektoren. Es gilt daher das folgende gemeinsame Prinzip:

Sowohl Gesellschafter als auch Dritte können als Geschäftsführer einer Kapitalgesellschaft bestellt werden.

II. Natürliche oder juristische Personen

Hinsichtlich der Frage, ob Geschäftsführer nur natürliche Personen sein können oder ob auch juristische Personen zugelassen sind, ist zu unterscheiden: Geschäftsführer der GmbH, der AG, der SARL sowie der dualistischen SA müssen zwingend natürliche Personen sein[295], im übrigen sind auch juristi-

[292] Guyon, Droit des affaires, S. 326 Rn. 318.

[293] Bouère, Bull Joly 2001, 695 (715 Nr. 19); Viandier/Mansuy, J.-Cl. S. 4, Fasc. 133-10, S. 14 Nr. 72.

[294] Cozian/Viandier/Deboissy, S. 305 Rn. 688.

[295] § 6 II S. 1 GmbHG, § 76 III S. 1 AktG, Art. L. 223-18 (1), 225-59 (3) 1 CCom.

sche Personen zugelassen. Für die SC sieht Art. 1847 CC vor, dass juristische Personen Geschäftsführer sein können. Auch die Mitglieder des Verwaltungsrats der monistischen SA können sowohl natürliche als auch juristische Personen sein.[296] Die juristische Person bestellt zur Ausübung ihrer Rechte und Pflichten im Verwaltungsrat einen ständigen Vertreter (*représentant permanent*), der den gleichen Bedingungen unterworfen ist wie ein Verwaltungsratsmitglied, das in eigenem Namen handelt. Der ständige Vertreter ist gleichzeitig Mandatsträger der geschäftsführenden Gesellschaft und Organ der Gesellschaft, deren Geschäfte geführt werden.[297] Im Unterschied zu den französischen Personengesellschaften, wo alle Geschäftsführer der geschäftsführenden juristischen Person auch Geschäftsführer der Personengesellschaft sind, wurde hier also eine andere Regelung gewählt. Nur der ständige Vertreter allein ist Mitglied des Verwaltungsrats der SA.[298] Der Präsident, der Generaldirektor und die delegierten Generaldirektoren müssen hingegen auch hier zwingend natürliche Personen sein.[299]

Aus sec. 289 (1) CA 1985 ergibt sich, dass *director* einer englischen *company* sowohl natürliche als auch juristische Personen werden können. Sowohl *companies* als auch *limited liability partnerships* können folglich als *director* bestellt werden. *Partnerships* können unter ihrer Firma hingegen nicht als Geschäftsführer einer *company* herangezogen werden. Sie zählen nicht zu den juristischen Personen. Bei der *general partnership* kommt noch hinzu, dass sie nicht in einem Register eingetragen ist und daher Probleme bei der Eintragung im „*register of directors and secretaries*“ gemäß sec. 288 CA1985 auftreten.

Bei den Kapitalgesellschaften besteht folglich keine Einigkeit darüber, ob auch juristische Personen als Geschäftsführer zugelassen werden sollen. Während in Deutschland und überwiegend auch in Frankreich nur natürliche Personen zugelassen sind, können die englischen *companies* auch juristische Personen als Geschäftsführer haben. Auch Verwaltungsratsmitglieder der monistischen SA können juristische Personen sein. Diese bestellen dann einen ständigen Vertreter, der die Befugnisse wahrnimmt. Offene Kapitalgesellschaften mit eingliedriger Verwaltung wie auch die *private company* unterliegen folglich einer von den übrigen Kapitalgesellschaften zu unterscheidenden Regelung. Personen, die die laufende Geschäftsführung übernehmen, nämlich der Generaldirektor sowie die *managing directors*, müssen jedoch auch hier natürliche Personen sein. Somit lässt sich das folgende gemeinsame Prinzip herleiten:

---

[296] Art. L. 225-20 (1) CCom.
[297] Oppetit, J.C.P. 1969, I, 2227; Guyon, Droit des affaires, S. 313 Rn. 318.
[298] Guigou, RTD com. 1983, 525 (529).
[299] Art. L. 225-47 (1), 225-51-1 (1), 225-53 (1) CCom.

Geschäftsführer von Kapitalgesellschaften können nur natürliche Personen sein.

III. Minderjährige und Betreute

1. Die deutschen Kapitalgesellschaften

Geschäftsführer einer deutschen GmbH sowie Vorstandsmitglieder einer AG können nur unbeschränkt geschäftsfähige Personen sein.[300] Ferner kann ein Betreuter, der bei der Besorgung seiner Vermögensangelegenheiten ganz oder teilweise einem Einwilligungsvorbehalt (§ 1903 BGB) unterliegt, nicht Geschäftsführer bzw. Vorstandsmitglied werden.[301]

2. Die französischen Gesellschaften

In Frankreich existieren keine speziellen Vorschriften bezüglich der Geschäftsfähigkeit von Geschäftsführern. Es ist insoweit das allgemeine Recht des CC heranzuziehen. Daraus ergibt sich, dass ein für volljährig erklärter Minderjähriger (*mineur émancipé*) grundsätzlich Geschäftsführer einer Gesellschaft sein kann, da Art. 481 (1) CC ihm die gleichen Rechte wie einem Volljährigen einräumt.[302] Dies gilt jedoch nicht für den Gesellschafter-Geschäftführer der Personenhandelsgesellschaften, da der emanzipierte Minderjährige gemäß Art. 487 CC nicht Kaufmann werden kann. Minderjähriger ist stets eine Person unter achtzehn Jahren, Art. 388 CC. Er wird mit Heirat volljährig oder kann bei Erreichung des sechzehnten Lebensjahres für volljährig erklärt werden, Art. 476, 477 CC. Im Gegensatz dazu kann ein nicht für volljährig erklärter Minderjähriger (*mineur non émancipé*) keine Geschäftsführerstellung einnehmen.[303] Auch wenn der nicht für volljährig erklärte Minderjährige nach Art. 1990 CC Mandatsträger (*mandataire*) werden kann, erlaubt ihm diese Fähigkeit nicht die Stellung eines Geschäftsführers auszufüllen, für welche seine Haftung unbeschränkt in Anspruch genommen werden kann, Art. 1312 CC.[304]

Ein Erwachsener unter gerichtlicher Betreuung (*sauvegard de justice*) kann gemäß Art. 491-2 CC seine Rechte weiterhin selber ausüben. Diese Maßnahme bildet also keine Schranke seiner Fähigkeit als Geschäftsführer

---

[300] § 6 II Satz 1 GmbHG, § 76 III Satz 1 AktG.

[301] § 6 II Satz 2 GmbHG, § 76 III Satz 2 AktG.

[302] Guigou, RTD com. 1983, 525 (531); Mercadal/Janin, S. 130 Nr. 289.

[303] Mercadal/Janin, S. 130 Nr. 289; Dictionnaire Permanent Droit des Affaires, Dirigeants sociaux, S. 3793 Rn. 5.

[304] Guigou, RTD com. 1983, 525 (531); Burgard, Rev. Soc. 1971, 137 (147).

aufzutreten.[305] Ein Erwachsener, für den die Vormundschaft (*majeur sous tutelle*) ausgesprochen wurde, hat keine Fähigkeit, Handlungen mit Rechtswirkung vorzunehmen (Art. 502 CC), und kann daher auch nicht als Geschäftsführer ernannt werden.[306] Dasselbe gilt für einen Erwachsenen in Pflegschaft (*majeur sous curatelle*), der Geschäftsführungsakte nur mit Unterstützung seines Pflegers vornehmen kann, Art. 510 CC.[307]

3. *Die englischen companies*

Der CA 1985 enthält keine Vorschrift, die bestimmt, ob Minderjährige oder betreute Erwachsene Geschäftsführer werden können. Art. 81 (c) *Table A* regelt jedoch, dass ein *director*, der unter einer „*mental disorder*" leidet und entweder für eine Behandlung nach dem *Mental Health Act 1983* in ein Krankenhaus eingewiesen wurde oder ein Gericht seine Unterbringung oder einen Vermögensverwalter angeordnet hat, sein Amt räumen soll. Sofern also *Table A* gilt, kann ein Geisteskranker in einer *company* nicht *director* sein. Im Hinblick auf Minderjährige enthält jedoch auch *Table A* keine Regelung. Daher können Minderjährige grundsätzlich *director* werden.[308]

4. *Vergleich*

Ob Minderjährige zu Geschäftsführern von Kapitalgesellschaften bestellt werden können, wird unterschiedlich beurteilt. Während in Deutschland nur unbeschränkt Geschäftsfähige an der Geschäftsführung teilnehmen dürfen, können in Frankreich unter bestimmten Voraussetzungen schon Minderjährige Geschäftsführer werden. Die englische Regelung sieht hingegen überhaupt keine Beschränkung vor. Insofern kann ein allgemeines Prinzip nicht gebildet werden.

Einigkeit besteht jedoch, dass Erwachsene, die ihre Vermögensangelegenheiten nicht selbständig regeln können, nicht Geschäftsführer einer Kapitalgesellschaft werden können. In Deutschland gilt dies für Betreute, die einem Einwilligungsvorbehalt hinsichtlich ihrer Vermögensangelegenheiten unterliegen, in Frankreich für Erwachsene unter Vormundschaft oder Pflegschaft und in England für einen Erwachsenen, der zur Behandlung einer „*mental disorder*" in ein Krankenhaus eingewiesen oder für den die Unter-

[305] Dictionnaire Permanent Droit des Affaires, Dirigeants sociaux, S. 3793 Rn. 6.
[306] Mercadal/Janin, S. 130 Nr. 289.
[307] Dictionnaire Permanent Droit des Affaires, Dirigeants sociaux, S. 3793 Rn. 6; Cozian/Viandier/Deboissy, S. 462 Rn. 1449.
[308] Ryan, S. 8 105; Triebel, S. 270, Rn. 722; Loose/Giffiths/Impey, S. 40, 2.5.

bringung oder ein Vermögensverwalter angeordnet wurde. Es gilt insofern das folgende gemeinsame Prinzip:

Erwachsene, die ihre Vermögensangelegenheiten nicht selber regeln können, können nicht Geschäftsführer einer Kapitalgesellschaft werden.

IV. Altersgrenze

Altersgrenzen werden für Geschäftsführer deutscher Gesellschaften grundsätzlich nicht vorgesehen. Auch für die SC und die SARL existiert kein gesetzliches Alterslimit. In den SAs sowie den *companies* wird jedoch an einer Altersgrenze für Geschäftsführer festgehalten.

In der monistischen SA dürfen die Statuten für die Ausübung der Funktion als Verwaltungsratsmitglied ein Alterslimit, das entweder auf alle Verwaltungsratsmitglieder oder eine Prozentzahl von ihnen anwendbar ist, vorsehen.[309] Ist in den Statuten nichts ausdrücklich geregelt, so darf nur ein Drittel der Verwaltungsratsmitglieder das Alter von siebzig Jahren überschreiten.[310] Ernennungen, die gegen diese Vorschrift verstoßen, sind gemäß Art. L. 225-19 (3) CCom nichtig. Wird für den Fall der Überschreitung der gesetzlich oder satzungsmäßig festgelegten Altersgrenze kein anderes Verfahren in den Statuten vorgesehen, so gilt dieser Umstand als Rücktritt (*démission d'office*).[311] Grund dieser Regelung ist, dass das meist sehr hohe Durchschnittsalter häufig die Dynamik des Unternehmens bremst.[312] Ferner dürfen die Statuten auch für die Ausübung der Funktion als Generaldirektor ein Alterslimit vorsehen. Tun sie dies nicht, so wird es auf fünfundsechzig Jahre festgesetzt.[313] Die Bestellung als Generaldirektor entgegen dieser Vorschrift ist nach Art. L. 225-54 (2) CCom nichtig. Erreicht der Generaldirektor die Altersgrenze, so gilt dies gemäß Art. L. 225-54 (3) CCom als Rücktritt. Das gesetzliche Alterslimit für Vorstandsmitglieder der dualistischen SA liegt nach Art. L. 225-60 CCom ebenfalls bei fünfundsechzig Jahren.

Altersgrenzen bestehen auch in den englischen *public companies.* In der englischen *private company* ist nur dann eine Altersgrenze vorgesehen, wenn es sich um eine Tochtergesellschaft einer *public company* handelt.[314] So sieht sec. 293 CA 1985 in groben Zügen vor, dass über siebzigjährige *directors* jährlich neu von der Gesellschafterversammlung ernannt werden

---

[309] Art. L. 225-19 (1) CCom.
[310] Art. L. 225-19 (2) CCom.
[311] Art. L. 225-19 (4) CCom.
[312] Siehe Zitat Chaban-Delmas in Burgard, Rev. Soc. 1971, 137.
[313] Art. L. 225-54 (1) CCom.
[314] Sec. 293 (1) (b) CA 1985.

müssen. Abweichende Satzungsbestimmungen sind zulässig. Diese Vorschrift will die *Company Law Review Steering Group* in ihrem *Final Report* abschaffen und durch Publizitätsbestimmungen ersetzen.[315]

An Altersgrenzen für Geschäftsführer wird demnach hauptsächlich in den französischen SAs festgehalten. Auch für die *public companies* sowie für *private companies*, die Tochtergesellschaften von *public companies* sind, finden sich zur Zeit noch Altersgrenzen für Geschäftsführer. Das Alterslimit liegt jeweils bei fünfundsechzig oder siebzig Jahren. Diese Regelungen über das Höchstalter sind sehr detailliert und schwer verständlich. Der deutsche Gesetzgeber hat überhaupt kein Alterslimit vorgesehen. Auch Geschäftsführer der SARL sowie von *private companies*, die nicht Tochtergesellschaften einer *public company* sind, können beliebig alt sein. Damit lässt sich festhalten, dass zumindest für Geschäftsführer von geschlossenen Gesellschaften grundsätzlich keine Altersgrenze besteht. Bei den offenen Gesellschaften überwiegt zur Zeit noch die Vorstellung, dass ein Alterslimit erforderlich ist, um eine Überalterung in Unternehmen zu vermeiden. Es können damit folgende gemeinsame Prinzipien festgestellt werden:

In geschlossenen Kapitalgesellschaften besteht keine Altersgrenze für Geschäftsführer.

Ist in offenen Kapitalgesellschaften eine Altersgrenze für Geschäftsführer vorgesehen, so liegt diese grundsätzlich bei fünfundsechzig bzw. siebzig Jahren.

V. Ausschlussgründe

1. Die deutschen Kapitalgesellschaften

§ 6 II S. 3 GmbHG sowie § 76 III S. 3 AktG enthalten absolute Ausschlussgründe.[316] Die rechtskräftige Verurteilung wegen einer Insolvenzstraftat gemäß §§ 283 – 283 d StGB, also wegen Bankrott, Verletzung der Buchführungspflicht, Gläubiger- oder Schuldnerbegünstigung, ist ein allgemeines Hindernis für die Geschäftsführerstellung. Eine Person, die wegen einer solchen Straftat verurteilt worden ist, kann für die Dauer von fünf Jahren seit der Rechtskraft des Urteils nicht Geschäftsführer sein. Eine strafrechtliche Verurteilung wegen anderer Delikte (z.B. Diebstahl, Hehlerei, Betrug, Untreue)

---

[315] *Modern Company Law, Final Report*, Vol. I, S. 140, 6.18. Siehe auch *Modern Company Law, Completing the Structure*, S. 68, 4.43.

[316] Scholz/Schneider, § 6 Rn. 20. Zur Verfassungsmäßigkeit: Stein, AG 1987, 165.

steht einer Bestellung als Geschäftsführer hingegen nicht entgegen.[317] Auch die Verurteilung wegen der aktienrechtlichen Straftatbestände der §§ 399 ff. AktG ist kein Ausschlussgrund.[318] Ausschlussgründe sind aber nach § 6 II S. 4 GmbHG, § 76 III S. 4 AktG auch gerichtliche oder behördliche Berufsausübungsverbote. Diese Regelungen gehen auf eine Empfehlung der Kommission zur Bekämpfung der Wirtschaftskriminalität zurück und sollen verhindern, dass unredliche Personen ihre Geschäfte unter dem Deckmantel einer anonymen Kapitalgesellschaft wieder aufnehmen und hierdurch Dritte gefährden.[319]

2. *Die französischen Gesellschaften*

Ein Geschäftsführer einer juristischen Person darf in Frankreich nicht mit dem Verbot (*interdiction*) der Verwaltung einer Gesellschaft belastet sein.[320] Rechtsverluste (*déchéance*), die aufgrund von Art. 2 i.V.m. Art. 1 *loi 47-1635 vom 30. August 1947* und Art. L. 625-2, 625-8, 626-5 CCom entstanden sind, ziehen ein solches Verbot nach sich.[321] Dabei kann zwischen Verboten aufgrund einer strafrechtlichen Verurteilung und solchen unabhängig von einer strafrechtlichen Verurteilung unterschieden werden. Nach Art. L. 625-2, 625-8 CCom sind Personen, gegenüber denen das Gericht den persönlichen Konkurs ausgesprochen hat, von der Verwaltung einer Gesellschaft ausgeschlossen. Das Gericht bestimmt die Dauer des Ausschlusses, die fünf Jahre nicht unterschreiten darf.[322] Nach Art. 626-5, 626-1, 626-6 C.Com sind Personen, die wegen betrügerischen Bankrotts nach Art. 626-3 CCom verurteilt wurden, für eine Höchstdauer von fünf Jahren von der Verwaltung einer Gesellschaft ausgeschlossen. Ferner enthält Art. 1 *loi 47-1635* eine Reihe von Verurteilungen, die zur Unfähigkeit kaufmännische Berufe auszuüben führen und damit Ausschlussgründe hinsichtlich der Ausübung der Geschäftsführung von Handelsgesellschaften darstellen, Art. 2 *loi 47-1635* (so beispielsweise rechtskräftige Verurteilungen wegen Verbrechen oder Verurteilungen zu Gefängnis von mindestens drei Monaten ohne Strafaussetzung für Dieb-

---

[317] Zur Begründung siehe Bericht des BT-Rechtsausschusses, BT-Drucksache 8/3908 S. 70. Bei Verurteilungen aus einem dieser Straftatbestände besteht zwar die im Ermessen des Gerichts liegende Möglichkeit nach § 70 StGB ein ein- bis fünfjähriges, ggf. auch lebenslängliches Berufsverbot zu verhängen; die Praxis macht davon jedoch wegen der strengen Anforderungen an diese Art von Maßregel nur höchst selten Gebrauch (Stein, AG 1987, 165 Fn. 4).

[318] Stein, AG 1987, 165.

[319] Klunzinger, S. 246.

[320] Legeais, S. 174 Rn. 391; Jauffret/Mestre, S. 281 Rn. 450; Juglart/Ippolito, S. 274 Rn. 208; S. 688 Rn. 801.

[321] Ripert/Roblot, S. 459 Rn. 1693; Juglart/Ippolito, S. 464, Rn. 398.

[322] Art. L. 625-10 (1) CCom.

stahl, Betrug, Hehlerei, für Wucher und Verstoß gegen die Gesetze über Spielhallen). Die Dauer der Unfähigkeit wird vom Gericht bestimmt und beträgt mindestens fünf Jahre.[323] Für die SAs und die SARL ist daneben Art. 6 *décret-loi* vom 8. August 1935 einschlägig, der bei ähnlichen Verurteilungen ein Verbot ausspricht. Hier kann das Verbot auch bei Verurteilungen mit Strafaussetzung erfolgen.[324] Schließlich sieht auch der *Code pénal* (CP) als Nebenstrafe für eine Reihe von Delikten Berufsausübungsverbote vor.[325] Ein solches Verbot muss nach Art. 132-17 CP von einem Richter explizit angeordnet worden sein. Es kann gemäß Art. 131-27 CP endgültig oder befristet sein, ohne im letzteren Fall fünf Jahre zu überschreiten.

3. *Die englischen companies*

Ausschlussgründe sind für die *companies* im *Company Directors Disqualification Act 1986* (CDDA 1986) kodifiziert. Dabei ist zwischen dem automatischen Ausschlussgrund der sec. 11 CDDA 1986 und dem Ausschluss durch Gerichtsbeschluss (*disqualification order*) zu unterscheiden. So bestimmen secs. 11, 13 CDDA 1986, dass ein nicht entlasteter Konkursschuldner (*undischarged bankrupt*) nicht *director* einer *company* werden kann. Der CDDA 1986 enthält eine Reihe von gerichtlichen Ausschlussgründen für Personen, denen mangelhafte Geschäftsführung nachgewiesen ist.[326] Bei Konkurs der *company* muss nach sec. 6 CDDA eine *disqualification order* ergehen.[327] Dies ist die Anordnung, dass eine Person nicht *director* einer *company* und weder direkt noch indirekt an der Geschäftsführung einer *company* beteiligt sein soll.[328] In den übrigen Fällen steht es nach dem CDDA 1986 im Ermessen des Gerichts, gegen eine Person eine *disqualification order* zu erlassen.[329] So ist es bei strafrechtlich verfolgbaren Vergehen in Bezug auf Gründung, Führung und Liquidation einer Gesellschaft (sec. 2 (1) CDDA 1986); bei betrügerischer Geschäftstätigkeit (*fraudulent trading*) und anderem Betrug (sec. 4 (1) CDDA 1986); bei Feststellung des Gerichts nach sec. 213 IA 1986, dass eine Person einen Betrag ins Gesellschaftsvermögen leisten muss, weil sie an betrügerischer Geschäftstätigkeit teilgenommen hat (sec. 10 CDDA 1986); wenn der *Secretary of State* aufgrund eines Inspektorenberichts nach sec. 437 CA 1985 oder sec. 94 oder sec. 177 FSA 1986 oder aufgrund einer Informa-

[323] Art. 4 (2) *loi 47-1635*.
[324] Cass. com., 26 mai 1992: Bull. Civ. IV, no. 209, p. 145; Bureau, J.-Cl. S. 4, Fasc. 130-20, S. 21 Nr. 117.
[325] Art. 131-28 CP.
[326] Secs. 2-6, 8, 10 CDDA 1986.
[327] Palmer/Davies, S. 887 60-19.
[328] Sec. 1 (1) CDDA 1986.
[329] Dine, Co Law 1991, 6.

tion nach sec. 448 CA 1985 oder sec. 105 FSA 1986 der Meinung ist, dass eine *disqualification order* erforderlich ist (sec. 8 CDDA 1986); bei andauernder Nichtbefolgung der *company*-Gesetzgebung (sec. 22 (7) CDDA 1986), die die Anmeldung oder Abgabe von Dokumenten, des Jahresabschlusses oder Gewinnen beim Gesellschaftsregister oder seine Inkenntnissetzung verlangen (sec. 3 (1) CDDA 1986); und schließlich bei Verurteilung wegen einer Bagatellstraftat, die in der Nichtbefolgung von Vorschriften beruht, welche die Anmeldung oder Abgabe von Dokumenten, des Jahresabschlusses oder Gewinnen beim Gesellschaftsregister oder seine Inkenntnissetzung verlangen, unter bestimmten Umständen auch im Wiederholungsfall (sec. 5 CDDA 1986). Die meisten *disqualification orders* ergehen jedoch gemäß sec. *6* CDDA 1986 bei Konkurs der company.[330] Die maximale Dauer der Disqualifikation variiert zwischen fünf und fünfzehn Jahren. Nur in sec. 6 CDDA 1986 ist eine Mindestdauer von zwei Jahren vorgesehen. Art. 81 (b) *Table A* enthält als weiteren Ausschlussgrund den Fall, dass ein *director* persönlicher Konkursschuldner wird oder gezwungen ist, Vereinbarungen über Zahlungsmodalitäten mit seinen Gläubigern zu treffen.

4. Vergleich

In allen drei untersuchten Rechtsordnungen werden missbräuchliche Handlungen, die zum Konkurs führen, als Grund angesehen, eine Person von der Geschäftsführung in Kapitalgesellschaften auszuschließen. Die Gesellschaft und der Rechtsverkehr sollen hier vor unredlichen Geschäftsführern geschützt werden. Der Ausschluss bestimmter Personen als Geschäftsführer, wird als wichtiger Aspekt der Kontrolle von Gesellschaften im öffentlichen Interesse angesehen.[331] Diese Regelungen erklären sich durch den gesetzgeberischen Willen für ehrliche, redliche Geschäftsführer zu sorgen, die sich gewissenhaft und effektiv um die Geschäftsführung der Gesellschaft kümmern.[332] Die französische Regelung erscheint dabei am striktesten, da auch Verurteilungen zu anderen Straftaten, einen Ausschlussgrund darstellen. In Deutschland ist die Dauer des Ausschlusses auf fünf Jahre festgelegt, in Frankreich hingegen sind fünf Jahre die Mindestdauer, in England sind fünf Jahre häufig die Höchstdauer. Auch insoweit erscheint die französische Regelung am striktesten. Hier lässt sich somit nur das folgende gemeinsame Prinzip herleiten:

---

[330] In 1999/2000 sind 1540 Anordnungen nach secs. 6, 37 nach sec. 8 und 167 Anordnungen nach den anderen Vorschriften ergangen. Mayson, French & Ryan, S. 737.
[331] Mayson, French & Ryan, S. 455.
[332] Guyon, Droit des affaires, S. 329 Rn. 320; Chartier, La Gestion, S. 16.

Geschäftsführer sind von der Geschäftsführung einer Kapitalgesellschaft ausgeschlossen, wenn in ihrer Person bestimmte Ausschlussgründe erfüllt sind. Ausschlussgrund ist insbesondere die Verurteilung wegen einer Konkursstraftat.

VI. Berufliche Inkompatibilitäten und Ämterhäufung

1. Die deutschen Kapitalgesellschaften

In Deutschland sind bestimmte Personen kraft Verfassungsrecht von der Bestellung zum Vorstand einer AG ausgeschlossen, so der Bundespräsident (Art. 55 II GG), die Mitglieder der Bundesregierung (Art. 66 GG) und nach einer Reihe von Länderverfassungen[333] auch die Mitglieder der Landesregierungen. Beamte bedürfen zum Eintritt in den Vorstand einer beamtenrechtlichen Genehmigung.[334] Auch ein Steuerberater kann nicht Vorstandsmitglied werden.[335] Ferner regelt § 105 AktG für die AG, dass zwischen der Mitgliedschaft im Aufsichtsrat und derjenigen im Vorstand Inkompatibilität besteht. Um der AG die Arbeitskraft des Vorstandsmitglieds zu erhalten, darf gemäß § 88 I S. 2 AktG ein Vorstandsmitglied weiterhin nicht Vorstandsmitglied einer anderen AG, Geschäftsführer einer GmbH oder persönlich haftender Gesellschafter einer Personenhandelsgesellschaft werden, es sei denn, der Aufsichtsrat erteilt seine Einwilligung. Hat die GmbH einen Aufsichtsrat, so kann auch kein Mitglied desselben Geschäftsführer der Gesellschaft sein.[336]

2. Die französischen Gesellschaften

Auch bezüglich der beruflichen Inkompatibilitäten gilt eine einheitliche französische Regelung. In Frankreich können Personen, die gewisse Tätigkeiten ausüben, nicht das Amt eines Geschäftsleiters ausfüllen. Genannt werden sollen hier aufgrund der Vielzahl der möglichen Inkompatibilitäten nur einige besonders wichtige. So dürfen Parlamentsmitglieder nicht Führungskräfte von bestimmten Gesellschaften werden[337], Regierungsmitglieder dürfen nach Art. 23 der Verfassung keine beruflichen Aktivitäten ausüben. Weiterhin dürfen auch Amtsträger, Richter oder Staatsanwälte[338] sowie Anwälte[339] und

[333] z.B. Art. 53 II Baden-Württemberg, Art. 57 Bayern, Art. 25 II Niedersachsen, Art 39 Hamburg, Art. 64 III Nordrhein-Westfalen.
[334] § 66 I Nr. 1 Buchst. c BBG, Ländergesetze.
[335] BGH, AG 1996, 366 ff.; Hüffer, AktG, § 77 Rn. 27.
[336] Spörlein/Tausend, S. 155.
[337] Art. 15 *Ord. No 58-998* vom 24. Oktober 1958.
[338] Art. 8 (1) *Ord. No. 58-1270* vom 22. Dezember 1958.
[339] Art. 111 *décret 91-1197* vom 27. November 1991.

Funktionäre[340] nicht Geschäftsführer einer Gesellschaft werden.[341] Auch ein Rechnungsprüfer kann nicht gleichzeitig Geschäftsführer derselben Gesellschaft sein, die er überwacht.[342] Darüber hinaus dürfen Notare[343] und Buchprüfer[344] sowie Personal einer Kreditanstalt[345] nicht Geschäftsführer einer Kapitalgesellschaft werden.[346]

Nach dem alten Art. L. 225-21 (1) CCom (Art. 92 *loi 66-537*) durfte eine natürliche Person in der monistischen SA nicht gleichzeitig mehr als acht Verwaltungsräten angehören. Diese Einschränkung galt nicht für juristische Personen, da sie so viele ständige Vertreter ernennen können, wie sie Verwaltungsratsposten innehaben.[347] Ferner machte der alte Art. L. 225-21 (3) CCom Ausnahmen von diesem Grundsatz. Nunmehr darf eine natürliche Person nach Art. L. 225-21 (1) CCom, der durch *loi 2001-420* vom 15. Mai 2001 eingeführt wurde, nicht mehr als fünf Mandate als Verwaltungsratsmitglied gleichzeitig ausüben. Hier wurde der Fall, des ständigen Vertreters miteinbezogen.[348] Dies soll die effektive Ausübung des Amtes sicherstellen.[349] Art. L. 225-94 (1) CCom weitet diese Regel für natürliche Personen auf die Kumulation von Verwaltungsratsmitgliedschaften und Mitgliedschaften im Aufsichtsrat einer SA aus.

Nach Art. L. 225-54-1 (1) CCom kann ein Generaldirektor einer monistischen SA schließlich nicht mehr als ein Mandat gleichzeitig ausüben. Ein zweites Mandat ist ausnahmsweise in einer beherrschten Gesellschaft (*société controlée*) möglich.[350] Ferner darf der Generaldirektor gemäß Art. L. 225-94 (2) CCom nicht gleichzeitig Vorstandsmitglied in einer dualistischen SA sein.

Eine natürliche Person durfte in der dualistischen SA nach den alten Art. L. 225-67 (1), (2) CCom (Art. 127 (1), (2) *loi 66-537*) nicht gleichzeitig Vorstandsmitglied in mehr als zwei Gesellschaften sein und selbst in diesen Grenzen war eine Einwilligung des Aufsichtsrats notwendig. Nunmehr kann eine natürliche Person nach Art. L. 225-67 (1) CCom nicht mehr als ein Mandat als Vorstandsmitglied ausüben. Die Vorstandsmitglieder der dualisti-

---

[340] Art. 25 *loi No. 83-634* vom 13 Juli 1983.

[341] Bézard/Letulle, J.-Cl. S. 3, Fasc. 48-30, S. 5 Nr. 21 ff.

[342] Art. L. 221-10 Nr. II 1 (i.V.m. Art. L. 222-2), 223-38 Nr. II 1, 225-224 Nr. 3 CCom.

[343] Art. 13 Nr. 2 *décret 45-01117* vom 19 Dezember 1945.

[344] Art. 22 *Ord. No 45-2138* vom 19. September 1945.

[345] Art. 17 *décret 84-708* vom 24. Juli 1984.

[346] Hierzu im Einzelnen: Storck, J.-Cl. S. 4, Fasc. 74-10, S. 7, 8 Nr. 27; Caussain, J.-Cl. S. 4, Fasc. 133-50, S. 5 Nr. 13 -18. Für eine komplette Liste der beruflichen Inkompatibilitäten siehe Leblond, Journ. Sociétés 1960, 257.

[347] Guyon, Droit des affaires, S. 329 Rn. 320.

[348] Merle, S. 395 Rn. 378.

[349] Dorresteijn/Kuiper/Morse, S. 105.

[350] Art. L. 225-54-1 (2) CCom.

schen SA dürfen darüber hinaus nicht gleichzeitig Mitglieder des Aufsichtsrats sein.[351]

3. Die englischen companies

Ein *director* einer englischen *company* kann nicht gleichzeitig Rechnungsprüfer derselben *company* werden.[352] Ebenso kann ein alleiniger *director* nicht gleichzeitig Urkundsbeamter der *company* sein.[353] Hingegen gibt es im englischen Gesellschaftsrecht kein Prinzip, das einem *director* verbietet, *director* von zwei konkurrierenden *companies* zu werden.[354] Obwohl diese Entscheidung fraglich ist, wurde sie von *Lord Blanesburgh* in *Bell v. Lever Brothers Ltd*[355] bestätigt. Das einzige Mittel *directors* davon abzuhalten, eine unbegrenzte Zahl von Geschäftsführerstellungen anzunehmen, besteht darin, sie nach sec. 6 CDDA 1986 zu disqualifizieren, wenn sie in einer der *companies* untätig bleiben.[356]

Ein Mitglied der *Church of England clergy*, der eine offizielle kirchliche Beförderung, Pfründe, Pflegschaft oder Lektorenstelle ausübt, oder der legitimiert ist, ein kirchliches Amt auszufüllen, darf nicht *director* einer *company* werden, die mit Gewinnerzielungsabsicht ein Gewerbe betreibt, es sei denn er wurde vom betreffenden Bischof ermächtigt.[357] Soweit ersichtlich bestehen weitere berufliche Inkompatibilitäten nicht.

4. Vergleich

Die beruflichen Inkompatibilitäten haben nicht die gute Geschäftsführung der betroffenen Geschäftsführungsorgane als Ziel, sondern den Schutz öffentlicher Berufe und Ämter.[358] Der französische Gesetzgeber misst diesem Schutz große Bedeutung bei, indem er für eine Reihe von Berufen eine Inkompatibilität mit dem Amt eines Geschäftsführers vorsieht. Dabei gilt die Inkompatibilität zumeist für sämtliche französischen Gesellschaften. Einige berufliche Inkompatibilitäten bestehen jedoch ausschließlich für die SAs. Im deutschen Recht konnten solche Inkompatibilitäten nur für den Vorstand einer AG aus-

---

[351] Art. L. 225-74 CCom.
[352] Sec. 27 (1) CA 1985.
[353] Sec. 283 (2), (4) (b) CA 1985.
[354] *London and Mashonaland Exploration Co Ltd v. New Mashonaland Exploration Co Ltd* (1891) WN 165; Bourne, S. 145, 11.6. Kritisch zum Mashonaland Case: Christie (1992) 55 MLR 506.
[355] (1932) AC 161, 195.
[356] Siehe hierzu Hitchens, CFILR 2000, 359.
[357] *Pluralities Act 1838*, s. 29; Mayson, French & Ryan, S. 456.
[358] Bureau, J.-Cl. S. 4, Fasc. 130-20, S. 16 Nr. 88.

gemacht werden. Soweit ersichtlich besteht in England nur eine Inkompatibilität zwischen dem Amt als Geistlicher der *Church of England* und dem Amt als *director*. Hinsichtlich der beruflichen Inkompatibilitäten kann folglich kein gemeinsames Prinzip festgestellt werden.

Auch wenn die Gesellschaften unterschiedliche Organe haben, so ergibt sich doch mit einer gewissen Deutlichkeit, dass die Geschäftsführung und ihre Kontrolle nicht in der Hand ein und derselben Person liegen soll. Dabei ist es unbedeutend, ob die Kontrolle durch einen Aufsichtsrat oder durch sog. Rechnungsprüfer vorgenommen wird. Eine unabhängige Kontrolle ist in den Kapitalgesellschaften deshalb so wichtig, weil diese im Gegensatz zu den Personengesellschaften nicht auf persönlichem Vertrauen basieren und zudem in der Regel externe Personen als Geschäftsführer zugelassen sind, die eventuell nicht immer die Interessen der Gesellschaft vor Augen haben.

Bei den englischen *companies*, in denen keine konkrete Abgrenzung zwischen Geschäftsführungs- und Kontrollorgan besteht, wird teilweise die Vermengung der Befugnisse der Geschäftsführung und der Kontrolle kritisiert. Der *board of directors* der englischen *companies* war Gegenstand verschiedener Reformvorschläge. Das Konzept eines *two-tier board* konnte sich aber bisher nicht durchsetzen. Dies widerspräche der flexiblen Tradition des englischen Gesellschaftsrecht. Die Trennung zwischen der Funktion der Überwachung und der Geschäftsführung bleibt daher fließend, anpassungsfähig an veränderte Umstände im Unternehmen.[359] Auch bei der monistischen SA gab es bislang keine klare Abgrenzung der Funktionen von Verwaltungsrat und dessen Präsidenten. Die *loi 2001-420* hat nun jedoch dem Verwaltungsrat die Festlegung der Richtlinien der Gesellschaftsaktivitäten sowie die Kontrolle zugeschrieben, während der Generaldirektor ausschließlich für die laufende Geschäftsführung zuständig ist. Nach wie vor kann jedoch der Präsident als Generaldirektor ernannt werden. Dann ist er gleichzeitig das Organ der Geschäftsführung und Vertretung sowie Vorsitzender des ihn selbst kontrollierenden Verwaltungsrats. In seiner Person konzentrieren sich dann sämtliche Befugnisse. Es ist diese Konzentration, die vor Erlass der *loi 2001-420* kritisiert wurde[360] und die auch weiterhin zu kritisieren ist. Will man die strikte Trennung von Geschäftsführung und Kontrolle sicherstellen, so sollte noch immer auf die duale Organisationsform der SA mit Vorstand und Aufsichtsrat zurückgegriffen werden. Hinsichtlich der Ämterhäufung lässt sich demnach nur folgendes gemeinsames Prinzip ableiten:

---

[359] Bei Maw, S.37.
[360] Merle, S. 390 Rn. 372.

Geschäftsführer sind von der Geschäftsführung einer Kapitalgesellschaft ausgeschlossen, wenn Inkompatibilitäten mit anderen Ämtern vorliegen, beispielsweise zwischen der Funktion als Vorstandsmitglied und der Funktion als Aufsichtsratsmitglied.

VII. Festlegung weiterer Voraussetzungen

Die bei Beachtung der genannten Voraussetzungen bestehende Freiheit der Wahl der Geschäftsführer kann in der SC, der GmbH, der SARL sowie den englischen *companies* durch Festlegung weiterer Voraussetzungen im Gesellschaftsvertrag eingeschränkt werden.[361] Ob in der Satzung der deutschen AG weitere Eignungsvoraussetzungen vorgesehen werden können oder ob dies unzulässigerweise in die gesetzliche Bestellungskompetenz des Aufsichtsrats eingreift, ist hingegen streitig.[362] Die h.M. lässt persönliche und sachliche Eignungsvoraussetzungen in der Satzung zu, verweist aber darauf, dass das Auswahlermessen des Aufsichtsrats nicht nachhaltig beschränkt werden darf.[363] Die Gegenansicht relativiere die Bedeutung der Satzung unnötig und überzeuge deshalb nicht. Eher sei fraglich, ob Auswahlrichtlinien auch in mitbestimmten Gesellschaften gelten. Auch dies sei jedoch zu bejahen, soweit für den Aufsichtsrat ein vernünftiger Ermessensspielraum bleibt.[364] Ein Verstoß gegen eine solche Satzungsvorschrift macht die Bestellung zum Vorstandsmitglied allerdings nicht unwirksam.[365] In der monistischen SA sind Eignungsvoraussetzungen für Verwaltungsratsmitglieder in der Satzung zulässig, wenn diese dem gemeinsamen Interesse oder dem Minderheitenschutz dienen. Dabei muss der Gesellschafterversammlung aber eine ausreichende Auswahl erhalten bleiben und darf sie nicht zwingen ein vorbestimmtes Verwaltungsratsmitglied zu ernennen.[366] Da die Bestellungskompetenzen für den Verwaltungsratspräsidenten und Generaldirektor bzw. den Vorstand der dualistischen SA ebenso zwingend sind, dürfte hier dasselbe gelten. Es kann also festgehalten werden, dass weitere Eignungsvoraussetzungen im Gesellschaftsvertrag aufgenommen werden können, sofern dadurch nicht in die zwingende Kompetenzverteilung der Gesellschaft eingegriffen wird. Damit gilt das folgende gemeinsame Prinzip:

---

[361] Hoffmann/Liebs, Rn. 204; Schmidt, Gesellschaftsrecht, S. 1071, § 36 II 2 a; Kisker, S. 41; Saintourens, Rép. Civ. Dalloz, Société civile, S. 9 Nr. 68; Storck, J.-Cl. S. 4, Fasc. 74-10, S. 9 Nr. 33.; Palmer/Schmitthoff, S. 880, 60-12.

[362] Dafür: Lenze, S. 61. Nach der Gegenansicht soll der Aufsichtsrat sich über solche Bestimmungen nach pflichtgemäßem Ermessen hinwegsetzen dürfen (Hommelhoff, BB 1977, 322 (326)).

[363] Geßler, § 84 Rn. 6; Henn, Rn. 532; Hüffer, AktG, § 76 Rn. 26.

[364] Hüffer, AktG, § 76 Rn. 26; a.A. Säcker, DB 1977, 1791 (1792 f.).

[365] Raiser, Kapitalgesellschaften, S. 148 § 14 Rn. 32.

[366] Bureau, J.-Cl. S. 4, Fasc. 130-20, S. 2 Nr. 3, 4; Guyon, Droit des affaires, S. 328 Rn. 319.

In Kapitalgesellschaften können weitere Eignungsvoraussetzungen für Geschäftsführer in der Satzung festgelegt werden, sofern dadurch nicht in die zwingende Kompetenzverteilung der Gesellschaft eingegriffen wird.

C. Bestellungskompetenz und -verfahren

Nachdem festgestellt wurde, wie viele Geschäftsführer zu bestellen sind und welche Voraussetzungen sie erfüllen müssen, wird nun auf die Bestellung näher eingegangen. Entscheidend ist die Kompetenz zur Bestellung sowie das Bestellungsverfahren.

I. Die Gesellschaft mit beschränkter Haftung

Die Bestellung erfolgt in der GmbH durch die Gesellschafter.[367] Das dispositive Recht der GmbH lässt aber auch eine Übertragung der Bestellungskompetenz auf andere Organe, wie Beiräte, Aufsichtsräte oder einzelne Gesellschafter zu.[368] Nicht hingegen kann die Bestellung durch einen anderen Geschäftsführer erfolgen.[369] Unterliegt die GmbH der paritätischen Mitbestimmung (MontanMitbestG, MitbestErgG, MitbestG), ist der Aufsichtsrat für die Bestellung zuständig.[370] § 31 II MitbestG schließt insofern die Bestellung der Geschäftsführer im Gesellschaftsvertrag aus.[371] Die Wahl erfolgt für jedes zu bestellende Mitglied einzeln mit der einfachen oder einer im Gesetz (z.B. § 31 II MitbestG) oder Gesellschaftsvertrag vorgesehenen qualifizierten Mehrheit der Stimmen.[372] Die Bestellung wird wirksam, wenn der Bestellte sie annimmt.[373]

Das GmbHG enthält keine Vorschriften hinsichtlich der Dauer der Bestellung der Geschäftsführer, die deshalb auf Lebenszeit erfolgen kann.[374] Bei mitbestimmten Gesellschaften (§ 31 I MitbestG, § 12 MontanmitbestG, § 13 MontanmitbestergG) gilt über § 84 AktG eine fünfjährige Höchstdauer. Ein Gesellschafter kann sich aber auch die Organstellung als unentziehbares mitgliedschaftliches Sonderrecht im Gesellschaftsvertrag einräumen lassen.[375]

---

[367] § 6 III S. 2, § 46 Nr. 5 GmbHG.

[368] § 45 II GmbHG; RGZ 170, 358 (366); BGH WM 1973, 1295 (1296), Neuling, S. 115; Baums, S. 82 § 5 II.

[369] Beck´sches Handbuch der GmbH/Axhausen, S. 201 § 5 Rn. 8.

[370] § 31 I MitbestG.

[371] Raiser, MitbestG § 31 Rn. 7.

[372] Roth, Gesellschaftsrecht, S. 202.

[373] Sudhoff/Sudhoff, S. 13; Spörlein/Tausend, S. 163.

[374] Beck´sches Handbuch der GmbH/Axhausen, § 5 Rn. 10.

[375] Vgl. BGH, GmbHR 1982, 129 (130); Beck´sches Handbuch der GmbH/Axhausen, § 5 Rn. 11.

II. Die Aktiengesellschaft

Die Vorstandsmitglieder einer deutschen AG werden durch den Aufsichtsrat bestellt (§ 84 I S. 1 AktG), wobei die Bestellung des ersten Vorstands gemäß § 30 IV AktG unter den besonderen Bedingungen des § 30 AktG erfolgt. Die Bestellung obliegt dem Aufsichtsrat in seiner Gesamtheit. Sie kann nicht auf einen Aufsichtsratsausschuss übertragen werden.[376] Die Bestellungskompetenz des Aufsichtsrats ist ausschließlich, seine Entscheidungsfreiheit rechtlich uneinschränkbar.[377] Hinsichtlich des Arbeitsdirektors einer mitbestimmten AG ergeben sich insofern keine Besonderheiten.[378] Besteht der Vorstand aus mehreren Personen, so kann der Aufsichtsrat einen Vorsitzenden ernennen, § 84 II AktG. Wie bei der GmbH erfolgt die Wahl einzeln für jedes Mitglied. Für die Beschlussfassung des Aufsichtsrats genügt eine einfache Mehrheit.[379] Die Organpflichten entstehen erst mit der ausdrücklichen oder konkludenten Annahme durch den Ernannten.[380]

Die Bestellung der Vorstandsmitglieder der AG kann gemäß § 84 I S. 1 AktG für höchstens fünf Jahre ausgesprochen werden. Eine wiederholte Bestellung ist ebenfalls mit einer Höchstdauer von fünf Jahren zulässig.[381] Damit will das Gesetz sicherstellen, dass sich der Aufsichtsrat zumindest alle fünf Jahre einer verantwortlichen Beratung über die Weiterbeschäftigung eines Vorstandsmitglieds unterzieht[382] und vor allem der Gesellschaft ermöglichen, sich nach diesem Zeitraum von einem Vorstandsmitglied ohne Rechtsstreit zu trennen.[383] Eine Verlängerung kann nach § 84 I S. 3 AktG frühestens ein Jahr vor Ablauf der Amtszeit beschlossen werden.

III. Die *société à responsabilité limitée*

Die Geschäftsführer der SARL werden durch die Gesellschafter, in den Statuten oder durch einen späteren Beschluss ernannt.[384] Die Bestellung muss von einem oder mehreren Gesellschaftern, die mehr als die Hälfte der Anteile

---

[376] § 107 III S. 2 i.V.m. § 84 I S. 1 AktG; Happ, S. 422; Bergmann, S. 7.
[377] Kölner Kommentar/Mertens, § 84 Rn. 9; Happ, S. 423; Würdinger, S. 115.
[378] § 31 MitbestG i.V.m. § 84 AktG. § 13 I S. 2 MontanMitbestG, wonach der Arbeitsdirektor nicht gegen die Stimme der Mehrheit der Arbeitnehmervertreter im Aufsichtsrat berufen werden kann, findet im MitbestG keine Parallele.
[379] Hüffer, AktG, § 108 Rn. 6.
[380] Großkommentar/Meyer-Landrut, § 84 Anm. 1; Würdinger, S. 116.
[381] § 84 I S. 2 AktG.
[382] BGHZ 10, 187 (195).
[383] Kölner Kommentar/Mertens, § 84 Rn. 13.
[384] Art. L. 223-18 (2) Satz 2 CCom.

repräsentieren, getragen werden.[385] Eine einfache Mehrheit ist also im Gegensatz zu Entscheidungen über Modifikationen der Statuten ausreichend.[386] Die Statuten können eine höhere Mehrheit vorsehen.[387] Die Geschäftsführer müssen ihre neue Position ausdrücklich oder stillschweigend annehmen.[388] Sofern die Statuten bzw. die Gesellschafterversammlung nichts anderes vorsehen, sind die Geschäftsführer der SARL gemäß Art. L. 223-18 (3) CCom für die Dauer der Gesellschaft bestellt.

IV. Die monistische SA

Die Mitglieder des Verwaltungsrats der monistischen SA werden durch die Hauptversammlung gewählt, bei Errichtung der Gesellschaft von der Gründungsversammlung, später von der ordentlichen Versammlung.[389] Die Entscheidung der Aktionärsversammlung ergeht gemäß Art. L. 225-98 (3) CCom mit der Mehrheit der anwesenden oder vertretenen Aktionäre. Dabei müssen diese mindestens ein Viertel der stimmberechtigten Aktien besitzen.[390] Generell wird über jedes Verwaltungsratsmitglied individuell abgestimmt. Es erscheint jedoch möglich, einen einheitlichen Beschluss über mehrere Mitglieder abzugeben.[391] Die Mitglieder müssen die ihnen übertragene Funktion annehmen.[392] Die Amtsdauer wird in den Statuten festgelegt. Die Amtsdauer des ersten Verwaltungsrats darf drei Jahre, eine spätere Amtsdauer sechs Jahre nicht überschreiten. Die Mitglieder des Verwaltungsrats können wieder gewählt werden, wenn die Statuten nicht ein anderes bestimmen.[393] Dabei kann die Erneuerung des Verwaltungsrats insgesamt oder turnusmäßig erfolgen.[394] In der Regel legen die Statuten einen gestaffelten Wechsel der Mitglieder fest, um eine gewisse Beständigkeit der Verwaltung sicherzustellen.[395] Jede gegen diese Bestimmungen verstoßende Bestellung

---

385 Art. L. 223-18 (2) Satz 2 i.V.m. Art. L. 223-29 CCom.

386 Storck, J.-Cl. S. 4, Fasc. 74-10, S. 10 Nr. 35.

387 Juglart/Ippolito, S. 688 Rn. 802.

388 Merle, S. 189 Rn. 185; Saintourens, L´entreprise, S. 210 Rn. 680.

389 Art. L. 225-7 (2), 225-18 (1) CCom. Im Falle einer nichtbörsengängigen (*sans appel public à l´épargne*) Gesellschaft sind die Mitglieder des ersten Verwaltungsrats in der Satzung zu bezeichnen und die Dauer ihres Amtes darf drei Jahre nicht überschreiten, Art. L. 225-18 (1) 2 i.V.m. 225-16 CCom. Dies soll die Errichtung von Gesellschaften mit wenigen Aktionären erleichtern.

390 Merle, S. 520 Rn. 481.

391 T. com. Nantes, 12 oct. 1972: Gaz. Pal. 1973, 2, p. 780, 783; CA Limoges, 19 oct. 1992: Rev. Soc. 1993, 129, obs. Y. Guyon; Bureau, J.-Cl. S. 4, Fasc. 130-10, S. 8 Nr. 35.

392 Hamel/Lagarde/Jauffret, S. 658 Rn. 635.

393 Art. L. 225-18 (2) CCom.

394 Merle, S. 399 Rn. 383.

395 Ripert/Roblot, S. 404 Rn. 1631; Guyon, Droit des affaires, S. 341 Rn. 326.

mit Ausnahme der provisorischen Bestellungen nach Art. L. 225-24 CCom ist nichtig.[396]

Die Verwaltungsratsmitglieder der monistischen SA können gemäß Art. L. 225-51-1 (1) CCom wählen, ob der Verwaltungsratspräsident oder ein Generaldirektor die laufende Geschäftsführung übernehmen soll. Beide werden vom Verwaltungsrat ernannt.[397] Der Ernannte muss seine Bestellung annehmen.[398] Die Statuten können die Ernennung nicht abweichend regeln oder das Recht der Ernennung auf die Aktionärsversammlung übertragen.[399] Dem Verwaltungsrat steht folglich die ausschließliche Ernennungskompetenz zu. Die Wahl erfolgt nach Art. L. 225-37 (2) CCom aufgrund der Mehrheit der anwesenden oder vertretenen Verwaltungsratsmitglieder. Dabei müssen mindestens die Hälfte der Verwaltungsratsmitglieder anwesend sein.[400] Wird der Präsident gewählt, so gelten für ihn nach Art. L. 225-51-1 (3) CCom die Vorschriften über den Generaldirektor entsprechend. Auf Vorschlag des Generaldirektors können ferner delegierte Generaldirektoren ebenfalls durch den Verwaltungsrat ernannt werden.[401]

Der Präsident kann für die Dauer seiner Stellung als Verwaltungsratsmitglied bestellt werden,[402] d.h. sechs oder drei Jahre, je nachdem, ob er seine Stellung durch die Aktionärsversammlung oder die Statuten erhalten hat. Diese Höchstzeit kann durch willkürliche Entscheidung des Verwaltungsrats oder auf Grund der Statuten verkürzt werden.[403] Eine Wiederwahl ist zulässig.[404] Für den Generaldirektor sieht die neue *loi 2001-420* weder eine Mindest- noch eine Höchstamtsdauer vor. Ist der Generaldirektor gleichzeitig Verwaltungsratsmitglied, so kann seine Amtsdauer dennoch seine Amtszeit als Verwaltungsratsmitglied überschreiten. Das Gesetz koppelt die Amtsdauer des Generaldirektors nicht an diejenige, die für ihn als Verwaltungsratsmitglied gilt.[405] Mangels gesetzlicher Vorschriften gilt für die Wiederwahl dasselbe wie beim Präsidenten.

---

[396] Art. L. 225-18 (3) CCom.

[397] Art. L. 225-47 (1), 225-52-1 (1) CCom.

[398] Vuillermet/Hureau, S. 400.

[399] Viandier/Mansuy, J.-Cl. S. 4, Fasc. 133-10, S. 20 Nr. 105.

[400] Art. 225-37 (1) CCom.

[401] Art. L. 225-53 (1) CCom; Hier kann es zu begrifflichen Missverständnissen kommen. Die generelle Verwaltung war vor der *loi 2001-420* dem Präsidenten des Verwaltungsrats anvertraut. Dieser konnte zu seiner Unterstützung die Ernennung von Generaldirektoren vorschlagen. Jetzt übt der Generaldirektor die Geschäftsführung aus und kann zu seiner Unterstützung delegierte Generaldirektoren vorschlagen. Bei der dualistischen SA werden diese Gehilfen jedoch weiterhin Generaldirektoren genannt.

[402] Art. L. 225-47 (2) CCom.

[403] Viandier/Mansuy, J.-Cl. S. 4, Fasc. 133-10, S. 20 Nr. 111.

[404] Art. L. 225-47 (2) CCom.

[405] Viandier/Mansuy, J.-Cl. S. 4, Fasc. 133-10, S. 21 Nr. 113.

V. Die dualistische SA

Mitglieder des Vorstands der dualistischen SA werden nach Art. L. 225-59 (1) CCom nicht von der Generalversammlung, sondern vom Aufsichtsrat ernannt, der auch die Bestimmung des Vorstandsvorsitzenden (président du directoire) vornimmt. Die Befugnis der Ernennung kann dem Aufsichtsrat weder durch Bestimmung in den Statuten noch durch die Aktionärsversammlung genommen werden.[406] Auch hier hat der Aufsichtsrat demnach eine ausschließliche Ernennungskompetenz. Das Kontrollorgan ernennt direkt das Geschäftsführungsorgan, das es überwacht.[407] Der Beschluss wird mit einfacher Mehrheit gefasst, d.h. mit einer Stimmenanzahl, die mehr als die Hälfte der anwesenden oder vertretenen Mitglieder repräsentiert.[408] Dabei muss mindestens die Hälfte der Mitglieder anwesend sein.[409]

Die Statuten bestimmen eine Amtsdauer der Vorstandsmitglieder zwischen zwei und sechs Jahren. Fehlt eine Bestimmung in den Statuten, so dauert das Amt gemäß Art. L. 225-62 CCom vier Jahre. Die Vorstandsmitglieder werden „in globo" ernannt. Es ist deshalb nicht möglich, wie bei den Verwaltungsratsmitgliedern, teilweise Neuwahlen und turnusmäßige Nachfolge vorzusehen.[410] Eine Wiederwahl ist im Gesetz nicht verboten und daher möglich.[411]

VI. Die *société civile*

Die Geschäftsführer der SC werden durch die Statuten ernannt. Die statutarische Geschäftsführung impliziert eine einstimmige Bestellung.[412] Fehlt eine solche Ernennung, so können die Geschäftsführer nach Art. 1846 (1) CC auch durch eine gesonderte Handlung (*par un acte distinct*) oder durch eine Entscheidung der Gesellschafter ernannt werden. In diesem Fall genügt gemäß Art. 1846 (3) CC eine Mehrheitsentscheidung, wenn in den Statuten nichts anderes bestimmt ist. Die Statuten bestimmen die Regeln der Bestellung des oder der Geschäftsführer und die Art der Organisation.[413] Sofern die Statuten bzw. die Gesellschafterversammlung nichts anderes vorsehen, sind

---

[406] Caussain, J.-Cl. S. 4, Fasc. 133-50, S. 10 Nr. 47; Andrieux/Direz, S. 268 Rn. 493.
[407] Lecompte, Journ. Soc. 1968, 84 (88).
[408] Art. 225-82 (2) CCom.
[409] Art. 225-82 (1) CCom.
[410] Caussain, J.-Cl. S. 4, Fasc. 133-50, S. 11 Nr. 50; Lecompte, Journ. Soc. 1968, 84 (89).
[411] Caussain, J.-Cl. S. 4, Fasc. 133-50, S. 12 Nr. 54; Bézard, S. 106 Rn. 425; Hémard, Terré et Mabilat, S. 949, Nr. 1075.
[412] Saintourens, Rép. Civ. Dalloz, Société civile, S. 10 Nr. 72.
[413] Art. 1846 (2) CC.

die Geschäftsführer nach Art. 1846 (4) CC für die Dauer der Gesellschaft bestellt.

VII. Die *companies*

Die ersten *directors* werden in einem dem Gründungsvertrag (*memorandum of association*) beigefügten *statement* (*form 10*) ernannt, welches bei der Gründung der *company* eingereicht werden muss.[414] Sie gelten nach sec. 13 (5) CA 1985 mit der Gründung der Gesellschaft automatisch als bestellt. Das *statement* ist von den Gründungsgesellschaftern oder namens dieser zu unterzeichnen und muss das Einverständnis der *directors* enthalten.[415] Die ersten *directors* können auch in der Satzung (*articles*) ernannt werden. Eine solche Ernennung ist aber unwirksam, es sei denn die *directors* sind auch im *statement* erwähnt.[416] Im übrigen lässt der CA 1985 die Mittel der Bestellung offen.[417] Die Bestellung späterer *directors* wird daher in der Satzung geregelt. Insoweit besteht ein weiter Spielraum der Gründer der Gesellschaft. Die Befugnis, spätere *directors* zu ernennen, liegt normalerweise bei den Gesellschaftern.[418] Die Bestellungskompetenz kann aber in der Satzung anders geregelt werden. Der CA 1985 sieht nicht vor, dass die *directors* durch die Gesellschafterversammlung ernannt werden müssen. Die Satzung kann vielmehr auch eine ausschließliche Kompetenz der *directors* vorsehen, neue *directors* zu ernennen oder Lücken zu füllen.[419] Die Wahl erfolgt in der Regel mit einfacher Mehrheit.[420] Im Fall einer *public company* sieht sec. 292 CA 1985 vor, dass über jeden *director* individuell abgestimmt werden muss. Die Bestellung zum *director* wird erst wirksam, wenn der Ernannte der Ernennung zustimmt. Ist in einer englischen *company* die *Table A* als Satzung gewählt worden, so sollen auf der ersten Gesellschafterversammlung sämtliche *directors* zurücktreten und danach neu ernannt werden, während auf späteren Gesellschafterversammlungen jeweils nur ein Drittel der *directors* neu zu bestellen ist (*rotation*).[421] Ein ausscheidender *director* kann jedoch gemäß Art. 80 *Table A* wieder gewählt werden. Die Satzung kann aber auch vorsehen, dass die *directors* nur für einen bestimmten Zeitraum - in der Regel drei Jahre -

---

[414] Sec. 10 (2) (a) CA 1985.
[415] Sec. 10 (3) CA 1985.
[416] Sec. 10 (5) CA 1985.
[417] Gower, S. 180; Mayson, French & Ryan, S. 451.
[418] Art. 78 *Table A*.
[419] Bruce, S. 9, 1.52; Pennington, Company Law, S. 648.
[420] Gower, S. 180; Pennington, Company Law, S. 649.
[421] Art 73 *Table A*.

bestellt werden.[422] Ferner kann die Satzung die Bestellung der *directors* auf Lebenszeit zulassen oder von einem anderen Amt abhängig machen.[423]

Da es kein rechtliches Erfordernis gibt, einen *managing director* zu bestellen, finden sich auch keine Vorschriften hinsichtlich seiner Bestellung im CA 1985. Es ist jedoch üblich, dass die Satzung eine solche Bestellung vorsieht. Die Kompetenz zur Ernennung von *managing directors* oder *executive officers* liegt dann üblicherweise beim *board of directors*.[424] Das *board* entscheidet in der Regel mit der Mehrheit der anwesenden Stimmen.[425] Dabei können nur *directors* als *managing director* bestellt werden.[426] *Managing directors* werden meist für eine bestimmte Zeit ernannt und unterliegen in der Regel nicht der *rotation*.[427]

VIII. Vergleich

Die Bestellungskompetenz liegt bei der GmbH sowie der SARL und der SC bei den Gesellschaftern. In der AG und der dualistischen SA hat der Aufsichtsrat die Bestellungskompetenz inne. Das gleiche gilt auch für eine mitbestimmte GmbH. Bei der monistischen SA sowie den englischen *companies* werden der zur laufenden Geschäftsführung berufene Generaldirektor bzw. die *managing directors* durch den Verwaltungsrat bzw. den *board of directors* gewählt, die ihrerseits von den Gesellschaftern ernannt werden. Es kann somit festgestellt werden, dass jeweils das untere oder allgemeinere Organ das höhere oder speziellere Organ besetzt. Man könnte dies aber auch so betrachten, dass jeweils das Organ die Geschäftsführung bestellt, das auch zur Kontrolle befugt ist. Jedes Mitglied des Geschäftsführungsorgans wird einzeln gewählt. Unabhängig vom Bestellungsorgan erfolgt die Bestellung mit einfacher Mehrheit. Die ernannten Personen müssen ihre neue Position annehmen. Es gelten somit die folgenden gemeinsamen Prinzipien:

In den geschlossenen Kapitalgesellschaften erfolgt die Bestellung der Geschäftsführer durch einfache Mehrheitsentscheidung der Gesellschafter.

In den offenen Kapitalgesellschaften mit monistischer Struktur erfolgt die Bestellung des Leitungsorgans durch einfache Mehrheitsentscheidung der

---

[422] Kisker, S. 57.
[423] Gower, S. 181.
[424] Art. 84 *Table A*.
[425] Art. 88 *Table A*.
[426] In Art. 84 *Table A* heißt es „*one or more of their number*". Palmer/Davies, S. 915, 61-07; Wilkinson, S. 211.
[427] Pennington, Directors Personal Liability, S. 12, 1.06; Charlesworth & Morse, S. 260.

Gesellschafter. Diejenigen Geschäftsführer, welche die tägliche Geschäftsführung ausüben, werden hingegen von dem Leitungsorgan bestellt.

In den offenen Kapitalgesellschaften mit dualistischer Struktur ist der Aufsichtsrat für die Bestellung zuständig.

Die Bestellung bedarf der Annahme der zu bestellenden Person.

In der GmbH und der SARL üben die Geschäftsführer ihre Tätigkeit auf Lebenszeit bzw. bis zur Auflösung der Gesellschaft aus. In den englischen *companies* bestimmt die Satzung wie lange die Tätigkeit als *director* ausgeübt wird. Es kann auch eine Geschäftsführung auf Lebenszeit bestimmt werden. In der Regel wird hier jedoch eine Dauer von drei Jahren festgesetzt. Eine bestimmte Dauer wird allgemein in den geschlossenen Gesellschaften vorgesehen. Eine Befristung der Dauer auf drei Jahre entspricht auch der Regelung für den ersten Verwaltungsrat in der monistischen SA. Als nächst längere Dauer wird für die dualistische SA gesetzlich vier Jahre festgesetzt. In den Statuten ist eine Wahl zwischen zwei bis sechs Jahren möglich. In der AG ist eine Dauer von fünf Jahren vorgeschrieben. Übertroffen wird diese Dauer lediglich von der monistischen SA mit sechs Jahren für alle folgenden Verwaltungsräte. In den offenen Gesellschaften und *der private company* ist jeweils eine Wiederwahl möglich. Dies gilt auch für die dualistische SA, obwohl sich das Gesetz nicht über eine Wiederwahl äußert. Es gelten demnach die folgenden gemeinsamen Prinzipien:

Die Bestellung kann befristet oder auf Lebenszeit erfolgen.

In den geschlossenen Kapitalgesellschaften erfolgt die Bestellung auf Lebenszeit, es sei denn, der Gesellschaftsvertrag legt eine andere Dauer fest.

In den offenen Kapitalgesellschaften ist die Bestellung befristet. Eine Wiederwahl ist in der Regel möglich.

D. Notbestellung

I. Die Gesellschaft mit beschränkter Haftung

Fehlen die zur Vertretung der Gesellschaft notwendigen Geschäftsführer, so kommt auf Antrag eines Beteiligten die Bestellung eines Notgeschäftsführers durch das Gericht in Betracht, um die Handlungsfähigkeit der Gesellschaft sicherzustellen.[428] Eine dem § 85 AktG entsprechende Norm enthält das GmbHG nicht. Doch gilt § 29 BGB unstreitig auch für die GmbH.[429] Auf Gesellschaften, die dem MitbestG unterliegen, erklärt § 31 I MitbestG die Vorschrift des § 85 AktG für entsprechend anwendbar. Voraussetzung ist das Fehlen oder die rechtliche Verhinderung der Geschäftsführer.[430] Ferner muss ein dringender Fall vorliegen. Ein solcher Fall ist gegeben, wenn ohne Einsetzung eines Notgeschäftsführers einem Beteiligten oder der Gesellschaft ein Schaden entstehen würde oder eine alsbald erforderliche Handlung nicht vorgenommen werden könnte.[431] Die Bestellung erlischt mit der Bestellung des erforderlichen Geschäftsführers durch die Gesellschaft. Die Gesellschafter können den gerichtlich bestellten Geschäftsführer nicht abberufen, doch kann das Gericht die Bestellung widerrufen.[432]

II. Die Aktiengesellschaft

Fehlt ein erforderliches Vorstandsmitglied, so hat gemäß § 85 I AktG in dringenden Fällen das Gericht auf Antrag eines Beteiligten das Mitglied zu bestellen. Das Vorstandsmitglied muss fehlen, eine Verhinderung reicht hingegen nicht aus.[433] Ein Vorstandsmitglied fehlt bei Tod, Widerruf der Bestellung, Amtsniederlegung, ferner wenn eine mitbestimmte AG nur ein Vorstandsmitglied hat. Dringlichkeit ist gegeben, wenn der AG, ihren Aktionären oder Gläubigern, der Belegschaft oder der Öffentlichkeit erhebliche Nachteile drohen und der Aufsichtsrat nicht oder nicht schnell genug tätig werden kann.[434] Die Bestellung erfolgt ausschließlich auf Antrag eines Beteiligten. Dies sind alle, die ein schutzwürdiges Interesse haben.[435] Der gerichtlich Bestellte hat grundsätzlich die vollen Rechte und Pflichten eines Vorstandsmitglieds. Die Geschäftsführungsbefugnis kann jedoch im Bestellungsbeschluss weiter eingeschränkt werden.[436] Das Amt erlischt gemäß § 85 II AktG, sobald der Aufsichtsrat das fehlende Mitglied bestellt hat. Vorher ist die Abberufung durch das Gericht möglich, nicht aber durch den Aufsichtsrat.[437]

---

[428] Siehe Hohlfeld, GmbHR 1986, 181 ff.; Spörlein/Tausend, S. 158.

[429] RGZ 138, 98 (101); BayObLG, GmbHR 1997,1002; OLG Frankfurt, GmbHR 1986, 432; Hohlfeld, GmbHR 1986, 181 (182); GmbH-Handbuch/Fuhrmann, Teil I, Rn. 2055; Sudhoff/Sudhoff, S. 6; Hachenburg/Mertens, § 35 Rn. 32.

[430] BGHZ 6, 232; BayObLG, BB 97, 2546; Baumbach/Hueck/Fastrich, § 6 Rn. 19.

[431] BayObLG, DB 1995, 2364; Hachenburg/Mertens, § 35 Rn. 34.

[432] Hachenburg/Mertens, § 35 Rn. 38.

[433] Kölner Kommentar/Mertens, § 85 Rn. 2.

[434] Hüffer, AktG, § 85 Rn. 3; Großkommentar/Meyer-Landrut, § 85 Anm. 2.

[435] Hüffer, AktG, § 85 Rn. 4; Kölner Kommentar/Mertens, § 85 Rn. 9.

[436] Großkommentar/Meyer-Landrut, § 85 Anm. 5; Kölner Kommentar/Mertens, § 85 Rn. 16.

[437] Hüffer, AktG, § 85 Rn. 5.

III. Die *société à responsabilité limitée*

In der SARL kann ausnahmsweise durch das Gericht ein provisorischer Geschäftsführer (*administrateur provisoire*) bestellt werden, wenn die Geschäftsführung nicht ordentlich funktioniert oder entgegen dem Gesellschaftsinteresse handelt und der Gesellschaft dadurch ein Schaden droht.[438]

IV. Die monistische SA

Wird ein Sitz vorzeitig frei, so bestimmt Art. L. 225-24 CCom in welchem Verfahren dieser bis zur nächsten Hauptversammlung neu zu besetzen ist. Sinkt die Anzahl der Verwaltungsratsmitglieder nicht unter die in den Statuten festgelegte Mindestzahl, so darf der Verwaltungsrat provisorische Mitglieder bestellen (*cooptation par le conseil*). Sinkt die Anzahl unter die in den Statuten festgelegte aber nicht unter die gesetzlich bestimmte Mindestzahl, so muss der Verwaltungsrat provisorische Mitglieder bestellen, um die Mitgliederzahl für einen Zeitraum von drei Monaten zu vervollständigen. Sinkt die Anzahl der Verwaltungsratsmitglieder unter das gesetzliche Minimum, so muss der verbleibende Verwaltungsrat unverzüglich eine Hauptversammlung einberufen, um die Mitgliederzahl zu vervollständigen.[439] Eine solche Ergänzungswahl muss von der nächsten Hauptversammlung genehmigt werden. Unterlässt der Verwaltungsrat die erforderliche Bestellung oder Einberufung der Hauptversammlung, so kann jeder Interessierte den Antrag bei Gericht stellen, einen „*administrateur judiciaire*" zu bestellen, der mit der Einberufung der Hauptversammlung betraut wird, damit das Bestellungsverfahren in Gang gesetzt oder die Genehmigung eingeholt werden kann.[440] Dieser Fall tritt ein, wenn die Gesellschaftsorgane nicht ordnungsgemäß funktionieren und der Gesellschaft dadurch ein Schaden droht. Das Gericht ist zuständig, wenn eine Dringlichkeit für die Gesellschaft gegeben ist.[441]

Im Falle einer temporären Verhinderung des Präsidenten oder seines Todes können die Verwaltungsratsmitglieder nach Art. L. 225-50 CCom einem von ihnen die Funktionen des Präsidenten übertragen. Diese Übertragung ist jedoch nur temporär. Im Falle des Todes dauert sie, bis ein neuer Präsident bestellt wurde.[442] Entsprechende Vorschriften für den Generaldirektor finden sich im Gesetz nicht. In Art. L. 225-55 CCom ist lediglich geregelt, dass die delegierten Generaldirektoren im Amt bleiben, wenn der Ge-

---

[438] Storck, J.-Cl. S. 4, Fasc. 74-10, S. 11 Nr. 44 ff.
[439] Cozian/Viandier/Deboissy, S. 280 Rn. 634.
[440] Art. L. 225-24 (5) CCom.
[441] Ripert/Roblot, S. 406 Rn. 1633.
[442] Ripert/Roblot, S. 445 Rn. 1678

neraldirektor ausscheidet oder verhindert ist. Daraus kann geschlossen werden, dass die Funktionen des Generaldirektors jedenfalls übergangsweise weiterhin ausgeführt werden können, so dass eine Notbestellung hier nicht notwendig ist.

V. Die dualistische SA

Scheidet ein Vorstandsmitglied vorzeitig aus, kann ein Ersatzmitglied vom Aufsichtsrat ernannt werden.[443] Eine Ergänzungswahl durch den Vorstand selbst - wie beim Verwaltungsrat - gibt es nicht.[444] Ob auch ein fehlender Vorsitzender nicht durch den Vorstand ersetzt werden kann, bleibt offen.[445] Handelt der Aufsichtsrat jedoch nicht innerhalb von zwei Monaten, so kann jeder Interessierte den Antrag bei Gericht stellen, eine provisorische Bestellung durch einstweilige Verfügung vorzunehmen.[446] Diese Person kann jederzeit vom Aufsichtsrat ersetzt werden.[447] In jedem Fall gilt die Bestellung gemäß Art. L. 225-62 CCom nur für den verbleibenden Zeitraum der jeweiligen Amtsperiode.

VI. Die *société civile*

Ist die SC ohne Geschäftsführer, so obliegt es normalerweise den Gesellschaftern, einen neuen zu bestellen. Tun sie dies nicht, so kann gemäß Art. 1846 CC jeder Gesellschafter den Antrag bei Gericht stellen, dass ein „*mandataire*“ bestellt wird, der damit beauftragt ist, eine Gesellschafterversammlung einzuberufen, auf der dann ein oder mehrere Geschäftsführer bestellt werden. In dieser Versammlung entscheiden die Gesellschafter mit Mehrheitsentscheidung.

VII. Die *companies*

Die Satzung einer englischen *company* sieht normalerweise vor, dass unbesetzte Stellen, die nicht aufgrund der Rotation oder Zeitablauf frei geworden sind, von den *directors* selbst zu besetzen sind.[448] Ein so ernannter director übt sein Amt jedoch nur bis zur nächsten Jahreshauptversammlung aus.[449]

---

443 Art. L. 225-62 CCom, Art. 97 *décret 67-236*.

444 Cozian/Viandier/Deboissy, S. 350 Rn. 784; Caussain, J.-Cl. S. 4, Fasc. 133-50, S. 10 Nr. 48.

445 Lecompte, Journ. Soc. 1968, 84 (95).

446 Art. 97 (2) *décret 67-236*.

447 Ripert/Roblot, S. 459 Rn. 1692.

448 Art. 79 *Table A*; *Munster v. Cammell Co.* (1882) 21 Ch.D. 183, 187 f.; *York Tramways v. Willows* (1882) 8 Q.B.D. 685, 695; Palmer/Davies, S. 879, 60-06; Farrar S. 330.

449 Wilkinson, S. 206; Farrar, S. 330.

Fällt die Anzahl der *directors* unter das erforderliche Quorum, so können die übrigen *directors* auch ohne Quorum neue *directors* bestellen oder eine Gesellschafterversammlung einberufen, damit diese die Bestellung vornimmt.[450] Sind die *directors* aus irgendwelchen Gründen an einer Entscheidung gehindert, so kommt der Gesellschafterversammlung Handlungsbefugnis zu.[451] Das ist der Fall, wenn ein Stillstand besteht, Versammlungen unterlassen werden oder wenn eine so weitgehende Uneinigkeit zwischen den *directors* besteht, dass ihre Handlungsfähigkeit überhaupt blockiert ist.[452] In diesem Fall obliegt es auch dem Gericht, auf Antrag eines *directors* oder Gesellschafters die Gesellschafterversammlung einzuberufen oder neue *directors* zu bestellen. Erforderlichenfalls kann auch ein vom Gericht zu bestellender Zwangsverwalter (*receiver*) eingesetzt werden.[453]

VIII. Vergleich

In allen Gesellschaften kann die Bestellungskompetenz in Notfällen von der normalen Regelung abweichen. So besteht in allen Gesellschaften die Möglichkeit, bei Fehlen eines notwendigen Geschäftsführers unter bestimmten Voraussetzungen ein Gericht anzurufen, das für die notwendige Bestellung eines Geschäftsführers sorgt. Dies ist in der Regel der Fall, wenn der Gesellschaft durch das Fehlen eines Geschäftsführers ein Schaden droht und die Bestellung daher dringlich ist. In den offenen Kapitalgesellschaften mit eingliedriger Struktur besteht beim Fehlen anderer Geschäftsführer zudem die Möglichkeit einer Ergänzungswahl durch den Verwaltungsrat bzw. den *board of directors*. Es gilt das folgende gemeinsame Prinzip:

Bei Fehlen eines notwendigen Geschäftsführers kann das Gericht auf Antrag für die Bestellung eines Geschäftsführers sorgen, wenn der Kapitalgesellschaft ein Schaden droht und die Bestellung dringlich ist.

§ 2. „Geborene" Geschäftsführer

Zu den Gesellschaften mit „geborenen" Geschäftsführern zählen alle Personengesellschaften außer der SC, die bereits oben mitbehandelt wurde.

---

[450] Art. 90 *Table A.*

[451] Boyle & Birds, S. 416, 13.2; Gower, S. 187.

[452] *Barron v. Potter* [1914] 1 Ch. 895, 903; Loose/Giffiths/Impey, S. 74, 3.8.1; Dine, S. 152, 10.13.

[453] Hohloch, Vereinigtes Königreich, Rn. 189.

A. Teilnahme aller Gesellschafter an Geschäftsführung und Vertretung als gesetzlicher Regelfall

I. Die deutschen Personengesellschaften

In den deutschen Personengesellschaften gilt das Prinzip der Selbstorganschaft.[454] Dieses besteht darin, dass die Gesamthand – anders als eine Körperschaft – ihre Leitungsorgane „hat“ und diese nicht erst durch Organbestellungsakt „erhält“.[455] Die Gesellschaft muss allein durch ihre Gesellschafter, also ohne Mitwirkung Dritter, handlungsfähig sein.[456] Dies ergibt sich aus dem gesetzlichen Leitbild der Personengesellschaft als Haftungs- und Arbeitsgemeinschaft.[457] Geschäftsführung und Vertretung sind insofern an die Mitgliedschaft gebunden.[458] Gemäß diesem Prinzip bestimmt § 709 I BGB für die GbR, dass die Führung der Geschäfte der Gesellschaft den Gesellschaftern gemeinschaftlich zusteht. Dies gilt nach der Auslegungsregel des § 714 BGB auch für die Vertretung. In den Personenhandelsgesellschaften sind alle persönlich haftenden Gesellschafter gemäß § 114 I HGB zur Führung der Geschäfte der Gesellschaft berechtigt und verpflichtet sowie nach § 125 I HGB zur Vertretung ermächtigt.

II. Die französischen Personenhandelsgesellschaften

Für die französische SNC bestimmt Art. L. 221-3 (1) CCom, dass grundsätzlich alle Gesellschafter Geschäftsführer sind.[459] Dies gilt für die persönlich haftenden Gesellschafter der SCS entsprechend.[460] Die Geschäftsführerstellung ergibt sich also auch hier unmittelbar aus der Mitgliedschaft. Dies manifestiert den *intuitus personae* und das erhebliche Vertrauen, das in einer französischen Personenhandelsgesellschaft aufgrund der weiten Haftung der Gesellschafter herrschen muss.[461]

---

[454] Ausführlich: Werra, Zum Stand der Diskussion um die Selbstorganschaft.

[455] Schlegelberger/Martens, § 125 Rn. 6; Westermann, Vertragsfreiheit, S. 153; Schmidt, Gesellschaftsrecht, S. 249, § 10 I 1 c bb und S. 409 f., §14 II 2 a.

[456] Kübler, § 6 III 1, S. 52.

[457] Schlegelberger/Martens, § 114 Rn. 1.

[458] Westermann, Vertragsfreiheit, S. 153; Teichmann, S. 116, 117; Ebenroth/Boujong/Joost/Hillmann, § 125 Rn. 3.

[459] Guigou, RTD com. 1983, 525 (526); Juglart/Ippolito, S. 273 Rn. 207.

[460] Art. L. 222-2 und Art. L. 222-6 (1) CCom

[461] Juglart/Ippolito, S. 273 Rn. 207; Guyon, Droit des affaires, S. 252 Rn. 261.

III. Die englischen *partnerships*

Für die englische *partnership* bestimmt sec. 24 (5) PA 1890, dass jeder *partner* an der Geschäftsführung der *partnership* teilnehmen kann. Dasselbe gilt bei der *limited partnership* für alle persönlich haftenden *partner*.[462] Ferner sind alle persönlich haftenden *partner* mit *authority* ausgestattete *agents*.[463] Diese Rechte werden als grundlegende Rechte aus der vertraglichen Beziehung der *partners* zueinander abgeleitet.[464] Sie sind insbesondere auf die unbeschränkte Haftung der *partners* gemäß sec. 9 PA 1890 zurückzuführen. Die Teilnahme an Geschäftsführung und Vertretung ist also an die Mitgliedschaft in der *partnership* gekoppelt.

IV. Vergleich

Für die deutschen Personengesellschaften, die französischen Personenhandelsgesellschaften und die englischen *partnerships* gilt nach dem Gesetz, dass die Teilnahme an Geschäftsführung und Vertretung jedem persönlich haftenden Gesellschafter zusteht. Geschäftsführung und Vertretung sind an die Mitgliedschaft gekoppelt. Diese Gesellschaften haben „geborene“ Geschäftsführer. Eine Bestellung ist folglich nicht erforderlich. Dritte sind nach der gesetzlichen Regelung ebenso von der Geschäftsführung ausgeschlossen wie beschränkt haftende Gesellschafter. Grund hierfür sind das persönliche Vertrauensverhältnis der Gesellschafter untereinander sowie die persönliche Haftung der Gesellschafter. Geschäftsführer von Personengesellschaften sind also die Gesellschafter. Daraus ergeben sich folgende gemeinsame Prinzipien:

In Personengesellschaften erhalten die persönlich haftenden Gesellschafter die Geschäftsführerstellung als originäre Befugnis kraft ihrer Mitgliedschaft in der Gesellschaft.

Etwas anderes gilt nur bei der société civile, die die Bestellung durch Gesellschafterbeschluss vorsieht.

Die beschränkt haftenden Gesellschafter (Kommanditisten) sind von der Geschäftsführung und Vertretung einer Personengesellschaft ausgeschlossen.

---

[462] Sec. 6 (1) Satz 1, sec. 7 LPA 1907 i.V.m. sec. 24 (5) PA 1890.

[463] Sec. 5 PA 1890 i.V.m. sec. 6 (1) Satz 1 LPA 1907.

[464] Lindley & Banks, S. 463, 15-01; *Consultation Paper Partnership Law*, p. 170.

B. Gesellschaftereigenschaft

I. Juristische Personen

1. Die deutschen Personengesellschaften

Geschäftsführer einer deutschen Personengesellschaft können alle persönlich haftenden Gesellschafter sein. Gesellschafter sind in erster Linie natürliche Personen. Doch können auch juristische Personen Gesellschafter sein. Dies wird in §§ 125 a Satz 2, 129 a, 130 a I sowie 172 a HGB für die Personenhandelsgesellschaften vorausgesetzt und gilt auch für die GbR.[465] In diesem Fall handeln deren Vertreter auch als Geschäftsführer der Personengesellschaft.[466] Wichtig ist dies namentlich bei der GmbH & Co. KG.[467] Weiterhin bejaht die h.M. auch, dass Personenhandelsgesellschaften Gesellschafter von Personengesellschaften sein können. GbRs können hingegen nur Gesellschafter einer GbR sein.[468] Sie können dagegen nach h.M. nicht Gesellschafter einer Personenhandelsgesellschaft werden.[469] Dies wird damit begründet, dass ihre Mitglieder nicht im Handelsregister einzutragen sind und folglich die gemäß § 106 I Nr. 1, § 162 I HGB notwendige Registerpublizität nicht gewährleistet ist.[470] Zweifelhaft ist, ob dies auch nach Anerkennung der Rechtsfähigkeit der GbR noch so gilt. Zum Teil wird bereits vertreten, dass der GbR nun die Stellung als Gesellschafterin einer Personenhandelsgesellschaft zugestanden werden müsse.[471]

2. Die französischen Personenhandelsgesellschaften

Geschäftsführer der französischen Personenhandelsgesellschaften können auch juristische Personen sein.[472] Das Gesetz setzt dies voraus, indem in Art.

---

[465] Klunzinger, S. 27.

[466] BGHZ 75, 178 (182); Baumbach/Hopt, § 114 Rn. 4. Dies ist nicht selbstverständlich. Die Zulässigkeit der GmbH & Co. KG war lange Zeit heftig umstritten, da bei dieser Kombinationsform eine juristische Person, die nur beschränkt auf ihr Gesellschaftsvermögen haftet (§ 13 II GmbHG), möglicherweise der einzige unbeschränkt persönlich haftende Gesellschafter ist.

[467] Siehe Heymann/Horn, § 161 Rn. 29 ff.

[468] BGH, ZIP 1997, 2120 (2121); Breuninger, S. 54 ff.

[469] BGHZ 46, 291 (296); BGH, ZIP 1990, 505 (507) („Bleyle"); Heymann/Emmerich, § 105 Rn. 46; a.A. Schmidt, Gesellschaftsrecht, S. 1311, § 45 I 2a, S. 1356 § 46 I 1b; Erman/Westerman, § 705 Rn. 21; Soergel/Hadding, § 718 Rn. 6.

[470] Breuninger, S. 61 ff.; Schmidt, Gesellschaftsrecht, S. 1311 § 45 I 2a.

[471] Palandt/Sprau, § 705 Rn. 24. Für die Kommanditistenstellung wurde dies bereits vom BGH (WM 2001, 1764 (1765)) anerkannt, jedoch sind diese nicht zur Geschäftsführung und Vertretung ermächtigt.

[472] Jauffret/Mestre, S. 182 Rn. 256.

L. 221-3 (2) (i.V.m. Art. L. 222-2) CCom klargestellt wird, dass die Geschäftsführer juristischer Personen denselben Bedingungen und Verpflichtungen unterworfen sind und derselben Haftung unterliegen, als seien sie selbst Geschäftsführer der Personenhandelsgesellschaft.

3. Die englischen partnerships

Aus der Definition einer *partnership* in sec. 1 (1) PA 1890 ergibt sich, dass „Personen" *partners* sein können. Dieser Begriff ist im *Interpretation Act 1978, Sched 1* interpretiert und umfasst auch juristische Personen. Daraus folgt, dass sowohl natürliche als auch juristische Personen als *partner* in Betracht kommen.[473] Somit können sowohl *companies* als auch *limited liability partnerships partner* werden.[474] Diese dürfen dann auch an der Geschäftsführung teilnehmen. Eine *partnership* kann hingegen nicht unter ihrer Firma *partner* einer anderen *partnership* werden, da diese keine Person im Sinne des Gesetzes ist. Die *partners* können nur als Individuen an einer anderen *partnership* teilnehmen und Geschäftsführer dieser anderen *partnership* werden.

4. Vergleich

Die Gesellschafter und damit die Geschäftsführer von Personengesellschaften, also auch der SC, können in allen drei untersuchten Rechtsordnungen sowohl natürliche als auch juristische Personen sein. In Frankreich sind alle Gesellschaften juristische Personen. In Deutschland ist anerkannt, dass neben den juristischen Personen auch Personenhandelsgesellschaften Geschäftsführer sein können. Insofern besteht zwischen Deutschland und Frankreich lediglich ein Unterschied im Hinblick auf die GbR, denn diese kann nach h.M. nicht Geschäftsführer einer Personenhandelsgesellschaft sein. Auch in England kann nur eine *partnership* nicht Geschäftsführer einer *partnership* werden. Für die juristischen Personen handeln deren Vertreter als Geschäftsführer der Gesellschaft. Somit lässt sich folgendes gemeinsames Prinzip herleiten:

Das Recht zur Geschäftsführung und Vertretung der Personengesellschaft steht den persönlich haftenden Gesellschaftern unabhängig davon zu, ob sie natürliche oder juristische Personen sind. Die Ausübung dieser Rechte kann

---

[473] Als Beispiele für *companies* als *partner*: *Hugh Stevenson & Son v. Aktiengesellschaft, etc., Industrie* [1918] A.C. 239; *Newstead v. Frost* [1980] 1 W.L.R. 135 (H.L.).

[474] Smith & Williamsen, S. 5, 1.14, 1.15.

jedoch in jedem Fall nur durch natürliche Personen wahrgenommen werden. Daher handelt für juristische Personen deren jeweiliger Vertreter.

II. Minderjährige

1. Die deutschen Personengesellschaften

Als Geschäftsführer einer deutschen Personengesellschaft kommt grundsätzlich auch ein Minderjähriger in Betracht. Problematisch ist insofern nicht die Erlangung der Geschäftsführerstellung, sondern die Entscheidung der Frage, ob der Minderjährige selbst als Geschäftsführer handeln kann oder ob er hierfür seines gesetzlichen Vertreters bedarf.[475] Für tatsächliche Handlungen richtet sich die Beantwortung der Frage nach der Reife und Einsichtsfähigkeit des Minderjährigen.[476] Für Rechtsgeschäfte kommt es wegen der auch den Minderjährigen selbst treffenden Folgen darauf an, ob ihm eine Ermächtigung zum selbständigen Handeln für die Gesellschaft entsprechend § 112 I BGB vom gesetzlichen Vertreter mit Genehmigung des Vormundschaftsgerichts generell erteilt ist oder ob der gesetzliche Vertreter seine Einwilligung bzw. Genehmigung zu dem fraglichen Rechtsgeschäft nach Maßgabe der §§ 107, 108 BGB gegeben hat.[477] Ansonsten übt der gesetzliche Vertreter für den Minderjährigen die Geschäftsführungsbefugnis und Vertretungsmacht aus.[478]

2. Die französischen Personenhandelsgesellschaften

Hinsichtlich der Regelung in den französischen Personenhandelsgesellschaften kann auf die Ausführungen bei den französischen Kapitalgesellschaften verwiesen werden.[479] Es bestehen insofern keine unterschiedlichen Regelungen.

---

475 MüKomm/Ulmer, § 709 Rn. 27.

476 MüKomm/Ulmer, § 709 Rn. 27; Soergel/Hadding, § 709 Rn. 7; Erman/Westerman, § 709 Rn. 12.

477 MüKomm/Ulmer, § 709 Rn. 27; Giefers/Ott, S. 185 Rn. 358; Hueck, S. 306.

478 Baumbach/Hopt, § 105 Rn. 27. Strittig ist, ob der gesetzliche Vertreter bei fehlender Gesellschafterstellung nur mit Zustimmung der Mitgesellschafter in Angelegenheiten der Gesellschaft tätig werden kann. So MüKomm/Ulmer, § 709 Rn. 27; a. A. Hueck, S. 307.

479 Teil 6, §1 B III 2.

3. Die englischen partnerships

Ein Minderjähriger[480] kann *partner* in einer *partnership* werden.[481] Damit kann er grundsätzlich auch an der Geschäftsführung teilnehmen. Der Minderjährige muss jedoch alt genug sein, um die Natur eingegangener Geschäfte und eventuell daraus resultierende Verpflichtungen zu verstehen.[482] Er ist an den *partnership*-Vertrag gebunden[483], geht jedoch keine Haftung gegenüber seinen *co-partners* oder gegenüber Dritten ein, solange er minderjährig ist.[484] Bevor er achtzehn Jahre alt wird oder eine angemessene Zeit nach seinem achtzehnten Lebensjahr, kann der Minderjährige den *partnership*-Vertrag für unwirksam erklären (*repudiate*).[485] Der *partnership*-Vertrag mit einem Minderjährigen ist also jederzeit anfechtbar (*voidable*).[486] Die hauptsächliche Wirkung dieser Unwirksamkeitserklärung besteht darin, den Minderjährigen von allen zukünftigen Verbindlichkeiten zu befreien.[487]

4. Vergleich

In allen Personengesellschaften sind grundsätzlich auch Minderjährige als Geschäftsführer zugelassen. Sie werden jedoch auf unterschiedliche Weise vor den Gefahren des Geschäftsverkehrs geschützt. Während ein Minderjähriger in Deutschland eine Zustimmung des gesetzlichen Vertreters oder des Vormundschaftsgerichts benötigt, muss ein Minderjähriger in Frankreich für volljährig erklärt worden sein. In England muss der Minderjährige lediglich Verständnis für eingegangene Geschäfte und die damit zusammenhängenden Verpflichtungen aufbringen. Dafür haftet er jedoch nicht und hat das Recht den *partnership*-Vertrag für unwirksam zu erklären. Während in Deutschland und Frankreich durch Dritte beurteilt wird, ob der Minderjährige als Geschäftsführer geeignet ist, entscheidet der Minderjährige in England mit Eintritt der Volljährigkeit selbst, ob er den *partnership*-Vertrag anfechten möchte. In Deutschland und Frankreich findet sich demnach ein vorbeugen-

---

[480] Seit dem *Family Law Reform Act 1969*, sec. 1 eine Person unter 18 Jahren. Eine weitergehende Unterscheidung von Geschäftsunfähigen und beschränkt Geschäftsfähigen macht das englische Recht nicht (Burgess & Morse, S. 34).

[481] *Re A. and M.* [1926] Ch. 274; *Lovell & Christmas v. Beauchamp* [1894] A.C. 607, 611; Lindley & Banks, S. 58, 4-07.

[482] Chitty, Vol. 1, S. 462, 8-003.

[483] Chitty, Vol. 1, S. 476, 8-036.

[484] *Lovell & Christmas v. Beauchamp* [1894] A.C. 607, 611; *Re A and M* [1926] Ch. 274, 276; Lindley & Banks, S. 58, 4-07; Prime & Scanlan, Partnership, S. 34.

[485] Lindley & Banks, S. 58, 4-07, S. 59, 4-11, 4-12; Keenan/Riches, S. 223.

[486] Kelly/Holmes, S. 292, 12.4.3; Keenan/Riches, S. 223.

[487] Keenan/Riches, S. 223.

der Schutz, während der Schutz in England rückwirkend ist. Während hinsichtlich der Voraussetzungen und Grenzen der Beteiligung Minderjähriger keine Einigkeit besteht, kann jedoch hinsichtlich der generellen Beteiligung Minderjähriger an der Geschäftsführung als gemeinsames Prinzip festgehalten werden:

Grundsätzlich können auch Minderjährige Geschäftsführer einer Personengesellschaft sein.

III. Betreute

1. Die deutschen Personengesellschaften

Geschäftsunfähige im Sinne des § 104 Nr. 2 BGB können nicht Geschäftsführer einer Personengesellschaft werden, da ihre Willenserklärungen nach § 105 I BGB nichtig sind. Die Bestellung eines Betreuers nach §§ 1896 ff. BGB ändert an der Geschäftsfähigkeit des Betreuten nichts, so dass dieser, wenn er nicht unter § 104 Nr. 2 BGB fällt, geschäftsfähig ist und deshalb wirksame Rechtsgeschäfte vorzunehmen vermag.[488] Besteht jedoch ein Einwilligungsvorbehalt gemäß § 1903 BGB, so ist das vom Betreuten in dem genannten Bereich vorgenommene Rechtsgeschäft dem Geschäft eines beschränkt Geschäftsfähigen vergleichbar.[489] Deshalb gelten nach § 1903 I S. 2 BGB die §§ 108 ff. BGB entsprechend. Der vom Betreuten geschlossene Vertrag bedarf der vorherigen oder nachträglichen Zustimmung des Betreuers. Im Umkehrschluss aus § 6 II Satz 2 GmbHG, § 76 III Satz 2 AktG lässt sich jedoch schließen, dass in den Personengesellschaften auch ein unter Einwilligungsvorbehalt stehender Betreuter Geschäftsführer werden kann.

2. Die französischen Personenhandelsgesellschaften

Für die französischen Personenhandelsgesellschaften gilt das bereits bei den französischen Kapitalgesellschaften dargelegte.[490]

3. Die englischen partnerships

Auch ein Geisteskranker kann *partner* einer *partnership* werden und alle Rechte und Verpflichtungen wahrnehmen, solange für ihn kein Zwangsverwalter (*receiver*) nach sec. 99 *Mental Health Act 1983* bestellt wurde und die

---

[488] Erman/Palm, § 104 Rn. 7.
[489] Erman/Palm, § 108 Rn. 10.
[490] Siehe Teil 6, § 1 B. III. 2.

übrigen *partners* bei Vertragsschluss keine Kenntnis von seiner mangelnden Geschäftsfähigkeit hatten.[491] Kannten die übrigen *partners* seine Unfähigkeit und kann der Geisteskranke beweisen, dass er sich aufgrund seiner geistigen Verfassung seiner Handlungen nicht bewusst war, so kann er den Vertrag hingegen ebenso wie ein Minderjähriger für unwirksam erklären.[492]

4. Vergleich

Grundsätzlich können auch Personen, die in ihrer Geschäftsfähigkeit beschränkt sind, Geschäftsführer von Personengesellschaften werden. Die Voraussetzungen und Grenzen sind jedoch auch hier unterschiedlich. Eine Grenze bildet in Deutschland die Geschäftsunfähigkeit. In Frankreich können Erwachsene unter Vormundschaft oder Pflegschaft nicht Geschäftsführer werden. In England darf kein Vermögensverwalter bestellt worden sein. Es gilt somit das folgende gemeinsame Prinzip:

Auch beschränkt Geschäftsfähige können Geschäftsführer einer Personengesellschaft sein.

IV. Weitere Voraussetzungen

Weitere Voraussetzungen bestehen in den Personengesellschaften grundsätzlich nicht. Lediglich für die französischen Gesellschaften gelten die bei den Gesellschaften mit „gekorenen" Geschäftsführern angesprochenen beruflichen Inkompatibilitäten auch für die Gesellschaften mit „geborenen" Geschäftsführern. Dies gilt ferner auch für die dort genannten Ausschlussgründe. Weiterhin darf eine Person nicht gleichzeitig Rechnungsprüfer und Geschäftsführer sein. Schließlich können in allen hier untersuchten Personengesellschaften weitere Eignungsvoraussetzungen im Gesellschaftsvertrag festgelegt werden. Es gelten die folgenden Prinzipien:

Für gesamthänderische Personengesellschaften bestehen regelmäßig keine weiteren Eignungsvoraussetzungen.

Personengesellschaften, die als juristische Personen ausgestaltet sind, sehen Ausschlussgründe und berufliche Inkompatibilitäten vor.

---

[491] *Hart v O'Connor* [1985] AC 1000; *Re Marshall* [1920] 1 Ch 284; Lindley & Banks, S. 60, 4-13; Smith & Williamsen, S. 6, 1.16; Prime & Scanlan, Partnership, S. 37.

[492] *Hart v O'Connor* [1985] AC 1000, 1014; *Imperial Loan Co. Ltd. v. Stone* [1892] 1 Q.B. 599, 601; Chitty, Vol. 1, S. 488, 8-067.

Im Gesellschaftsvertrag einer Personengesellschaft können weitere Eignungsvoraussetzungen festgelegt werden.

C. Abweichende Vereinbarungen

Von dem Grundsatz, dass sämtliche Gesellschafter Geschäftsführer sind, können abweichende Vereinbarungen getroffen werden.

I. Die deutschen Personengesellschaften

Die Auslegungsregeln der § 710 BGB und § 114 II HGB gehen für die deutschen Personengesellschaften davon aus, dass die Geschäftsführungsbefugnis durch den Gesellschaftsvertrag unter Ausschluss der übrigen Gesellschafter auf einen oder mehrere Gesellschafter übertragen werden kann. In der GbR steht diesen Gesellschaftern in der Regel nach § 714 BGB auch die Vertretungsmacht zu. Der Gesellschaftsvertrag kann jedoch auch einem oder mehreren Gesellschaftern ausdrücklich Vertretungsmacht einräumen.[493] In der oHG kann der Ausschluss einzelner Gesellschafter von der Vertretung im Gesellschaftsvertrag bestimmt werden.[494] In diesem Fall steht die Vertretungsmacht den übrigen Gesellschaftern zu. Umgekehrt bedeutet eine gesellschaftsvertragliche Regel, dass bestimmte Gesellschafter Vertretungsmacht besitzen in der Regel, den Ausschluss der übrigen von der Vertretung.[495] Vertragsklauseln über die Geschäftsführung meinen meist sowohl Geschäftsführung als auch Vertretung.[496]

Auch dem Kommanditisten einer KG kann in weitestem Umfang Geschäftsführungsbefugnis eingeräumt werden.[497] Von der Vertretungsmacht ist der Kommanditist gemäß § 170 HGB jedoch zwingend ausgeschlossen.

Die organschaftlichen Befugnisse können hingegen nicht auf außenstehende Dritte übertragen werden.[498] Eine Dritt- oder Fremdorganschaft gibt es im Recht der Personengesellschaften nicht.[499] Zulässig ist es lediglich einem Außenstehenden im Gesellschaftsvertrag oder später rechtsgeschäftliche Ge-

---

[493] Hk-BGB/Schulze, § 714 Rn. 2; Erman/Westermann, § 714 Rn. 3.

[494] § 125 I HGB.

[495] Ebenroth/Boujong/Joost/Hillmann, § 125 Rn. 44.

[496] Baumbach/Hopt, § 125 Rn. 12.

[497] Ebenroth/Boujong/Joost/Weipert, § 164 Rn. 19.

[498] BGH, NJW-RR 1994, 98; BGHZ 33, 105 (108); BGHZ 36, 292 (294); Sudhoff, E Rn. 4; Giefers/Ott, S. 173 Rn. 330; Schlegelberger/Martens, § 114 Rn. 53; Michalski, § 114 Rn. 6.

[499] Hüffer, Gesellschaftsrecht, S. 60. Vereinzelt wird der Grundsatz der Selbstorganschaft bei Personengesellschaften abgelehnt und Fremdorganschaft zugelassen. So wird festgestellt, dass ein zwingender Zusammenhang von Mitgliedschaft und Leitungsbefugnis bzw. von persönlich unbeschränkter Haftung und Leitungsbefugnis, nicht bestehe (siehe Oldenburg und Bürck).

schäftsführungsaufgaben in weitestem Umfang einzuräumen und mit einer umfassenden Vollmacht zu betrauen, wenn nur nicht alle Gesellschafter von der Geschäftsführung und Vertretung der Gesellschaft ausgeschlossen sind.[500] Eine solche Konstruktion ist insbesondere bei Publikums-Personengesellschaften notwendig.[501]

Die Beschlussfassung erfolgt in den Personenhandelsgesellschaften nach § 119 HGB durch Zustimmung aller Gesellschafter, also auch der Kommanditisten. Bei der GbR erfordern vertragsändernde Beschlüsse ebenfalls die Mitwirkung aller Gesellschafter.[502] Ob in einer Publikumsgesellschaft für die Neubestellung eines Geschäftsführers eine einfache Mehrheit zwingend ausreicht, ist offen.[503] Auf jeden Fall ist eine Sperrminorität der Gründergesellschafter auch bei der Neubestellung unwirksam.[504] Mehrheitsentscheidungen können im Gesellschaftsvertrag vereinbart werden.[505]

II. Die französischen Personenhandelsgesellschaften

Die Geschäftsführung durch die persönlich haftenden Gesellschafter gilt auch bei den französischen Personenhandelsgesellschaften nur vorbehaltlich gegenteiliger Satzungsbestimmungen. Die Bestellung eines oder mehrerer Geschäftsführer kann nach Art. L. 221-3 CCom in den Statuten (*gérant statutaire*) oder durch spätere Entscheidung erfolgen. Durch die Bestellung erwirbt der Ernannte die Geschäftsführungs- und Vertretungsbefugnis. Als Geschäftsführer kommt ein persönlich haftender Gesellschafter oder ein Dritter, nicht aber ein beschränkt haftender Gesellschafter in Betracht.[506] Anders als im deutschen Recht besteht bei den französischen Personenhandelsgesellschaften ebenso wie bei der SC also Fremdorganschaft. In der Praxis werden außenstehende Dritte jedoch nur selten benannt.[507]

Die Ernennung in den Statuten oder durch Änderung der Statuten erfolgt in der SNC einstimmig, in der SCS durch einstimmigen Beschluss der persönlich haftenden Gesellschafter und mit Mehrheit der beschränkt haftenden Gesellschafter. Die Voraussetzungen der Ernennung eines nicht in den Statuten ernannten Geschäftsführers werden durch die Statuten bestimmt. Sie

---

[500] BGH, NJW 1982, 877 (878); BGH, NJW 1982, 2495; BGH, NJW 1982, 1817; BGHZ 41, 367 (369); Giefers/Ott, S. 173 Rn. 330 Michalski, § 114 Rn. 6; Baumbach/Hopt, § 114 Rn. 24; Heymann/Emmerich, § 125 Rn. 8; Ebenroth/Boujong/Joost/Hillmann, § 125 Rn. 3.
[501] Erman/Westerman, § 709 Rn. 4.
[502] Erman/Westerman, § 709 Rn. 20; Hk-BGB/Schulze, § 705 Rn. 11.
[503] So Baumbach/Hopt, Anh. § 177 a Rn. 74; Heymann/Horn, § 161 Rn. 177.
[504] BGH, BB 1984, 169, 170.
[505] § 119 II HGB; Erman/Westerman, § 709 Rn. 30.
[506] Hamel/Lagarde/Jauffret, S. 188 Nr. 498.
[507] Legeais, S. 145 Rn. 331; Jauffret/Mestre, S. 204 Rn. 291; Juglart/Ippolito, S. 273 Rn. 207.

können Einstimmigkeit oder Entscheidung durch die Mehrheit vorsehen. Fehlt eine Bestimmung, so ist Einstimmigkeit erforderlich.[508] Anders als in den deutschen Personengesellschaften und den englischen *partnerships* erfolgt hier keine Übertragung der Geschäftsführungsbefugnis und Vertretungsmacht auf einzelne Personen. Vielmehr findet hier ein Bestellungsakt statt. Die so bestellte Person ist dann geschäftsführungs- und vertretungsbefugt.

III. Die englischen *partnerships*

In Übereinstimmung mit dem vertraglichen Charakter der *partnership*, gilt die Geschäftsführung und Vertretung aller *partners* jedoch vorbehaltlich anderweitiger ausdrücklicher oder stillschweigender Vereinbarungen der *partners*. Die Geschäftsführungsbefugnis kann durch die *partners* unter Ausschluss der übrigen *partners* auf einen oder mehrere von ihnen übertragen werden.[509] Ebenso kann einem oder mehreren *partners* durch den Gesellschaftsvertrag oder die übrigen *partners actual authority* verliehen werden.[510] In diesem Fall spricht man von einem *managing partner*. Hierfür ist gemäß sec. 19 PA 1890 Zustimmung aller *partners* erforderlich, wenn nicht durch den Gesellschaftsvertrag eine andere Mehrheit vorgesehen ist. Die Geschäftsführung kann aber nicht insgesamt auf einen fremden Dritten übertragen werden.[511] Auch können Geschäftsführung und Vertretung nicht auf einen *limited partner* übertragen werden.[512]

IV. Vergleich

In Abweichung von der gesetzlichen Regel ist in sämtlichen Gesellschaften mit „geborenen" Geschäftsführern eine Beschränkung der Befugnisse auf einen oder mehrere der persönlich haftenden Gesellschafter zulässig. Die übrigen Gesellschafter sind dann von der Geschäftsführung und Vertretung ausgeschlossen. In den deutschen und englischen Personengesellschaften können die originären Befugnisse jedoch nicht insgesamt auf Dritte übertragen werden. Etwaige auf Dritte übertragene Befugnisse bleiben immer abgeleiteter Natur. In den französischen Personenhandelsgesellschaften können Fremden hingegen originäre Befugnisse durch die Statuten eingeräumt werden. Im

---

508 Hémard/Terré/Mabilat I, S. 247 Nr. 261; Dictionnaire Permanent Droit des Affaires, Gérant de société en nom collectif, S. 3936 Nr. 8.

509 Lindley & Banks, S. 464, 15-03; Burgess/Morse, S. 48.

510 Burgessc/Morse, S. 111.

511 Lindley & Banks, S. 464, 15-03.

512 Siehe sec. 6 (1) LPA 1907.

Gegensatz zum deutschen und englischen Recht besteht hier also die Möglichkeit der Fremdorganschaft. In der Praxis werden aufgrund des damit verbundenen Risikos jedoch selten originäre Befugnisse auf Dritte übertragen. Es gilt das folgende gemeinsame Prinzip:

Die Übertragung der Geschäftsführungs- und Vertretungsbefugnis auf einen oder mehrere persönlich haftende Gesellschafter unter Ausschluss der übrigen Gesellschafter ist zulässig.

Die Kompetenz der Übertragung von Geschäftsführungs- und Vertretungsbefugnis liegt in den Gesellschaften mit „geborenen" Geschäftsführern bei der Gesellschaftergesamtheit. Die Übertragung kann im Gesellschaftsvertrag oder durch Beschluss der Gesellschafter erfolgen. Die Gesellschafter müssen einstimmig über eine Übertragung ihrer Befugnisse entscheiden, da sie damit auf ihr Teilhaberecht verzichten. Lediglich in der SCS reicht eine einstimmige Entscheidung der persönlich haftenden Gesellschafter und eine Mehrheit der Stimmen der beschränkt haftenden Gesellschafter aus. Im Gesellschaftsvertrag kann festgelegt werden, dass eine einfache Mehrheit ausreicht. Es ergeben sich damit folgende gemeinsame Prinzipien:

Die Übertragung der Geschäftsführungs- und Vertretungsbefugnis kann im Gesellschaftsvertrag oder durch späteren Beschluss der Gesellschafter erfolgen.

Die Übertragung erfolgt in der Regel einstimmig, d.h. auch unter Einbeziehung der beschränkt haftenden Gesellschafter (Kommanditisten). Im Gesellschaftsvertrag kann Entscheidung durch die Mehrheit vereinbart werden.

Andererseits dürfen in Frankreich und England, wie bereits bei der Darstellung der Organisationsstruktur der Kommanditgesellschaften in Teil 4 § 1 B festgestellt wurde, beschränkt haftende Gesellschafter nicht mit Geschäftsführungsbefugnis ausgestattet werden. Die bloße Beteiligung von beschränkt haftenden Gesellschaftern an der Geschäftsführung wird in beiden Rechtsordnungen mit der persönlichen Haftung dieser Gesellschafter sanktioniert. In Deutschland können die beschränkt haftenden Gesellschafter hingegen an der Geschäftsführung beteiligt werden. Von der Vertretung sind die beschränkt haftenden Gesellschafter jedoch zwingend ausgeschlossen. Die Regelungen der Geschäftsführung sind damit keinem gemeinsamen Prinzip zugänglich. Für die Vertretung der beschränkt haftenden Gesellschafter gilt folgendes gemeinsames Prinzip:

Die Übertragung der Vertretungsmacht auf beschränkt haftende Gesellschafter (Kommanditisten) ist ausgeschlossen.

D. Notgeschäftsführung

Gleichgültig, ob ein Gesellschafter von der Geschäftsführung ausgeschlossen ist oder nicht, steht ihm in den deutschen Personengesellschaften ein Recht auf Notgeschäftsführung zu, falls der Gesellschaft eine akute Gefahr droht. Dies ergibt sich aus der analogen Anwendung des Rechts der Bruchteilsgemeinschaft, wo bestimmt ist, dass jeder Teilhaber die zur Erhaltung des gemeinschaftlichen Gegenstands notwendigen Maßregeln ohne Zustimmung der anderen Teilhaber treffen darf.[513] Die Notgeschäftsführung ist nur dann gerechtfertigt, wenn im konkreten Fall die gesellschaftsrechtliche Zuständigkeitsregelung versagt, d.h. sich als funktionsuntüchtig erweist.[514] Das Recht zur Notgeschäftsführung gibt dem Gesellschafter allerdings keine Vertretungsmacht.[515]

Für die französischen Personengesellschaften und die englischen *partnerships* ist hingegen nicht gesetzlich geregelt, was im Falle einer Notlage geschieht. Auch aus dem Schrifttum ist nicht ersichtlich, ob es eine Notgeschäftsführung aller Gesellschafter wie im deutschen Recht gibt. Jedenfalls ändern Dringlichkeit oder Notwendigkeit bei der *partnership* nichts am Umfang der *implied authority* eines partners.[516] Ein gemeinsames Prinzip lässt sich hier damit nicht feststellen.

---

[513] § 744 II BGB; Giefers/Ott, S. 172 Rn. 328; Baumbach/Hopt, § 114 Rn. 7.
[514] Giefers/Ott, S. 172 Rn. 329.
[515] Giefers/Ott, S. 172 Rn. 329; Baumbach/Hopt, § 125 Rn. 15.
[516] Lindley & Banks, S. 310, 12-20.

7. Teil: Beendigung der Geschäftsführerstellung

Die Geschäftsführerstellung endet in einer Reihe von Fällen von Rechts wegen. Darüber hinaus kann die Organstellung auch durch die Gesellschaft oder den Geschäftsführer außerordentlich beendet werden.

§ 1. Ordentliche Beendigung der Befugnisse

A. Tod

Die Tätigkeit als geschäftsführendes Organ endet naturgemäß in allen untersuchten Gesellschaften mit dem Tod der betreffenden Person.

B. Wegfall von Eignungsvoraussetzungen oder Eintritt von Ausschlussgründen

Ferner endet die Geschäftsführungsbefugnis bei Wegfall der im jeweiligen Fall vorgesehenen Eignungsvoraussetzungen oder bei Eintritt der gesetzlichen Ausschlussgründe. Beispielhaft sei der Wegfall der Gesellschaftereigenschaft, der Eintritt eines Betreuungsfalls oder das Erreichen einer vorgesehenen Altersgrenze genannt. Als weitere Beispielsfälle können die Verurteilung wegen einer Konkursstraftat oder der Eintritt einer unzulässigen Ämterhäufung aufgezählt werden. Auf die einschlägigen Eignungsvoraussetzungen und Ausschlussgründe wurde in Teil 6 § 1 B. und § 2 B. ausführlich eingegangen.

C. Fristablauf

Im Falle einer befristeten Amtszeit endet die Tätigkeit mit Ablauf dieser Frist. Dies gilt unabhängig davon, ob die Frist wie z.B. bei der AG gesetzlich festgelegt ist oder im Gesellschaftsvertrag vereinbart wurde.

D. Auflösung der Gesellschaft

Ob die Befugnisse bei Auflösung der Gesellschaft oder erst nach vollständiger Abwicklung enden, wird hingegen unterschiedlich gehandhabt.

Im französischen Recht endet das Amt des Geschäftsführers allgemein mit der Auflösung der Gesellschaft.[517] Der Liquidator ersetzt die Geschäftsführer.[518] Der Geschäftsführer kann dann als Liquidator ernannt werden.[519]

---

[517] Art. L. 237-15 CCom; Storck, J.-Cl. S. 4, Fasc. 74-20, S. 3 Nr. 3; Caussain, J.-Cl. S. 4, Fasc. 133-50, S. 12 Nr. 55; Dereu/Zaboussova, J.-Cl. S. 3, Fasc. 55-10 S. 9 Nr. 32.

Ebenso endet die Tätigkeit eines *director*, wenn die *company* aufgrund gerichtlicher Anordnung abgewickelt[520] oder ein Zwangsverwalter für das Unternehmen eingesetzt wird[521]. Ferner enden alle Befugnisse eines *director* bei freiwilliger Beendigung der Gesellschaft mit der Bestellung eines Abwicklers (*liquidator*).[522]

Bei der deutschen AG endet das Amt als Vorstandsmitglied hingegen nicht automatisch mit der Auflösung der Gesellschaft. Wenn in der Satzung nichts anderes bestimmt ist, besorgen die Vorstandsmitglieder vielmehr gemäß Art. 265 AktG als Liquidatoren die Abwicklung. Doch kann die Hauptversammlung, im Gegensatz zu § 84 AktG nicht hingegen der Aufsichtsrat, andere Abwickler bestellen, was immer dann tunlich ist, wenn Mängel in der Unternehmensleitung zur Auflösung geführt haben.[523]

Auch bei der GmbH erfolgt die Liquidation gemäß § 66 I GmbHG durch die Geschäftsführer als gesetzliche Liquidatoren, ohne dass es einer besonderen Bestellung bedarf. Doch kann das Amt durch Gesellschaftsvertrag oder Beschluss auf andere Personen übertragen werden.

Bei den deutschen und englischen Personengesellschaften tritt mit Auflösung der Gesellschaft grundsätzlich wieder die gesetzliche Grundregel ein. So gilt in der GbR ab Auflösung nicht mehr die im Gesellschaftsvertrag vorgesehene Verteilung der Geschäftsführungsbefugnis, sondern wieder die Grundregel des § 709 BGB, es sei denn, der Gesellschaftsvertrag enthält ausdrücklich eine abweichende Regelung.[524] Auch bei Auflösung der oHG und der KG erlöschen Geschäftsführungsbefugnis und Vertretungsmacht der Gesellschafter, wie sie nach Gesetz und Vertrag für die werbende Gesellschaft gelten. Nach § 146 I HGB sind sämtliche Gesellschafter kraft Gesetzes Liquidatoren. Durch Gesellschaftsvertrag oder Gesellschafterbeschluss kann die Liquidation jedoch auch anders geregelt werden.

In der *general partnership* bleiben nach sec. 38 (1) PA 1890 beschränkte Befugnisse der *partners* bei der Auflösung bestehen, um das Unternehmen abzuwickeln und noch nicht beendete Geschäfte abzuschließen. Für die *limited partnership* gilt im Falle der Auflösung nach sec. 6 (3) LPA 1907, dass alle *general partners* die Abwicklung der *partnership* vornehmen sollen, wenn nicht das Gericht etwas anderes festlegt.

---

518 Vuillermet, S. 115, 116.

519 Z.B. Storck, J.-Cl. S. 4, Fasc. 74-20, S. 3 Nr. 3.

520 *Fowler v. Commercial Timber Co. Ltd.* [1930] 2 KB 1, 5.

521 *Reid v. The Explosives Co. Ltd.* [1887] 19 QBD 264, 266 ff.

522 Secs. 91, 103 IA 1986.

523 § 265 II AktG.

524 Sudhoff, E Rn 7.

E. Vergleich

Hinsichtlich der ordentlichen Beendigung bestehen Unterschiede nur bezüglich der Frage, ob die Geschäftsführer nach Auflösung der werbenden Gesellschaft ihre Tätigkeit weiterhin ausführen oder ob hierfür spezielle Liquidatoren bestellt werden. Ersteres ist in der AG und GmbH der Fall, letzteres in allen französischen Gesellschaftsformen und den englischen *companies*. Bei den deutschen und englischen Personengesellschaften sind hingegen alle Geschäftsführer entsprechend der gesetzlichen Grundregel zur Abwicklung der Gesellschaft berechtigt. Auf jeden Fall enden die Befugnisse aber mit Beendigung der Abwicklung. Es gelten folgende gemeinsame Prinzipien:

Die Geschäftsführerstellung endet mit dem Tod der berechtigten Person.

Die Geschäftsführerstellung endet mit Wegfall der vorgesehenen Eignungsvoraussetzungen bzw. mit Eintritt der gesetzlichen Ausschlussgründe.

Die Geschäftsführerstellung endet bei Befristung mit Fristablauf.

Die Geschäftsführerstellung endet spätestens mit Beendigung der Abwicklung.

§ 2. Außerordentliche Beendigung der Geschäftsführerstellung

A. Beendigung der Geschäftsführerstellung durch die Gesellschaft

I. Die Personengesellschaften

1. Die Gesellschaft bürgerlichen Rechts

In der GbR kann gemäß § 712 I BGB *die durch Gesellschaftsvertrag* eingeräumte Geschäftsführungsbefugnis bei Vorliegen eines wichtigen Grundes entzogen werden. Die Entziehung der Geschäftsführungsbefugnis ist von der Entziehung der Vertretungsmacht zu unterscheiden. Doch kann auch die Vertretungsmacht einem Gesellschafter nach § 715 BGB, wenn er im Gesellschaftsvertrag zur Vertretung ermächtigt ist, nur nach Maßgabe des § 712 BGB und, wenn sie in Verbindung mit der Geschäftsführungsbefugnis erteilt worden ist, nur mit dieser zusammen entzogen werden. Dies dokumentiert die enge Verbindung von Geschäftsführungsbefugnis und Vertretungsmacht im Recht der GbR. Voraussetzung und Verfahren sind die gleichen. Die Entziehung der Befugnisse erfolgt durch einstimmigen Beschluss oder, falls nach dem Gesellschaftsvertrag die Mehrheit der Stimmen entscheidet, durch Mehrheitsbeschluss der übrigen Gesellschafter. Dass der Betroffene nicht mitwirkt, folgt aus dem Gedanken der Interessenkollision.[525] In einer nach dem Gesellschaftsvertrag auf eine Vielzahl von Gesellschaftern angelegten Publikumsgesellschaft ist es nach § 242 BGB nicht möglich, einen einstimmigen Gesellschafterbeschluss zu fordern, hier genügt die einfache Mehrheit der abgegebenen Stimmen.[526] Voraussetzung für die Entziehung ist das Vorliegen eines wichtigen Grundes. Das Gesetz nennt insbesondere die grobe Pflichtverletzung oder die Unfähigkeit zur ordnungsmäßigen Geschäftsführung. § 712 BGB ist dispositiv, so dass die Gesellschafter im Gesellschaftsvertrag die Anforderungen bis zur Grenze des § 138 BGB erleichtern oder erschweren können. Nach heute h.M. ist sogar ein völliger Ausschluss des § 712 BGB denkbar.[527]

Von dieser Entziehungsmöglichkeit ist die allen Gesellschaftern gemeinsam zustehende Geschäftsführungsbefugnis nicht erfasst.[528] Wollen im gesetzlichen Regelfall der gemeinschaftlichen Geschäftsführung aller die übrigen Gesellschafter einem geschäftsführungsberechtigten Mitgesellschafter diese Berechtigung entziehen, so bleibt ihnen nur die Kündigung der Gesellschaft (§ 723 BGB) oder die Ausschließung des Gesellschafters (§ 737 BGB).[529] Nach § 723 BGB kann jeder Gesellschafter eine auf unbestimmte Zeit eingegangene GbR jederzeit - allerdings nicht zur Unzeit - kündigen, ohne Kündigungsfristen oder Kündigungstermine einhalten zu müssen. Ausgeschlossen werden kann ein Gesellschafter, wenn in seiner Person ein wichtiger Grund eintritt, der es den übrigen Gesellschaftern bei verständiger Abwägung aller Umstände unzumutbar macht, mit ihm noch länger in der Gesellschaft zusammenzuarbeiten, weil das unerlässliche Vertrauensverhältnis erschüttert ist. Allerdings muss die Möglichkeit der Ausschließung im Gesellschaftsvertrag zugelassen sein. Dies muss jedoch nicht ausdrücklich geschehen. Vielmehr ist ein Ausschluss immer dann möglich, wenn der Gesellschaftsvertrag eine Fortsetzungsklausel für den Fall der Kündigung enthält, also bestimmt, dass die Gesellschaft, wenn ein Gesellschafter kündigt, unter den verbleibenden Gesellschaftern fortbestehen soll (§ 737 BGB). Diese Vorschrift ist als eine Art gesetzlicher Auslegungsregel zu verstehen, wonach die

---

525 Palandt/Sprau, § 712 Rn. 2; Giefers/Ott, S. 193 Rn. 373.

526 BGH, NJW 1988, 969 (970); Michalski, § 117 Rn. 17.

527 Ulmer, GbR, § 712 Rn. 20; Staudinger/Keßler, § 712 Rn. 6; a.A. Siegmund/van Venrooy, Rn. 93.

528 H.M.; Palandt/Sprau, § 712 Rn. 1; Giefers/Ott, S. 191 Rn. 369; Kraft/Kreutz, S. 103; a.A. Ulmer, GbR, § 712 Rn. 4 f..

529 Baumbach/Hopt, § 117 Rn. 3; Giefers/Ott, S. 191 Rn. 369.

vertragliche Fortsetzungsklausel mangels gegenteiliger Vereinbarung den Mitgesellschaftern auch das Recht zum Ausschluss des Störers geben soll, anstatt sie selbst der Gefahr des einseitigen Ausscheidens auszusetzen, wenn sie wegen wichtigen Grundes in der Person des Störers von ihrem Kündigungsrecht Gebrauch machen.[530]

Diese unterschiedliche Behandlung wird zum Teil als unbefriedigend angesehen, da sie weder im Interesse des betroffenen Gesellschafters noch der Mitgesellschafter liege. Berücksichtige man, dass sich das Erscheinungsbild der GbR stark dem der Personenhandelsgesellschaften angenähert hat, sei es gerechtfertigt, § 712 BGB erweiternd auszulegen und zuzulassen, dass auch bei Gesamtgeschäftsführung aller Gesellschafter einem Mitgesellschafter aus wichtigem Grund die Geschäftsführungsbefugnis entzogen werden kann.[531]

2. *Die Personenhandelsgesellschaften*

In den Personenhandelsgesellschaften kann die Geschäftsführungsbefugnis einem Gesellschafter nach § 117 HGB unabhängig davon, ob es sich um gesetzliche oder vertragliche Geschäftsführung handelt, entzogen werden.[532] Die Entziehung der Geschäftsführungsbefugnis ist von der Entziehung der Vertretungsmacht nach § 127 HGB zu unterscheiden. Die Entziehungen beider wird jedoch in der Regel miteinander verbunden.[533] Das Entziehungsverfahren ist das gleiche. Die Entziehung erfolgt auf Antrag der übrigen Gesellschafter, durch gerichtliches Gestaltungsurteil, wenn ein wichtiger Grund vorliegt. Die „übrigen Gesellschafter" sind alle Gesellschafter außer dem Beklagten, also einschließlich der Gesellschafter ohne Geschäftsführungsbefugnis und bei der KG der Kommanditisten.[534] Als Gründe nennt das Gesetz auch hier insbesondere grobe Pflichtverletzung oder Unfähigkeit zur ordnungsmäßigen Geschäftsführung. Die Klage wird nicht von der Gesellschaft, sondern von allen übrigen Mitgesellschaftern erhoben. Sie sind notwendige Streitgenossen im Sinne des § 62 ZPO.[535] Die Mitwirkung aller Gesellschafter ist nicht einmal bei Gefahr im Verzug entbehrlich.[536] Fehlt die Bereitschaft zur Mitwirkung, kann die Zustimmung zur Klagerhebung durch Urteil ersetzt werden.[537] Der Gesellschaftsvertrag kann abweichende Regelungen

---

[530] Giefers/Ott, S. 279 Rn. 551; Ulmer, GbR, § 737 Rn. 1.
[531] Ulmer, GbR, § 712 Rn. 5; Giefers/Ott, S. 191 Rn. 370.
[532] Baumbach/Hopt, § 117 Rn. 3; Ebenroth/Boujong/Joost/Mayen, § 117 Rn. 2, 4.
[533] Baumbach/Hopt, § 127 Rn. 1; Ebenroth/Boujong/Joost/Mayen, § 117 Rn. 6.
[534] Baumbach/Hopt, § 117 Rn. 6; Schlegelberger/Martens, § 117 Rn. 23.
[535] BGHZ 30, 195 (197); Baumbach/Hopt, § 117 Rn. 7.
[536] BGH, NJW 1984, 173; Schlegelberger/Martens, § 117 Rn. 23.
[537] BGH, NJW 1984, 173; Michalski, § 117 Rn. 7.

vorsehen. So kann, wie bei der GbR, die Entziehung durch Gesellschafterbeschluss vorgesehen werden.[538] Die Entziehungsgründe können auch genauer, enger oder weiter gefasst werden.[539] § 117 HGB ist jedoch insofern zwingend, als ein Verzicht auf das Recht zur gerichtlichen Entziehung bei Vorliegen eines wichtigen Grundes nicht zulässig ist.[540]

In einer Publikumsgesellschaft erfolgt die Entziehung der Geschäftsführung und Vertretung aus wichtigem Grund anders als nach §§ 117, 127 HGB nicht durch Gestaltungsklage, sondern zwingend durch Beschluss mit einfacher Mehrheit.[541]

3. Die société civile

Die Abberufung des Geschäftsführers der SC erfolgt gemäß Art. 1851 (1) Satz 1 CC ebenso wie die Ernennung durch die Gesellschafter, die die Mehrheit der Gesellschaftsanteile vertreten, wenn nicht ein anderes in den Statuten bestimmt ist. Wird der Geschäftsführer ohne rechtfertigenden Grund (*juste motif*) abberufen, so hat er Anspruch auf Schadensersatz.[542] Ein rechtfertigender Grund liegt beispielsweise vor, wenn der Geschäftsführer einen Fehler begeht oder an der Ausübung seines Amtes gehindert ist.[543] Liegt kein rechtfertigender Grund vor, so ist die Abberufung dennoch wirksam.[544] Die Gesellschafter können den Geschäftsführer also unabhängig von einem rechtfertigenden Grund abberufen.[545] Nach einer Entscheidung der *Cour de Cassation* erscheint es nun sogar möglich, in den Statuten auszuschließen, dass der ohne rechtfertigenden Grund abberufene Geschäftsführer, Schadensersatz bekommt.[546] Dennoch stehen dem abberufenen Geschäftsführer Ersatzansprüche zu, wenn die Abberufung missbräuchlich war.[547] Neben der Abberufung des Geschäftsführers ist in der SC nach Art. 1851 (2) CC eine gerichtliche Abberufung auf Antrag eines Gesellschafters möglich, wenn ein legitimer Grund (*cause légitime*) vorliegt. Diese Regelung dient dem Schutz von

---

[538] BGH, NJW 1988, 969 (970); Klunzinger, S. 71.

[539] Schmidt, Gesellschaftsrecht, S. 1391, § 47 V 1 b, S. 1408, § 48 II 4 b.

[540] Michalski, § 117 Rn. 15, § 127 Rn. 11.

[541] BGHZ 102, 172 (178 f.); BGH, NJW 1982, 2495; Baumbach/Hopt, Anh. § 177 a Rn. 72, 74; Heymann/Horn, § 161 Rn. 178; Hüffer, ZGR 1980, 320 (348). Schlegelberger/Martens, § 117 Rn. 3 meint abweichend, dass das Erfordernis einer Gestaltungsklage unberührt bleibt.

[542] Art. 1851 (1) Satz 2 CC.

[543] Guyon, Droit des affaires, S. 244 Rn. 237.

[544] Guigou, RTD com. 1983, 525 (537).

[545] Baillod, RTD com. 1983, 395.

[546] Cass. 3. Civ., 6 janv. 1999, JCP E 1999 no. 6, p. 253; Petites affiches, 11 mars 1999, no. 50 p. 6; JCP E 1999, p. 669, § 10, obs. A. Viandier et J.J. Caussain; Caussain, J.-Cl. S. 4, Fasc. 133-50, S. 15 Nr. 68; so auch Bézard, J.-Cl. S. 3, Fasc. 48-30, S. 10, 11 Nr. 58.

[547] Cozian/Viandier/Deboissy, S. 583 Rn. 1499 bis.

Minderheitsgesellschaftern im Falle schlechter Geschäftsführung durch einen Mehrheitsgesellschafter.[548] Während bei der Abberufung das Fehlen einer *juste motif* zu Schadensersatz führt, sind Gerichtsentscheidungen nur aufgrund einer *cause légitime* zulässig. *Juste motif*[549] und *cause légitime* werden häufig als Synonyme angesehen und als austauschbar behandelt.[550] Angesichts der Verwendung beider Begriffe an unterschiedlichen Stellen in ein und demselben Artikel, muss es jedoch einen Unterschied zwischen den Begriffen geben. Zunächst besteht ein Unterschied in der Auswirkung: während bei Nichtvorliegen eines *cause légitime* eine gerichtliche Entscheidung über die Abberufung des Geschäftsführers nicht ergehen soll, führt das Nichtvorliegen einer *juste motif* lediglich zu Ersatzansprüchen des trotzdem abberufenen Geschäftsführers.[551] Das Erfordernis des *cause légitime* präsentiert sich so als direktes Mittel des Kampfes gegen eine Abberufung ohne legitimen Grund, das der *juste motif* hingegen wie eine indirekte Sanktion.[552] Überdies ist der Anwendungsbereich des *cause légitime* weiter: er umfasst alle Gründe, die eine Abberufung rechtfertigen, solche eingeschlossen, die dem Geschäftsführer Nachteile bringen, wohingegen eine *juste motif* als ein Abberufungsgrund, der dem Geschäftsführer zuzuschreiben ist, definiert wird.[553] Die Abberufung eines Geschäftsführers führt gemäß Art. 1851 (3) CC nicht zur Auflösung der Gesellschaft, es sei denn die Statuten bestimmen etwas anderes. Wird ein Gesellschafter-Geschäftsführer abberufen, so kann er sich unter den Voraussetzungen des Art. 1869 (2) CC von der Gesellschaft zurückziehen, sofern nicht in den Statuten etwas anderes vorgesehen wurde oder die anderen Gesellschafter die vorzeitige Auflösung der Gesellschaft beschlossen haben.

4. Die société en nom collectif

Die in Art. L. 221-12 CCom vorgesehenen Voraussetzungen einer Abberufung in der SNC sind je nach Qualität des Geschäftsführers unterschiedlich.[554] Sind alle Gesellschafter Geschäftsführer, so ist eine einstimmige Entscheidung der Abberufung eines Geschäftsführers durch alle übrigen Gesellschafter notwendig.[555] Art. L. 221-12 CCom sieht eine ebenso strikte Regelung für die Abberufung eines Gesellschafter-Geschäftsführers vor, der kraft

---

548 Guyon, Droit des affaires, S. 244 Rn. 237.
549 Allgemein zum *juste motif*: Baillod, RTD com. 1983, 395.
550 Baillod, RTD. com. 1983, 395 (400 Rn. 8); Rémond, Rev. Soc. 1972, 421 (431 En. 17).
551 So auch Rémond, Rev. Soc. 1972, 421 (431 Rn. 18).
552 Rémond, Rev. Soc. 1972, 421 (431 Rn. 18).
553 Rémond, Rev. Soc. 1972, 421 (431 Rn. 18).
554 Siehe hierzu detailliert: Rémond, Rev. Soc. 1972, 421.
555 Art. L. 221-12 (1) Satz 1 CCom.

statutarischer Bestimmung eingesetzt wurde. Die Abberufung kann hier ebenfalls nur durch einstimmige Entscheidung der Gesellschafter erfolgen. In beiden Situationen dürfen die Statuten keine abweichende Regelung vorsehen.[556] Ebenso zieht die Abberufung in beiden Fällen an sich die Auflösung der Gesellschaft nach sich, es sei denn die Weiterführung der Gesellschaft ist in den Statuten festgelegt oder wurde einstimmig durch die anderen Gesellschafter beschlossen.[557] Der in den Statuten ernannte Gesellschafter-Geschäftsführer ist also in einer sehr stabilen Situation.[558] Der abberufene Geschäftsführer kann nach Art. L. 221-12 (1) Satz 3 CCom aus der Gesellschaft ausscheiden. Gesellschafter-Geschäftsführer, die nicht durch die Statuten ernannt wurden, werden gemäß Art. L. 221-12 (2) CCom nach in den Statuten festgelegten Regeln abberufen. Diese können eine Abberufung durch Mehrheitsentscheidung vorsehen. Bei Fehlen solcher Bestimmungen ist auch hier Einstimmigkeit erforderlich. Die Abberufung zieht nicht die Auflösung der Gesellschaft nach sich. Fremdgeschäftsführer werden gemäß Art. L. 221-12 (3) CCom nach den Bestimmungen in den Statuten abberufen. Liegen solche nicht vor, so reicht hier eine Mehrheitsentscheidung aus. Hier liegt also keine Parallelität zwischen der Form der Ernennung und der Abberufung vor. Erfolgt die Abberufung ohne rechtfertigenden Grund, kann gemäß Art. L. 221-12 (4) CCom in sämtlichen Fällen Schadensersatz verlangt werden. Obwohl der Gesetzestext hier wie auch bei der SCS, der SARL und zum Teil bei den SA hinsichtlich des Schadensersatzanspruchs identisch mit dem der SC ist, besteht keine Einigkeit, ob der Ersatzanspruch auch hier in den Statuten abbedungen werden kann.[559]

Obwohl das Gesetz hierzu schweigt, ist anerkannt, dass die Möglichkeit der Abberufung durch Gerichtsentscheidung bei Vorliegen eines legitimen Grundes auch für Gesellschafter einer Personenhandelsgesellschaft besteht.[560] Diesbezüglich wird auf die Ausführungen bei der SC verwiesen.

5. *Die société en commandite simple*

Die in den Statuten ernannten Gesellschafter-Geschäftsführer einer SCS werden nicht wie bei der SNC von allen Gesellschaftern einstimmig abberufen. Die Abberufung erfordert lediglich Einstimmigkeit der Komplementäre so-

---

[556] Dictionnaire Permanent Droit des Affaires, Gérant de société en nom collectif, S. 3939 Nr. 30.

[557] Art. L. 221-12 (1) Satz 2 CCom.

[558] Rémond, Rev. Soc. 1972, 421 (424 Rn. 5)

[559] Dafür: Caussain, J.-Cl. S. 4, Fasc. 133-50 S. 15 Nr. 68; Cozian/Viandier/Deboissy, S. 564 Rn. 1456; Dagegen: Hémard, Terré et Mabilat I, S. 951, Nr. 1079.

[560] Cozian/Viandier/Deboissy, S. 564 Rn. 1456.

wie die zahlen- und kapitalmäßige Mehrheit der Kommanditisten.[561] Dies sind die Voraussetzungen, die auch bei der Änderung der Statuten gelten. Gemäß Art. L. 222-9 (3) CCom dürfen die Statuten keine strikteren Mehrheiten vorsehen. Für die übrigen Fälle gelten die Regeln des Art. L. 221-12 CCom entsprechend.[562]

6. *Die englischen partnerships*

Die Entziehung der gesetzlichen Geschäftsführungs- und Vertretungsbefugnisse wird für die *partnership* im Gesetz ebenso wenig vorgesehen wie die Entziehung vertraglich vereinbarter Befugnisse. Ein Widerruf, der den Ausschluss eines *partner* von seinem Recht zur Teilnahme an der Geschäftsführung bezweckt, ist unwirksam.[563] Kein *partner* darf einseitig von der Geschäftsführungsbefugnis ausgeschlossen werden.[564] Jeder unbegründete Ausschluss von der Geschäftsführung rechtfertigt einen Antrag auf Auflösung der *partnership* aus Recht und Billigkeit (*just and equitable ground*) gemäß sec. 35 (f) PA 1890.[565] Hinsichtlich des Geschäftsführungsrechts wird in sec. 19 PA 1890 lediglich bestimmt, dass alle gegenseitigen Rechte unabhängig davon, ob sie aufgrund des Gesellschaftsvertrages oder des Gesetzes festgestellt wurden, durch Beschluss aller *partners* geändert werden können. Hier müsste der betreffende *partner* der Entziehung seiner Geschäftsführungsbefugnis jedoch zustimmen. Im Gesellschaftsvertrag kann aber auch vorgesehen werden, dass eine Mehrheit für solch eine Änderung ausreicht.[566] Hinsichtlich der Vertretungsmacht muss auf das allgemeine Recht der *agency* zurückgegriffen werden. Da die *actual authority* aus dem Gesellschaftsvertrag herrührt, dauert sie fort bis die *partnership* gemäß den Vertragsbedingungen aufgelöst ist oder der *partner* der Aufgabe seiner *authority* zustimmt.[567] Das Zustimmungserfordernis folgt auch hier aus sec. 19 PA 1890.[568] Die einzige mögliche Ausnahme hierzu ist, dass der Gesellschaftsvertrag gleichzeitig mit der Verleihung der *authority* den übrigen Gesellschaftern ausdrücklich die Befugnis verleiht, die *authority* eines *partner* durch Kündigung zu beenden.[569] Die *usual* oder *implied authority* bleibt je-

---

561 Juglart/Ippolito, S. 304 Rn. 237.
562 Bougnoux, J.-Cl. S. 3, Fasc. 62-50, S. 3 Nr. 10.
563 Lindley & Banks, S. 389, 13-35.
564 *Rowe v. Wood* (1822) 2 Jac. & W. 553, 558; Pollock/Gower, S. 76.
565 Keenan/Riches, S. 98; Drake, S. 95; Burgess/Morse, S. 132.
566 Lindley & Banks, S. 172, 10-11.
567 Lindley & Banks, S. 387, 13-33; Prime/Scanlan, Partnership, S. 110.
568 Lindley & Banks, S. 389, 13-37.
569 Lindley & Banks, S. 389, 13-37; Prime/Scanlan, Partnership, S. 110.

doch auch in diesem Fall bestehen. Die Befugnisse eines *managing partner* können hingegen jederzeit widerrufen werden.[570]

Hinsichtlich der gesetzlichen Befugnisse bleibt den übrigen *partners* also nur, die *partnership* zu kündigen (sec. 32 (c) PA 1890) oder den *partner* von der *partnership* auszuschließen (sec. 25 PA 1890). Die Kündigung ist jedoch nur durch *general partners* möglich, wenn die *partnership* auf unbestimmte Zeit eingegangen wurde. Der Ausschluss eines *partner* ist nach sec. 25 PA 1890 nur einstimmig möglich, es sei denn, nach den Statuten genügt eine Mehrheitsentscheidung.

II. Kapitalgesellschaften

1. Die Gesellschaft mit beschränkter Haftung

Die Bestellung der Geschäftsführer einer GmbH ist nach § 38 I GmbHG zu jeder Zeit widerruflich. Für den Widerruf der Organbestellung ist weder das Vorliegen eines wichtigen Grundes noch eine Anhörung des Geschäftsführers[571] erforderlich. Über die Abberufung entscheidet bei der mitbestimmungsfreien GmbH und der nach dem BetrVG 1952 mitbestimmten GmbH die Gesellschafterversammlung.[572] Für die Abberufung genügt gemäß § 47 GmbHG ein Mehrheitsbeschluss der Gesellschafter. Der Gesellschafter-Geschäftsführer nimmt jedoch an der Abstimmung teil und kann einen Beschluss daher gegebenenfalls aufgrund seines Stimmgewichts verhindern.[573] Vom Stimmrecht ausgeschlossen ist er nach allgemeiner Auffassung in entsprechender Anwendung des § 47 IV GmbHG nur, wenn es um die Abberufung aus wichtigem Grund geht.[574] Die Entscheidung über die Abberufung kann in der Satzung dem Aufsichtsrat übertragen werden.[575] Bestellung und Abberufung können auch verschiedenen Organen zugewiesen werden. Im Zweifel wird jedoch angenommen, dass Bestellungs- und Abberufungskompetenz in einer Hand liegen sollen.[576] Streitig ist, ob in diesen Fällen die Gesellschafterversammlung daneben zwingend das Recht zur Abberufung aus

[570] *Tomlinson v. Broadsmith* [1896] 1 Q.B. 386, 390; Lindley & Banks, S. 390, 13-37.
[571] BGH, GmbHR 1960, 220; Baumbach/Hueck/Zöllner, § 38 Rn. 2.
[572] § 46 Nr. 5 GmbHG; Scholz/Schneider, § 38 Rn. 19; Lutter/Hommelhoff, § 38 Rn. 3.
[573] BGH, GmbHR 1985, 256 (259); OLG Düsseldorf, ZIP 1989, 1554 (1555); Raiser, Kapitalgesellschaften, S. 557 § 32 Rn. 54; Lutter/Hommelhoff, § 38 Rn. 6; Balser/Bokelmann/Piorreck, S. 117 Rn. 204.
[574] BGH, GmbHR 1987, 94 (95); BGH, ZIP 1992, 760 (761); OLG Düsseldorf, GmbHR 1994, 884 (886); Raiser, Kapitalgesellschaften, S. 559, § 32 Rn. 60; Balser/Bokelmann/Piorreck, S. 117 Rn. 204.
[575] Scholz/Schneider, § 38 Rn. 21; Lutter/Hommelhoff, § 38 Rn. 3.
[576] Baumbach/Hueck/Zöllner, § 38 Rn. 12; Scholz/Schneider, § 38 Rn. 21.

wichtigem Grund behält.[577] Ist die GmbH nach dem MontanMitbestG oder dem MitbestG 1976 mitbestimmt, so ist das Abberufungsorgan für alle Geschäftsführer, also nicht nur für den Arbeitsdirektor, der Aufsichtsrat.[578] In der Satzung kann der Widerruf an das Vorliegen wichtiger Gründe geknüpft werden, § 38 II S. 1 GmbHG. Diese Möglichkeit besteht nicht nur bei Gesellschafter-Geschäftsführern, sondern auch für Fremdgeschäftsführer.[579] Abs. 2 ist missverständlich. Er gestattet nicht nur entweder freie Abberufbarkeit oder Beschränkung auf wichtige Gründe, sondern auch Zwischenlösungen, wie z.B. Abberufbarkeit bei Vorliegen sachlicher Gründe.[580] Im Bereich der Mitbestimmungsgesetze ist wegen der Verweisung auf das Aktienrecht die Abberufung bei Vorliegen eines wichtigen Grundes der Regelfall.[581] Nach h.M. bedarf es eines wichtigen Grundes auch dann, wenn dem Geschäftsführer die Organstellung in der Satzung als Sonderrecht eingeräumt wurde.[582] Solche Gründe sind gemäß § 38 II S. 2 GmbHG insbesondere grobe Pflichtverletzung oder Unfähigkeit zur ordnungsmäßigen Geschäftsführung. Die Abberufung aus wichtigem Grund kann hingegen nicht ausgeschlossen werden.[583]

2. *Die Aktiengesellschaft*

§ 84 III AktG regelt die außerordentliche Beendigung der Vorstandschaft in der AG durch Widerruf der Bestellung. Zuständig hierfür ist der Aufsichtsrat. Er beschließt gemäß § 108 AktG mit einfacher Mehrheit. Erforderlich ist der Beschluss des Gesamtaufsichtsrats.[584] Voraussetzung für die Rechtmäßigkeit des Widerrufs ist gemäß § 84 III S. 1 AktG das Vorliegen eines wichtigen Grundes. Nach § 84 III S. 2 AktG liegt ein solcher Grund insbesondere bei grober Pflichtverletzung, Unfähigkeit zur ordnungsgemäßen Geschäftsführung oder Vertrauensentzug durch die Hauptversammlung vor. Durch den Vertrauensentzug (Misstrauensvotum) haben die Gesellschafter mittelbaren Einfluss auf die Abberufung eines Vorstandsmitglieds durch den Aufsichts-

---

[577] Dafür Roth/Altmeppen, § 38 Rn 9; Rowedder/Koppensteiner, § 38 Rn. 17; dagegen Baumbach/Hueck/Zöllner, § 38 Rn. 12; Scholz/Schneider, § 38 Rn. 22; Lutter/Hommelhoff, § 38 Rn. 16.

[578] Scholz/Schneider, § 38 Rn. 28; Vollmer, GmbHR 1984, 5.

[579] OLG Köln, GmbHR 1989, 76 (78); Scholz/Schneider, § 38 Rn. 40; Baumbach/Hueck/Zöllner, § 38 Rn. 5a; Lutter/Hommelhoff, § 38 Rn. 8.

[580] Baumbach/Hueck/Zöllner, § 38 Rn. 4.

[581] Ausnahme § 27 III MitbestG; Beck'sches Handbuch der GmbH/Axhausen, S. 225 § 5 Rn. 99; Vollmer, GmbHR 1984, 5.

[582] Lutter/Hommelhoff, § 38 Rn. 12; Beck'sches Handbuch der GmbH/Axhausen, S. 225 § 5 Rn. 99.

[583] Neuling, S. 116; Balser/Bokelmann/Piorreck, S. 117 Rn. 203; Baumbach/Hueck/Zöllner, § 38 Rn. 4.

[584] § 107 III Satz 2 AktG.

rat. Der Vertrauensentzug reicht jedoch nicht aus, wenn das Vertrauen aus offensichtlich unsachlichen Gründen entzogen worden ist.[585] Auch ist der Aufsichtsrat nicht an den Beschluss der Hauptversammlung gebunden.[586] § 84 III AktG ist zwingend. Durch die Bindung des Widerrufs an das Vorliegen eines wichtigen Grundes, soll die Unabhängigkeit und Eigenverantwortlichkeit des Vorstands gewährleistet werden.[587] Für den Widerruf der Bestellung eines Arbeitsdirektors gelten gemäß § 84 IV AktG die Gesetze über die Mitbestimmung.

3. *Die société à responsabilité limitée*

Nach Art. L. 223-25 (1) Satz 1 CCom kann der Geschäftsführer einer SARL durch Beschluss der Gesellschafter, die die Mehrheit der Gesellschaftsanteile vertreten, abberufen werden. Im Gegensatz zur SC kann dies nicht in den Statuten abgeändert werden, jede abweichende Vorschrift wird insofern als nicht geschrieben angesehen.[588] Der Gesellschafter-Geschäftsführer ist nicht von der Abstimmung ausgeschlossen.[589] Ist er Mehrheitsgesellschafter, so wird die Abberufung folglich unmöglich.[590] Dies sichert ihn jedoch nicht gegen die gerichtliche Abberufung.[591] Der Geschäftsführer ist nicht ad nutum, d.h. ohne besonderen Grund, abberufbar. Erfolgte die Abberufung ohne rechtfertigenden Grund, so hat der Geschäftsführer einen Anspruch auf Schadensersatz.[592] Der rechtfertigende Grund muss in einem Geschäftsführungsfehler liegen oder solcher Natur sein, dass er das Gesellschaftsinteresse oder die Funktionsfähigkeit der Gesellschaft kompromittiert.[593] Die Abberufung kann nach der „*théorie des incidents de séance*" auch dann erfolgen, wenn sie nicht auf der Tagesordnung steht.[594]

Neben der Abberufung des Geschäftsführers ist wie in der SC eine gerichtliche Abberufung auf Antrag eines Gesellschafters möglich, wenn ein legitimer Grund vorliegt[595] Dies verhindert die Unabsetzbarkeit eines Mehrheitsgesellschafters.[596]

---

585 § 84 III S. 2 2. Hs. AktG.

586 Raiser, Kapitalgesellschaften, S. 151, § 14 Rn. 41.

587 Großkommentar/Meyer-Landrut, § 84 Anm. 30.

588 Art. L. 223-25 (1) Satz 2 CCom.

589 Merle, S. 191 Rn. 188.

590 Cozian/Viandier/Deboissy, S. 507 Rn. 1304; Merle, S. 192 Rn. 188.

591 Cozian/Viandier/Deboissy, S. 507 Rn. 1304.

592 Com. 1. Févr. 1994, Rev. Soc. 1995, 281, Y. Chartier; J.C.P. éd. E 1994, I, 363, no 7, A. Viandier et J.J. Caussain. Siehe hierzu auch Storck, J.-Cl. S. 4, Fasc. 74-20, S. 5-10 Nr. 15 ff.

593 Cozian/Viandier/Deboissy, S. 187 Rn. 388.

594 Merle, S. 192 Rn. 188; Cozian/Viandier/Deboissy, S. 508 Rn. 1304.

595 Art. L. 223-25 (2) CCom.

596 Jauffret/Mestre, S. 129 Rn. 328; Hamal/Lagarde/Jauffret, S. 612.

4. *Die monistische société anonyme*

a. *Verwaltungsratsmitglieder*

Die Verwaltungsratsmitglieder der monistischen SA können jederzeit von der Hauptversammlung ohne besonderen Grund abberufen werden (*révocation*).[597] Dieses Recht darf nicht in der Satzung eingeschränkt werden.[598] Das Recht zur Abberufung steht der ordentlichen Hauptversammlung sowie in Ausnahmefällen der außerordentlichen Hauptversammlung zu.[599] Eine Abberufung ist hier also im Unterschied zu der Abberufung in den anderen französischen Gesellschaften ohne Rechtfertigung und ohne Entschädigung möglich.[600] Auch einer vorherigen Benachrichtigung bedarf es nicht.[601] So kann die Abberufung bei jeder Gelegenheit erfolgen, selbst wenn sie nicht auf der Tagesordnung der Gesellschafterversammlung stand.[602] Das Amt der Verwaltungsratsmitglieder ist also mit Unsicherheit behaftet.[603] Einziger Vorbehalt ist der Rechtsmissbrauch, der die Umstände der Abberufung betreffen und eine ungerechtfertigte Beeinträchtigung der Leitungsperson darstellen muss.[604] Nur in diesem Fall kann das abberufene Verwaltungsratsmitglied eine Entschädigung verlangen.[605]

b. *Verwaltungsratspräsident*

Der Präsident des Verwaltungsrats ist wie jedes Verwaltungsratsmitglied jederzeit ohne wichtigen Grund abberufbar.[606] Die Möglichkeit, den Präsidenten ad nutum, d.h. ohne besonderen Grund abzuberufen, ist eine Besonderheit der monistischen SA.[607] Die Abberufungskompetenz liegt beim Verwaltungsrat.[608] Weiterhin kann auch die Hauptversammlung den Präsidenten als Ver-

---

[597] Art. L. 225-18 (2) Satz 2 CCom. Dieses weit reichende Recht stammt noch aus der Zeit als die Verwaltungsratsmitglieder als Mandatsträger angesehen wurden. Zum Teil wird verlangt, die Abberufungsmöglichkeit nur im Falle von rechtfertigenden Gründen zuzulassen und unter die Kontrolle der Gerichte zu stellen, Ripert/Roblot, S. 1221 Rn. 1653; Adom, Rev. Soc. 1998, 487 (489 Nr. 2).

[598] Jeantin, S. 248 Rn. 480; Adom, Rev. Soc. 1998, 487 (492 Nr. 3).

[599] Merle, S. 403 Rn. 386; Cozian/Viandier/Deboissy, S. 281 Rn. 636.

[600] Com. 3. Janv. 1985, Bull. Civ. IV, no 6, p. 5; Adom, Rev. Soc. 1998, 487 4(89 Nr. 1).

[601] Com. 23 juin 1975, Bull. Civ. IV, no 176, p. 147.

[602] Art. L. 225-105 (3) CCom.

[603] Guyon, Droit des affaires, S. 342 Rn. 328.

[604] Baillod, RTD com. 1983, 395 (420 Rn. 37).

[605] Juglart/Ippolito, S. 469 Rn. 405.

[606] Com. 21 juin 1988, J.C.P. éd. E. 1989, II, 15415, no 12, A. Viandier et J.J. Caussain.

[607] Chartier/Mestre, S. 132.

[608] Cozian/Viandier/Deboissy, S. 306 Rn. 691.

waltungsratsmitglied abberufen und so seine Position als Präsident beenden. Ein Schadensersatzanspruch bei Fehlen eines rechtfertigenden Grundes besteht hier nicht. Ferner ist das Abberufungsrecht gemäß Art. L. 225-47 (3) CCom nicht in der Satzung einschränkbar. Diese unbeschränkte Abberufungsmöglichkeit stellt den Präsidenten in ein Abhängigkeitsverhältnis zum Verwaltungsrat und zu den Gesellschaftern. Ein Schadensersatzanspruch besteht nur im Falle des Missbrauchs dieses Rechts.[609]

c. *Generaldirektor und delegierte Generaldirektoren*

Der Generaldirektor kann gemäß Art. L. 225-55 (1) Satz 1 CCom jederzeit von den Verwaltungsratsmitgliedern abberufen werden. Dasselbe gilt nach Art. L. 225-55 (1) Satz 2 CCom auf Vorschlag des Generaldirektors für die delegierten Generaldirektoren. Erfolgt die Abberufung ohne rechtfertigenden Grund, kann sie zu Schadensersatzansprüchen führen, außer wenn der Generaldirektor gleichzeitig Verwaltungsratspräsident ist.[610] Der Generaldirektor entgeht damit der Härte der Abberufung ad nutum.[611] Die Generaldirektoren werden nun also ebenso wie die Vorstandsmitglieder der dualistischen SA behandelt.[612]

Bei der SA kommt eine Abberufung bei Vorliegen eines legitimen Grundes durch die Gerichte nicht in Betracht. Der Generaldirektor der monistischen SA und die Vorstandsmitglieder der dualistischen SA können nicht Adressaten einer gerichtlichen Abberufung werden.[613]

5. *Die dualistische société anonyme*

Bis zum Inkrafttreten der *loi 2001-420* vom 15. Mai 2001 oblag die Abberufung der Vorstandsmitglieder in der dualistischen SA auf Vorschlag des Aufsichtsrates der Hauptversammlung.[614] Dieser Mangel an Parallelität mit den Voraussetzungen der Ernennung wurde mit dem Willen des Gesetzgebers erklärt, der Hauptversammlung im Falle von Konflikten zwischen Vorstand

---

[609] Com. 21 juin 1988, J.C.P. éd. E. 1989, II, 15415, no 12, A. Viandier et J.J. Caussain; Juglart/Ippolito, S. 469 Rn. 405.

[610] Art. L. 225-55 (1) Satz 3 CCom.

[611] Bureau, Bull Joly 2001, 553 (567 Nr. 26).

[612] Bouère, Bull Joly 2001, 695 (715 Nr. 19). Diese Regelung scheint auf die Evolution in der Rechtsprechung und Literatur zurückzuführen zu sein, die dazu tendierte, den Leitungsorganen eine gewisse Sicherheit zu verleihen. Siehe hierzu: Cass. Com. 26 november 1996: D., 1997, jur., p. 493, note D. Gibirila; Adom, Rev. Soc. 1998, 487 (492 Nr. 3, 495 Nr. 5 ff.).

[613] Caussain, J.-Cl. S. 4, Fasc. 133-50, S. 14 Nr. 59; Viandier/Mansuy, J.-Cl. S. 4, Fasc. 133-10, S. 22 Nr. 122.

[614] Art. L. 225-61 (1) Satz 1 alt CCom (Art. 121 (1) *loi 66-537*).

und Aufsichtsrat die Rolle als Vermittler[615] und dem Vorstand so eine Unabhängigkeit vom Aufsichtsrat[616] zu verleihen. Nach dem neuen Art. L. 225-61 (1) Satz 1 CCom ist das Vorschlagsrecht entfallen. Die Vorstandsmitglieder können nun auch ohne Vorschlag des Aufsichtsrats durch die Hauptversammlung abberufen werden. Dieses Recht besteht ungeachtet abweichender Regelungen in den Statuten.[617] Ferner besteht eine Abberufungskompetenz des Aufsichtsrats, wenn die Statuten dies vorsehen. Hauptversammlung und Aufsichtsrat können dann gänzlich unabhängig voneinander Vorstandsmitglieder abberufen.[618] In diesem Fall sind zwei Organe zur Abberufung berechtigt. Erfolgt die Abberufung ohne rechtfertigenden Grund, so hat das Vorstandsmitglied einen Anspruch auf Schadensersatz.[619] Diese Regel erlaubt, die Unabhängigkeit des Vorstandes im Gegensatz zum Verwaltungsrat zu verstärken.[620]

6. Die companies

a. Board of directors

Die Gesellschafterversammlung kann den *director* einer englischen *company* gemäß sec. 303 (1) CA 1985 jederzeit ohne wichtigen Grund gemäß zwingender Gesetzesvorschrift mit einfacher Mehrheit abberufen.[621] Dem *director* soll aber nach sec. 304 CA 1985 die Möglichkeit eingeräumt werden, zur Abberufung Stellung zu nehmen. Es ist jedoch zulässig und bei *private companies* häufig, dass einem *director* für die von ihm gehaltenen Anteile ein mehrfaches Stimmrecht eingeräumt wird, das Schutz gegen Abberufungen bietet.[622] Die Abberufung gemäß sec. 303 CA 1985 beraubt den *director* nicht etwaiger Entschädigungsansprüche.[623] Normalerweise führt die Abberufung nicht zur Auflösung der Gesellschaft. Etwas anderes kann im Falle kleiner *private companies* (*quasi-partnerships*) gelten. Hier kann die Abberufung eine Verletzung der Treuepflichten (*good faith*) begründen. Die Abberufung

---

[615] Merle, S. 482 Rn. 442; Ripert/Roblot, S. 460 Rn. 1695.

[616] Cozian/Viandier/Deboissy, S. 351 Rn. 785; Legeais, S. 179 Rn. 399.

[617] Caussain, J.-Cl. S. 4, Fasc. 133-50, S. 13 Nr. 59.

[618] Caussain, J.-Cl. S. 4, Fasc. 133-50, S. 14 Nr. 59.

[619] Art. L. 225-61 (1) Satz 2 CCom; Cass. Com., 22 novembre 1977, Rev. Soc. 1978, 483, note Guyon.

[620] Merle, S. 482 Rn. 442; Cass. Com., 22 novembre 1977, Rev. Soc. 1978, 483, note Guyon.

[621] Dies gilt nicht im Falle eines *director* einer *private company*, der vor dem 18. Juli 1945 sein Amt auf Lebenszeit übernommen hat, *sec. 14 Companies Consolidation (Consequential Provisions) Act 1985.*

[622] *Bushell v. Faith* [1970] A.C. 1099, 1105 ff.; Gower, S. 154; Boyle & Birds, S. 422, 13.7; Palmer/Davies, S. 899, 60-33; Farrar, S. 344; Behrens, S. 864.

[623] Sec. 303 (5) CA 1985.

ist dann zwar rechtmäßig, aber unbillig (*inequitable*), da sie der zugrunde liegenden Erwartung widerspricht, dass der *director* wie ein *partner* solange an der Geschäftsführung teilnimmt, wie das Unternehmen besteht.[624] In diesen Fällen haben die Gerichte die Möglichkeit, die *company* gemäß der *„just and equitable" clause* in sec. 122 (1) (g) IA 1986 aufzulösen.[625]

b. Managing directors

Der durch den *board* bestellte *managing director* kann wie jeder andere *director* durch die Gesellschafterversammlung aus seiner Stellung als *director* abberufen werden. Er kann ferner nach der Satzung jederzeit durch den *board* aus seiner Stellung als *managing director* abberufen werden und bleibt dann in der Regel einfacher *director*.[626]

III. Vergleich

Die Befugnisse zur Geschäftsführung oder Vertretung enden mit ihrer Entziehung oder der Abberufung des Geschäftsführers aus seinem Amt. Von Entziehung wird dabei überwiegend bei den Gesellschaften mit „geborenen" Geschäftsführern gesprochen. Lediglich bei den französischen Personenhandelsgesellschaften ist trotz „geborener" Geschäftsführer von Abberufung die Rede. Die „gekorenen" Geschäftsführer werden aus ihrem Amt abberufen.

Hinsichtlich der Voraussetzungen für die außerordentlichen Beendigung besteht keine Einigkeit. So ist nach deutschem Recht mit Ausnahme der GmbH das Vorliegen eines wichtigen Grundes erforderlich. Nach französischem Recht führt das Fehlen einer *juste motif* zwar nicht zur Unwirksamkeit der Abberufung, jedoch kann der grundlos abberufene Geschäftsführer Schadensersatz verlangen. Ausnahmen hiervon bilden lediglich der Verwaltungsrat sowie der Verwaltungsratspräsident. Diese können von der Gesellschafterversammlung ohne jeden Grund abberufen werden. Eine gerichtliche Abberufung ist in den französischen Personengesellschaften sowie der SARL nur mit legitimen Grund zulässig. In England ist hingegen kein Grund zur außerordentlichen Beendigung des Geschäftsführeramtes notwendig. Der Schutz der Geschäftsführer vor einer Abberufung weicht hier demnach stark voneinander ab. Dennoch lässt sich das folgende gemeinsame Prinzip bilden:

Die Stellung als Geschäftsführer kann zumindest dann, wenn ein wichtiger Grund vorliegt, durch die Gesellschaft beendet werden.

---

[624] Drake, S. 95.
[625] Palmer/Davies, S. 901, 60-36; Farrar, S. 344.
[626] *Foster v Foster* [1916] 1 Ch 532, 543, 546; Pennington, Directors Personal Liability, S. 12.

Bei den Personengesellschaften ist zwischen der außerordentlichen Beendigung der gesetzlichen Befugnisse und der außerordentlichen Beendigung der vertraglichen Befugnisse zu unterscheiden. Die Entziehung der gesetzlichen Befugnisse ist grundsätzlich möglich, in einigen Gesellschaften jedoch nur unter Ausschluss aus der Gesellschaft oder unter Auflösung der Gesellschaft. So ist in der deutschen GbR sowie der englischen *partnership* eine Entziehung der gesetzlichen Befugnisse nicht speziell geregelt. Unerwünschte Geschäftsführer können folglich nur durch die drastischen Mittel des Ausschlusses oder der Auflösung der Gesellschaft von ihren Befugnissen entbunden werden. Auch bei den französischen Personenhandelsgesellschaften zieht die Abberufung eines Geschäftsführers die Auflösung der Gesellschaft nach sich, wenn entsprechend der gesetzlichen Regelung alle Gesellschafter Geschäftsführer sind. Dies kann jedoch in den Statuten abweichend geregelt werden. In den deutschen Personenhandelsgesellschaften und der SC führt die vorzeitige Beendigung der gesetzlichen Befugnisse nicht zur Auflösung der Gesellschaft. Es ergibt sich das nachfolgende gemeinsame Prinzip:

In Personengesellschaften kann die Geschäftsführungsbefugnis eines gesetzlichen Geschäftsführers beendet werden; in einigen Gesellschaften jedoch nur unter Ausschluss aus der Gesellschaft oder unter Auflösung der Gesellschaft.

Wurden in Personengesellschaften die Befugnisse im Gesellschaftsvertrag oder durch Beschluss erteilt, so ist eine außerordentliche Beendigung grundsätzlich möglich, ohne dass es zur Auflösung der Gesellschaft kommt. Eine Ausnahme machen hier die französischen Personenhandelsgesellschaften insofern, als die Abberufung von Gesellschafter-Geschäftsführern, die in den Statuten ernannt wurden, zur Auflösung der Gesellschaft führt, wenn dies nicht in den Statuten abbedungen wurde. Bei den Kapitalgesellschaften ist eine Abberufung der „gekorenen" Geschäftsführer stets ohne Auflösung der Gesellschaft möglich. Hier zeigt sich wieder die Unterscheidung zwischen Gesellschaften, die auf dem persönlichen Vertrauen der Gesellschafter aufgebaut sind und solchen, bei denen das Kapital im Vordergrund steht. Hieraus ergibt sich das folgende gemeinsame Prinzip:

Die Geschäftsführerstellung eines vertraglich oder durch Beschluss berufenen Geschäftsführers kann ebenfalls beendet werden. Die Beendigung führt nicht zur Auflösung der Gesellschaft.

In den Gesellschaften mit „gekorenen" Geschäftsführern wird durch die Abberufung aus der Geschäftsführerstellung sowohl die Geschäftsführungsbefugnis als auch die Vertretungsmacht beendet. Gleiches gilt bei Entzug der *agency* im englischen *partnership law*. Für die GbR ist in § 715 BGB geregelt, dass die Vertretungsmacht an die Geschäftsführungsbefugnis gekoppelt ist. Lediglich bei der oHG und der KG kann die Entziehung der Befugnisse gemäß § 127 HGB getrennt erfolgen. Da beide Entziehungen in der Regel jedoch miteinander verbunden werden, steht dies folgendem gemeinsamen Prinzip nicht entgegen:

Die Vertretungsmacht endet in der Regel zeitgleich mit der Geschäftsführungsbefugnis.

In der Regel liegt die Entziehungs- bzw. Abberufungskompetenz bei den Gesellschaftern. So ist es bei der GbR, der GmbH, den französischen Personengesellschaften sowie der SARL, der dualistischen SA und den englischen *partnerships*. Ferner besteht eine entsprechende Kompetenz der Gesellschafter hinsichtlich des Verwaltungsrats oder des Verwaltungsratspräsidenten der monistischen SA sowie hinsichtlich des *board of directors* sowie der *managing directors* einer englischen *company*. Bei den deutschen Personenhandelsgesellschaften können die Gesellschafter die Geschäftsführer allerdings nur mittelbar durch Antrag auf gerichtliche Entscheidung abberufen. Bei den französischen Personengesellschaften und der SARL ist eine solche Möglichkeit zusätzlich gegeben. Lediglich in der deutschen AG und in der monistischen SA hinsichtlich des Generaldirektors sind nicht die Gesellschafter, sondern der Aufsichtsrat bzw. der Verwaltungsrat zur Abberufung ermächtigt. Mittelbaren Einfluss auf die Entscheidungen von Aufsichtsrat und Verwaltungsrat haben die Gesellschafter hier immerhin insofern, als sie zur Ernennung ihrer Mitglieder berufen sind.[627] Die Aktionäre der deutschen AG können dem Vorstand ferner ihr Vertrauen entziehen, was einen wichtigen Grund zur Abberufung darstellt. Der Präsident des Verwaltungsrats und die *managing directors* der englischen *companies* können zudem zusätzlich vom Verwaltungsrat bzw. vom *board of directors* abberufen werden. Wenn dies in den Statuten bestimmt ist, kann auch in der dualistischen SA eine zusätzliche Kompetenz des Aufsichtsrats bestehen. Hier liegen also zum Teil konkurrierende Abberufungskompetenzen vor.

In den Personengesellschaften erfolgt die Beendigung der Geschäftsführerstellung durch einstimmigen Beschluss der übrigen Gesellschafter. Der betroffene Gesellschafter nimmt an der Abstimmung nicht teil. Lediglich in der SC und bei der Abberufung eines Fremdgeschäftsführers in den französischen Personenhandelsgesellschaften reicht ein Mehrheitsbeschluss aus. In

---

[627] § 101 I AktG, Art. L. 225-18 (1) CCom.

der SCS genügt weiterhin für die Abberufung eines in den Statuten ernannten Gesellschafter-Geschäftsführers die Einstimmigkeit der persönlich haftenden Gesellschafter sowie die Mehrheit der beschränkt haftenden Gesellschafter aus. Bei den Kapitalgesellschaften ist unabhängig vom Abberufungsorgan ein Mehrheitsbeschluss ausreichend. In den geschlossenen Gesellschaften dürfen die Gesellschafter-Geschäftsführer an der Abstimmung über die Abberufung teilnehmen. Ein Mehrheitsgesellschafter kann so die Abberufung verhindern. Der betroffene Geschäftsführer ist in der Regel vorher anzuhören. Der GmbH-Geschäftsführer kann jedoch ebenso wie der Geschäftsführer einer SARL oder ein Verwaltungsratsmitglied ohne vorherige Benachrichtigung abberufen werden. Es ergeben sich folgende gemeinsame Prinzipien:

Bei den Personengesellschaften erfolgt die Beendigung der Geschäftsführerstellung durch einstimmigen Beschluss der übrigen Gesellschafter.

In geschlossenen Kapitalgesellschaften erfolgt die Abberufung durch Mehrheitsbeschluss der Gesellschafter.

In offenen Kapitalgesellschaften mit monistischer Struktur erfolgt die Abberufung des Leitungsorgans durch Mehrheitsbeschluss der Gesellschafter. Diejenigen Geschäftsführer, welche die tägliche Geschäftsführung ausüben, können durch das Leitungsorgan abberufen werden.

Bei Beendigung der Geschäftsführerstellung durch die Gesellschaft ist der Geschäftsführer vorher anzuhören.

Hinsichtlich der offenen Gesellschaften mit dualistischem System lässt sich kein gemeinsames Prinzip bilden. Während bei der dualistischen SA die Abberufungskompetenz in der Regel bei den Gesellschaftern liegt, hat bei der AG der Aufsichtsrat die Abberufungskompetenz inne. Eine konkurrierende Abberufung durch den Aufsichtsrat kann hier jedoch in den Statuten festgelegt werden. Ebenso wenig lässt sich ein gemeinsames Prinzip hinsichtlich der Abberufung durch das Gericht feststellen. Diese Möglichkeit besteht bei der oHG und der KG ausschließlich, bei einigen anderen Gesellschaften zusätzlich und bei anderen überhaupt nicht.

Die Kompetenzen und Verfahren hinsichtlich der Beendigung der Geschäftsführerstellung entsprechen nicht immer den Kompetenzen und Verfahren hinsichtlich der Übertragung der Befugnisse bzw. der Bestellung der Geschäftsführer. Eine Entsprechung lässt sich bei der GbR, der GmbH und der AG feststellen. Ebenso ist es in der SC, in der SARL und hinsichtlich des Verwaltungsrats und des Generaldirektors in der monistischen SA. Dabei ist jedoch zu beachten, dass bei der SC und der SARL zusätzlich eine gerichtliche Abberufung möglich ist. Das gleiche gilt für die *partnerships* und den *board of directors* einer *company.*

Keine Entsprechung der Kompetenzen und Verfahren ist hingegen zunächst in den deutschen Personenhandelsgesellschaften gegeben. Während hier die Gesellschafter einstimmig über die Übertragung der Befugnisse beschließen, kann die Entziehung der Befugnisse nur durch Gerichtsentscheidung erfolgen. Weiterhin sind für die französischen Personenhandelsgesellschaften hinsichtlich der Abberufung der Geschäftsführer unterschiedliche Lösungen vorgesehen. Differenziert wird hier zwischen in den Statuten bestellten Geschäftsführern und den nicht in den Statuten bestellten Geschäftsführern sowie zwischen Gesellschafter-Geschäftsführern und Fremdgeschäftsführern. Ferner ist auch hier eine gerichtliche Abberufung möglich. Hinsichtlich des Verwaltungsratspräsidenten der monistischen SA liegt insofern keine Entsprechung vor, als nicht nur der Verwaltungsrat den Präsidenten abberufen kann, sondern gleichfalls die Gesellschafterversammlung. Bei der dualistischen SA ist nicht - wie bei der Bestellung - der Aufsichtsrat auch für die Abberufung zuständig, sondern die Gesellschafterversammlung. Eine Abberufungskompetenz des Aufsichtsrates kann jedoch in den Statuten festgelegt werden. In diesem Fall haben auch hier zwei Organe die Abberufungskompetenz inne. Schließlich kann auch der *managing director* einer *company* - anders als bei der Bestellung - sowohl vom *board of directors* als auch von der Gesellschafterversammlung abberufen werden.

B. Beendigung durch den Geschäftsführer

I. Die deutsche Regelung

Der geschäftsführende Gesellschafter einer deutschen Personengesellschaft kann nach Maßgabe des § 712 II BGB (i.V.m. § 105 III, 161 II HGB) die Geschäftsführung kündigen. Voraussetzung ist das Vorliegen eines wichtigen Grundes, da das Recht zur Geschäftsführung mit einer entsprechenden Pflicht korrespondiert. Ein wichtiger Grund ist gegeben, wenn ein Umstand vorliegt, der unter Abwägung aller Interessen dem Geschäftsführer die Fortführung der Geschäfte in der vereinbarten Art unzumutbar macht.[628] Eine ohne wichtigen Grund erfolgte Kündigung ist unwirksam. Anders als bei der Kündigung im Rahmen einer GbR, bei der zumindest der Wortlaut des § 712 II i.V.m. I BGB dafür spricht, eine Kündigung nur bei einer durch Gesellschaftsvertrag übertragenen Geschäftsführungsbefugnis zuzulassen, ist es für

[628] Michalski, § 117 Rn. 18; Ulmer, GbR, § 712 Rn. 22.

die Zulässigkeit der Kündigung bei einer Personenhandelsgesellschaft ohne Einfluss, ob die Geschäftsführung auf Gesetz oder Vertrag beruht.[629] Auch bei wichtigem Grund darf der Geschäftsführer gemäß §§ 712 II, 671 II, III BGB jedoch nicht zur Unzeit kündigen. Ob der Gesellschafter einer GbR seinerseits auch die Vertretungsmacht kündigen kann, ist umstritten.[630] Nach h.M. bedarf es einer Möglichkeit der Niederlegung der Vertretungsmacht nicht. Der Gesellschafter, der die Geschäftsführung wirksam niedergelegt hat, wird damit im Zweifel (§ 714 BGB) auch seine Vertretungsmacht verlieren.[631] Da auch das HGB eine Möglichkeit der Amtsniederlegung nicht erwähnt, gilt hier gemäß § 105 III HGB i.V.m. §§ 712 II, 714 BGB dasselbe für die oHG.[632]

Bei den Kapitalgesellschaften ist der Fall der Amtsniederlegung durch den Geschäftsführer nicht gesetzlich geregelt. Es ist jedoch allgemein anerkannt, dass der Geschäftsführer einer GmbH bzw. ein Vorstandsmitglied einer AG das Amt niederlegen kann. Nach der neueren Rechtsprechung des BGH ist die Amtsniederlegung auch ohne Vorliegen wichtiger Gründe wirksam.[633]

II. Die französische Regelung

Der Rücktritt eines Geschäftsführers ist in Frankreich nicht im Gesetz geregelt. Es ist jedoch auch hier allgemein anerkannt, dass der Geschäftsführer einer Gesellschaft zurücktreten kann.[634] Hierfür braucht er kein Motiv zu nennen.[635] Im Zweifel gelten jeweils die gleichen Voraussetzungen wie bei der Abberufung.[636] Führt der Rücktritt zu einer Beeinträchtigung der Gesellschaft, weil er ohne Grund oder zur Unzeit erfolgt, so kann dies zu Schadensersatzansprüchen der Gesellschaft führen.[637] Regelungen über den Rücktritt können in den Statuten getroffen werden.[638]

---

[629] So die ganz h.M.: Michalski, § 117 Rn. 18; Baumbach/Hopt, § 114 Rn. 19.

[630] Dafür: Staudinger/Keßler, § 715 Rn. 2.

[631] Erman/Westermann, § 715 Rn. 5; Ulmer, GbR, § 715 Rn. 6; Soergel/Hadding, § 715 Rn. 6; BGB-RGRK/v Gamm, § 715 Rn. 2.

[632] Michalski, § 127 Rn. 12.

[633] BGHZ 121, 257 (261 f.); BGH, ZIP 1995, 1334 (1335).

[634] Guigou, RTD com. 1983, 525 (538); Juglart/Ippolito, S. 276 Rn. 208, S. 691 Rn. 804 sowie S. 501 Rn. 447; Jeantin, S. 248 Rn. 481; Merle, S. 191 Rn. 187; Martin, Rev. Soc. 1973, 273 (Nr. 1); Mercadal/Janin, S. 141 Nr. 311.

[635] Juglart/Ippolito, S. 276 Rn. 208; Merle, S. 191 Rn. 187; Martin, Rev. Soc. 1973, 273 (277 Nr. 5).

[636] Juglart/Ippolito, S. 276 Rn. 208; S. 469 Rn. 405.

[637] Cass. Soc. 6 mai 1982, Rev. Soc. 1982, 523 et la note Le Cannu; Guigou, RTD com. 1983, 525 (538); Martin, Rev. Soc. 1973, 273, 285 Nr. 14 ff.

[638] Storck, J.-Cl. S. 4, Fasc. 74-20, S. 3 Nr. 8; Souleau, RTD com 1972, 21 Nr. 1.

III. Die englische Regelung

Gesetzliche Regelungen zur Amtsniederlegung bestehen in England nicht. Im PA 1890 ist keine Pflicht der *partner* zur Geschäftsführung enthalten, das Recht impliziert jedoch, dass jeder *partner* an der Arbeit für die *partnership* teilnehmen soll.[639] Eine Pflicht zur Geschäftsführung sollte ausdrücklich im *partnership*-Vertrag eingeführt werden.[640] Nimmt ein *partner* nicht an der Geschäftsführung teil, so ist dies ein Grund zur Auflösung der *partnership*.[641] Die gesetzlichen Befugnisse eines *partner* kann dieser folglich nicht niederlegen. Für einen *managing partner* wird der *partnership*-Vertrag jedoch regelmäßig die Möglichkeit einer Amtsniederlegung vorsehen.

Auch die Satzungen der *companies* sehen regelmäßig die Möglichkeit der Amtsniederlegung vor.[642] Aber auch bei Fehlen dieser Regelung ist die Amtsniederlegung nach der Rechtsprechung jederzeit und ohne Angabe von Gründen möglich.[643] Der *director* zeigt seinen Rücktritt an, eine Annahme der Erklärung durch die *company* ist nicht erforderlich.[644] Ist der Rücktritt erklärt, so kann die Erklärung jedoch nur mit Zustimmung der *company* wieder zurückgenommen werden.[645] Obwohl *Table A* eine schriftliche Rücktrittserklärung vorsieht, ist ein mündlicher Rücktritt wirksam, wenn die *company* zustimmt.[646]

IV. Vergleich

Ob Kündigung, Amtsniederlegung oder Rücktritt, gemeint ist immer dasselbe: der Geschäftsführer kann sich einseitig von der Geschäftsführung lösen. In der Regel geschieht dies nach denselben Voraussetzungen wie die Abberufung bzw. Entziehung der Geschäftsführungsbefugnis. Gesetzlich geregelt ist die Kündigung jedoch nur bei den deutschen Personengesellschaften. In allen anderen Gesellschaftsformen ist keine Regelung vorhanden. Die Möglichkeit einer außerordentlichen Lösung von der Geschäftsführung seitens des Geschäftsführers wird jedoch allgemein anerkannt. Eine Ausnahme hiervon besteht in der GbR und den englischen *partnerships* hinsichtlich der gesetzlichen Befugnisse. Es lässt sich demnach folgendes gemeinsames Prinzip festhalten:

---

[639] Underhill, S. 41.

[640] Drake, S. 96; Burgess/Morse, S. 132.

[641] Underhill, S. 41.

[642] Farrar, S. 342; Gore-Browne, 25.6.3; Boyle & Birds, S. 422, 13.6.

[643] *Glossop v. Glossop* [1907] 2 Ch. 370, 374.

[644] *Glossop v. Glossop* [1907] 2 Ch. 370, 374.

[645] *Glossop v. Glossop* [1907] 2 Ch. 370, 374.

[646] *Latchford Premier Cinema Ltd v Ennion* [1931] 2 Ch. 409, 411; Boyle & Birds, S. 422, 13.6.

Die Stellung eines Geschäftsführers, der durch den Gesellschaftsvertrag oder den Beschluss eines anderen Organs bestellt wurde, kann zumindest dann, wenn ein wichtiger Grund vorliegt, durch den Geschäftsführer selber beendet werden.

8. Teil: Publizität

Der Rat der Europäischen Union hat der Koordinierung der Vorschriften über die Offenlegung zum Schutz Dritter besondere Bedeutung beigemessen. Der Publizität der Kapitalgesellschaften ist der erste Abschnitt der 1. Gesellschaftsrechtlichen Richtlinie (Publizitätsrichtlinie) gewidmet. Nach Art. 2 (1) (d) sind die Mitgliedstaaten verpflichtet, die erforderlichen Maßnahmen zu treffen, damit sich die Pflicht zur Offenlegung hinsichtlich der Gesellschaften mindestens auf die Bestellung, das Ausscheiden sowie die Personalien derjenigen erstreckt, die als gesetzlich vorgesehenes Gesellschaftsorgan oder als Mitglieder eines solchen Organs befugt sind, die Gesellschaft gerichtlich und außergerichtlich zu vertreten oder an der Verwaltung der Gesellschaft teilzunehmen. Diese Publizität ist gemäß Art. 3 (1) und (2) der Richtlinie durch Eintragung in ein zentrales Register oder bei einem Handels- oder Gesellschaftsregister oder durch Hinterlegung der offen zu legenden Urkunden in einer Akte, die für jede Gesellschaft beim Register zu führen ist, zu bewirken. Ferner muss nach Art. 3 (4) eine Eintragung oder Hinterlegung in einem Amtsblatt bekannt gemacht werden. Art. 3 (5) der Richtlinie regelt die Publizitätswirkungen. Danach können Dritten Urkunden und Angaben erst nach der Bekanntmachung gemäß Abs. 4 entgegengesetzt werden, es sei denn, die Gesellschaft beweist, dass die Dritten die Urkunden oder Angaben kannten. Bei Vorgängen, die sich vor dem sechzehnten Tag nach Bekanntmachung ereignen, können die Urkunden und Angaben jedoch den Dritten nicht entgegengesetzt werden, die beweisen, dass es für sie nicht möglich war, die Urkunden oder Angaben zu kennen. Im folgenden wird dargestellt, wie die untersuchten Staaten diese Regelungen umgesetzt haben und was im Hinblick auf Personengesellschaften gilt.

§ 1. Publizitätsgegenstand und -mittel

A. Die deutschen Gesellschaften

Der deutsche Gesetzgeber hat Offenlegungspflichten hinsichtlich der Bestellung und Abberufung eines Geschäftsführers für die GmbH und AG ähnlich geregelt. So ist die Bestellung des Geschäftsführers einer deutschen GmbH zum Handelsregister anzumelden und einzutragen. Diese Verpflichtung ergibt sich bei der erstmaligen Bestellung von Geschäftsführern aus § 8 I Nr. 2 sowie aus § 10 I GmbHG. Die Verpflichtung spätere Änderungen hinsichtlich der Personen der Geschäftsführer sowie die Beendigung der Vertretungsbefugnis eines Geschäftsführers anzumelden, ist in § 39 GmbHG enthalten. Dasselbe gilt für die Vorstandsmitglieder der AG. Bei der Anmeldung der Aktiengesellschaft zum Handelsregister werden die Vorstandsmitglieder nach § 39 I S. 1 AktG in das Handelsregister eingetragen. Jede spätere Änderung des Vorstands oder der Vertretungsmacht eines Vorstandsmitglieds ist dem Handelsregister gemäß § 81 I AktG zur Eintragung anzumelden. Die Vorstandsmitglieder haben ebenso wie die Geschäftsführer der GmbH zu versichern, dass keine Ausschlussgründe vorliegen.[647]

Auch für die Personenhandelsgesellschaften sieht das Gesetz Offenlegungspflichten vor, jedoch nur im Hinblick auf die Vertretungsmacht. Nach § 125 IV HGB war jede vom Gesetz abweichende vertragliche Regelung der Vertretung zum Handelsregister anzumelden. Dasselbe galt für jede Änderung in der Vertretungsmacht eines Gesellschafters. Anders als bei den Kapitalgesellschaften reichte es hier folglich nicht aus, dass Dritte das Handelsregister eingesehen haben, vielmehr mussten sie auch die gesetzliche Regelung kennen, um über die Vertretungsverhältnisse informiert zu sein. Diese Regelung ist durch Gesetz vom 10. 12. 2001[648] aufgehoben worden. Nunmehr gilt nach § 106 II Nr. 4 HGB, dass die Anmeldung der oHG bzw. der KG zum Handelsregister die Vertretungsmacht der Gesellschafter zu enthalten hat. Änderungen der Vertretungsmacht von Gesellschaftern sind nun nach § 107 HGB anzumelden. Die Regelung hat sich damit dem Kapitalgesellschaftsrecht angenähert. Dritte müssen die gesetzliche Regelung nicht mehr kennen. Für die GbR besteht keine Eintragungspflicht.

Die Eintragung in das Handelsregister hat rein deklaratorische Wirkung.[649] Das Handelsregister wird nach § 8 HGB von den Gerichten geführt. Details über die Einrichtung und Führung sind in den §§ 125 ff. FGG geregelt. Die Einsicht in das Handelsregister ist gemäß § 9 I HGB jedem gestattet. Das Gericht hat die Eintragungen in das Handelsregister nach § 10 I S. 1 HGB durch den Bundesanzeiger und durch mindestens ein anderes Blatt bekannt zu machen.

B. Die französischen Gesellschaften

Der französische Gesetzgeber hat, was die Publizitätsgegenstände und -mittel angeht, für alle Gesellschaftsformen eine einheitliche Regelung geschaffen. Art. L. 210-4 CCom in Verbindung mit Art. 285, 287 décret 67-236 verpflichtet die französischen Handelsgesellschaften alle Änderungen der Zusammensetzung ihrer Geschäftsführungsorgane offen zu legen. Für die SC

---

[647] § 8 III S. 1 GmbHG, § 37 I S. 2, § 81 III AktG.

[648] Gesetz über elektronische Register und Justizkosten für Telekommunikation (ERJuKoG) vom 10. 12. 2001 (BGBl. I 3422).

[649] OLG Köln, GmbHR 1993, 155; Hoffmann/Liebs, Rn. 206; Bergmann, S. 13.

wird in Art. 1846-2 (1) CC bestimmt, dass Bestellung und Abberufung des Geschäftsführers offen gelegt werden müssen. Dabei sind gemäß Art. 15 A. No. 10 und Art. 22 *décret 84-406* Name, Vorname, Geburtstag und -ort, Nationalität und Wohnort der Geschäftsführer für die Eintragung im *registre du commerce et des sociétés* (R.C.S.) anzugeben. Ferner sind die Ernennungs- bzw. Abberufungsurkunden in der Geschäftsstelle (*greffe*) zu hinterlegen.[650] Name, Vorname und Wohnort der Geschäftsführer sind nach Art. 285, 287 *décret 67-236* im *journal d'annonces légales* und nach Art. 73, 74 *décret 84-406* im *Bulletin officiel des annonces civiles et commerciales* (B.O.D.A.C.C) bekannt zu machen. Das *registre du commerce et des sociétés* wird gemäß Art. L. 123-6 CCom vom Urkundsbeamten (*greffier*) des Handelsgerichts oder des Landgerichts für Handelssachen (*tribunal de grande instance statuant commercialement*) unter Aufsicht des Präsidenten des Gerichts oder eines speziell dafür berufenen Richters geführt. Details über die Organisation des Registers finden sich im *Arreté du 9 février 1988* und den Art. L. 123-1 ff. CCom.

C. Die englischen Gesellschaften

In England wird die Publizität für die *companies* durch die Führung eines Verzeichnisses, durch Bekanntmachung beim Gesellschaftsregister und in der *Gazette* hergestellt. Jede Änderung hinsichtlich der *directors* ist nach sec. 288 CA 1985 publizitätspflichtig. So hat die *company* an ihrem Sitz ein Verzeichnis der directors (*register of directors and secretaries*) zu führen.[651] Das Verzeichnis muss den Vor- und Nachnamen, die Adresse, die Nationalität, den Beruf, Einzelheiten über andere Stellungen als *director* in den letzten fünf Jahren und das Geburtsdatum enthalten.[652] Ist eine Körperschaft *director*, so muss das Verzeichnis den Namen und den Sitz angeben.[653] Das Verzeichnis muss gemäß sec. 288 (3) CA 1985 für Gesellschafter ohne und für Dritte nach Zahlung einer Gebühr zur Einsichtnahme zugänglich sein. Die *company* und säumige *directors* haften auf Schadensersatz, wenn sie sec. 288 CA 1985 nicht Folge leisten.[654] Bei Verweigerung der Einsichtnahme in das Verzeichnis, kann das Gericht nach sec. 288 (5) CA 1985 eine sofortige Einsichtnahme anordnen. Die in diesem Verzeichnis enthaltenen Angaben sind weiterhin dem Gesellschaftsregister (*registrar of companies*) einzureichen und entsprechend bekannt zu machen. So ist nach sec. 10 (2) CA 1985 mit

---

[650] Art. 48, 49 *décret No. 84-406* vom 30 mai 1984, J.O. 31 mai 1984.
[651] Sec. 288 (1) CA 1985.
[652] Sec. 289 (1)(a), (2) und (3)(a) CA 1985.
[653] Sec. 289 (1)(b) CA 1985.
[654] Sec. 288 (4) CA 1985.

der Gründungsurkunde ein *statement* beim Register einzureichen, welches die Namen der ersten *directors* enthält. Ferner muss jede Änderung hinsichtlich der *directors* oder der Einzelheiten im Verzeichnis innerhalb von 14 Tagen dem Gesellschaftsregister bekannt gegeben werden.[655] Dabei muss jede Bekanntgabe der Ernennung eines neuen *director* seine Annahme enthalten. Einzelheiten über das Gesellschaftsregister finden sich in secs. 704 ff. CA 1985. Anders als in Deutschland hat England ein zentrales Registersystem; dort gibt es nur zwei Gesellschaftsregister, eins für England and Wales in Cardiff und eins für Schottland in Edinburgh.[656] Jede Veränderung im Bestand der *directors* muss schließlich gemäß sec. 711 (1)(c) CA 1985 vom Register in der *Gazette* bekannt gemacht werden.

Obwohl die *limited partnership* als solche in das Gesellschaftsregister eingetragen wird[657], enthalten die betreffenden Vorschriften keine Bestimmungen über Angaben bezüglich der Geschäftsführer. Hier müssen lediglich die Namen der Gesellschafter unter Benennung der *limited partner* angegeben werden. Werden keine von der gesetzlichen Regel abweichenden Regelungen hinsichtlich der Befugnisse getroffen, ist hierdurch ein gewisser Schutz der Öffentlichkeit gegeben. Ansonsten sind Dritte hier ungeschützt. Auch bei der *partnership* ist kein Schutz Dritter durch Publizitätsanforderungen gegeben.

D. Vergleich

Die Publizität hat eine unmittelbar gläubigerschützende Funktion. Die Veröffentlichung von Angaben und Urkunden eröffnet den Gläubigern die Möglichkeit, sich umfassend zu informieren. Dabei ist gerade für die Gläubiger von besonderer Bedeutung, dass die persönlichen Angaben derjenigen Personen offen zu legen sind, welche die Gesellschaft nach außen vertreten.[658]

Bei den Publizitätsvorschriften sind in den Kapitalgesellschaften zahlreiche Übereinstimmungen festzustellen. Dies ist auf die 1. Gesellschaftsrechtliche Richtlinie zurückzuführen. In allen untersuchten Staaten bestehen Register und Amtsblätter als Publizitätsmittel für die erforderlichen Veröffentlichungen. Es gilt folglich das gemeinsame Prinzip:

Die Offenlegung erfolgt durch Eintragung in einem Register und Bekanntmachung in einem nationalen Amtsblatt (Publizitätsmittel).

---

[655] Sec. 288 (2) CA 1985.
[656] Palmer/Schmitthoff, S. 196, 17-01.
[657] Sec. 5, 8 und 9 LPA 1907.
[658] Zur Publizität hinsichtlich der Regelung von Einzel- bzw. Gesamtvertretung siehe unten.

Als Publizitätsgegenstände sind Bestellung, Beendigung sowie Änderungen in der Zusammensetzung der Geschäftsführungsorgane in einem Register einzutragen. Anzugeben ist dabei auch, ob die Vertretungsorgane die Gesellschaft allein oder nur gemeinschaftlich vertreten können. Die eingetragenen Tatsachen sind weiterhin in einem Amtsblatt bekannt zu geben. In England ist darüber hinaus ein Verzeichnis am Sitz der Gesellschaft zu führen. Damit lässt sich das folgende gemeinsame Prinzip ableiten:

Bestellung, Beendigung sowie Änderungen in der Zusammensetzung der Geschäftsführungs- und Vertretungsorgane einer Kapitalgesellschaft sind unter Angabe der Personalien der betroffenen Personen offen zu legen. Dabei ist insbesondere auch anzugeben, ob die zur Vertretung der Gesellschaft befugten Personen die Gesellschaft allein oder nur gemeinschaftlich vertreten können (Publizitätsgegenstand).

Für die französischen Personengesellschaften gilt hinsichtlich Publizitätsgegenstand und -mittel dasselbe wie für die Kapitalgesellschaften. Bei den deutschen Personenhandelsgesellschaften wird als Publizitätsgegenstand hingegen nur die Vertretungsmacht und etwaige Änderungen in der Vertretungsmacht genannt. Die Publizitätsmittel stimmen jedoch mit denen der Kapitalgesellschaften und folglich auch denen der französischen Personengesellschaften überein. Bei den englischen partnerships ist hingegen kein Drittschutz durch Publizitätsanforderungen gegeben. Auch für die GbR bestehen keine Publizitätsvorschriften hinsichtlich der Geschäftsführer. Eine einheitliche Regelung für die Personengesellschaften besteht demzufolge zur Zeit nicht. Daher lässt sich ein gemeinsames Prinzip nicht bilden.

§ 2. Publizitätswirkung

A. Die deutschen Gesellschaften

Für die deutschen Gesellschaften ergeben sich die Folgen der Eintragung aus der allgemeinen Vorschrift des § 15 HGB über die Publizität des Handelsregisters. So folgt aus § 15 I HGB, dass die Gesellschaft einzutragende Tatsachen Dritten nicht entgegensetzen kann, solange diese nicht eingetragen und bekannt gemacht sind, es sei denn, dass die Tatsache dem Dritten bekannt war. Ab Eintragung und Bekanntmachung muss ein Dritter die Tatsache nach § 15 II Satz 1 HGB gegen sich gelten lassen. Dies gilt gemäß § 15 II Satz 2 bei Kapitalgesellschaften jedoch nicht für Rechtshandlungen, die innerhalb von fünfzehn Tagen nach der Bekanntmachung vorgenommen werden, sofern der Dritte beweist, dass er die Tatsache weder kannte noch kennen musste. Ist eine einzutragende Tatsache unrichtig bekannt gemacht, so kann sich ein Dritter gemäß § 15 III HGB auf die Bekanntmachung berufen, es sei denn, er kannte die Unrichtigkeit.

B. Die französischen Gesellschaften

Nach Art. L. 123-9 (1) CCom kann sich die Person, die der Eintragung unterworfen ist, gegenüber Dritten oder der öffentlichen Verwaltung auf eintragungspflichtige Tatsachen und Handlungen nur berufen, wenn diese im Register eingetragen sind. Die Dritten und die öffentliche Verwaltung können sich hingegen immer auf diese Tatsachen berufen.[659] Darüber hinaus regelt Art. L. 210-9 (2) CCom für die Handelsgesellschaften, dass die Gesellschaft sich Dritten gegenüber nicht auf die Bestellung oder Abberufung eines Geschäftsführers berufen kann, wenn diese nicht ordnungsgemäß veröffentlicht wurde. Handelt es sich um eine SA oder SARL, so können Änderungen hinsichtlich der Geschäftsführungsorgane Dritten gemäß Art. L. 210-5 (1) CCom erst mit Ablauf von 15 Tagen nach Veröffentlichung im B.O.D.A.C.C entgegengehalten werden, wenn diese beweisen können, dass sie keine Möglichkeit der Kenntnisnahme der veröffentlichten Dokumente hatten. Hatte der Dritte hingegen Kenntnis von der Bestellung, so kann er sich auf die fehlende Eintragung nicht berufen.[660] Besteht eine Diskrepanz zwischen dem beim Register hinterlegten und dem im B.O.D.A.C.C veröffentlichen Text, so kann der falsch veröffentlichte Text Dritten nicht entgegengehalten werden.[661] Dritte können sich jedoch auf den im B.O.D.A.C.C veröffentlichten Text berufen, sofern nicht die Gesellschaft beweisen kann, dass der Dritte Kenntnis des beim Register hinterlegten Textes hatte.[662]

C. Die englischen *companies*

Die *company* kann sich gemäß sec. 42 (1) (c) CA 1985 nicht auf Änderungen hinsichtlich der *directors* berufen, wenn die Änderung nicht zur maßgeblichen Zeit offiziell in der *Gazette* bekannt gemacht war und die Gesellschaft nicht beweisen kann, dass der Dritte zu dieser Zeit von der Änderung Kenntnis hatte. Dasselbe gilt innerhalb eines Zeitraums von 15 Tagen nach Bekanntmachung in der *Gazette*, wenn bewiesen wird, dass die betroffene Per-

---

[659] Art. L. 123-9 (1) CCom.

[660] CA Paris, 15 sept. 1995: JCP 1996, éd. E, II, 541, no 9, obs Viandier et Caussain; Bureau, J.-Cl. S. 4, Fasc. 130-10, S. 13 Nr. 67.

[661] Art. L. 210-5 (2) 1. Hs. CCom.

[662] Art. L. 210-5 (2) 2. Hs. CCom.

son in unumgänglicher Weise an der Kenntnisnahme der Änderung verhindert war.[663] Hatte der Dritte Kenntnis von der Tatsache, so kann er sich nicht auf die fehlende Veröffentlichung berufen.[664] Die offizielle Veröffentlichung in der Gazette begründet jedoch nicht unwiderlegliche Kenntnis („*constructive notice*") Dritter von der Tatsache.[665] Ihre Wirkung erstreckt sich nur darauf, zu verhindern, dass sich die *company* auf eine Tatsache beruft, die nicht ordnungsgemäß veröffentlicht wurde.[666] Nach Ablauf von fünfzehn Tagen kann sich die *company* hingegen auf wirksam veröffentlichte Tatsachen unbeschränkt berufen.[667] Eine Regelung, die die Wirkungen von Abweichungen zwischen Registerinhalt und Bekanntmachung regelt, findet sich in England nicht. Dies liegt daran, dass hier lediglich die Veröffentlichung eines Hinweises auf die erfolgte Hinterlegung eines Dokuments bei den Registerakten vorgeschrieben ist.[668]

D. Vergleich

Der entscheidende Zeitpunkt für die Publizitätswirkung ist in allen Ländern die Bekanntmachung, also die Veröffentlichung der einzutragenden Tatsachen oder hinterlegten Dokumente im nationalen Amtsblatt. Dies ist sachgerecht, da sich in der Bekanntmachung die Außenwirkung der Publizität manifestiert. Solange eine Tatsache nicht ordnungsgemäß eingetragen und bekannt gemacht ist, kann die Gesellschaft sich Dritten gegenüber nicht hierauf berufen, mit der Ausnahme, dass Dritte die Umstände bereits vor der Bekanntmachung kennen. Es gilt das folgende gemeinsame Prinzip:

Ist eine einzutragende Tatsache nicht eingetragen und bekannt gemacht, so kann sich die Kapitalgesellschaft auf diese Tatsache nur berufen, wenn sie beweist, dass der Dritte die Tatsache kannte (negative Publizität).

Dritte können sich hingegen auf nicht veröffentlichte Tatsache berufen. Es bleibt ihnen unbenommen auf die Publizitätswirkungen als Drittschutzvorschriften zu verzichten. Folge dieser Eintragungs- und Bekanntgabeverpflichtung ist ferner, dass eine Kapitalgesellschaft sich erst mit Eintragung und Bekanntmachung auf die eintragungspflichtigen Tatsachen berufen kann

[663] Wareham/Smailes, S. 277, 16.13.
[664] *Official Custodian for Charities v. Parway Estates Developments* [1985] Ch 151, 163; Boyle & Birds, S. 69, 3.14.
[665] *Official Custodian for Charities v. Parway Estates Developments* [1985] Ch 151, 162 ff.; Boyle & Birds, S. 69, 3.14. Zur „*constructive notice*" siehe unten Teil 11 § 2 B. I. 2.
[666] Boyle & Birds, S. 69, 3.14.
[667] Palmer/Schmitthoff, S. 198, 17-04.
[668] Fischer-Zernin, S. 82.

(positive Publizität). Dies ergibt sich für das deutsche Recht direkt aus § 15 II Satz 1 HGB. Für das französische und englische Recht folgt dies aus einem Umkehrschluss. Hatte der Dritte unverschuldet keine Kenntnis von den bekannt zu machenden Tatsachen, so muss er sich diese erst fünfzehn Tage nach Bekanntmachung gegen sich gelten lassen. Im deutschen und französischen Recht, wo eine Abweichung von Eintragung und Bekanntmachung vorkommen kann, kann sich ein Dritter auf die Bekanntmachung nur berufen, wenn er keine Kenntnis von deren Unrichtigkeit hatte. Fehler bei der Bekanntmachung sollen ihm nicht zum Schaden gereichen, solange er keine Kenntnis hatte. Es ergibt sich damit das folgende gemeinsame Prinzip:

Die Kapitalgesellschaft kann sich Dritten gegenüber erst mit Eintragung und Bekanntmachung auf die eintragungspflichtige Tatsache berufen. Beweist der Dritte jedoch, dass er keine Möglichkeit der Kenntnisnahme der veröffentlichten Tatsache hatte, so können Änderungen hinsichtlich der Geschäftsführungs- und Vertretungsorgane ihm erst mit Ablauf von 15 Tagen nach Veröffentlichung entgegengehalten werden (positive Publizitätswirkung).

Weiterhin gilt in allen Kapitalgesellschaften, dass bei einer Abweichung von Eintragung und Bekanntmachung, die Eintragung Vorrang hat. Die bekannt gemachte Tatsache kann Dritten nicht entgegengehalten werden. Auch Dritte können sich auf die unrichtige Bekanntmachung nur berufen, wenn sie diesbezüglich in Unkenntnis waren. Es ergibt sich folgendes gemeinsames Prinzip:

Weicht die Bekanntmachung von der Eintragung ab, so kann die bekannt gemachte Tatsache Dritten nicht entgegengesetzt werden. Dritte können sich auf die Bekanntmachung nur berufen, wenn sie keine Kenntnis von deren Unrichtigkeit haben.

Die Publizitätswirkung ist in den französischen Personengesellschaften - im Gegensatz zu den Kapitalgesellschaften - auf die negative Publizität beschränkt. Für die deutschen Personenhandelsgesellschaften entspricht die Publizitätswirkung aufgrund der allgemeinen Vorschrift des § 15 HGB der Regelung für die Kapitalgesellschaften. Für die GbR und die englischen *partnerships* fehlen Vorschriften ganz. Eine einheitliche Regelung besteht hier damit nicht. Ein gemeinsames Prinzip lässt sich somit hinsichtlich der Personengesellschaften nicht bilden.

§ 3. Sonderfall: Mängel der Bestellung

Bei der Bestellung von Geschäftsführern können vielfältige Fehler auftauchen, so insbesondere bei der Beschlussfassung des für die Bestellung zuständigen Organs. Diese Fehler können dazu führen, dass die Bestellung materiell mangelhaft ist. Ist die Bestellung aber nicht wirksam, so sind die bestellten Personen nicht befugt, für die Gesellschaft zu handeln. In diesem Fall tritt ein Interessenkonflikt zwischen Gesellschaftern und Dritten ein. Während den Gesellschaftern daran gelegen ist, dass bei fehlerhafter Bestellung trotzdem eingegangene Rechtsgeschäfte unwirksam sind, ist es im Interesse der Gläubiger der Gesellschaft, dass die mangelhafte Bestellung die Wirksamkeit von eingegangenen Verbindlichkeiten nicht behindert. Um den Schutz der Interessen Dritter zu verbessern, hat sich bereits die 1. Gesellschaftsrechtliche Richtlinie mit dem Problem befasst. So bestimmt Art. 8 der 1. Richtlinie, dass sobald die Formalitäten der Offenlegung hinsichtlich der Personen, die als Organ zur Vertretung der Gesellschaft befugt sind, erfüllt worden sind, ein Mangel ihrer Bestellung Dritten nur entgegengesetzt werden kann, wenn die Gesellschaft beweist, dass die Dritten den Mangel kannten. Die Richtlinie bedient sich also einer publizitätsrechtlichen Lösung und knüpft damit an die allgemeinen Publizitätsnormen im ersten Teil der Richtlinie an. Letztlich bestätigt Art. 8, was aus Art. 3 (5) - (7) der Richtlinie ohnehin abzuleiten ist.[669] Auch falsche Verlautbarungen haben eine positive Publizitätswirkung.[670] Der interne Bestellungsvorgang ist somit für die Gläubiger der Gesellschaft grundsätzlich ohne Interesse, sobald die Veröffentlichung erfolgt ist. Eine Ausnahme besteht nur für den Fall, dass sie von dem Mangel positive Kenntnis hatten. Andererseits können Gutgläubige sich jedoch auf Bestellungsmängel berufen, sobald sie ihnen bekannt werden.[671] Den Gesellschaftern billigt Art. 8 der Richtlinie hingegen keinen Schutz zu. Sie müssen in ihrem eigenen Interesse den Vorgang der Bestellung überwachen.

A. Spezielle Vorschriften

I. Frankreich

Bereits vor Inkrafttreten der 1. Gesellschaftsrechtlichen Richtlinie waren entsprechende Vorschriften in Frankreich vorhanden. Für die SC regelt Art. 1846-2 (2) CC die Folgen von Mängeln der Bestellung. Für die Handelsge-

[669] Einmahl, AG 1969, 167 (168); Fischer-Zernin, S. 221.
[670] Einmahl, AG 1969, 167 (168).
[671] Fischer-Zernin, S. 220.

sellschaften enthält Art. L. 210-9 (1) eine wortgleiche Regelung. So kann sich weder die Gesellschaft noch ein Dritter auf eine Irregularität bei der Bestellung der Geschäftsführer berufen, um sich einer Verpflichtung zu entziehen, sobald die Bestellung ordnungsgemäß bekannt gemacht wurde. Im Unterschied zu Art. 8 der Richtlinie wird hier der Vorbehalt des guten Glaubens nicht ausdrücklich erwähnt. Dieser Vorbehalt folgt aber ohne Zweifel aus dem allgemeinen Recht (*droit commun*).[672] In Abweichung von der Richtlinie können sich demnach auch Dritte gegenüber der Gesellschaft nicht auf Mängel der Bestellung berufen, sobald die Veröffentlichung ordnungsgemäß erfolgt ist. Im Gegensatz zur 1. Gesellschaftsrechtlichen Richtlinie werden hier nicht nur Dritte, sondern auch die Gesellschaft und folglich die Gesellschafter geschützt.[673]

II. England

Art. 8 der 1. Gesellschaftsrechtlichen Richtlinie wurde auch in England nicht speziell implementiert, da davon ausgegangen wurde, dass die Regelung bereits in sec. 285 CA 1985 und den *common law rules*, die Dritte gegen Irregularitäten im internen Management der Gesellschaft schützen, enthalten ist.[674] Nach sec. 285 CA 1985 sind die Handlungen eines *director* wirksam, ungeachtet etwaiger später entdeckter Mängel der Bestellung oder Eignung. Diese gesetzliche Wirksamkeit wird von Art. 92 *Table A* wiederholt und erweitert. Dritte müssen nicht die Ordnungsmäßigkeit der internen Vorgängen (das „*indoor management*“) überprüfen und dürfen annehmen, dass alles ordnungsgemäß verlaufen ist („*Rule in Turquand's case*“).[675] Diese Vorschriften machen sowohl Handlungen von *directors* im Verhältnis zu den Gesellschaftern als auch Transaktionen mit Dritten unangreifbar.[676] Mängel der Bestellung können Dritten also nicht entgegengehalten werden. Voraussetzung ist aber, dass derjenige, der sich auf die Wirksamkeitsvorschriften bezieht, keine Kenntnis des Mangels hatte.[677] Die Vorschriften legen in engem Rahmen fest, was bekanntermaßen eine fundamentale Regel der *agency* ist, näm-

---

[672] Van Ommeslaghe, Cah.dr.europ. 1969, 619 (634 Fn. 144).

[673] Guigou, RTD com. 1983, 525 (535).

[674] Edwards, EC Company Law, S. 33.

[675] *Royal British Bank v Turquand* (1855) 5 E&B 248, 260 ff.; *Mahony v. East Holyford Mining Co.* (1875) L.R. 7 H.L. 869; *Re Land Credit Co. of Ireland* (1869) 4 Ch. 460, 469; *Duck v. Tower Galvanizing Co* [1901] 2 K.B. 314, 318.

[676] *Dawson v African Consolidated Land and Trading Co.* [1898] 1 Ch 6, 13, 15.

[677] *Channel Collieries Trust Ltd v Dover, St Margaret's and Martin Mill Light Railway Co.* [1914] 2 Ch 506, CA, per Lord Cozens-Hardy MR at p. 512; Palmer/Davies, S. 894, 60-27.

lich, dass der *principal* immer durch Handlungen des *agent* gebunden wird, sofern dieser im Rahmen seiner *actual* oder *apparent authority* handelt.[678]

B. Allgemeine Publizitätsvorschriften

Deutschland hat Art. 8 der 1. Gesellschaftsrechtlichen Richtlinie nicht ausdrücklich in nationales Recht umgesetzt. Im Außenverhältnis werden die allgemeinen Publizitätsvorschriften des § 15 HGB für ausreichend gehalten. Allerdings wurde Abs. 3 erst durch Gesetz vom 15.08.1969 eingefügt, um der Richtlinie zu entsprechen. In § 15 III HGB heißt es: Ist eine einzutragende Tatsache unrichtig bekannt gemacht, so kann sich ein Dritter demjenigen gegenüber, in dessen Angelegenheiten die Tatsache einzutragen war, auf die bekannt gemachte Tatsache berufen, es sei denn, dass er die Unrichtigkeit kannte. Entgegen dem Wortlaut erfasst § 15 III HGB nicht nur den Fall einer Diskrepanz zwischen Eintragung und Bekanntmachung, sondern auch den Fall, dass Eintragung und Bekanntmachung gleichermaßen unrichtig sind.[679] Unter diese allgemeine Formulierung der positiven Publizitätswirkung sind somit auch Mängel der Bestellung zu subsumieren.[680] Die Gesellschaft kann sich dem gutgläubigen Dritten gegenüber nicht auf die wahre Rechtslage berufen.[681] Für Bösgläubigkeit reicht nur positive Kenntnis des Mangels aus. Der grob fahrlässige Dritte ist also gutgläubig im Sinne des § 15 III HGB.[682] Grundsätzlich kann sich ein Dritter entweder auf die wahre Rechtslage oder auf den Schutz des § 15 III HGB berufen.[683] Der Dritte hat also ein Wahlrecht, ob er sich auf § 15 III HGB berufen möchte oder nicht. Die Norm soll nur zugunsten des Dritten wirken, nicht aber gegen ihn.[684]

C. Vergleich

Der von Art. 8 der 1. Gesellschaftsrechtlichen Richtlinie beabsichtigte Drittschutz bei Bestellungsmängeln, ist in den untersuchten Mitgliedstaaten, trotz im einzelnen unterschiedlicher Ausgestaltung, erreicht worden. Gutgläubige Dritte sind vor der Unwirksamkeit ihrer Geschäfte mit der Gesellschaft aufgrund von Mängeln bei der Bestellung der Geschäftsführer geschützt, sobald die Bestellung ordnungsgemäß bekannt gemacht wurde. Lediglich in England

---

[678] Oliver/Marshall, S. 225, 226.

[679] Baumbach/Hopt, § 15 Rn. 18; Heidelberger Kommentar, § 15 Rn. 13; Ebenroth/Boujong/Joost/Gehrlein, § 15 Rn. 27; Hager, Jura 1992, 57 (64).

[680] Einmahl, AG 1969, 167 (168).

[681] Baumbach/Hopt, § 15 Rn. 22.

[682] Baumbach/Hopt, § 15 Rn. 20; Heidelberger Kommentar, § 15 Rn. 17.

[683] Hager, Jura 1992, 57 (65).

[684] Baumbach/Hopt, § 15 Rn. 22; Ebenroth/Boujong/Joost/Gehrlein, § 15 Rn. 37.

ist der Gesetzgeber noch einen Schritt weiter gegangen. Hier hängt der Schutz nicht mit der Bekanntgabe zusammen. Handlungen eines *director* sind vielmehr trotz Bestellungsmängeln stets wirksam. Bösgläubigen Dritten kann ein Bestellungsmangel hingegen immer entgegen gehalten werden. Dabei setzt Bösgläubigkeit die positive Kenntnis des Mangels voraus. In diesem Fall ist der Dritte nicht schutzwürdig. Somit gilt folgendes gemeinsames Prinzip:

Sobald die Bestellung des bzw. der Geschäftsführer ordnungsgemäß bekannt gemacht wurde, kann ein Mangel der Bestellung in den Kapitalgesellschaften Dritten nur entgegengehalten werden, wenn die Dritten den Mangel kannten.

In England und Frankreich gilt die jeweilige Vorschrift nicht nur zugunsten Dritter, sondern auch zugunsten der Gesellschaft. Auch Dritte dürfen sich auf den Mangel der Bestellung nicht berufen. Dies wird in den französischen Vorschriften ausdrücklich so benannt. In England ergibt sich dies aus der allgemeinen Wirksamkeit von Handlungen der *directors* trotz späteren Entdeckens von Bestellungsmängeln. Die deutsche Regelung sieht hingegen vor, dass Dritte der Gesellschaft solche Mängel entgegensetzen können, wenn dies für sie günstiger ist.

Hinsichtlich der Beendigung der Befugnisse gilt eine ähnliche Regelung. Daraus folgt als gemeinsames Prinzip:

Handelt ein Geschäftsführer nach Beendigung seiner Befugnisse weiter, so kann sich die Kapitalgesellschaft auf die Beendigung nur berufen, wenn die Abberufung ordnungsgemäß bekannt gemacht wurde oder der Dritte von der Abberufung Kenntnis hatte.

9. Teil: Anstellungsverhältnis und Vergütung

§ 1. Die deutsche Regelung

A. Personengesellschaften

Die mit der Geschäftsführung verbundenen Dienste der Gesellschafter stellen sich in den deutschen Personengesellschaften als Ausfluss der Mitgliedschaft dar, so dass sie nicht aufgrund eines besonderen Arbeitsverhältnisses erbracht werden.[685] Der Geschäftsführer erhält den „Lohn" für seine Tätigkeit in erster Linie über seine Gewinnbeteiligung.[686] Aus diesem Grundsatz folgt von selbst, dass er eine zusätzliche Tätigkeitsvergütung nur aufgrund entsprechender gesellschaftsvertraglicher Vereinbarung oder eines Gesellschafterbeschlusses fordern kann.[687] So kann auch ein Dienstvertrag zwischen der Gesellschaft und einem Geschäftsführer geschlossen werden, der dann den Regeln der §§ 611 ff. BGB unterliegt.[688] Ein solcher Beschluss muss einstimmig erfolgen.[689] Der Gesellschaftsvertrag kann aber das Mehrheitsprinzip vorsehen.[690] Ein Vergütungsanspruch kann sich auch konkludent aus den Umständen des Einzelfalls ergeben. So etwa bei außergewöhnlichen Leistungen, die eine besondere Fähigkeit erfordern.[691] Inhaltlich kann die Vergütung entweder in der Erhöhung des prozentualen Gewinnanteils oder aber in einem festen oder erfolgsabhängigen, als Gewinnvoraus periodisch zu zahlenden Geldbetrags bestehen.[692] Die Geschäftsführer haben nach §§ 669, 670 BGB ferner Ansprüche auf Vorschuss und Aufwendungsersatz. Aufwendungsersatz erfasst entsprechend § 110 HGB auch Verluste, die unmittelbar durch die Geschäftsführung und die mit ihr untrennbar verbundenen Gefahren entstehen.[693]

---

[685] RGZ 142, 13 (18); 170, 392 (396).

[686] BGHZ 77, 233 (237); 44, 40 (41); Schmidt, Gesellschaftsrecht, S. 1379, § 47 II 4 b.

[687] BGH, WM 1967, 682 (684); BB 1976, 526; Schmidt, Gesellschaftsrecht, S. 1748, § 59 III 3 a; Soergel/Hadding, § 713 Rn. 12; Michalski, § 114 Rn. 16.

[688] BGH, NJW 1963, 1051 (1052); 1973, 328; Michalski, § 114 Rn. 8. Jauernig/Stürner, Anm. zu den §§ 709 - 713 Rn. 16 meint, dass bei der GbR die Vorschriften der §§ 611 ff. BGB nur entsprechende Anwendung finden und es sich um ein dienstvertraglich geprägtes gesellschaftliches Rechtsverhältnis, nicht aber um ein Drittverhältnis handele.

[689] Michalski, § 114 Rn. 16; BGH, BB 1967, 143.

[690] BGH, BB 1967, 143.

[691] Michalski, § 114 Rn. 17; Baumbach/Hopt, § 110 Rn. 19.

[692] MüKomm/Ulmer, § 709 Rn. 32 a; Heidelberger Kommentar/Stuhlfelner, § 114 Rn. 12.

[693] Schmidt, Gesellschaftsrecht, S. 1379, § 47 II 4 c; Jauernig/Stürner, Anm. zu den §§ 709 - 713 Rn. 15.

B. Kapitalgesellschaften

I. Anstellungsvertrag

In der AG spielt neben der Bestellung der in § 84 I S. 5 AktG erwähnte Anstellungsvertrag eine wichtige Rolle in den Rechtsbeziehungen zwischen der AG und dem Vorstandsmitglied. Auch in der deutschen GmbH wird das körperschaftliche Bestellungsverhältnis häufig durch ein privatrechtliches Anstellungsverhältnis ergänzt. In diesem Anstellungsvertrag werden die Rechtsbeziehungen des Geschäftsführers zur Gesellschaft näher ausgestaltet. Während das körperschaftsrechtliche Rechtsverhältnis zwischen dem Organmitglied und der Gesellschaft auf dem einseitigen Akt der Bestellung beruht, kommt der Anstellungsvertrag durch individuelle Vertragsverhandlungen zustande, die der Schaffung besonderer schuldrechtlicher Beziehungen dienen.[694] Beide Rechtsverhältnisse sind in ihrer Entstehung und in ihrem Bestand voneinander unabhängig.[695] Ebenso wie für die Bestellung ist in der GmbH die Gesellschafterversammlung für die Anstellung des Geschäftsführers sowie für Änderungen und die Aufhebung des Vertrags zuständig.[696] Diese Kompetenz bleibt in einer GmbH mit freiwillig gebildetem Aufsichtsrat oder Aufsichtsrat nach § 77 BetrVG 1952 unverändert.[697] Umstritten war für die mitbestimmte GmbH, ob auch der Anstellungsvertrag aus der Kompetenz der Gesellschafter in die Kompetenz des Aufsichtsrates übergeht.[698] Dies wurde im „Reemtsma"- Urteil des BGH bejaht.[699] Aus § 84 I S. 5 AktG, der die Vorschrift des § 84 I S. 1 AktG für sinngemäß anwendbar erklärt, ergibt sich, dass in der AG der Aufsichtsrat für den Abschluss des Anstellungsvertrags ausschließlich zuständig ist.[700] Der Anstellungsvertrag ist ein Dienstvertrag, auf welchen die §§ 611 ff. BGB Anwendung finden[701], und der eine Geschäftsbesorgung bzw. ein Auftragsverhältnis[702] zum Gegenstand hat, wenn der Geschäftsführer unentgeltlich tätig wird. Dagegen liegt kein Arbeitsvertrag vor, da die Geschäftsführer eher Arbeitgeberfunktionen für die

---

694 Lenze, S. 92; Dose, S. 12; Henze, Aktienrecht, Rn. 342; Mildenberger, S. 8.

695 BGHZ 89, 48 (52); Hoffmann/Liebs, Rn. 232; Raiser, Kapitalgesellschaften, S. 152 § 14 Rn. 46; Henn, Rn. 538; Nirk/Reuter/Bächle, Rn. 643.

696 BGH, DB 1991, 906; BGH, GmbHR 1991, 363; Werner, FS Fischer, S. 821, 822.

697 Werner, FS Fischer, S. 821 - 823.

698 Verneinend OLG Hamburg, GmbHR 1983, 98 (99); Werner, FS Fischer, S. 821 und S. 824 ff.; bejahend Baumbach/Hueck/Zöllner, § 52 Rn. 185; Hachenburg/Stein, § 35 Rn. 181.

699 BGHZ 89, 48.

700 Bergmann, S. 16.

701 BGHZ 10, 187 (191); BGHZ 36, 142 (143); BGHZ 12, 1 (8); Kölner Kommentar/Mertens, § 84 Rn. 33; Lenze, S. 107; Henze, Aktienrecht, Rn. 364; Happ, S. 443.

702 Baumbach/Hueck, § 84 Anm. 8.

Gesellschaft ausüben.[703] Die Abberufung aus der Organstellung beendet nicht automatisch auch den Anstellungsvertrag. Gemäß § 84 III S. 5 AktG gelten für die Ansprüche eines Vorstandsmitglieds aus dem Anstellungsvertrag die allgemeinen Vorschriften. Dasselbe gilt für die Geschäftsführer der GmbH.[704] Nach § 620 I BGB endet ein Dienstvertrag daher mit Ablauf der Zeit, für die er abgeschlossen ist. Aus § 84 I S. 5 AktG ergibt sich für die AG, dass der Anstellungsvertrag nur auf höchstens fünf Jahre abgeschlossen werden kann.[705] Sieht der Vertrag eine längere Dauer vor, so endet er mit Ablauf der gesetzlichen Höchstfrist.[706] Auch in GmbHs, die einen paritätisch mitbestimmten Aufsichtsrat haben und bei denen die Geschäftsführung nur befristet bestellt werden darf, muss der Anstellungsvertrag befristet sein.[707] Vor Ablauf der Frist kann er gemäß § 626 BGB aus wichtigem Grund fristlos gekündigt werden; der Begriff des wichtigen Grundes in § 626 BGB ist jedoch ein anderer als der in § 84 III AktG.[708] Ist keine Dauer bestimmt, erfolgt die Auflösung bei der nicht mitbestimmten GmbH durch ordentliche Kündigung gemäß §§ 621, 622 BGB.[709]

II. Vergütung

Den Geschäftsführern von Kapitalgesellschaften kann eine Vergütung gewährt werden. Dies geschieht in der GmbH durch den Anstellungsvertrag, in der AG entweder durch den Anstellungsvertrag oder aber durch einen Beschluss des Aufsichtsrats.[710] Die Vergütung setzt sich in der Regel aus einem festen Betrag, einem Anteil am Jahresgewinn (Tantiemen) sowie aus Aufwandsentschädigungen und Nebenleistungen zusammen.[711] Das AktG stellt Grundsätze auf, die das Gesellschaftsvermögen schützen sollen. So enthält § 86 AktG Regeln für die Berechnung von Tantiemen. Nach § 87 I AktG müssen die Bezüge in einem angemessenen Verhältnis zu den Aufgaben des Vor-

[703] BGHZ 12, 1 (8); BGHZ 36, 142 (143); BGHZ 10, 187 (191); BGHZ 49, 30 (31); Happ, S. 443; Jaeger, S. 22; Rowedder/Koppensteiner, § 35 Rn. 64; Henze, GmbH-Recht, Rn. 1239; kritisch Groß, Das Anstellungsverhältnis des GmbH-Geschäftsführers im Zivil-, Arbeits-, Sozialversicherungs- und Steuerrecht: Statusbeurteilung im Spannungsfeld von Sozialschutznormen und Gesellschaftsrecht.

[704] Beck'sches Handbuch der GmbH/Axhausen, S. 206 § 5 Rn. 25.

[705] Lenze, S. 96; Happ, S. 450; Würdinger, S. 115.

[706] BGH, WM 1957, 846 (847); Großkommentar /Meyer-Landrut, § 84 Anm. 11.

[707] Hoffmann/Liebs, Rn. 265.1.

[708] Kübler, S. 191; Henn, Rn. 545; Raiser, Kapitalgesellschaften, S. 156 § 14 Rn 58.

[709] Henze, GmbH-Recht, Rn. 1260.

[710] Lutter/Hommelhoff, Anh. § 6 Rn. 31; Mildenberger, S. 116; Kölner Kommentar/Mertens, § 86 Rn. 3; Hüffer, AktG, § 86 Rn 5.

[711] Henze, GmbH-Recht, Rn. 1246; Raiser, Kapitalgesellschaften, S. 154 § 14 Rn. 49, S. 556 § 32 Rn. 48.

standsmitglieds und zur Lage der Gesellschaft stehen. Bei einer wesentlichen Verschlechterung der Verhältnisse der Gesellschaft gibt ihr § 87 II AktG ein Recht zur angemessenen Herabsetzung der Bezüge. Eine Kreditgewährung ist nur unter den strengen Voraussetzungen des § 89 AktG zulässig. Eine § 87 I AktG entsprechende Regel, kennt das GmbHG nicht. In entsprechender Anwendung des § 87 II AktG wird man jedoch bei einer wesentlichen Verschlechterung der Lage der Gesellschaft eine Pflicht des Geschäftsführers annehmen, in eine angemessene Herabsetzung einzuwilligen.[712]

§ 2. Die französische Regelung

A. Anstellungsverhältnis

I. Möglichkeit eines parallelen Anstellungsverhältnisses zur Geschäftsführerstellung

Für keine der französischen Gesellschaften ist die Kumulation von Geschäftsführerposition und Anstellungsverhältnis im Gesetz geregelt. In der SNC sowie der SCS ist für Gesellschafter-Geschäftsführer eine Kumulation mit einem Dienstvertrag ganz ausgeschlossen, weil das Gesetz sie in Art. L. 221-1 (1), Art. L. 222-1 (1) CCom bereits als Kaufleute qualifiziert.[713] Im Gegensatz zum Angestellten ist der Kaufmann völlig unabhängig von Weisungen (*responsabilité patrimoniale*). Es spricht jedoch nichts gegen den zusätzlichen Abschluss eines Dienstvertrags, wenn ein Fremder Geschäftsführer ist.[714] Bei der SC ist der Abschluss eines Dienstvertrages neben der Geschäftsführerstellung möglich.[715] Auch in der SARL ist eine solche Kumulation seit langem anerkannt.[716] Dabei sind jedoch die unter II. dargestellten Voraussetzungen strikt einzuhalten. Wer für den Vertragsabschluss zuständig ist, wird nicht im Gesetz geregelt. Es ist daher anzunehmen, dass die Kompetenz beim jeweiligen Geschäftsführungsorgan liegt. Bei der dualistischen SA ist eine solche Kumulation ebenfalls zulässig. Anders als im monistischen System ist es bei der dualistischen SA gleichgültig, ob das Vorstandsmitglied bereits Angestellter der Gesellschaft ist oder dieses nach Ernennung zum

---

[712] Raiser, Kapitalgesellschaften, S. 556 § 32 Rn. 50; Lutter/Hommelhoff, Anh. § 6 Rn. 34.

[713] Sayag, Rev. Soc. 1981, 1 (6 Rn. 9); Petit, Rép. Sociétés Dalloz, Cumul, S. 17 Nr. 140, 142.

[714] Sayag, Rev. Soc. 1981, 1 (6 Rn. 10); Petit, Rép. Sociétés Dalloz, Cumul, S. 17 Nr. 141.

[715] Guigou, RTD com. 1983, 525 (539); Bézard, J.-Cl. S. 3, Fasc. 48-30 S. 4 Nr. 18; Mercadal/Janin, S. 133 Nr. 296.

[716] Paris, 6 mars 1961, Gaz. Pal. 1961.1.319, concl. Turian; Cozian/Viandier/Deboissy, S. 511 Rn. 1308.

Mitglied des Vorstands erst wird.[717] Bei der monistischen SA muss hingegen zwischen den verschiedenen Geschäftsführungsorganen differenziert werden. Hinsichtlich der Verwaltungsratsmitglieder sind zwei Situationen zu unterscheiden.[718] Ein Verwaltungsratsmitglied im Amt kann keinen Dienstvertrag schließen. Dies ergibt sich indirekt aus Art. L. 225-22 (1) CCom. Angestellte, deren Dienstvertrag mindestens zwei Jahre vor der Bestellung geschlossen wurde, können jedoch zu Verwaltungsratsmitgliedern berufen werden, ohne ihren Dienstvertrag zu verlieren.[719] Die Möglichkeit der Kumulation ist in diesem Fall gemäß Art. L. 225-22 (2) CCom auf ein Drittel der Verwaltungsratsmitglieder beschränkt. Außerdem muss der Dienstvertrag einem tatsächlichen Arbeitsverhältnis entsprechen, d.h. ernsthaft und getreu ausgeführt werden.[720] Ein Verstoß gegen diese Voraussetzungen führt zur Nichtigkeit der Bestellung als Verwaltungsratsmitglied, die aber nicht die Nichtigkeit von Beschlüssen, an denen dieses Mitglied teilgenommen hat, nach sich zieht.[721] Auch hinsichtlich des Präsidenten des Verwaltungsrats ist zwischen Dienstverträgen, die er vor seinem Amtsantritt und solchen die er danach abschließt, zu unterscheiden. Während der Neuabschluss eines Dienstvertrags verboten ist[722], kann der Präsident einen alten Dienstvertrag unter den für Verwaltungsratsmitglieder festgesetzten Voraussetzungen aufrechterhalten. Der Generaldirektor, der nicht Verwaltungsratsmitglied ist, kann hingegen mit der Gesellschaft jederzeit einen Dienstvertrag abschließen.[723]

II. Voraussetzungen

Die Voraussetzungen, unter denen eine Kumulation von Geschäftsführerstellung und Angestelltenverhältnis möglich ist, sind für alle diese Gesellschaften die gleichen und wurden von der Rechtsprechung etabliert. Die Stellung als Geschäftsführer und als Angestellter bleibt jeweils vollständig voneinander getrennt.[724] So muss die dienstvertraglich geregelte Tätigkeit tatsächlich von der Geschäftsführertätigkeit abgrenzbar sein und ein Unter-

---

[717] Sayag, Rev. Soc. 1981, 1 (10 Rn. 14); Merle, S. 479 Rn. 439; Dorresteijn/Kuiper/Morse, S. 107.
[718] Chartier, La gestion, S. 25.
[719] Art. L. 225-22 (1) Satz 1 und 2 CCom.
[720] Art. L. 225-22 (1) Satz 1 CCom.
[721] Art. L. 225-22 (1) S. 3 und 4 CCom.
[722] Viandier/Mansuy, J.-Cl. S. 4, Fasc. 133-10 S. 17 Nr. 91, 92.
[723] Viandier/Mansuy, J.-Cl. S. 4, Fasc. 133-10, S. 17 Nr. 91.
[724] Guigou, RTD com. 1983, 525 (539).

ordnungsverhältnis (*état de subordination*) zur Gesellschaft bestehen.[725] Erstens kann ein solcher Vertrag folglich nicht die Geschäftsführung zum Gegenstand haben. Zweitens setzt die Kumulation voraus, dass der Geschäftsführer an der Gesellschaft nicht oder nur als Minderheitsgesellschafter beteiligt ist.[726] In der Praxis werden solche Dienstverträge lediglich mit Fremdgeschäftsführern geschlossen. In den Kapitalgesellschaften muss für den Abschluss eines Dienstvertrages ferner die Prozedur der „*conventions réglementées*" eingehalten werden.[727] Ein Verstoß hiergegen macht den Vertrag nicht unwirksam, unterwirft den Geschäftsführer jedoch der Haftung. Bei Zweifeln über das Vorliegen der Voraussetzungen kann der Dienstvertrag vorübergehend ausgesetzt werden (*suspension*).[728] Auch bei Abberufung des Geschäftsführers bleibt der Dienstvertrag aufrechterhalten und ist nach den allgemeinen Regeln über die Kündigung eines Dienstverhältnisses zu beurteilen.[729]

B. Vergütung

I. Die Personengesellschaften und die SARL

In den französischen Personengesellschaften und der SARL ist eine Vergütung für die Tätigkeit als Geschäftsführer nicht im Gesetz vorgesehen. Es sind in der Regel die Statuten, die über die Art der Vergütung und das Organ der Gesellschaft, das die Vergütung festlegt, bestimmen.[730] Eine Vergütung kann auch durch Gesellschafterbeschluss zuerkannt werden.[731] In den Personengesellschaften ist hierfür ein einstimmiger Beschluss erforderlich, es sei denn die Statuten bestimmen etwas anderes.[732] In der SARL reicht ein einfa-

[725] Cass. Soc., 7 février 1979, Rev. Soc. 1980, 473, note J.H.; Cass. Soc. 21 juillet 1981, 2 arrets, Rev. Soc. 1982, p. 74, note P. Le Cannu; Cozian/Viandier/Deboissy, S. 512 Rn. 1309; Vidal, S. 179; Buder-Steinhoff, S. 94; Maier-Bridou, S. 88.

[726] Chaput, Droit des sociétés, S. 208 Rn. 430. Sind mehrere Geschäftsführer vorhanden und haben sie gemeinsam eine Mehrheitsposition inne, so werden sie als Mehrheitsgesellschafter behandelt, auch wenn sie allein Minderheitsgesellschafter sind. Merle, S. 194 Rn. 191.

[727] Storck, J.-Cl. S. 4, Fasc. 74-10 S. 16 Nr. 69; Viandier/Mansuy, J.-Cl. S. 4, Fasc. 133-10 S. 17 Nr. 91; Caussain, J.-Cl. S. 4, Fasc. 133-50, S. 7 Nr. 34.

[728] Viandier/Mansuy, J.-Cl. S. 4, Fasc. 133-10, S. 18 Nr. 99; Petit, Rép. Sociétés Dalloz, Cumul, S. 19 Nr. 154; Cass. soc., 21 juin 1994, Rev. Soc. 1995, 59, note B. Petit; Vatinet, Rev. Soc. 1999, 273 (275 Rn. 7); Cozian/Viandier/Deboissy, S. 287 Rn. 649.

[729] CA Paris, 27 févr. 1992, Rev. Soc. 1992, 745, note B. Petit; Petit, Rép. Sociétés Dalloz, Cumul, S. 20 Nr. 167; Buder-Steinhoff, S. 94.

[730] Guigou, RTD com. 1983, 525 (540); Juglart/Ippolito, S. 276 Rn. 209; Saintourens, L'entreprise, S. 215 Rn. 699; Mercadal/Janin, S. 148 Nr. 330.

[731] Juglart/Ippolito, S. 276 Rn. 209.

[732] Art. 1852 CC, Art. L. 221-6 (1) CCom.

cher Gesellschafterbeschluss aus.[733] Nach der Rechtsprechung der *Cour de Cassation* unterliegt die Entscheidung über die Vergütung bei der SARL nicht der Prozedur des Art. L 223-19 CCom.[734] Dennoch sollte der Geschäftsführer von der Abstimmung über seine Vergütung Abstand nehmen.[735] Ist mit der Gesellschaft ein paralleler Dienstvertrag geschlossen, so kann sich die Vergütung in Form eines Gehalts auch hieraus ergeben.[736] Die Geschäftsführervergütung kann aber auch neben der Vergütung aus dem Anstellungsvertrag bestehen.[737] Es kann eine feste Vergütung oder eine proportionale Beteiligung am Gewinn oder Umsatz oder an beidem bestimmt werden. Ferner kann aber auch Unentgeltlichkeit der Tätigkeit vereinbart werden.[738]

II. Monistische und dualistische SA

Die Verwaltungsratsmitgliedschaft in der monistischen SA kann unentgeltlich oder entgeltlich sein. Die Verwaltungsratsmitglieder können normalerweise jedoch nur die vom Gesetz vorgesehene Vergütung erhalten. Anderweitige Bestimmungen in den Statuten werden als nicht geschrieben angesehen; gegenteilige Beschlüsse sind nichtig, Art. L. 225-44 CCom. Ausnahmsweise kann sich die Vergütung jedoch auch aus dem Anstellungsvertrag ergeben.[739] Im Falle der Entgeltlichkeit erhalten die Mitglieder eine Vergütung in Form von Diäten (*jetons de présence*). Hierbei handelt es sich um eine jährliche feste Vergütung, deren Betrag gemäß Art. L. 225-45 (1) Satz 1 CCom von der Gesellschafterversammlung festgelegt wird. Die Verteilung dieser Summe unter den Verwaltungsratsmitgliedern wird nach Art. L. 225-45 (2) CCom[740] vom Verwaltungsrat selbst vorgenommen. Außerdem können Mitgliedern, die besondere Aufgaben übernommen haben, spezielle Vergütungen durch den Verwaltungsrat zugebilligt werden.[741] Ebenfalls ist der Verwaltungsrat für die Festlegung der Vergütung des Präsidenten sowie des Generaldirektors zuständig.[742] In der dualistischen SA wird die Vergütung der Vorstandsmitglieder gemäß Art. L. 225-63 CCom ausschließlich durch

---

[733] Saintourens, L´entreprise, S. 215 Rn. 699.

[734] Cass. Com., 30 mai 1989: Rev. Soc. 1989, 641; JCP 1990, éd G, II, 21405, note M. Marteau-Petit; Storck, J.-Cl. S. 4, Fasc. 74-10 S. 28 Nr. 138 ff..

[735] Versailles, 20 sept. 1990: Rev. Soc. 1991, 85, note Roca; CA Aix-en-Provence, 29 juin 1995: JCP 1996, éd E, pan. 47; Storck, J.-Cl. S. 4, Fasc. 74-10 S. 28 Nr. 140.

[736] Cass. Soc., 16 oct. 1980: Rev. Soc. 1981, 88; Cass. Soc., 31 mars 1982: Bull. Civ. V, No 239; Storck, J.-Cl. S. 4, Fasc. 74-10 S. 14 Nr. 57.

[737] Storck, J.-Cl. S. 4, Fasc. 74-10 S. 14 Nr. 57.

[738] Juglart/Ippolito, S. 276 Rn. 209.

[739] Juglart/Ippolito, S. 469 Rn. 406; Viandier/Mansuy, J.-Cl. S. 4, Fasc. 133-10 S. 7 Nr. 31.

[740] Eingeführt durch *Loi No. 2001-420 du 15 mai 2001.*

[741] Art. L. 225-46 CCom; Guyon, Droit des affaires, S. 339 Rn. 325.

[742] Art. L. 225-47 (1) Satz 2, 225-53 (3) CCom.

den Aufsichtsrat bestimmt, der bei der Bestellung die Art und Höhe der Vergütung festlegt. Die Regelung der Vergütung ist nicht von der Prozedur der „*conventions réglementées*“ abhängig.[743] Zur Verbesserung der Transparenz und der Informationen der Gesellschafter, sieht das Gesetz vom 15. Mai 2001 vor, dass der Geschäftsbericht des Verwaltungsrats bzw. des Vorstands nach Art. L 225-102-1 CCom die Gesamtvergütung und sonstige Vorteile aufzählt.

§ 3. Die englische Regelung

A. Die *partnerships*

Für die englischen *partnerships* ist in sec. 24 (6) geregelt, dass kein *partner* aufgrund seiner Tätigkeit in dem Unternehmen der *partnership* zu einer Vergütung berechtigt ist. Dass sie einen Gewinnanteil erhalten, wird insofern als ausreichender Lohn angesehen.[744] Dies gilt jedoch vorbehaltlich anderer Vereinbarungen zwischen den *partners*. In der Praxis wird häufig einem *managing partner* eine Vergütung zugesprochen.[745]

In den letzten Jahren ist eine schnelle Zunahme von sog. „*salaried partners*“ eingetreten. Wesentliches Charakteristikum ist, dass man sie nach außen als *partners* auftreten lässt, im Innenverhältnis aber ein Gehalt anstelle eines Gewinnanteils gewährt.[746] Einige Verwirrung ist hinsichtlich der Frage entstanden, ob es sich um *partner* oder Angestellte handelt, denn eine Person kann nicht gleichzeitig beides, *partner* und Angestellter sein.[747] Die „*salaried partners*“ nehmen insofern eine Zwischenstellung ein.[748] Die „*doctrine of holding out*“ lässt die Unterscheidung jedoch im Verhältnis zu Dritten unwichtig werden.[749] Im Innenverhältnis kommt es darauf an, ob die Rechte aus dem *partnership*-Vertrag auf eine Gesellschafterstellung oder eine Anstellung hinweisen.[750]

---

[743] Cass. Com., 3 mars 1987: Gaz. Pal. 1987, p. 264, note Hatoux; Caussain, J.-Cl. S. 4, Fasc. 133-50, S. 19 Nr. 87; Hémard, Terré et Mabilat, S. 953, Nr. 1081.

[744] *Re Aldridge* [1894] 2 Ch 97, 100; Milman/Flanagan, S. 53.

[745] *Webster v Bray* (1849) 7 Hare 159; Milman/Flanagan, S. 53.

[746] Prime & Scanlan, Partnership, S. 26.

[747] So *Ellis v Joseph Ellis & Co.* [1905] 1 KB 324, 328f.; Milman/Flanagan, S. 4; Burgess/Morse, S. 105.

[748] Prime & Scanlan, Partnership, S. 26.

[749] Burgess/Morse, S. 105.

[750] Prime & Scanlan, Partnership, S. 27.

B. Die *companies*

I. Anstellungsvertrag

Die *directors* einer englischen *company* sind als solche keine Angestellten der Gesellschaft.[751] Dies gilt auch für *managing directors.* Es kann jedoch ein Anstellungsvertrag abgeschlossen werden. So wird in der Regel entsprechend Art. 84 *Table A* ein solcher Vertrag mit den sog. *managing* oder *executive directors* abgeschlossen.[752] Das Anstellungsverhältnis ist dann von der Ernennung zum *director* zu unterscheiden. Der Anstellungsvertrag konkretisiert die Stellung des *director* und legt die Vergütung fest.[753] Die Satzung sieht üblicherweise vor, dass solche Verträge vom *board* oder einem *board committee* abgeschlossen werden.[754] Da der *director* ein Interesse an solch einem Anstellungsvertrag hat, muss er diesen nach sec. 317 CA 1985 offen legen.[755] Ohne vorherige Genehmigung der Gesellschafterversammlung darf ein Anstellungsvertrag nach sec. 319 CA 1985 nicht für länger als fünf Jahre geschlossen werden, wenn er während dieser Zeit nicht von der Gesellschaft oder nur unter speziellen Voraussetzungen gekündigt werden kann.[756] Außerdem soll der Vertrag zu Kontrollzwecken gemäß sec. 318 CA 1985 jederzeit für Inhaber von Geschäftsanteilen einsehbar sein.[757] Nach Abschluss eines Vertrages stehen den directors die gleichen Vergünstigungen wie gewöhnlichen Angestellten zu, insbesondere gelten die Vorschriften über ungerechtfertigte Kündigungen nach dem *Employment Rights Act 1996.*[758] Die Beendigung des Anstellungsverhältnisses führt nicht automatisch zur Beendigung der Position als *director* der *company.*[759] Umgekehrt kann der Widerruf der Bestellung einen Bruch des Anstellungsverhältnisses bedeuten und so zu ei-

---

[751] *Hutton v. West Cork Railway Co.* (1883) 23 ChD 654, CA, Bowen LJ at p. 672; *McMillan v Guest* [1942] AC 561, 566 ff. per Lord Wright, HL; Charlesworth & Morse, S. 252.

[752] Charlesworth & Morse, S. 254; Bruce, S. 3, 1.31; Pennington, Directors' Personal Liability, S. 14, 1.08.

[753] Pennington, Directors' Personal Liability, S. 15, 1.09.

[754] Charlesworth & Morse, S. 254.

[755] Charlesworth & Morse, S. 254. Genaueres zu sec. 317 CA 1985 siehe unten.

[756] Im Zuge einer *Company Law Reform* schlägt die *Company Law Review Steering Group* als normale Dauer eines Anstellungsvertrages 1 Jahr, mit der Möglichkeit bei der Erstanstellung für 3 Jahre abzuschließen, vor. Beide Begrenzungen sollen durch Beschluss der Mitglieder verlängerbar sein. Siehe *Modern Company Law, Final Report*, Vol. I, S. 136, 6.12 ff. und *Completing the Stucture*, S. 59, 4.17 ff.

[757] Die *Company Law Review Steering Group* sieht in ihrem *Final Report*, Vol. I, 6.10 eine Erweiterung von sec. 318 CA 1985 vor. Siehe auch *Modern Company Law, Completing the Structure*, 4.17 bis 4.20.

[758] Wareham/Smailes, S. 322 19.55; Barc/Dierden, D5003.

[759] Barc/Dierden, D5011.

nem Schadensersatzanspruch des *director* führen.[760] Hier sind Bestellung und Anstellungsverhältnis also miteinander verknüpft.[761]

II. Vergütung

In der englischen *company* steht den *directors* bei Fehlen einer Vereinbarung über die Vergütung der *directors* in der Gründungsurkunde oder der Satzung bzw. dem Anstellungsvertrag keine Vergütung zu.[762] Dies ist ein Aspekt des Prinzips, dass ein *director* aus seiner Position als Treuhänder keinen Vorteil erlangen soll, außer wenn dies ausdrücklich vorgesehen ist.[763] In der Praxis ist allgemein anerkannt, dass die *directors* eine Vergütung für ihre Amtstätigkeit erhalten sollen. Entsprechende Bestimmungen finden sich normalerweise in der Satzung. Art. 82 *Table A* sieht vor, dass die *directors* eine solche Vergütung erhalten sollen, die durch ordentlichen Beschluss der Gesellschafter festgelegt wird. Die Zuständigkeit liegt bei der Gesellschafterversammlung, es sei denn, die Satzung sieht ausdrücklich vor, dass der *board* oder ein *board committee* die Vergütung festsetzt.[764] Nach Art. 83 *Table A* haben die *directors* weiterhin einen Anspruch auf Erstattung ihrer Aufwendungen in Zusammenhang mit der Ausübung ihrer Pflichten und der Teilnahme an *board meetings*. Die Vergütung eines *managing director* ist nach Art. 84 *Table A* vom *board of directors* festzulegen.[765]

§ 4. Vergleich

A. Personengesellschaften

Bei den Personengesellschaften ist ein paralleler Anstellungsvertrag mit einem geschäftsführenden Gesellschafter in der Regel nicht notwendig, da die Geschäftsführer die Geschäfte als Ausfluss ihrer Mitgliedschaft in der Gesellschaft tätigen und ihr Gewinnanteil daher regelmäßig als ausreichende finanzielle Entschädigung angesehen wird. In den französischen Personenhandelsgesellschaften wird ein Anstellungsvertrag zum Teil aufgrund der

---

[760] Sec. 303 (5) CA 1985; Dorresteijn/Kuiper/Morse, S. 129; Shearman, S. 65.

[761] Siehe Dine, S. 146, 10.8.

[762] Bowen LJ in *Hutton v. West Cork Railway Company Ltd* (1883) 23 ChD 654, 672; *Moriarty v. Regent's Garage & Co.* [1921] 1 KB 423 at 446; Halsbury, Companies, S. 420 para. 575; Dine, S. 145, 10.7; Grier, S. 351, 352; Pennington, Directors' Personal Liability, S. 14, 15, 1.08.

[763] Mayson, French & Ryan, S. 472.

[764] Per Lindley L.J. in *Re George Newman & Co* [1895] 1 Ch. 674, CA at p. 686; Charlesworth & Morse, S. 253.

[765] Palmer/Davies, S. 916, 61-08.

Kaufmannseigenschaft der Gesellschafter-Geschäftsführer schon gar nicht zugelassen. Auch in den englischen *partnerships* ist ein Anstellungsvertrag nicht möglich. Die Möglichkeit eines parallelen Anstellungsvertrages beschränkt sich folglich auf die deutschen Personengesellschaften sowie die SC und die Fremdgeschäftsführer der französischen Personenhandelsgesellschaften. Darüber hinaus kann der Anstellungsvertrag im französischen Recht nicht die Geschäftsführung zum Gegenstand haben. Ein gemeinsames Prinzip lässt sich insofern nicht bilden.

Obwohl in der Regel keine Vergütung gezahlt werden soll, kann eine solche jedoch in allen untersuchten Personengesellschaften vertraglich vereinbart werden. Dies gilt insbesondere, wenn die Geschäftsführung nicht von allen Gesellschaftern, sondern nur von einem oder einigen von ihnen oder in Frankreich auch von Fremdgeschäftsführern vorgenommen wird. Hierfür ist grundsätzlich ein einstimmiger Beschluss erforderlich. Es gilt folgendes gemeinsames Prinzip:

Ein Anspruch auf Vergütung für die Geschäftsführertätigkeit besteht in Personengesellschaften grundsätzlich nicht. Eine Vergütung kann aber für die Tätigkeit als Geschäftsführer festgelegt werden. Die Festlegung erfolgt grundsätzlich durch einstimmigen Beschluss der Gesellschafter.

B. Kapitalgesellschaften

Bei den Kapitalgesellschaften hat sich einheitlich herausgebildet, dass eine Kumulation von Geschäftsführung und Anstellungsverhältnis grundsätzlich möglich ist. Lediglich hinsichtlich der Verwaltungsratsmitglieder einer französischen SA ist zwischen Vertragsabschlüssen vor und nach der Ernennung zu unterscheiden. Nur Personen, die bereits seit zwei Jahren Angestellte der Gesellschaft sind, können gleichzeitig Verwaltungsratsmitglied werden. Dies steht einem gemeinsamen Prinzip jedoch nicht entgegen:

Neben der Geschäftsführerstellung ist in Kapitalgesellschaften der Abschluss eines Anstellungsvertrages zulässig.

Anstellungsverhältnis und Organstellung sind aber jeweils strikt voneinander zu trennen. Das Anstellungsverhältnis wird durch gegenseitigen Vertrag begründet, während die Bestellung aufgrund einseitigen Rechtsakts erfolgt. Die Geschäftsführerkompetenzen sind von den Rechten und Pflichten aus dem Anstellungsverhältnis zu trennen. Auch bei der Beendigung sind Abberufung aus der Organstellung und Kündigung des Anstellungsvertrages zu unterscheiden. Besonders strikt gilt diese Trennung im französischen

Recht, welches vorsieht, dass die Geschäftsführung nicht Gegenstand des Anstellungsvertrages sein darf. Daraus ergeben sich folgende gemeinsame Prinzipien:

Die Anstellung ist von der Bestellung zu unterscheiden.

Die Geschäftsführungskompetenzen sind von den Rechten und Pflichten aus dem Anstellungsverhältnis zu trennen.

Die Abberufung führt nicht automatisch zu einer Beendigung des Anstellungsverhältnisses.

Der Anstellungsvertrag wird auf Seiten der Gesellschaft in der deutschen GmbH durch die Gesellschafterversammlung bzw. durch einen Aufsichtsrat, in der AG durch den Aufsichtsrat geschlossen. In England und Frankreich ist für den Vertragsabschluss hingegen das Geschäftsführungsorgan zuständig. Daher sind hier die Anstellungsverträge zudem von der Zustimmung der Gesellschafterversammlung, des Verwaltungsrats oder des Aufsichtsrats abhängig. Nur so kann hier die erforderliche Kontrolle durch ein anderes Gesellschaftsorgan erfolgen. In Deutschland ist ein solches Zustimmungserfordernis dagegen nicht notwendig, da bereits das jeweilige Kontrollorgan selbst über die Verträge beschließt. Ein gemeinsames Prinzip lässt sich hier insofern nicht finden.

Ein Vergütungsanspruch besteht in Kapitalgesellschaften in der Regel nicht. Die Vereinbarung einer Vergütung ist jedoch möglich. In der Satzung oder durch Beschluss kann eine Vergütung der Geschäftsführer festgelegt werden. Die Kompetenz hinsichtlich der Vergütung liegt grundsätzlich bei demselben Organ wie die Bestellungskompetenz. Die Vergütung für die Tätigkeit als Geschäftsführer ist von einem Gehalt aus dem Anstellungsverhältnis zu unterscheiden. Es ergeben sich folgende gemeinsame Prinzipien:

Ein Anspruch auf Vergütung für die Geschäftsführertätigkeit besteht in Kapitalgesellschaften grundsätzlich nicht. Eine Vergütung kann aber für die Tätigkeit als Geschäftsführer festgelegt werden. Die Kompetenz für die Festlegung der Vergütung richtet sich in den Kapitalgesellschaften nach der Bestellungskompetenz.

Die Vergütung für die Tätigkeit als Geschäftsführer ist von einem Gehalt aus dem Anstellungsverhältnis zu unterscheiden.

10. Teil: Umfang und Grenzen der Geschäftsführungsbefugnis

§ 1. Persönlicher Umfang der Geschäftsführungsbefugnis

Sind mehrere Personen zur Geschäftsführung befugt, so fragt sich wie ihre Handlungsmöglichkeiten gestaltet sind. Dürfen sie allein oder nur zusammen mit anderen handeln? Hier ist zwischen Einzel- und Gesamtgeschäftsführungsbefugnis zu unterscheiden. Während bei der Einzelgeschäftsführung jeder Geschäftsführer einzeln zu handeln berechtigt ist, müssen bei der Gesamtgeschäftsführungsbefugnis mehrere oder alle Geschäftsführer gemeinsam tätig werden. Gesamt- und Einzelgeschäftsführung haben verschiedene Schutzrichtungen. Die Gesamtgeschäftsführung entspricht dem Grundsatz der Gleichberechtigung der Gesellschafter in den Personengesellschaften.[766] Im übrigen ermöglicht sie eine starke Kontrolle der Geschäftsführung, macht diese jedoch auch sehr schwerfällig.[767] Flexibles Handeln wird hingegen durch die Wahl der Einzelgeschäftsführung gewährt. Um auch hier Kontrolle herzustellen, kann ein Widerspruchsrecht der übrigen geschäftsführenden Personen bestehen. Auch dies spiegelt die Gleichberechtigung aller Geschäftsführer wieder. Je nachdem, ob dem Schutz der übrigen Gesellschafter oder der Flexibilität im Geschäftsverkehr der Vorrang eingeräumt wurde, hat der Gesetzgeber für die einzelnen Gesellschaftsformen unterschiedliche Regelungen getroffen. Dabei wird die Gesamtgeschäftsführung als Einschränkung der Befugnisse der einzelnen Mitglieder des Geschäftsführungsorgans, die Einzelgeschäftsführungsbefugnis hingegen als Erweiterung der Befugnisse verstanden.

A. Personengesellschaften

I. Die Gesellschaft bürgerlichen Rechts

In der GbR entscheidet primär der Gesellschaftsvertrag über die Befugnis zur Geschäftsführung. Haben die Gesellschafter zur Frage der Geschäftsführung keine gesellschaftsvertragliche Regelung getroffen, so steht die Geschäftsführung nach § 709 I Hs. 1 BGB den Gesellschaftern als Teilhaberecht gemeinschaftlich zu. Gesetzlicher Regelfall ist also die Gesamtgeschäftsführung. Für jedes Geschäft ist nach § 709 I Hs. 2 BGB die Zustimmung aller Gesell-

---

[766] Larenz, BT, S. 386, § 60 III a.

[767] Beck´sches Handbuch der Personengesellschaften/Stengel, § 3 Rn. 35; Kübler, § 6 III 1 b, S. 53.

schafter erforderlich. Es gilt der Grundsatz der Einstimmigkeit. Um ein flexibleres Handeln zu ermöglichen und die Blockade eines wichtigen Beschlusses durch einzelne Gesellschafter zu verhindern, kann der Gesellschaftsvertrag nach § 709 II BGB jedoch festlegen, dass für die der Gesamtgeschäftsführungsbefugnis zugrunde liegenden Gesellschafterbeschlüsse das Mehrheitsprinzip angewendet wird.[768] Mangels abweichender vertraglicher Gestaltung erfolgt die Berechnung nach Köpfen, nicht nach Einlagehöhe. Grundsätzlich genügt die einfache Mehrheit der Stimmen.[769]

Gemäß § 710 S. 1 BGB kann die Geschäftsführung durch den Gesellschaftsvertrag auch auf mehrere Gesellschafter unter Ausschluss der übrigen Gesellschafter übertragen werden. Für die Übertragung auf mehrere Geschäftsführer verweist § 710 S. 2 BGB auf § 709 BGB. Sofern der Gesellschaftsvertrag nichts abweichendes bestimmt, gilt in diesem Fall folglich ebenfalls Gesamtgeschäftsführung und das Einstimmigkeitsprinzip.

Weiterhin kann die Geschäftsführung nach § 710 S. 1 BGB durch Gesellschaftsvertrag auch einzelnen Gesellschaftern übertragen werden. Dies ist entweder in der Weise möglich, dass nur einer der Gesellschafter zur Geschäftsführung ermächtigt wird, denkbar ist es aber auch, dass mehrere Gesellschafter Geschäftsführungsbefugnis in der Weise erlangen, dass jeder allein zu handeln berechtigt ist.[770] Zum Schutz der Interessen aller Gesellschafter besitzen die anderen mitgeschäftsführenden Gesellschafter nach § 711 BGB ein Widerspruchsrecht gegenüber der Maßnahme des Einzelgeschäftsführers, wenn die Geschäftsführung nach dem Gesellschaftsvertrag allen oder mehreren Gesellschaftern in der Art zusteht, dass jeder allein zu handeln berechtigt ist. Im Falle des Widerspruchs muss das Geschäft unterbleiben. Die Befugnis aller hat also gleiches Gewicht.[771]

Der Gesellschaftsvertrag kann eine von den §§ 709-711 BGB abweichende Geschäftsführungsregelung vorsehen, da diese Vorschriften das Innenverhältnis betreffen und somit dispositiv sind. So kann abweichend von den gesetzlichen Typen Arbeitsteilung vorgesehen werden.[772] Auch das Widerspruchsrecht des § 711 BGB kann ausgeschlossen oder beschränkt werden.[773] Ein Ausschluss aller Gesellschafter von der Geschäftsführung verträgt sich aber nach heute h.M. nicht mit dem Grundsatz der Selbstorgan-

---

[768] Beck´sches Handbuch der Personengesellschaften/Stengel, § 3 Rn. 9.
[769] Ulmer, GbR, § 709 Rn. 43 ff; Soergel/Hadding, § 709 Rn 17.
[770] Klunzinger, S. 29.
[771] Giefers/Ott, S. 167 Rn. 314.
[772] Staudinger/Keßler, § 711 Rn. 12; Jauernig/Stürner, Anm. zu den §§ 709 - 713 Rn. 4.
[773] Klunzinger, S. 30; Giefers/Ott, S. 169 Rn. 321.

schaft. Zulässig ist jedoch eine Betrauung Dritter mit bestimmten Geschäftsführungsmaßnahmen oder mit weit reichenden Vollmachten.[774]

II. Die deutschen Personenhandelsgesellschaften

Nach § 114 HGB sind bei den Personenhandelsgesellschaften alle persönlich haftenden Gesellschafter zur Geschäftsführung berechtigt und verpflichtet. Anders als bei der GbR geht das Gesetz in § 115 I Hs. 1 HGB jedoch von der Einzelgeschäftsführungsbefugnis jedes Gesellschafters aus. Danach ist jeder Geschäftsführer allein zu handeln berechtigt. Den Ausgleich für die Einzelgeschäftsführungsbefugnis aller Gesellschafter bildet das in § 115 I Hs. 2 HGB jedem anderen geschäftsführungsbefugten Gesellschafter zugebilligte Widerspruchsrecht. Das Widerspruchsrecht hat Kontroll- und Überwachungsfunktion.[775] Danach hat jeder Mitgesellschafter ein Recht und, wenn das Interesse der Gesellschaft es verlangt, auch die Pflicht zum Widerspruch.[776] Das Widerspruchsrecht steht als Teil der Geschäftsführung nur den Geschäftsführern zu und kann sich nur gegen Geschäftsführungsmaßnahmen richten.[777] Im Falle eines Widerspruchs muss die Handlung unterbleiben.

Da die §§ 114 - 117 HBG nach § 109 HGB dispositiv sind, können andere Modalitäten der Geschäftsführung vereinbart werden. So kann der Gesellschaftsvertrag die Geschäftsführungsbefugnis nach § 114 II HGB einzelnen Gesellschaftern übertragen; dann sind die übrigen Gesellschafter von der Geschäftsführung ausgeschlossen. Weiterhin kann der Gesellschaftsvertrag bestimmen, dass alle oder mehrere Gesellschafter nur zusammen handeln können, also Gesamtgeschäftsführungsbefugnis haben. In diesem Fall bedarf es gemäß § 115 II HGB für jedes Geschäft der Zustimmung aller geschäftsführenden Gesellschafter, es sei denn, dass Gefahr im Verzug ist. Zudem kann der Gesellschaftsvertrag auch weitere Abweichungen von den gesetzlichen Regelungen vorsehen.

III. Die französischen Personengesellschaften

Sind mehrere Geschäftsführer vorhanden, so übt jeder einzeln die vollen Befugnisse eines Geschäftsführers aus.[778] Es besteht also Einzelgeschäftsführungsbefugnis. Den übrigen Geschäftsführern steht ein Widerspruchsrecht zu,

---

[774] BGHZ 36, 292 ff.; BGH, NJW 82, 2495; Soergel/Hadding, § 709 Rn.22
[775] Schlegelberger/Martens, § 114 Rn. 11.
[776] Baumbach/Hopt, § 115 Rn. 2.
[777] Hueck, S. 126, 127.
[778] Art. 1848 (2) CC; Art. L. 221-4 (2) CCom.

das sie ausüben müssen, bevor die Maßnahme abgeschlossen ist.[779] Im Falle des Widerspruchs entscheiden die Gesellschafter mit einfacher Mehrheit, und wenn es sich um eine anti-statutarische Maßnahme handelt, mit Einstimmigkeit über die Meinungsverschiedenheit.[780]

Dies gilt nach Art. 1848 (3) CC in der SC jedoch nur, soweit in den Statuten keine besonderen Vorschriften über die Art und Weise der Geschäftsführung festgelegt wurden. Auch die Regelung für die SNC bzw. die SCS ist dispositiv. Die Statuten können Gesamtgeschäftsführung vorsehen.[781] Ferner kann eine Spezialisierung unter den Geschäftsführern vorgenommen werden. Die Geschäftsführer können auch einen Rat oder ein Geschäftsführungskomitee gründen, dessen Entscheidungen nach dem Einstimmigkeits- oder Mehrheitsprinzip getroffen werden.[782]

IV. Die *partnerships*

Aus sec. 24 (8) PA 1890 ergibt sich für die englischen *partnerships*, dass für Entscheidungen über gewöhnliche Angelegenheiten die Mehrheit der *general partners* entscheidet. Dies bedeutet, dass stets ein kollegialer Beschluss notwendig ist. Jeder *partner* hat das Recht, konsultiert zu werden und seine Meinung zu äußern, die dann bei der Entscheidung mit einbezogen werden muss.[783] Dies dient dem Schutz der Minderheit und gewährleistet das Recht eines jeden *partner* an der Geschäftsführung teilzunehmen.[784] Entscheidungen müssen also gemeinsam, aber nicht notwendig einstimmig erfolgen.[785] Diese Regelung kann als Gesamtgeschäftsführung ausgelegt werden.

Der Gesellschaftsvertrag kann von der gesetzlichen Regel abweichende Regelungen treffen. So können die *partners* vereinbaren, dass das Recht zur Geschäftsführung der *partnership* oder einzelne Gebiete unter Ausschluss der anderen *partners* auf einen oder mehrere von ihnen übertragen wird.[786] Dies ist insbesondere in größeren Unternehmen der Fall, in denen die Geschäftsführung häufig auf einen sog. *managing* oder *executive partner* übertragen wird.[787] Diese *partners* haben dann Einzelgeschäftsführungsbefugnis.

---

[779] Art. 1848 (2) CC; Art. L. 221-4 (2) CCom.

[780] Bézard/Letulle, J.Cl. S. 3, Fasc. 48-40, S. 5 Nr. 25; Juglart/Ippolito, S. 279 Rn. 210; Dereu, J.-Cl. S. 3, Fasc. 55-20 S. 12 Nr. 100.

[781] Dereu, J.-Cl. S. 3, Fasc. 55-20, S. 12 Nr. 97.

[782] Bézard/Letulle, J.-Cl. S. 3, Fasc. 48-40, S. 5 Nr. 21; Mercadal/Janin, S. 144 Nr. 320; Merle, S. 155 Rn. 139; Ripert/Roblot, S. 139 Rn. 1197.

[783] *Const v. Harris* (1824) Turn. & R. 496, 525; Burgess/Morse, S. 134.

[784] Underhill, S. 44

[785] Drake, S. 98.

[786] Lindley & Banks, S. 464, 15-03; Pollock/Gower, S. 76.

[787] Lindley & Banks, S. 196, 10-96; Smith & Williamsen, S. 19, 2.23, und S. 100 f., 7.2 - 7.4.

B. Kapitalgesellschaften

I. Die Gesellschaft mit beschränkter Haftung

Hat die GmbH mehrere Geschäftsführer, steht ihnen die Geschäftsführung grundsätzlich nur gemeinschaftlich zu. Dies ist gesetzlich nicht geregelt, ergibt sich aber aus einer analogen Anwendung des § 35 II GmbHG.[788] Zum Teil wird § 77 I S. 1 AktG entsprechend herangezogen.[789] Vereinzelt wird zur Begründung der Gesamtgeschäftsführung auch auf die solidarische Haftung gemäß § 43 GmbHG verwiesen. Da die Geschäftsführer solidarisch haften, wenn sie ihre Obliegenheiten verletzen, müssen sie auch gemeinschaftlich entscheiden.[790] Beschlüsse sind dann einstimmig zu fassen.[791]

In der Satzung können jedoch abweichende Regelungen getroffen werden. So können das Mehrheitsprinzip, aber auch Einzelgeschäftsführung, das Handeln von mindestens zwei Geschäftsführern oder unechte Gesamtgeschäftsführung vorgesehen werden. Bei Einzelgeschäftsführungsbefugnis besteht im Zweifel ein Widerspruchsrecht jedes Geschäftsführers analog § 115 HGB.[792] Insofern gilt volle Gestaltungsfreiheit. Einzelnen Geschäftsführern kann im Wege der Geschäftsverteilung ein fachlicher oder örtlicher Bereich zugewiesen werden, für den sie allein oder zusammen mit einzelnen anderen Geschäftsführern oder leitenden Angestellten geschäftsführungsbefugt sind.[793]

Der Arbeitsdirektor erhält mit der Bestellung zugleich einen bestimmten Kompetenzbereich zugewiesen. Ihm muss insofern ein „Kernbereich von Zuständigkeiten in Personal- und Sozialfragen“ zustehen.[794] Ferner müssen bestimmte Maßnahmen, die für die Gesellschaft von besonderem Gewicht sind, trotz Ressortaufteilung von allen Geschäftsführern zusammen getroffen werden.[795] Dazu zählen insbesondere Vorschläge der Geschäftsführer an die Gesellschafter für die Unternehmenspolitik und ihre Fortschreibung sowie für außergewöhnliche Maßnahmen und die schwierige oder risikoreiche Ausführung von gewichtigen Gesellschafterentscheidungen, die Buchführung, Bilanzierung und Abschlussaufstellung.[796]

---

[788] Brandmüller, S. 102 Rn. 232.
[789] Lutter/Hommelhoff, § 37 Rn. 28; Hachenburg/Mertens, § 35 Rn. 106, Scholz/Schneider, § 37 Rn. 21.
[790] Hoffmann/Liebs, Rn. 325.
[791] Rowedder/Koppensteiner, § 37 Rn. 17; Scholz/Schneider, § 37 Rn. 21.
[792] Henze, GmbH-Recht, Rn. 1209.
[793] Hachenburg/Mertens, § 35 Rn. 108.
[794] BVerfGE 50, 290 (378); BGHZ 89, 48 (59).
[795] Dazu BGH, BB 1990, 1856 (1859).
[796] Lutter/Hommelhoff, § 37 Rn. 31.

II. Die Aktiengesellschaft

Besteht der Vorstand aus mehreren Personen, so sind bei einer deutschen AG gemäß § 77 I Satz 1 AktG sämtliche Mitglieder nur gemeinschaftlich zur Geschäftsführung befugt. Es gilt das Kollegialprinzip.[797] Die Willensbildung erfolgt durch einstimmigen Beschluss.[798] § 77 I AktG begründet damit das Prinzip der Gesamtgeschäftsführung.[799] Das Prinzip der Gesamtgeschäftsführung findet auch in mitbestimmten Gesellschaften Anwendung. Der Arbeitsdirektor nimmt insoweit keine Sonderstellung ein.[800]

Abweichende Regelungen der Geschäftsführung in der Satzung oder Geschäftsordnung[801] des Vorstands sind nach § 77 I S. 2 1. Hs. AktG zulässig. Die Gesamtgeschäftsführung kann also durch flexiblere Lösungen ersetzt werden. So kann Gesamtgeschäftsführung mit mehrheitlicher Willensbildung oder Einzelgeschäftsführung ohne oder mit örtlichen oder spartenbezogenen Beschränkungen vereinbart werden.[802] Zulässig ist grundsätzlich auch die Bildung von Vorstandsausschüssen.[803] In der Satzung kann jedoch gemäß § 77 I Satz 2 2. Hs. AktG nicht bestimmt werden, dass ein oder mehrere Vorstandsmitglieder Meinungsverschiedenheiten im Vorstand gegen die Mehrheit seiner Mitglieder entscheiden. Ein Alleinentscheidungsrecht zugunsten eines Vorstandsmitglieds ist damit ausgeschlossen.[804] Grundsätzlich besteht jedoch Einigkeit, dass ein Vetorecht im Sinne eines Widerspruchsrechts mit § 77 I Satz 2 2. Hs. AktG vereinbar ist.[805] Nicht zulässig ist ein allgemeines Vetorecht dagegen in einer mitbestimmten AG.[806] Da der Vorstand oft die Vielzahl der Aufgaben nicht als Organ selbst wahrnehmen kann, können die Aufgaben auch einzelnen Vorstandsressorts zugeteilt werden.[807] Dem Arbeitsdirektor in einer mitbestimmten AG steht als gesetzliches Mindestres-

---

797 Henn, Rn. 574.

798 Hüffer, AktG, § 77 Rn. 6; Schmidt, Gesellschaftsrecht, S. 811 § 28 II 3 a.

799 Kölner Kommentar/Mertens, § 77 Rn. 6.

800 Hüffer, AktG, § 77 Rn. 1.

801 Fehlt eine Kompetenzzuweisung an den Aufsichtsrat in der Satzung und (oder) hat dieser keine Geschäftsordnung erlassen, so kann der Vorstand sich gemäß § 77 II S. 1 AktG selber eine Geschäftsordnung geben. Die Geschäftsordnung ist schriftlich niederzulegen. Dabei handelt der Vorstand als Kollegialorgan und muss die Geschäftsordnung einstimmig beschließen, § 77 II S. 3 AktG.

802 Hüffer, AktG, § 77 Rn. 10; Mack, S. 98, 100.

803 Hoffmann-Becking, ZGR 1998, 497 (509 ff., 515 ff.); Schiessl, ZGR 1992, 64 (77ff.); Hüffer, AktG § 77 Rn. 10.

804 Mack, S. 98; Kraft/Kreutz, S. 297; Klunzinger, S. 169.

805 OLG Karlsruhe, AG 2001, 93 (94); Hüffer, AktG, § 77 Rn. 12; Kraft/Kreutz, S. 297; Kölner Kommentar/Mertens, § 77 Rn. 16.

806 BGHZ 89, 48 (59) (Reemtsma); Hüffer, AktG, § 77 Rn. 13; Mack, S. 99.

807 Semler, Rn. 10; Martens, FS Fleck, S. 191 (194).

sort ein Kernbereich der Personal- und Sozialfragen des Unternehmens zu.[808] Dabei ist zu berücksichtigen, dass grundsätzliche oder ressortübergreifende Fragen in die Geschäftsführungsbefugnis des Gesamtvorstandes fallen.[809] Weiterhin wird der Vorstand in der Gesamtheit seiner Mitglieder als Normadressat verstanden, soweit das AktG ausdrücklich den Vorstand als Träger von Pflichten anspricht.[810]

III. Die *société à responsabilité limitée*

Wie in der SC und der SNC werden die Befugnisse in der SARL im Falle der Mehrzahl an Geschäftsführern gemäß Art. L. 223-18 (7) CCom nicht kollegial, sondern individuell ausgeführt. Es besteht also Einzelgeschäftsführungsbefugnis. Die anderen Geschäftsführer haben nach Art. 223-18 (7) CCom das Recht, einer Handlung zu widersprechen, bevor sie abgeschlossen ist. Im Fall eines Vetos regeln die Gesellschafter den Konflikt der Geschäftsführer.[811]

In den Statuten kann etwas anderes bestimmt werden. So kann für einschneidende Handlungen die Zustimmung aller Geschäftsführer oder sogar aller Gesellschafter festgelegt werden.[812] Die Statuten können auch eine kollektive Geschäftsführung festlegen, also Gesamtgeschäftsführung bestimmen.[813] In diesem Fall der Gesamtgeschäftsführung können die betreffenden Befugnisse der Geschäftsführer genau festgelegt werden, was eine Aufteilung ihrer Kompetenzen zulässt.[814] Gleichfalls ist es möglich Geschäftsführungsausschüsse (*conseils de gérance*) zu bilden, die ihre Entscheidungen mit einfacher Mehrheit oder sogar einstimmig treffen.[815]

IV. Die monistische *société anonyme*

1. Verwaltungsrat

Der Verwaltungsrat der monistischen SA handelt als Kollektivorgan. Nur in der Gesamtheit seiner Mitglieder steht dem Verwaltungsrat die Verwaltungsbefugnis zu. Durch seine Beschlüsse während der gemeinsamen Beratungen entscheidet er über die Angelegenheiten der Gesellschaft. Die Häufigkeit und

---

[808] Raiser, MitbestG § 33 Rn. 16; BVerfGE 50, 290 (378); BGHZ 89, 48 (59).
[809] Kölner Kommentar/Mertens, § 77 Rn. 12.
[810] Martens, FS Fleck, S. 191 (194); Hüffer, AktG, § 77 Rn. 17.
[811] Storck, J.-Cl. S. 4, Fasc. 74-10 S. 19 Nr. 91.
[812] Chaput, Droit des sociétés, S. 209 Rn. 434.
[813] Alibert, Rev. Soc. 1975, 605 (619 Nr. 32); Merle, S. 198 Rn. 195.
[814] Merle, S. 198 Rn. 195; Cozian/Viandier/Deboissy, S. 514 Rn. 1314.
[815] Merle, S. 198 Rn. 195.

Abstände der Beratung ergeben sich aus der Satzung, das Verfahren regeln die Art. 83-88 *décret 67-236*. Die Verwaltungsratsmitglieder können nicht einzeln handeln.[816] Der Verwaltungsrat kann jedoch sog. *comités de direction* gründen, die aus Verwaltungsratsmitgliedern oder auch Aktionären bestehen können.[817] Diese Komitees haben jedoch nur beratende Funktion und können nicht die gesetzlichen Befugnisse des Verwaltungsrats ausüben.[818]

2. Verwaltungsratspräsident, Generaldirektor und delegierte Generaldirektoren

Die laufende Geschäftsführung wird jedoch vom Generaldirektor bzw. vom Verwaltungsratspräsidenten in der Funktion als Generaldirektor vorgenommen. Dieser hat naturgemäß Einzelgeschäftsführungsbefugnis. Ein Problem der Gestaltung der Geschäftsführung entsteht hier erst gar nicht. Zu seiner Unterstützung können delegierte Generaldirektoren ernannt werden. Mit diesen bildet er jedoch kein Kollegialorgan. Die delegierten Generaldirektoren stellen bloße Hilfskräfte des Generaldirektors dar und sind diesem untergeordnet.[819] Vielmehr bleibt seine Einzelgeschäftsführungsbefugnis bestehen. Im Falle eines Widerspruchs zwischen Generaldirektor und delegierten Generaldirektoren, ist es immer der Generaldirektor, der sich durchsetzt, da letztere bloß assistieren.[820]

V. Die dualistische *société anonyme*

Die Vorstandsmitglieder der dualistischen SA handeln als Kollegialorgan, d.h. durch Beschlüsse.[821] Die Häufigkeit der Versammlungen und die Abstimmungsvoraussetzungen werden gemäß Art. L. 225-64 (4) CCom in den Statuten bestimmt. Es ist also nicht notwendig Einstimmigkeit der Entscheidungen vorausgesetzt. Wenn die Statuten keine Regelung treffen, versammeln sich die Vorstandsmitglieder wann sie wollen und beschließen formfrei.[822] Dennoch handeln die Mitglieder des Vorstands im Prinzip gemein-

---

[816] Paris 25 oct. 1996, Dr. sociétés 1998, No. 5, Y. Chaput; Merle, S. 415 Rn. 391.

[817] Art. 90 décret 67-236.

[818] Aix-en-Provence 28 sept. 1982, Rev. Soc. 1983, 773, J. Mestre; Cozian/Viandier/Deboissy, S. 289 Rn. 652.

[819] Viandier/Durand-Lepine, J.-Cl. S. 4, Fasc. 133-20, S. 2 Nr. 2.

[820] Bézard, S. 97 Rn. 371.

[821] Juglart/Ippolito, S. 498 Rn. 446; Caussain, J.-Cl. S. 4, Fasc. 133-50 S. 23 Nr. 117; Cozian/Viandier/Deboissy, S. 280 Rn. 786; a.A. Vidal, S. 381 Rn. 1022. Vidal meint, es handele sich zwar um ein Pluralorgan, nicht jedoch um ein Kollegialorgan, da das Gesetz anders als beim Verwaltungsrat weder die Beratungen noch die gemeinsamen Beschlüsse des Vorstands regelt.

[822] Plaisant/Delaisi, Rép. Sociétés Dalloz, Directoire, S. 5 Nr. 58.

schaftlich.[823] Aufgrund des Gedankens der Effektivität, können die Vorstandsmitglieder mit der Zustimmung des Aufsichtsrats und vorbehaltlich abweichender Bestimmungen in den Statuten die Aufgaben der Geschäftsführung jedoch untereinander aufteilen.[824] Diese Aufgabenverteilung kann dem Vorstand indessen unter keinen Umständen seinen Charakter als Kollegialorgan zur Geschäftsführung nehmen.[825] Der Vorstandsvorsitzende hat keine weiterreichenden Befugnisse als der Vorstand. Die Geschäftsführung soll permanent und kollegial erfolgen. Jede andere Lösung würde den Vorstand in ein Kontrollorgan verwandeln, das dann die Arbeit des Aufsichtsrats doppelt wahrnehmen würde.[826]

VI. Die *companies*

Sind in einer englischen *company* mehrere *directors* bestellt, so wird grundsätzlich als Kollegialorgan gehandelt.[827] Die Geschäftsführungsbefugnis ist grundsätzlich dem *board* als Ganzem übertragen. Dies wurde erst kürzlich in *Mitchell and Hobbs (UK) Limited v. Mill*[828] bestätigt. In diesem Fall muss der *board* seine Funktionen durch Beschlussfassung auf wirksam einberufenen *board meetings* treffen.[829] Das Verfahren richtet sich nach der Satzung.[830] Damit besteht Gesamtgeschäftsführungsbefugnis des *board of directors*.

Soweit der *board of directors* durch die Satzung hierzu ermächtigt ist, aber auch nur dann[831], kann er seine Befugnisse auf ein Geschäftsführungskomitee übertragen.[832] Dieses Komitee kann auch bloß aus einem Mitglied bestehen.[833] Die Satzungen sehen dann üblicherweise auch die Handlungsweise dieses Komitees vor. Tun sie dies nicht, so muss das gesamte Komitee anwesend sein und entscheidet mit einfacher Mehrheit.[834] Weiterhin kann der *board* seine Befugnisse auf einzelne Mitglieder übertragen und ihnen dadurch Einzelgeschäftsführungsbefugnis einräumen.[835] So werden gewöhnlich

---

[823] Oppetit/Sayag, S. 239 Rn. 246.
[824] Art. 99 Satz 1 *décret 67-236*.
[825] Art. 99 Satz 2 *décret 67-236*.
[826] Guyon, Droit des affaires, S. 372 Rn. 354.
[827] *Re Haycraft Gold Reduction and Mining Co.* [1900] 2 Ch. 230, 235; Palmer/Davies, S. 909 61-01.
[828] [1996] 2 BCLC 102, 108.
[829] Barc/Kitts, D2016.
[830] Art. 77, 78 Table A; Palmer/Davies, S. 909, 61-02.
[831] *Boschoek Proprietary Co. v. Fuke* [1906] 1 Ch 148 at p. 159; *Nelson v James Nelson & Sons* [1914] 2 KB 770 at p. 779 CA.
[832] Siehe Art. 72 *Table A*.
[833] *Re Fireproof Doors* [1916] 2 Ch 142, 149; Palmer/Davies, S. 914, 61-06.
[834] Palmer/Davies, S. 914, 61-06.
[835] Art. 70, 72, 74 *Table A*.

ein oder mehrere Mitglieder des *board of directors* zu *managing directors* bestellt, denen dann die tägliche Geschäftsführung obliegt. Außerdem kann einzelnen Mitgliedern die alleinige Zuständigkeit für bestimmte Geschäftsbereiche übertragen werden (sog. *executive directors*). Die Befugnisse der so ermächtigten *directors* richtet sich bezüglich Inhalt und Grenzen nach der Ermächtigung durch den *board of directors*.[836] Die Ermächtigung kann von Bedingungen abhängig gemacht werden, die Befugnisse des *managing director* können neben oder unter Ausschluss der Befugnisse des *board* bestehen.[837] Die *managing directors* haben aber jedenfalls Einzelgeschäftsführungsbefugnis für den gesamten Geschäftsbereich des Unternehmens.[838]

C. Vergleich

Die gesetzlichen Regelungen zum persönlichen Umfang der Geschäftsführungsbefugnis sind bei allen Gesellschaften abdingbar. Der persönliche Umfang der Geschäftsführungsbefugnis kann somit durch den Gesellschaftsvertrag frei gestaltet werden. In allen untersuchten Gesellschaftsformen wird die gesetzliche Regelung damit als Auffangregel verstanden. Damit ergibt sich das folgende gemeinsame Prinzip:

Die Festlegung des persönlichen Umfangs der Geschäftsführungsbefugnis ist dem Gesellschaftsvertrag überlassen.

Bei der gesetzlichen Regelung der Geschäftsführung in den Kapitalgesellschaften überwiegt das Interesse der gegenseitigen Kontrolle der Geschäftsführer weitgehend das Interesse an der Flexibilität im Geschäftsleben. So ist im Falle der Mehrheit von Geschäftsführern in den offenen Gesellschaften in allen drei Rechtsordnungen Gesamtgeschäftsführung vorgesehen. Das gleiche gilt für die deutsche GmbH sowie die englische *private company*. Abweichend hiervon sieht die SARL Einzelgeschäftsführung vor. Den übrigen Geschäftsführern steht jedoch ein Widerspruchsrecht gegen Geschäftsführungsmaßnahmen zu, mit denen sie nicht einverstanden sind. Auch hier kann aber abweichend Gesamtgeschäftsführung vereinbart werden. Eine Sonderregelung besteht für den Generaldirektor der monistischen SA. Eine Kontrolle findet nur durch seine Abberufung statt. Eine gesetzliche Gesamtgeschäftsführung ohne vertragliche Gestaltungsmöglichkeit wurde jedoch in keiner der untersuchten Gesellschaftsformen gewählt. Eine solche Regelung

---

[836] Art. 84 *Table A*.
[837] Barc/Kitts, D2018.
[838] Behrens, S. 864.

wäre zu unflexibel und würde die Funktionsfähigkeit der Gesellschaft stark einschränken. Es gilt das folgende Prinzip:

In Kapitalgesellschaften sind die Geschäftsführer nach der gesetzlichen Auffangregel grundsätzlich nur gemeinschaftlich zur Geschäftsführung befugt (Gesamtgeschäftsführung).

Bei den Personengesellschaften überwiegt die Einzelgeschäftsführung als gesetzliche Regel. So ist in den deutschen Personenhandelsgesellschaft, der SC und den französischen Personenhandelsgesellschaften Einzelgeschäftsführung vorgesehen. Die übrigen Geschäftsführer haben aber ein Widerspruchsrecht, wenn sie mit Geschäftsführungsmaßnahmen nicht einverstanden sind. Lediglich in der *partnership* und der GbR ist als gesetzliche Regel Gesamtgeschäftsführung festgelegt. Ein gemeinsames Prinzip lässt sich hier demnach nicht finden. Für sämtliche Gesellschaften gilt jedoch folgendes Prinzip:

Besteht nach den gesetzlichen Auffangregeln Einzelgeschäftsführungsbefugnis, so steht den übrigen Geschäftsführern ein Widerspruchsrecht zu.

In den Kapitalgesellschaften kann weiterhin eine Aufteilung der Geschäftsführer in Ressorts erfolgen. Zulässig ist die Gründung von Geschäftsführungskomitees, die dann in ihrem Ressort die Geschäftsführungsaufgaben wahrnehmen. In der monistischen SA hat das *comité de direction* aber nur beratende Funktion. Die vom Gesetz ausdrücklich dem Gesamtgeschäftsführungsorgan zugewiesenen Aufgaben können jedoch nicht auf einzelne Geschäftsführer übertragen werden, hier muss das Geschäftsführungsorgan in seiner Gesamtheit entscheiden. Es gilt somit folgendes gemeinsames Prinzip:

In Kapitalgesellschaften können Geschäftsführungsaufgaben auf verschiedene Ressorts verteilt werden. Die ausdrücklich dem Geschäftsführungsorgan zugewiesenen Aufgaben sind jedoch vom Geschäftsführungsorgan als ganzem auszuführen.

§ 2. Sachlicher Umfang der Geschäftsführungsbefugnis

Im Folgenden wird auf Inhalt, Umfang und Grenzen der Geschäftsführungsbefugnis eingegangen. Es geht also darum, was die Geschäftsführung beinhaltet, welche Handlungen eine geschäftsführungsbefugte Person vornehmen darf. Hierbei ist zu berücksichtigen, dass die Geschäftsführung in erster Linie der Funktionsfähigkeit der Gesellschaft dient. Daher ist auch erklärlich, dass den Gesellschaftern - wie noch gezeigt wird - bei der Bestimmung des Umfangs der Geschäftsführungsbefugnis ein großer Gestaltungsspielraum zur Verfügung steht. Auch kann daraus abgeleitet werden, dass dem Geschäftsführungsorgan zumindest die laufende Geschäftsführungsbefugnis zustehen muss, weil die Einberufung einer Gesellschafterversammlung für die Vielzahl von Entscheidungen gar nicht möglich und zumindest zu inflexibel wäre. Dennoch besteht auch hier ein Spannungsfeld zwischen dem Schutz der Gesellschafter und der Handlungsfreiheit des Geschäftsführers. Einschränkungen können sich im Wesentlichen aus den Kompetenzen anderer Organe, dem Gesellschaftsgegenstand oder dem Gesellschaftsvertrag ergeben.

A. Begrenzung durch Kompetenzen anderer Organe

Eine Begrenzung der Geschäftsführungsbefugnis der Geschäftsführungsorgane stellen die Befugnisse anderer Organe dar. Für die grundlegende Kompetenzverteilung in den verschiedenen Gesellschaftsformen kann insofern auf die Darstellung der Organisationsstruktur Teil 4 verwiesen werden. Wie wir gesehen haben, kann bei allen Gesellschaftsformen eine Abgrenzung zwischen Gesellschaftergesamtheit und Geschäftsführungsorgan getroffen werden. Bei einigen Gesellschaftsformen bestehen noch weitere Organe. Hier soll auf die Auswirkungen der Kompetenzverteilung auf den Umfang der Geschäftsführungsbefugnis eingegangen werden.

I. Grundlagengeschäfte

Bereits bei der Begriffsbestimmung der Geschäftsführung in Teil 3 § 2 ist deutlich geworden, dass die Gesellschafter für die grundlegenden Geschäfte der Gesellschaft zuständig sind. Die Grundlagengeschäfte sind bereits begrifflich nicht von der Geschäftsführung umfasst und werden als so wichtig angesehen, dass sie von der Gesamtheit der Gesellschafter beschlossen werden müssen.

II. Mitwirkungsrechte anderer Organe

1. Deutsche Gesellschaften

a. Die Personengesellschaften

Bei der oHG regelt § 116 I HBG den Umfang der Geschäftsführungsbefugnis. Danach erstreckt sich die Befugnis auf Handlungen, die der gewöhnliche Betrieb des Handelsgewerbes der Gesellschaft mit sich bringt. Über außergewöhnliche Geschäfte bestimmen gemäß § 116 II HGB alle Gesellschafter durch Beschluss ohne Rücksicht auf ihre Geschäftsführungsbefugnis. Solche Geschäfte darf der Geschäftsführer nur vornehmen, wenn alle Gesellschafter vorher zugestimmt haben. Das Gesetz geht damit grundsätzlich von einem einstimmigen Beschluss aus.[839] Die Abgrenzung ist in erster Linie eine Aufgabe des Gesellschaftsvertrages.[840] Enthält der Vertrag keine Regelung, so ist von den konkreten Verhältnissen der betreffenden Gesellschaft auszugehen und zu prüfen, was in dem Betrieb der Gesellschaft typisch oder üblich ist. Es gilt ein konkreter Abgrenzungsmaßstab.[841] Die Geschäftsführungsbefugnis kann ganz auf die Einzelheiten des Unternehmens abgestellt werden.[842] Maßgebend sind Art, Umfang, Organisation und die bisherige geschäftliche Übung des konkreten Betriebes einerseits, Art, Größe und wirtschaftliche Bedeutung der Maßnahme für diesen Betrieb andererseits.[843] Geschäfte, die der gewöhnliche Betrieb mit sich bringt, werden häufig wiederkehren. Außergewöhnliche Geschäfte liegen immer dann vor, wenn sie nach Inhalt und Zweck über den Rahmen des Unternehmens hinausgehen; d.h. wenn sie wegen ihrer Bedeutung und den mit ihnen verbundenen Risiken Ausnahmecharakter haben.[844] Neben der Beschränkung der Geschäftsführung auf gewöhnliche Geschäfte, enthält das Gesetz in § 116 III S. 1 HGB die weitere Einschränkung, dass die Prokurabestellung grundsätzlich der Zustimmung aller geschäftsführenden Gesellschafter unterliegt, sofern nicht Gefahr im Verzug ist. Der Widerruf wird dagegen erleichtert, jeder geschäftsführende Gesellschafter ist insofern gemäß § 116 III S. 2 HGB allein berechtigt. Beide

---

[839] Ebenroth/Boujong/Joost/Mayen, § 116 Rn. 9.

[840] Heymann/Emmerich, § 116 Rn. 2.

[841] Westermann, Personengesellschaften, Rn. 256; Ebenroth/Boujong/Joost/Mayen, § 116 Rn. 3.

[842] Westermann, Personengesellschaften, Rn. 256; Heymann/Emmerich, § 116 Rn. 3.

[843] Ebenroth/Boujong/Joost/Mayen, § 116 Rn. 3; Glasenapp, S. 13.

[844] RGZ 158, 302 (308); Westermann, Personengesellschaften, Rn. 257; Schlegelberger/Martens, § 116 Rn. 11; Hueck, S. 121 § 10 II 3.

Bestimmungen sind jedoch dispositiv und können durch abweichende Regelungen im Gesellschaftsvertrag ersetzt werden.[845]

Die von der Geschäftsführung ausgeschlossenen Kommanditisten einer deutschen KG können gewöhnlichen Handlungen der geschäftsführenden Gesellschafter nicht widersprechen. Etwas anderes gilt nach § 164 S. 1 HGB, wenn die Handlung über den gewöhnlichen Betrieb des Handelsgewerbes der Gesellschaft hinausgeht. Obwohl § 164 S. 1 HGB den Kommanditisten in solchen Fällen lediglich ein Widerspruchsrecht zu gewähren scheint, besteht seit langem Einigkeit darüber, dass damit in Wahrheit ein mit der Regelung in § 116 Abs. 2 HGB inhaltsgleicher Zustimmungsvorbehalt gemeint ist. [846] Die Abgrenzung erfolgt wie bei der oHG. In diesem Fall ist auch die kapitalmäßige Beteiligung der Kommanditisten tangiert.

Im Gegensatz zu den Personenhandelsgesellschaften hängt in der GbR der Umfang der Geschäftsführungsbefugnis nicht von einer Unterscheidung zwischen gewöhnlichen und außergewöhnlichen Maßnahmen ab: Ein Geschäftsführer ist grundsätzlich auch zu außergewöhnlichen Handlungen berechtigt, sofern sie nicht gesellschaftsfremd oder Grundlagengeschäfte sind.[847] Der Gesellschaftsvertrag kann den Umfang der Geschäftsführungsbefugnis jedoch auf die gewöhnlichen Geschäfte beschränken.[848]

b. Die Gesellschaft mit beschränkter Haftung

Eine Reihe von Entscheidungen behält das GmbH-Gesetz - sofern der Gesellschaftsvertrag (§ 46 I GmbHG) nichts anderes bestimmt - ausdrücklich den Gesellschaftern vor, so z.B. die Abschlussfeststellung (§§ 42a II, 46 Nr. 1 GmbHG), die Ergebnisverwendung (§§ 29 II, 46 I GmbHG), die Bestellung und Abberufung der Geschäftsführer (§ 45 Nr. 5 GmbHG). Auch über die Unternehmenspolitik befinden nach h.M. nicht die Geschäftsführer, sondern die Gesellschafter.[849] Diese Entscheidungszuständigkeit folgt aus der Gesamtschau einzelner Kompetenznormen (§§ 42a II, 29 II, 46 Nr. 5, 7, 49 II

---

[845] Heidelberger Kommentar/Stuhlfelner, § 116 Rn. 8; Ebenroth/Boujong/Joost/Mayen, § 116 Rn. 9; Glasenapp, S. 15.

[846] RGZ 158, 302 (305 ff.); Baumbach/Hopt, § 164 Rn. 2; Klunzinger, S. 107; Ebenroth/Boujong/Joost/Weipert, § 164 Rn. 6; Heidelberger Kommentar/Stuhlfelner ,§ 164 Rn. 1; Barella, DB 1952, 944.

[847] Hk-BGB/Saenger, Vor §§ 709-713 Rn. 5; Erman/Westermann, § 709 Rn. 5, 6.

[848] Hk-BGB/Saenger, Vor §§ 709-713 Rn. 5.

[849] BGH, GmbHR 1991, 197; Scholz/Schneider, § 37 Rn. 10; Lutter/Hommelhoff, § 37 Rn. 8; Beck'sches Handbuch/Axhausen, S. 230 § 5 Rn. 134; grundlegend Hommelhoff, ZGR 1978, 119 (124); Vollmer, ZGR 1979, 135 (147 ff.); Roth/Altmeppen, § 37 Rn. 18, 19; a.A. Baumbach/Hueck/Zöllner, § 37 Rn. 6 g; Rowedder/Koppensteiner, § 37 Rn. 8.

GmbHG).[850] Gleichfalls entscheiden die Gesellschafter und nicht die Geschäftsführer wegen der Einberufungspflicht aus § 49 II GmbHG über außergewöhnliche Maßnahmen.[851] Danach sind die Geschäftsführer verpflichtet eine außerordentliche Versammlung einzuberufen, wenn dies im Interesse der Gesellschaft erforderlich erscheint, insbesondere, wenn die Hälfte des Stammkapitals verloren ist.[852] Eine Einberufungspflicht nach Abs. 2 kommt vor allem bei außergewöhnlichen Geschäftsvorfällen und strukturändernden Maßnahmen in Betracht, ferner bei umstrittenen Geschäften, bei denen die Zustimmung der Gesellschafter zweifelhaft ist.[853] Außergewöhnliche Maßnahmen sind weiterhin solche, die außerhalb des statutarischen Unternehmensgegenstandes oder die im Widerspruch zur festgelegten Unternehmenspolitik stehen sowie Maßnahmen, die wegen ihrer Bedeutung oder ihres unternehmerischen Risikos Ausnahmecharakter haben.[854]

Ist ein fakultativer oder obligatorischer Aufsichtsrat bestellt, so kommt § 111 IV AktG zur Anwendung. Danach können bestimmte Arten von Geschäften an seine Zustimmung gebunden werden.[855]

c. *Die Aktiengesellschaft*

In der deutschen Aktiengesellschaft hat die Hauptversammlung in Fragen der Geschäftsführung grundsätzlich keine Zuständigkeit. Der Hauptversammlung stehen Entscheidungen in Geschäftsführungsangelegenheiten nur zu, wenn der Vorstand es wünscht.[856] Ferner sieht das Gesetz für besonders tief greifende Geschäftsführungsmaßnahmen Mitwirkungsrechte seitens der Hauptversammlung vor. So ist z.B. nach § 52 I AktG bei der Nachgründung, nach § 179 a I und II AktG für die Übertragung des ganzen Vermögens, gemäß § 293 I AktG für den Abschluss eines Unternehmensvertrags sowie gemäß § 13 I UmwG für die Verschmelzung zwingend die Zustimmung der Hauptversammlung vorgesehen. Auch bei der Ausgabe von Wandelschuldverschreibungen, Gewinnobligationen und Genussscheinen (§ 211 AktG), ist der Vorstand im Innenverhältnis an die Zustimmung der Hauptversammlung gebun-

---

[850] Lutter/Hommelhoff, § 37 Rn. 8.

[851] BGH, NJW 1973, 1039; BGH, NJW 1984, 1461 (1462); Rowedder/Koppensteiner, § 37 Rn. 10 f; Roth/Altmeppen, § 37 Rn. 18, 19; Scholz/Schneider, § 37 Rn. 12 ff;
Lutter/Hommelhoff, § 37 Rn. 10; Hommelhoff, ZGR 1978, 119 (126); a.A. Baumbach/Hueck/Zöllner, § 37 Rn. 6a. Hachenburg/Mertens, § 37 Rn. 10 differenziert zwischen außergewöhnlichen und ungewöhnlichen Geschäften.

[852] § 49 II, III GmbHG.

[853] BGH, NJW 1984, 1461 (1462).

[854] BGH, GmbHR 1991, 197; Scholz/Schneider, § 37 Rn. 13 ff; Lutter/Hommelhoff, § 37 Rn. 11.

[855] Baumbach/Hueck/Zöllner, § 37 Rn. 15; a.A. Boden, S. 17.

[856] §§ 119 II, 111 IV S. 3 AktG.

den. Ferner ist der Vorstand nach Auffassung der Rechtsprechung bei schwerwiegenden Maßnahmen, die erhebliche Eingriffe in die Rechte und Interessen der Aktionäre bedeuten, verpflichtet, die Hauptversammlung zu befragen.[857] Das von § 119 II AktG vorausgesetzte Ermessen des Vorstands schlage in die Pflicht zur Vorlage an die Hauptversammlung um, wenn der Vorstand „vernünftigerweise nicht annehmen kann, er dürfe die Entscheidung in ausschließlich eigener Verantwortung treffen, ohne die Hauptversammlung zu beteiligen".[858] Beschlüsse der Hauptversammlung muss der Vorstand nach Maßgabe des § 83 AktG ausführen. Weitere satzungsmäßige Zustimmungsvorbehalte dürfen wegen § 23 V AktG nicht vereinbart werden.[859]

In einigen Fällen überträgt das Gesetz dem Aufsichtsrat eigene Geschäftsführungsbefugnisse. Als die wichtigsten sind der Erlass der Geschäftsordnung für den Vorstand gemäß § 77 II AktG, die Regelung der Vertretungsmacht des Vorstands, soweit die Satzung den Aufsichtsrat dazu ermächtigt (§ 78 III AktG), die Vertretung der Gesellschaft gegenüber dem Vorstand (§ 112 AktG), sowie die Mitwirkung bei der Ausgabe neuer Aktien aufgrund eines genehmigten Kapitals (§§ 202 III, 204 I AktG) zu nennen. § 89 AktG macht Kredite der AG an Vorstandsmitglieder von der Beschlussfassung des Aufsichtsrats abhängig.[860] Im übrigen sieht § 111 IV Satz 2 AktG für die deutsche AG vor, dass bestimmte Arten von Geschäften nur mit Zustimmung des Aufsichtsrats vorgenommen werden dürfen, wenn die Satzung oder der Aufsichtsrat selbst dies so bestimmt.

2. *Französische Gesellschaften*

a. *Die Personengesellschaften und die SARL*

Für die Personengesellschaften ist gesetzlich vorgesehen, dass die Gesellschafter alle Entscheidungen, die über die Befugnisse der Geschäftsführer hinausgehen, einstimmig treffen.[861] Auch in der SARL sind diese Befugnisse

---

[857] Holzmüller-Entscheidung, BGHZ 83, 122 (131).

[858] BGHZ 83, 122 (131); OLG München, AG 1995, 232 (233); LG Köln, AG 1992, 238 (239); LG Hamburg, AG 1997, 238. Zustimmend: Hüffer, AktG, § 119 Rn. 18; Geßler, FS Stimpel, S. 771; Lutter, ebda., S. 825 (843 ff.); ablehnend Götz, AG 1984, 85 (94), Mülbert, S. 368 ff.

[859] Großkommentar/Meyer-Landrut, § 76 Anm. 7.

[860] Wegen § 112 AktG geht es nicht vorrangig um Insichgeschäfte des Vorstands. Das Gesetz will vielmehr Mißbräuchen entgegentreten (Hüffer, AktG, § 89 Rn. 1).

[861] Art. 1852 CC, Art. L 221-6 CCom. In der SCS ist zum Teil Einstimmigkeit, zum Teil Entscheidung durch alle Komplementäre und die Mehrheit der Kommanditisten vorgesehen (siehe Art. L. 222-9 (1), (2), 222-11, 222-8 CCom).

der Gesellschafterversammlung vorbehalten.[862] Hierzu zählt z.B. die Übertragung von Gesellschaftsanteilen.[863] Einer satzungsändernden Mehrheit der Gesellschafter bedarf es bei Handelsgesellschaften ferner bei Fusionen und Spaltungen bzw. einer Globalzession der Gesellschaftsaktiva oder deren Übertragung auf eine andere Gesellschaft.[864] Anders als bei den *sociétés anonymes* sind für die Personengesellschaften und die SARL keine Zustimmungsvorbehalte im Gesetz vorgesehen.[865] Insbesondere ist die Entscheidung über außergewöhnliche Geschäfte nicht von einer Zustimmung aller Gesellschafter abhängig. Zustimmungsvorbehalte können in den Statuten festgelegt werden. So können besonders schwerwiegende Geschäfte, wie z.B. die Darlehensaufnahme oder die Einräumung einer Hypothek, von der vorherigen Zustimmung aller Gesellschafter abhängig gemacht werden.[866] So z.B. auch bei Vereinbarungen, die eine bestimmte Summe übersteigen, bei einschneidenden Kapitalaufnahmen, bei der Verlegung des Gesellschaftssitzes, bei der Beteiligung an einer anderen Gesellschaft oder bei der Umwandlung der Gesellschaft.[867]

b. Die société anonyme

Auch in den *sociétés anonymes* sind die Befugnisse von Verwaltungsrat, Generaldirektor sowie Vorstand durch die Befugnisse anderer Organe beschränkt. So sind die Befugnisse dieser drei Geschäftsführungsorgane zunächst durch die Kompetenzen der Hauptversammlung begrenzt. Die Befugnisse des Vorstands sind weiterhin durch die Befugnisse des Aufsichtsrats eingeschränkt. Der Generaldirektor ist in seinen Befugnissen zudem durch die Kompetenzen des Verwaltungsrats beschränkt.

Die Regelungen über die Hauptversammlung sind für beide Typen der SA weitgehend die gleichen.[868] So beschließt die ordentliche Hauptversammlung unter anderem über die Ausgabe von Obligationen und die Schaffung von ihnen zuzuteilenden besonderen Sicherheiten (*constitution des suretès*

---

[862] Zur Gesellschafterversammlung bei der SARL siehe Venandet, J.-Cl. S. 4, Fasc. 75-10, insb. S. 22 ff.

[863] Art. 1861 CC, Art. L. 221-13, 222-8, 223-14, 223-15 CCom.

[864] Art. L. 236-2, 237-8 CCom.

[865] Cozian/Viandier/Deboissy, S. 514 Rn. 1313.

[866] Merle, S. 198 Rn. 195; Dereu, J.-Cl. S. 3, Fasc. 55-20, S. 12 Nr. 91; Ripert/Roblot, S. 138 Rn. 1195.

[867] Bézard/Letulle, J.-Cl. S. 3, Fasc. 48-40, S. 2 Nr. 6; Juglart/Ippolito, S. 278 Rn. 210.

[868] Für einen detaillierten Überblick über die Befugnisse der Hauptversammlung siehe Mansuy, J.-Cl. S. 5, Fasc. 136-40; Bastian/Germain, Jura Europae, 30.10, S. 49-55 Nr. 100-119; Cathelineau, J.-Cl. S. 5, Fasc. 140-20.

particulières à leur conférer).[869] Der außerordentlichen Hauptversammlung bleibt es dagegen überlassen, über Fusionen und Spaltungen[870] sowie eine Globalzession der Gesellschaftsaktiva oder deren Übertragung auf eine andere Gesellschaft zu beschließen.[871] Die außerordentliche Hauptversammlung ist ferner für die Ausgabe von Wandelobligationen, Genusscheinen und zusammengesetzten Wertpapieren zuständig.[872] Ferner entscheidet die ordentliche Hauptversammlung über Streitigkeiten zwischen Vorstand und Aufsichtsrat.[873] Schließlich können bestimmte Handlungen von der Zustimmung der Aktionärsversammlung abhängig gemacht werden.[874] Solche Bestimmungen sind wirksam, solange sie den Geschäftsführungsorganen nicht die zwingend vom Gesetz zugesprochenen Befugnisse nehmen.[875]

In der dualistischen SA sieht das Gesetz weiterhin eine Reihe von zustimmungspflichtigen Geschäften vor, z.B. bei Grundstücksverkauf, Abtretung von Beteiligungen, Leistung einer Sicherheit, Einräumung von Sicherheitsleistungen, Bürgschaften und Wechseln.[876] Zustimmen muss der Aufsichtsrat. Auch die Statuten können die Befugnisse des Vorstands einschränken, indem sie für aufgezählte Handlungen die vorherige Zustimmung durch den Aufsichtsrat vorschreiben.[877] Diese Regelung ist vom deutschen § 111 AktG inspiriert. Die Regelung, dass der Aufsichtsrat selbst bestimmen kann, für welche Handlungen seine Zustimmung notwendig ist, wurde hingegen nicht ins französische Gesetz übernommen.[878]

Auch die Geschäftsführungsbefugnis des Generaldirektors erstreckt sich indessen nicht auf Handlungen, die als besonders gefährlich angesehen werden. Hierzu zählen Wechsel, Bürgschaften und Sicherheitsleistungen der Gesellschaft zu Gunsten Dritter.[879] Für diese Geschäfte ist gemäß Art. L. 225-35 (4) CCom die Zustimmung des Verwaltungsrats notwendig. Die Statuten können vorsehen, dass weitere Handlungen des Generaldirektors von der Zustimmung des Verwaltungsrats abhängig gemacht werden.[880] Zu beachten ist weiter, dass Art. L. 225-35 (1) CCom heute ganz klar bestimmt, dass der Verwaltungsrat die Richtung der Aktivitäten der Gesellschaft festlegt und

---

[869] Art. L. 225-100 (5) CCom.
[870] Art. L. 236-1, 236-2, 236-9 CCom.
[871] Art. L. 237-8 CCom.
[872] Art. L. 225-161, 225-169, 228-30, 228-92 CCom.
[873] Art. 100 *décret 67-236*.
[874] Mansuy, J.-Cl. S. 5, Fasc. 136-40, S. 19 Nr. 68; Caussain, J.-Cl. S. 4, Fasc. 133-50, S. 24 Nr. 124; Bureau, J.-Cl. S. 4, Fasc. 131-10 S. 10 Nr. 53.
[875] Bureau, J.-Cl. S. 4, Fasc. 131-10 S. 10 Nr. 53; Guyon, Droit des affaires, S. 354 Rn. 339.
[876] Art. L. 225-68 (2) CCom.
[877] Art. L. 225-68 (2) CCom.
[878] Caussain, J.-Cl. S. 4, Fasc. 133-60, S. 28 Nr. 157.
[879] Guyon, Droit des affaires, S. 359 Rn. 344; Lemeunier, S. 131.
[880] Bézard, S. 91 Rn. 348; Delebecque, Rép. Sociétés Dalloz, Conseil, S. 15 Nr. 156.

ihre Umsetzung überwacht. Der Verwaltungsrat ist also für die Festlegung der Leitlinien der Unternehmenspolitik zuständig. Während der Generaldirektor bzw. Präsident nicht in die Befugnisse des Verwaltungsrats eingreifen darf, muss der Verwaltungsrat die Befugnisse von Präsident und Generaldirektor respektieren.[881]

3. Englische Gesellschaften

a. Die partnerships

In den englischen *partnerships* ist eine Unterteilung von gewöhnlichen, außergewöhnlichen und Grundlagengeschäften zu finden. Während bei ersteren eine Mehrheitsentscheidung ausreicht, muss bei den letzteren eine einstimmige Entscheidung erfolgen. Die Unterscheidung in sec. 24 (8) PA 1890 sowie sec. 6 (5) (a) LPA 1907 zwischen „*ordinary matters*" und solchen, die eine Änderung in der Natur des von der *partnership* betriebenen Unternehmens betreffen, ist eine recht grobe Unterscheidung. Während erstere jedenfalls zum „*management*" zählen, tun letztere dies nicht mehr und bedürfen eines einstimmigen Beschlusses aller *partners.*[882] Dazwischen liegt eine beträchtliche Grauzone, die nicht gesetzlich geregelt ist.[883] In der Literatur wird jedoch vertreten, dass auch andere Angelegenheiten, die nicht unter die Beschreibung „*ordinary matters connected with the partnership business*" fallen, der Zustimmung aller *partners* bedürfen.[884] Hierunter fallen insbesondere Regelungen des Gesellschaftsvertrags, die die Proportionen, in denen die *partners* die Gewinne, Verluste und Kapital verteilen, betreffen und die Dauer der *partnership.*[885] Somit bedürfen alle grundlegenden Änderungen im Unternehmen der *partnership* der einstimmigen Entscheidung aller *partners.*[886] Die Unterscheidung muss jedoch einzelfallbezogen vorgenommen werden.[887] Zu den gewöhnlichen Geschäften zählen die „*day-to-day decisions*".[888]

---

[881] Bureau, J.-Cl. S. 4, Fasc. 131-10 S. 10 Nr. 52; Merle, S. 436 Rn. 404.
[882] Lindley & Banks, S. 872, 31-04 Fn. 14.
[883] Lindley & Banks, S. 872, 31-04 Fn. 14.
[884] Blackett-Ord, S. 177, 11.6; Prime & Scanlan, Partnership, S. 169; Thole, S. 97.
[885] Blackett-Ord, S. 177, 11.6.
[886] Prime & Scanlan, Partnership, S. 169.
[887] Prime & Scanlan, Partnership, S. 169; Burgess/Morse, § 133.
[888] Prime & Scanlan, Partnership, S. 169.

b. Die companies

Außer in den Fällen, in denen der CA 1985 Befugnisse ausdrücklich den Gesellschaftern zuweist, nimmt die Gesellschaftssatzung bei den englischen *companies* die Verteilung der Befugnisse auf die Organe der Gesellschaft vor.[889] Zu den zwingenden gesetzlichen Befugnissen der Gesellschafterversammlung zählen z.B. Neuregistrierung als *public* oder *private company* (*re-registration*, sec. 43, 53 CA 1985), die Veränderung (*alteration of share capital*, sec. 121 (4) CA 1985) oder Reduzierung des Gesellschaftskapitals (*reduction of share capital*, sec. 135, 139 CA 1985). Diese Befugnisse können nicht durch die Satzung abgeändert werden und sind daher nicht auf die *directors* übertragbar. Daneben kommt der Gesellschafterversammlung eine generelle Ermächtigung für die anderen Bereiche zu.[890] Alle Befugnisse, welche nicht durch die Satzung den *directors* übertragen worden sind, können durch die Gesellschafter in der Gesellschafterversammlung ausgeübt werden. Weder der CA 1985 noch *Table A* enthält spezielle Mitwirkungsrechte der Gesellschafter an der Geschäftsführung. Der *board of directors* kann jedoch, wenn er dies wünscht, jede Angelegenheit an die Gesellschafterversammlung verweisen, entweder um eine Genehmigung für durchgeführte Handlungen zu erhalten oder um die Gesellschafterversammlung zu ermächtigen, über die Durchführung einer Handlung zu entscheiden.[891]

Die Befugnisse eines *managing director* ergeben sich nach Maßgabe der Satzung aus seinem Vertrag mit der company.[892] Ein *managing director* hat folglich nur die Befugnisse, die der *board* ihm zuweist.[893] Demzufolge sind seine Befugnisse nicht nur durch die vom Gesetz zwingend den Gesellschaftern zugewiesenen Kompetenzen begrenzt, sondern zugleich durch die Kompetenzen, die sich der *board* vorbehält.

III. Vergleich

Die Kompetenzen der Geschäftsführer sind in allen untersuchten Gesellschaftsformen durch die Befugnisse anderer Organe begrenzt. Einschränkungen können mithin insbesondere durch die Kompetenzen der Gesellschafterversammlungen eintreten. Bereits aus der Definition der Geschäftsführung

---

[889] *Re Patent File Co.* (1870) L.R. 6 Ch. 83, 88; Palmer/Davies, S. 939, 63-08; Sullivan 93 LQR 569 (570); Farrar, S. 363.

[890] Hartlieb, S. 195.

[891] Gower, S. 188.

[892] Palmer/Davies, S. 915, 61-07.

[893] *Harold Holdsworth & Co. (Wakefield) Ltd. v. Caddies* [1955] 1 W.L.R. 352; Palmer/Davies, S. 915, 61-07.

ergibt sich, dass die Grundlagengeschäfte nicht zur Geschäftsführung zählen und daher von der Gesellschaftergesamtheit zu entscheiden sind. Neben der Kompetenz für Grundlagengeschäfte steht den Gesellschaftern meist auch die Kompetenz für andere gewichtige Entscheidungen zu. Bei den juristischen Personen, also den Kapitalgesellschaften und den französischen Personengesellschaften, ergibt sich dies aus der gesetzlichen Kompetenzzuweisung. Es bestehen einzeln aufgeführte ausdrückliche gesetzliche Mitwirkungsrechte der Gesellschafter an der Geschäftsführung. In den deutschen Personenhandelsgesellschaften und den englischen partnerships folgt dies aus der Abgrenzung von gewöhnlichen und außergewöhnlichen Geschäften. Hier ist für die außergewöhnlichen Geschäfte ebenfalls die Gesellschaftergesamtheit zuständig. Auch in der GmbH sind außergewöhnliche Geschäfte grundsätzlich von der Gesellschaftergesamtheit zu entscheiden. Die Abgrenzung zwischen gewöhnlichen und außergewöhnlichen Geschäften erfolgt dabei einzelfallbezogen. Außergewöhnliche Geschäfte fallen in der Regel nicht unter die tägliche Geschäftsführung. Lediglich in der GbR findet keine Unterscheidung von bedeutenden und weniger bedeutenden Geschäften statt. Dies ist jedoch darauf zurückzuführen, dass hier nach der gesetzlichen Regelung Gesamtgeschäftsführung und das Einstimmigkeitsprinzip gelten, so dass sowieso alle Gesellschafter an der Entscheidung beteiligt sind.

In den offenen Kapitalgesellschaften mit dualistischer Struktur, sind die Befugnisse des Vorstands zudem durch die Kompetenzen des Aufsichtsrats begrenzt. Dabei gehen die Befugnisse des deutschen Aufsichtsrats jedoch erheblich weiter als die des französischen Aufsichtsrats, da der deutsche Aufsichtsrat die Gesellschaft gegenüber den Vorstandsmitgliedern vertritt.

In offenen Kapitalgesellschaften mit monistischer Struktur werden die Befugnisse der Geschäftsführer, also des Generaldirektors bzw. des *managing director*, ferner durch die Kompetenzen des Verwaltungsrats bzw. des *board* beschränkt. Diese sind insbesondere für die Unternehmenspolitik zuständig.

Aufgrund der Vielgestaltigkeit der gefundenen Regelungen, lässt sich lediglich das folgende gemeinsame Prinzip bilden:

Die Geschäftsführungsbefugnis ist durch die Kompetenzen anderer Organe beschränkt. Eine solche Beschränkung liegt in der Regel bei grundlegenden Geschäftsführungsmaßnahmen vor.

B. Beschränkungen durch den Gesellschaftsgegenstand

Bei der Beurteilung des Umfangs der Geschäftsführungsbefugnis spielt weiterhin der Gesellschaftsgegenstand eine besondere Rolle. Zum Schutz der

Gesellschafter ist die Geschäftsführungsbefugnis grundsätzlich auf Handlungen begrenzt, die den Gegenstand der Gesellschaft betreffen. Dabei fragt sich zunächst, was unter Gesellschaftsgegenstand zu verstehen ist.

I. Definition des Gesellschaftsgegenstands

Das Reichsgericht und das ältere Schrifttum gingen ursprünglich von der Identität von Gegenstand und Zweck der Gesellschaft aus.[894] Heute hat sich dagegen allgemein die Ansicht durchgesetzt, dass Gegenstand und Zweck vom Gesetz nicht synonym gebraucht werden und rechtlich mithin nicht identisch sind.[895] Diese Unterscheidung hat vor allem Konsequenzen hinsichtlich der für eine Änderung erforderlichen Abstimmungsmehrheit.[896] Bei der Unterscheidung von Gegenstand und Zweck handelt es sich nicht um eine Besonderheit des deutschen Rechts. So unterscheidet Art. 9 des europäischen Übereinkommens über die gegenseitige Anerkennung von Gesellschaften[897] ebenso zwischen dem Gegenstand und dem Zweck einer Gesellschaft wie Art. 3 Abs. 1 und Art. 5 Lit. c der EG-Verordnung über die Europäische Wirtschaftliche Interessenvereinigung.[898] Auch der französische[899] und der englische Gesetzgeber haben diese Unterscheidung getroffen.

Der Zweck dient der allgemeinen Beschreibung der einzelnen Gesellschaftsformen. Er ist im Gesetz, wenn auch nicht immer definiert, so doch zumindest erwähnt. Während in der deutschen GbR lediglich ein bestimmter gemeinsamer Zweck (§ 705 BGB) verfolgt werden muss, muss das Geschäft einer oHG oder einer KG auf den Betrieb eines Handelsgewerbes gerichtet sein (§§ 105 I, 161 I HGB). In Frankreich setzt die *société* nach Art. 1832 CC zwingend die Erzielung von Gewinn und Ersparnissen voraus (*spécialité légale*).[900] Auch in den englischen *partnerships* muss der gemeinsame Betrieb der Erzielung von Gewinn dienen.[901] GmbHs und englische *companies* können hingegen zu jedem zulässigen Zweck (*lawful purpose*) errichtet wer-

[894] RG, DR 1939, 720 (721); Brodmann, Aktienrecht, § 182 Anm. 10 a; ders., GmbHG, § 3 Anm. 4a, Ring/Schachian, S. 35.

[895] Hachenburg/Ulmer, § 1 Rn. 5; Kölner Kommentar/Zöllner, § 179 Rn. 18. Strittig ist hingegen das Verhältnis beider Konzepte zueinander (siehe hierzu ausführlich Tieves, S. 17 ff.).

[896] Tieves, S. 21 f.; Scholz/Emmerich, § 1 Rn. 2a.

[897] Übereinkommen vom 29. Februar 1968 über die gegenseitige Anerkennung von Gesellschaften und juristischen Personen. Diese Vorgabe des Übereinkommens ist allerdings nicht zwingend.

[898] Verordnung vom 25. Juli 1985 über die Schaffung einer Europäischen wirtschaftlichen Interessenvereinigung (85/2137/EWG). Der Begriff des Zwecks gemäß Art. 3 Abs. 1 wird in der französischen Fassung mit „*le but*“ und in der englischen Fassung mit „*purpose*“, der Begriff des Gegenstandes gemäß Art. 5 lit. c mit „*l'objet*“ bzw. mit „*objects*“ übersetzt.

[899] Cozian/Viandier/Deboissy, S. 48, Rn. 119; Merle, S. 67 Rn. 52.

[900] Micha-Goudet, J.-Cl. S. 1, Fasc. 9-10, S. 6 Nr. 19 ff.

[901] Sec. 1 (1) PA 1890 (i.V.m. sec. 7 LPA 1907).

den.[902] Diese Einschränkung auf einen zulässigen Zweck (objet licite)[903] wird auch in Frankreich von Art. 1833 CC für alle Gesellschaftsformen getroffen. Lediglich das AktG spricht nicht vom Gesellschaftszweck der AG. Hier steht die Entscheidung, ob das Unternehmen eine erwerbswirtschaftliche Zielsetzung verfolgt oder nicht, der Satzung zu.[904]

Der Gegenstand des Unternehmens wird im Unterschied zum Zweck immer in der Gesellschaftssatzung festgelegt und soll die konkrete Tätigkeit der Gesellschaft genauer spezifizieren.[905] Der Gesellschaftsgegenstand ist also für jede Gesellschaft individuell. Daraus resultieren auch die Gefahren für den Rechtsverkehr. Die 2. Gesellschaftsrechtliche Richtlinie verlangt deshalb auch für Aktiengesellschaften die Festsetzung des Gesellschaftsgegenstands in der Satzung.[906] Dies haben die nationalen Rechtsordnungen zum Teil auch für andere Gesellschaftsformen umgesetzt. So muss der Gesellschaftsgegenstand bei der GmbH nach § 3 I Nr. 2 GmbHG, bei der AG nach § 23 II Nr. 2 AktG und bei den französischen *sociétés* nach Art. 1835 CC, Art. L. 210-2 CCom sowie bei den englischen *companies* nach sec. 2 (1) (c) CA 1985 im Gesellschaftsvertrag angegeben werden. Für die englischen *partnerships* und die deutschen Personengesellschaften ist eine solche Regelung im Gesetz nicht zu finden.

II. Bedeutung für den Umfang der Geschäftsführungsbefugnis

1. Die deutschen Personengesellschaften

Der sachliche Umfang der Geschäftsführungsbefugnis richtet sich bei der deutschen GbR, der oHG und der KG zunächst nach dem Gesellschaftszweck.[907] Anders als bei den Kapitalgesellschaften ist die Tätigkeit der Personengesellschaften nicht zwingend auf einen bestimmten Unternehmensge-

---

[902] § 1 GmbHG, sec. 1 (1) CA 1985.

[903] *Objet licite* ist hier nicht als Gegenstand der Gesellschaft, sondern als deren Zweck zu verstehen (Paris, 21 nov. 1951: S. 1952.2.105, concl. Gégout).

[904] Kölner Kommentar/Mertens, § 82 Rn. 12.

[905] BGH, BB 1981, 450; OLG Frankfurt am Main, NJW-RR 1987, 287; Kölner Kommentar/Kraft, § 23 Rn. 43; Jauffret/Mestre, S. 159 Rn. 217; Lefebvre, S. 46 Rn. 90; Juglart/Ippolito, S. 52 Rn. 36; Wilkinson, S. 43; Barc/Parkinson, U3002. Siehe hierzu auch Tieves, S. 12.

[906] Art. 2 b der 2. Gesellschaftsrechtlichen Richtlinie 77/91/EEC des Rates vom 13.12.1976 zur Koordinierung der Schutzbestimmungen, die in den Mitgliedstaaten den Gesellschaften im Sinne des Artikels 58 II des Vertrages im Interesse der Gesellschafter sowie Dritter für die Gründung der Aktiengesellschaft sowie für die Erhaltung und Änderung ihres Kapitals vorgeschrieben sind, um diese Bestimmungen gleichwertig zu gestalten, ABl.EG Nr. L 026 v. 31.1.1977, S. 1 ff.

[907] Palandt/Sprau, Vorb. v. § 709 Rn. 1; Ulmer, GbR, § 709 Rn. 23; Roth, Gesellschaftsrecht, S. 138 Rn. 256.

genstand festgelegt.[908] In der Praxis begrenzen die Gesellschafter jedoch üblicherweise die Geschäftsführungsbefugnis auf den Gesellschaftsgegenstand. Nur so greifen die in Teil 10 § 3 näher dargestellten Sanktionen bei Überschreitung der Befugnisse ein.

2. *Die deutschen Kapitalgesellschaften*

Als Hauptfall einer satzungsmäßigen Beschränkung der Geschäftsführungsbefugnis ist bei der AG der Gegenstand des Unternehmens zu nennen.[909] Auch bei der GmbH beschränkt der Gesellschaftsgegenstand die Geschäftsführungsbefugnisse auf den von den Gesellschaftern definierten Tätigkeitsbereich der Gesellschaft.[910] Die Angabe bezweckt, die Grenze der Geschäftsführungsbefugnis des Vorstands zu bestimmen und außenstehende Dritte über den Tätigkeitsbereich der AG zu informieren.[911] Deshalb muss der Gegenstand auch derart individualisiert sein, dass der Schwerpunkt der Geschäftstätigkeit für außenstehende Dritte erkennbar wird.[912] Aktivitäten in Randbereichen wie etwa Hilfsgeschäfte werden dadurch nicht ausgeschlossen.[913] Leerformeln reichen nicht.[914] Weitreichende Formulierungen sind nur zulässig, wenn eine weitere Präzisierung nicht möglich ist.[915] Unbedenklich sind jedoch Zusätze wie „und verwandte Geschäfte“ oder „einschließlich des Erwerbs von Beteiligungen und der Gründung von Zweigniederlassungen“ soweit sie den Hauptgegenstand konkretisieren.[916] Problematisch sind bei der AG hingegen konkretisierende Satzungsbestimmungen, nach denen der Vorstand den Unternehmensgegenstand in bestimmter Weise zu verfolgen hat, seine Unternehmensführung an bestimmten weltanschaulich-politischen Vorgaben auszurichten hat oder bestimmte Aktivitäten nicht entfalten darf. Solche Konkretisierungen sind unzulässig, wenn sie mit der zwingenden Leitungskompetenz des Vorstands in Konflikt geraten.[917]

---

[908] Ebenroth/Boujong/Joost/Weipert, § 164 Rn. 7.

[909] Art. 23 III Nr. 2 AktG; Rittner, FS Gessler, 139 (150); Würdinger, S. 119.

[910] Scholz/Emmerich § 3 Rn. 12.

[911] BGH, BB 1981, 450; OLG Köln, WM 1981, 805 (806); Hüffer, AktG, § 23 Rn. 21; Kölner Kommentar/Mertens, § 82 Rn. 14; Scholz/Emmerich, § 3 Rn. 12.

[912] BGH, BB 1981, 450; OLG Köln, WM 1981, 805 (806); OLG Düsseldorf, NJW 1970, 815; Lutter/Hommelhoff, § 3 Rn. 6.

[913] Hüffer, AktG, § 23 Rn. 24.

[914] BayObLG, NJW-RR 1996, 413 (414); Hüffer, AktG, § 23 Rn. 24; Lutter/Hommelhoff, § 3 Rn. 6.

[915] Großkommentar/Barz, § 23 Anm. 11; Hüffer, AktG, § 23 Rn. 24.

[916] OLG Köln, WM 1981, 805 (806); Großkommentar/Barz, § 23 Anm. 11; Hüffer, AktG, § 23 Rn. 24; Lutter/Hommelhoff, § 23 Rn. 6.

[917] Hüffer, AktG, § 82 Rn. 10; Kölner Kommentar/Mertens, § 83 Rn. 21.

3. Die französischen Gesellschaften

Sofern die Statuten keine Regelung enthalten, kann der Geschäftsführer einer französischen Personengesellschaft oder einer SARL alle Geschäftsführungsmaßnahmen vornehmen, die im Interesse der Gesellschaft (*intéret de la société*) liegen.[918] Das Interesse der Gesellschaft erlaubt alle Handlungen, die nützlich oder profitabel für die Gesellschaft sind und mit dem Betrieb der Gesellschaft zusammenhängen.[919] Nach dieser Beschreibung scheint es sich hier lediglich um eine Umschreibung der allgemeinen Zweckförderungspflicht zu handeln. Neben dem Interesse der Gesellschaft beschränkt jedoch in den französischen Personengesellschaften und der SARL auch der Gesellschaftsgegenstand die Geschäftsführungsbefugnis.[920] Das Interesse der Gesellschaft soll nicht weiter reichen, als der Gesellschaftsgegenstand. Auch der Verwaltungsrat bzw. der Generaldirektor der monistischen SA und die Vorstandsmitglieder der dualistischen SA sind in ihren Handlungen an den Gesellschaftsgegenstand gebunden.[921] Die Gesellschafter können die Befugnisse der Geschäftsführer also durch die Bestimmung eines restriktiven Gesellschaftsgegenstandes in den Statuten extrem einschränken. Der Gesellschaftsgegenstand muss bestimmt gefasst sein. Er darf nicht zu vage sein, indem er sich darauf beschränkt, zu bestimmen, dass die Gesellschaft „*toutes opérations commerciales, industrielles ou financières*“ ausführen darf.[922] Andererseits darf der Gesellschaftsgegenstand auch nicht zu starr gefasst sein.[923] So kann die Formulierung „*réaliser ou participer à toutes opérations financières, industrielles ou commerciales se rattachant directement ou indirectement aux activités spécifiées*“ ergänzend herangezogen werden („*clause parapluie*“).[924]

4. Die englischen companies

Der Gesetzgeber von 1989 war bestrebt, die *ultra vires*-Doktrin[925] nur im Außenverhältnis gegenüber Dritten einzuschränken. Im Innenverhältnis zwischen *company* und *directors* sollte der geltende Zustand der *ultra vires*-

---

[918] Art. 1848 CC Art. L. 221-4 (1) (i.V.m. Art. L. 223-18 (4)) CCom.
[919] Saintourens, L´entreprise, S. 71 Rn. 216; Juglart/Ippolito, S. 278 Rn. 210.
[920] Martin, RTD com. 1973, 185 (200 Rn. 20); Bézard/Letulle, J.-Cl. S. 3, Fasc. 48-40, S. 4 Nr. 18; Hémard, Rép. Sociétés Dalloz, S.A.R.L., S. 34 Nr. 437.
[921] Art. L. 225-56 (1) Satz 2, 225-64 (1) Satz 2 CCom.
[922] Merle, S. 72 Rn. 54; Bougnoux, J.-Cl. S. 4, Fasc. 113-20, S. 10 Nr. 51.
[923] Merle, S. 72 Rn. 54; Bougnoux, J.-Cl. S. 4, Fasc. 113-20, S. 10 Nr. 51.
[924] Merle, S. 72 Rn. 54; Bougnoux, J.-Cl. S. 4, Fasc. 113-20, S. 10 Nr. 51.
[925] Siehe genauer unten Teil 11 II. B.

Doktrin aufrecht erhalten bleiben.[926] Sec. 35 (3) Satz 1 1. Hs. CA 1985 stellt daher für die englischen *companies* klar, dass die *directors* verpflichtet sind, alle Einschränkungen ihrer Befugnisse durch die Gründungsurkunde der *company* zu beachten. Hierunter fällt auch jede Einschränkung durch den Gesellschaftsgegenstand in der *objects clause*. Dadurch sollen die Befugnisse der *directors* gegenüber den Gesellschaftern näher bestimmt werden.[927] Im Innenverhältnis findet die *ultra vires*-Doktrin demgemäß weiterhin Anwendung.

Die *objects clause*, die den Gesellschaftsgegenstand bestimmt, muss eine gewisse Genauigkeit aufweisen.[928] Ein Beispiel findet sich in *Table F*.[929] Sec. 4 CA 1985 lässt es nun zu, die *objects clause* so zu ändern, dass der Gesellschaftsgegenstand umfassend so umschrieben wird: „*the object of the company is to carry on business as a general commercial company*". Es wird dann gemäß sec. 3 A CA 1985 vermutet, dass der Gegenstand der *company* die Ausführung jedes Geschäfts umfasst und die *company* die Befugnis hat, alle Geschäfte, die diesen Gegenstand fördern oder mit ihm verbunden sind, durchzuführen. Diese sog. „*general trading clause*" sollte die früher bestehenden übermäßig langen *objects clauses* überflüssig machen, ist jedoch nicht ohne Probleme. Zunächst deckt sie nicht alle Eventualitäten ab und belässt den *directors* einen weiten Ermessensspielraum. Ferner ist nicht klar, ob sie den *companies* erlaubt, Geschenke, Bürgschaften oder Sicherheitsleistungen an eine Tochtergesellschaft zu leisten.[930] Aus diesen Gründen haben die meisten *companies* zusätzlich zur *general trading clause* ihre langen *objects clauses* beibehalten.

5. *Die englischen partnerships*

Die Geschäftsführer einer englischen *partnership* sind entsprechend der Definition der Geschäftsführung berechtigt, alle Maßnahmen vorzunehmen, die den Gesellschaftszweck fördern. Im Gesellschaftsvertrag wird jedoch auch hier regelmäßig ein konkreter Gesellschaftsgegenstand festgelegt werden, den die Geschäftsführer zu beachten haben.

---

926 Gower, S. 212.
927 Boyle & Birds, S. 85, 4.1.
928 Palmer/Schmitthoff, S. 118, 9-02.
929 *The Companies (Tables A to F) Regulations 1985* (S.I. 1985 No. 805).
930 Grier, S. 104.

III. Vergleich

Der Gesellschaftsgegenstand wird in allen Gesellschaftsformen im Gesellschaftsvertrag ausdrücklich festgelegt und ist von den Geschäftsführern zu beachten. Er stellt damit in allen Gesellschaftsformen eine Einschränkung der Befugnisse der Geschäftsführer im Innenverhältnis dar. Es gilt demnach das folgende gemeinsame Prinzip:

Die Geschäftsführungsbefugnis ist durch den Gesellschaftsgegenstand beschränkt. Der Gesellschaftsgegenstand ist ausdrücklich im Gesellschaftsvertrag aufzuführen.

Im deutschen Kapitalgesellschaftsrecht und generell im französischen Recht ist der Gesellschaftsgegenstand präzise zu fassen, damit sowohl die Geschäftsführer als auch Dritte den Tätigkeitsbereich der Gesellschaft ausmachen können. Dies war lange auch im englischen Recht nicht anders und führte zu sehr detaillierten und damit langen *objects clauses*. Nunmehr reicht es hier jedoch aus, wenn der Gesellschaftsgegenstand so umschrieben wird, dass alle Geschäfte einer kommerziellen Gesellschaft getätigt werden können. Eine derartige Formel ist in Deutschland und Frankreich nur ergänzend zulässig, um den Gesellschaftsgegenstand zu konkretisieren, jedoch nicht, um ihn zu erweitern. Damit ist die englische Regelung die am wenigsten restriktive. In der Praxis wird diese weite Formulierung jedoch ebenfalls durch konkrete Zusätze ergänzt, so dass die Regelungen sich damit wieder angleichen.

C. Weitere Beschränkungen durch den Gesellschaftsvertrag, Beschlüsse anderer Organe oder eine Geschäftsordnung

I. Beschränkungen durch den Gesellschaftsvertrag

1. Deutschland

§ 109 HGB bekräftigt für das Innenverhältnis der deutschen Personenhandelsgesellschaften den Grundsatz der Vertragsfreiheit. Die Gesellschafter haben daher bei der Gestaltung ihres Innenverhältnisses grundsätzlich freie Hand. Im Innenverhältnis der Gesellschaft gilt folglich, soweit nicht ausnahmsweise zwingendes Recht entgegensteht, in erster Linie der Gesellschaftsvertrag.[931] Dasselbe gilt für die GbR. Beschränkungen der Geschäfts-

[931] § 109 HGB; Heymann/Emmerich, § 109 Rn. 1; Baumbach/Hopt, § 109 Rn. 2.

führungsbefugnis sind folglich zulässig. Auch die Lückenhaftigkeit der Regelung bei der GmbH belässt den Gesellschaftern der GmbH einen weitgehenden Entscheidungsspielraum, innerhalb dessen sie frei die Befugnisse der Geschäftsführer und der Gesellschafterversammlung gegeneinander abgrenzen können.[932] So sind Beschränkungen der Befugnisse kraft Satzung in mannigfacher Weise denkbar. Besonders häufig sind Regelungen, die für bestimmte Entscheidungen die Zustimmung der Gesellschafterversammlung vorsehen. Unzulässig ist jedoch eine Regelung, die den Geschäftsführern jede eigene Geschäftsführungsentscheidung nimmt.[933] Dadurch würde die Erfüllung ihrer zwingenden Aufgaben gefährdet und die vom Gesetz zugrunde gelegte GmbH-Verfassung pervertiert.[934]

Bei der AG erlaubt § 82 II AktG nur solche Beschränkungen der Geschäftsführungsbefugnis des Vorstands, die kraft Gesetzes zulässig sind. Die Vorschrift ermächtigt also nicht zur Durchbrechung der gesetzlichen Regeln über die Kompetenzen und Funktionen der Organe der Aktiengesellschaft.[935] So steht der Satzung zunächst die Entscheidung zu, ob das Unternehmen eine erwerbswirtschaftliche Zielsetzung verfolgt oder nicht. Ferner engt die Satzung die Geschäftsführungsbefugnis des Vorstands durch die Bestimmung über den Gegenstand des Unternehmens nach § 23 III Nr. 2 AktG ein. Einzelne Vorschriften des Aktiengesetzes erlauben dem Satzungsgeber, die Geschäftsführungsbefugnis des Vorstands an die Mitwirkung eines anderen Organs zu binden, so insbesondere an die des Aufsichtsrats.[936] Die Normen des Aktiengesetzes enthalten in dieser Hinsicht eine abschließende Regelung der Kompetenzen des Satzungsgebers im Sinne von § 23 V AktG. Weitergehende Eingriffe in die dem Vorstand nach § 76 I AktG zwingend zustehende Leitungsmacht sind dem Satzungsgeber nicht gestattet.[937]

2. *Frankreich*

Art. 1848 CC wie Art. L. 221-4 (1), 223-18 (4) CCom gestatten den Verfassern der Statuten der SC, der französischen Personenhandelsgesellschaften und der SARL, den Umfang der Befugnisse der Geschäftsführer zu bestimmen. Für die SA ergibt sich dies aus einem Umkehrschluss aus Art. L. 225-56 (3) und 225-64 (3) CCom, in denen geregelt wird, dass Einschränkungen

---

[932] Beck´sches Handbuch der GmbH/Axhausen, § 5 Rn. 2.
[933] Baumbach/Hueck/Zöllner, § 37 Rn. 9.
[934] Hommelhoff, ZGR 78, 119 (127); Zöllner, ZGR 77, 319 (325); Baumbach/Hueck/Zöllner, § 37 Rn. 9.
[935] Kölner Kommentar/Mertens, § 82 Rn. 11.
[936] § 111 IV 2 AktG.
[937] Kölner Kommentar/Mertens, § 82 Rn. 31.

der Befugnisse durch die Statuten keine Außenwirkung haben. Dabei ist es naturgemäß unmöglich, die Befugnisse so auszudehnen, dass die ausschließlichen Zuständigkeiten der übrigen Organe der Gesellschaft in Frage gestellt werden. Es ist jedoch zulässig, die Befugnisse einzuschränken.[938] So kann festgelegt werden, dass zunächst die Meinung der Gesellschafterversammlung einzuholen ist oder dass bestimmte wichtige Entscheidungen von der Gesellschafterversammlung vorgenommen werden müssen. Es ist jedoch nicht möglich, die Geschäftsführungsbefugnis so einzuschränken, dass sie praktisch aufgehoben ist, denn dies würde dem Konzept der Geschäftsführung jede Grundlage rauben.[939] Für die SARL und die SA spricht das Gesetz davon, dass die „*pouvoirs les plus étendus*" beschränkt („*limités*"), aber nicht beseitigt („*annihilés*") werden können.[940]

In der SA besteht nach der Rechtsprechung der *Cour de Cassation* eine Hierarchie und eine Teilung der Befugnisse (*séparation des pouvoirs*) der Organe.[941] Hieraus ergibt sich, dass kein Organ seiner ausschließlichen Zuständigkeiten beraubt werden darf.[942] Dies verbietet jedoch nicht eine Umgestaltung der Befugnisse für besonders wichtige Geschäfte.[943] Indem Art. L. 225-51 (4) CCom für die monistische SA anordnet, dass Bestimmungen in den Statuten oder Entscheidungen des Verwaltungsrats, die die Befugnisse des Präsidenten einschränken, Dritten nicht entgegengehalten werden können, erkennt er diese Einschränkungen für das Innenverhältnis implizit an. Dies wurde bereits vor der Reform für den Präsidenten allgemein anerkannt und gilt nach der Reform entsprechend Art. L. 225-56 (3) CCom auch für den Generaldirektor.[944] Auch hier dürfen Bestimmungen aufgrund der Hierarchie der Organe nicht zu einer Erweiterung der Befugnisse des Generaldirektors führen. Einschränkungen sind hingegen erlaubt.[945] Dabei müssen sich die Statuten aber an die Entscheidung der *Cour de Cassation* vom 4. Juni 1946 halten und dem Generaldirektor ein Minimum seiner Geschäftsführungsbefugnisse belassen.[946] Der Verwaltungsrat kann die Befugnisse des Generaldirektors weder einschränken noch erweitern, da der Generaldirektor heute nicht mehr aufgrund einer Delegation des Verwaltungsrats handelt.[947] Entsprechendes gilt für den Vorstand der dualistischen SA. Seine Befugnisse

---

[938] Jeantin, S. 136 Rn. 259.

[939] Juglart/Ippolito, S. 173 Rn. 123-3.

[940] Art. L. 223-18 (5), (6), 225-56 (2), (3), 225-64 (1), (3) CCom.

[941] Arret Motte, Cass. Civ., 4 juin 1946, JCP, 1947.II.3518, n. D. Bastian.

[942] Juglart/Ippolito, S. 170 Rn. 122 und S. 174 Rn. 123-3; Chartier, Droit des Affaires, S. 118.

[943] Juglart/Ippolito, S. 175 Rn. 123-3.

[944] Viandier/Mansuy, J.-Cl. S. 4, Fasc. 133-10, S. 28 Nr. 162.

[945] Viandier/Mansuy, J.-Cl. S. 4, Fasc. 133-10, S. 28 Nr. 163.

[946] Viandier/Mansuy, J.-Cl. S. 4, Fasc. 133-10, S. 28 Nr. 163; Ripert/Roblot, S. 456 Rn. 1688.

[947] Viandier/Mansuy, J.-Cl. S. 4, Fasc. 133-10, S. 28 Nr. 165.

dürfen insoweit eingeschränkt werden, als ihm noch ausreichend Befugnisse zur Geschäftsführung verbleiben.[948]

3. England

Sec. 24 PA 1890 regelt das Innenverhältnis der *partners* zueinander ausdrücklich vorbehaltlich anderer Vereinbarungen zwischen ihnen. Der *partnership*-Vertrag kann also die Befugnisse der *partners* definieren. In den Grenzen des Gesetzes steht den *partners* Gestaltungsfreiheit zu.[949] Die Befugnisse aller oder einzelner *partners* können somit eingeschränkt werden. So kann z.B. ein *juniorpartner* von wichtigen Geschäften ausgeschlossen sein. Überdies ist es auch möglich, Befugnisse, die nach dem Gesetz nur einstimmig erfolgen dürfen, von anderen Mehrheitserfordernissen abhängig zu machen und so die Befugnisse der *partners* zu erweitern. Dies gilt z.B. bezüglich der Aufnahme eines neuen *partner* oder des Ausschlusses eines *partner*. Ferner können für besonders gewichtige Geschäfte Zustimmungsvorbehalte vereinbart werden.[950] Lediglich eine Änderung des *partnership*-Vertrags bedarf nach sec. 19 PA 1890 immer eines einstimmigen Beschlusses. In der *partnership* besteht also eine ausgeprägte Vertragsfreiheit.

Die Satzung einer *company* muss die Geschäftsführung nicht unbedingt den *directors* übertragen. Sie kann auch etwas anderes bestimmen. So kann die gesamte Geschäftsführung oder Teile hiervon auf die Gesellschafter übertragen werden.[951] Das englische Recht kennt keine typischen geschäftsführenden oder verwaltungsmäßigen Funktionen oder Befugnisse, die ausschließlich dem *board* zustehen.[952] Die Befugnisse des *board* können daher so weit oder eng wie erwünscht gefasst werden.[953] Die Tendenz geht jedoch dahin, dass *Table A* übernommen wird und dem *board* alle Befugnisse zugesprochen werden, mit Ausnahme derer, die der CA 1985 und die Gründungsurkunde oder die Satzung der Gesellschafterversammlung zuweisen. Die *directors* sind an die Bestimmungen in der Satzung gebunden. Deshalb müssen sie jede Beschränkung, die ihnen durch die Satzung auferlegt wird, beachten.[954] Dies ergibt sich nunmehr auch aus sec. 35 (3) Satz 1 1. Hs. CA 1985.

---

[948] Caussain, J.-Cl. S. 4, Fasc. 133-50, S. 24 Nr. 124.
[949] Burgess/Morse, S. 131; Underhill, S. 29.
[950] Underhill, S. 55.
[951] Gower, S. 186.
[952] Pennington, Company Law, S. 696.
[953] Pennington, Company Law, S. 696.
[954] Palmer/Schmitthoff, S. 179, 14-17.

4. Vergleich

Die Befugnisse der Geschäftsführer können in allen Gesellschaften grundsätzlich in der Satzung weiter eingeschränkt werden. Es bestehen jedoch Unterschiede hinsichtlich der Reichweite solcher Einschränkungen. Während die Gesellschafter der englischen *companies* auch alle Geschäftsführungsaufgaben selbst ausführen können, dürfen den Geschäftsführern der übrigen Gesellschaften nicht sämtliche Befugnisse entzogen werden. Häufig werden schwerwiegende Geschäfte von der Zustimmung der Gesellschafterversammlung abhängig gemacht oder insgesamt auf die Gesellschafter übertragen. Die grundlegende Kompetenzordnung der Gesellschaft muss aber beibehalten werden. Am striktesten ist die Regelung insofern hinsichtlich der AG. Hier sind satzungsmäßige Einschränkungen nur durch den Gesellschaftsgegenstand zulässig. Es lässt sich insofern folgendes gemeinsames Prinzip bilden:

Die Geschäftsführungsbefugnis ist weiterhin durch den Gesellschaftsvertrag beschränkbar. Es darf jedoch nicht in die grundlegende Kompetenzordnung der Gesellschaft eingegriffen werden

II. Beschränkungen durch Beschlüsse anderer Organe

1. Die deutschen Personengesellschaften

Soweit sich nicht aus dem Gesellschaftsvertrag ein anderes ergibt, bestimmen sich die Rechte und Pflichten der Geschäftsführer einer deutschen Personengesellschaft gemäß § 713 BGB nach den §§ 664 - 670 BGB. Die Verweisung in § 713 BGB unterstreicht den Treuhandcharakter der gesellschaftsvertraglichen Geschäftsführung.[955] Jedoch überlagern die Verbundenheit aller Vertragspartner zu einem gemeinsamen Zweck und einzelne Organisationsregeln des Gesellschaftsrechts weithin die Folgerungen aus §§ 664 bis 670 BGB.[956] So ist auch § 665 BGB weitgehend gesellschaftsrechtlich überlagert. Die Geschäftsführer handeln grundsätzlich eigenverantwortlich[957]; d.h. eine Bindung an Weisungen der übrigen Gesellschafter ist mit ihrer selbstständigen, auf der

[955] Kübler, S. 53 § 6 III 1 d.

[956] Erman/Westermann, § 713 Rn. 1.

[957] Erman/Westermann, § 713 Rn. 2; Baumbach/Hopt, § 114 Rn. 9; Ebenroth/Boujong/Joost/Mayen, § 114 Rn. 31; Huber, ZGR 82, 537 (544); RGRK- v. Gamm, § 713 Rn. 2; Ulmer, GbR, § 713 Rn. 6.

Mitgliedschaft beruhenden Stellung unvereinbar.[958] Im Recht der Personengesellschaften sollte so ein flexibleres Handeln ermöglicht werden.[959] Allerdings können die Geschäftsführer aufgrund des Gesellschaftsvertrags an Weisungen gebunden werden.[960] Dann dürfen sie von Weisungen nur nach Maßgabe des § 665 BGB abweichen und haben eine Anzeigepflicht gegenüber den übrigen Gesellschaftern nach § 665 S. 2 BGB.[961]

2. Die Gesellschaft mit beschränkter Haftung

Im Unterschied zum Vorstand der AG leitet der Geschäftsführer der GmbH die Gesellschaft nicht in eigener Verantwortung. Die Gesellschafterversammlung ist vielmehr befugt, den Geschäftsführern in allen Bereichen der Unternehmensleitung Weisungen zu erteilen (Grundsatz der Weisungsabhängigkeit).[962] Das Weisungsrecht der Gesellschafter bleibt auch in der mitbestimmten GmbH unberührt.[963] Dies schränkt die freie Geschäftsführung des Handlungsorgans ein. Den Geschäftsführern ist die Pflicht auferlegt, diese Weisungen auszuführen (Grundsatz der Folgepflicht).[964] Da das Weisungsrecht nur der Gesellschafterversammlung zusteht, muss der Weisung ein Gesellschafterbeschluss vorausgehen. Durch einfachen Gesellschafterbeschluss (§ 47 I GmbHG) können die Gesellschafter generelle (z.B. keine Neuabschlüsse mit säumigen Schuldnern) oder spezielle Weisungen (z.B. das Angebot des X wird angenommen) erteilen.[965] Durch die Satzung kann das Weisungsrecht aber auch auf einen besonders eingerichteten Aufsichtsrat (Beirat u.ä.) oder auch einem einzelnen Gesellschafter als Sonderrecht übertragen werden[966], nicht hingegen auf einen obligatorischen Aufsichtsrat, wegen des hier zwingenden § 111 IV 1 AktG.[967] Die Weisungsbefugnis endet, wenn sie

[958] Erman/Westermann, § 709 Rn. 11; Schlegelberger/Martens, § 114 Rn. 18; Ebenroth/Boujong/Joost/Mayen, § 114 Rn. 31. Das HGB kennt kein ausdrückliches Weisungsrecht und benennt kein weisungsbefugtes Organ (Krage, Gesellschafter, S. 106).

[959] Beck'sches Handbuch der Personengesellschaften/Stengel, § 3 Rn. 30; Hueck, S. 118.

[960] Erman/Westermann, § 713 Rn. 2; Soergel/Hadding, § 713 Rn. 6. Das Weisungsrecht der GmbH-Gesellschafter erstreckt sich in der GmbH & Co KG auch auf die Geschäfte in der KG (Lutter/Hommelhoff, § 37 Rn. 18a).

[961] Hueck, S. 139.

[962] §§ 45, 46 Nr. 5 und 6, 37 I GmbHG; Lutter/Hommelhoff, § 37 Rn. 17; Beck'sches Handbuch der GmbH/Erle, S. 11, § 1 Rn. 32.

[963] Schmidt, Gesellschaftsrecht, S. 1074, § 36 II 2 d.

[964] BGHZ 31, 258 (278); BFH, GmbHR 1997, 374; OLG Frankfurt/M., ZIP 1997, 450 (451); Lutter/Hommelhoff, § 37 Rn. 17; Beck'sches Handbuch der GmbH/Axhausen, S. 231 § 5 Rn. 142.

[965] Lutter/Hommelhoff, § 37 Rn. 17.

[966] Konzen, NJW 1989, 2977 (2980).

[967] § 6 I MitbestG, § 77 I BetrVG 1952; Lutter/Hommelhoff, § 37 Rn. 19.

nicht in Übereinstimmung mit Gesetz und Gesellschaftsvertrag steht.[968] Ob die Gesellschafter ihre Weisungen derart intensivieren dürfen, dass sie dadurch die Geschäftsführer zum reinen Exekutivorgan machen, ist umstritten.[969]

3. Die Aktiengesellschaft

Der Vorstand leitet die Gesellschaft unter eigener Verantwortung. Ihm ist hiermit selbständige Entscheidungsbefugnis zuerkannt.[970] Weder der Aufsichtsrat noch die Hauptversammlung können Entscheidungen über Fragen der Geschäftsführung an sich ziehen.[971] Wegen § 23 Abs. 5 AktG kann die Satzung der Hauptversammlung solche Entscheidungen auch nicht vorbehalten. Der Aufsichtsrat kann dem Vorstand keine Weisungen erteilen.[972] Weisungen der Hauptversammlung braucht der Vorstand nicht zu befolgen, es sei denn, er hat sie gemäß § 119 II AktG herbeigeführt.[973]

4. Die französischen Gesellschaften

Ein gesetzliches Weisungsrecht der Gesellschafter besteht für keine der untersuchten Gesellschaften. Weisungen eines anderen Organs sind im französischen Recht generell ausgeschlossen, um es für den oder die Mehrheitsgesellschafter unmöglich zu machen, über das Vermögen der Gesellschaft oder über die Geschäftsführung frei zu verfügen.[974] Für die SA kann dies auch aus der Rechtsprechung der *Cour de Cassation*[975], nach der die gesetzliche Organisation der SA nur sehr beschränkt zur Disposition der Gesellschafter steht, hergeleitet werden. Auch ein satzungsmäßiges Weisungsrecht besteht demnach nicht.

---

[968] BGHZ 31, 258 (278); Konzen, NJW 1989, 2977 (2981); Beck'sches Handbuch der GmbH/ Axhausen, S. 232 § 5 Rn. 144.

[969] Dagegen Lutter/Hommelhoff, § 37 Rn. 18a; Baumbach/Hueck/Zöllner, § 37 Rn. 9, 11; a.A. Hachenburg/Mertens, § 37 Rn. 20; Konzen, NJW 1989, 2977 (2979); Scholz/Schneider, § 37 Rn.38.

[970] Großkommentar/Meyer-Landrut, § 76 Anm. 6.

[971] Großkommentar/Meyer-Landrut, § 76 Anm. 6.

[972] Großkommentar/Meyer-Landrut, § 82 Anm. 14.

[973] Kölner Kommentar/Mertens, § 76 Rn. 42.

[974] So auch Becker, GmbHR 2003, 162 (165).

[975] Arret Motte, Cass. Civ., 4 juin 1946, JCP, 1947.II.3518, n. D. Bastian.

5. *Die partnership*

Da nach der gesetzlichen Konzeption alle *partners* an der Geschäftsführung teilnehmen und in der Regel zu allen Entscheidungen befragt werden, bedarf es eines Weisungsrechts der Gesellschafter an die Geschäftsführer nicht. So sieht auch der PA 1890 kein Weisungsrecht vor. Wird jedoch ein *partner* als *managing partner* ernannt, so scheint nichts dagegen zu sprechen im *partnership*-Vertrag ein Weisungsrecht zu vereinbaren.

6. *Die company*

Bis zum Ende des 19. Jahrhunderts wurde generell angenommen, dass die Gesellschafterversammlung das oberste Organ der Gesellschaft war. Der *board of directors* wurde als bloßer *agent* der *company* betrachtet und war der Kontrolle durch die Gesellschafterversammlung unterworfen.[976] Im Jahre 1906 machte der *Court of Appeal* jedoch klar, dass die Verteilung der Befugnisse zwischen *board* und Gesellschafterversammlung ausschließlich von der Satzung abhängt, und dass die Gesellschafterversammlung nicht in Befugnisse, die dem *board* durch die Satzung zugewiesen wurden, eingreifen darf.[977] Diese Ansicht wurde durch zahlreiche weitere Entscheidungen verfestigt.[978] In den meisten Fällen war die Satzung auf Art. 80 der *Table A 1948* gestützt, welcher zu Interpretationsschwierigkeiten führte.[979] Durch die Formulierung „*regulations made in general meeting*" war nicht klar, ob es sich nur um die Satzung der *company* oder auch um spezielle Weisungen handeln sollte.[980] Die Interpretation dieser Formulierung war aber von entscheidender Bedeutung, da sie darüber entschied, wer das oberste Organ der Gesellschaft ist und die Kontrolle über die *company* ausübt.[981] Weitgehend wurde davon ausgegangen, dass Art. 80 *Table A 1948* nur die Satzung meinte und daher

---

976 Gower, S. 183.

977 *Automatic Self-Cleansing Filter Syndicate Co. v. Cuninghame* [1906] 2 Ch. 34, 38, CA; Palmer/Davies, S. 939, 63-08.

978 *Gramophone and Typewriter v. Stanley* [1908] 2 KB 89 at 105, CA; *Salmon v. Quin & Axtens* [1909] AC 442, 443, HL; *John Shaw & Sons (Salford) Ltd v. Shaw* [1935] 2 KB 113, 134, CA; *Scott v. Scott* [1943] 1 All ER 582, CA *Breckland Group Holdings Ltd v London and Suffolk Properties Ltd* [1989] BCLC 100, 105, 106; *Mitchell & Hobbs (UK) Ltd. v. Mill* [1996] 2 BCLC, 102, 105; *Rose v McGivern* [1998] 2 BCLC 593, 604.

979 Gore-Browne, S. 26.005. Für eine Interpretation von Art. 80 *Table A 1948* siehe MacKenzie, Co Law 1983, 99.

980 Wilkinson, S. 198.

981 MacKenzie, Co Law 1983, 99.

eine Dreiviertelmehrheit, die ohnehin zur Änderung der Satzung notwendig ist, gefordert.[982]

Nunmehr gilt, dass die Gesellschafter gegenüber dem *board* keine Weisungsbefugnis haben, es sei denn dies ist ausdrücklich in der Satzung vorgesehen. Die *directors* üben ihre zugewiesenen Rechte in eigener Verantwortung aus. Wünschen die Gesellschafter eine Abstimmung der Unternehmenspolitik, so muss dies ausdrücklich in der Satzung festgelegt werden. Bei Fehlen einer solchen Klausel können die Gesellschafter nur über tatsächliche Abhängigkeiten, wie der Drohung der sofortigen Abberufung, Einfluss auf die Unternehmenspolitik nehmen.[983] Unter Art. 70 *Table A* kann die Gesellschafterversammlung mit Dreiviertelmehrheit (*special resolution*) Weisungen an das *board* erteilen.[984] Die *directors* haben dann die Weisung zu befolgen und die gewünschte Handlung durchzuführen oder zu unterlassen.[985] Diese Regelung bestätigt das bestehende *case law.*[986] Art. 70 *Table A* ermächtigt die Gesellschafterversammlung, generelle oder auf einen Einzelfall bezogene Weisungen bezüglich der Art und Weise, in der die *directors* ihre Befugnisse ausführen sollen, zu erteilen.[987] Fraglich bleibt jedoch, ob nunmehr in der Satzung festgelegt werden darf, dass Weisungen auch mit einfacher Mehrheit (*ordinary resolution*) erteilt werden können. Dies wird zum Teil eindeutig abgelehnt.[988] Zum Teil scheint es aber als zulässig angesehen zu werden.[989]

7. Vergleich

Die Geschäftsführer üben die ihnen eingeräumten Befugnisse im Allgemeinen in eigener Verantwortlichkeit aus und sind nicht an Weisungen der Gesellschafter gebunden. Ein grundsätzliches weites Weisungsrecht besteht nur in der GmbH. Mit Dreiviertelmehrheit können auch die Gesellschafter einer englischen *company* Weisungen an die Geschäftsführer erteilen, wenn dies in der Satzung so vorgesehen ist. Dies sieht jedenfalls Art. 70 *Table A* so vor. Bei der AG ist aufgrund von § 23 V AktG kein Weisungsrecht durch Satzungsbestimmung zulässig. Auch in den französischen Gesellschaften würde ein satzungsmäßiges Weisungsrecht zu weitgehend in die Kompetenzord-

---

[982] Boyle & Birds, S. 426, 13.11 und Fn. 108; Gore-Browne, S. 26.005 Fn. 4; A.A. Goldberg, 33 MLR 177, 178; Sullivan, 93 LQR 569, 572 ff.

[983] Neuling, S. 120, 121.

[984] Art. 70 *Table A*: „*directions given by special resolution*".

[985] Gower, S. 186.

[986] Gower, S. 186.

[987] Pennington, Company Law, S. 699.

[988] Mayson, French & Ryan, S. 483 meinen sogar, dass eine *special resolution* hier nicht ausreicht und die Vorschrift des Art. 70 *Table A* von den Gerichten für unwirksam erachtet würde.

[989] Gore-Browne, S. 26.004.

nung der Gesellschaft eingreifen. Es lassen sich daher folgende gemeinsame Prinzipien herleiten:

Die Geschäftsführungsbefugnis ist grundsätzlich nicht durch Weisungen der Gesellschafterversammlung beschränkbar.

Besteht ein Weisungsrecht, so hat der Geschäftsführer die Weisungen der Gesellschafterversammlung zu befolgen.

III. Beschränkungen durch die Geschäftsordnung

Nach § 82 II AktG sind die Vorstandsmitglieder der deutschen AG ferner verpflichtet, sich an Beschränkungen ihrer Geschäftsführungsbefugnis durch die von Vorstand oder Aufsichtsrat getroffene Geschäftsordnung für den Vorstand zu halten. Diese können sich vor allem aus einer Ressortbildung ergeben.[990] Soweit danach Beschränkungen vorgesehen sind, können sie auch, etwa durch Verweisung, in den Anstellungsvertrag aufgenommen werden.[991]

Auch Geschäftsführer anderer deutscher, französischer und englischer Gesellschaften können sich eine Geschäftsordnung geben.[992] Eine § 82 II AktG entsprechende Bestimmung, wonach die Geschäftsordnung die Geschäftsführungsbefugnis beschränkt, findet sich in diesen Gesellschaften nicht. Jedoch ergibt sich aus dem Sinn einer solchen Geschäftsordnung, dass sie auch eingehalten wird.

Demnach können sich weitere Einschränkungen der Befugnisse aus einer etwaigen Geschäftsordnung ergeben. Gesetzlich festgehalten ist die jedoch nur für den Vorstand der AG. Es gilt folgendes gemeinsames Prinzip:

Die Geschäftsführungsbefugnis ist auch durch Bestimmungen in der Geschäftsordnung des Geschäftsführungsorgans beschränkbar.

§ 3. Überschreitung der Geschäftsführungsbefugnis

Überschreitet ein Geschäftsführer seine Befugnisse im Innenverhältnis, so entsteht der Gesellschaft in der Regel ein Schaden, da Beschränkungen im Innenverhältnis oft nicht für das Außenverhältnis gelten und die Gesellschaft

---

[990] Hüffer, AktG, § 82 Rn. 13; Großkommentar/Meyer-Landrut, § 82 Anm. 16.

[991] Kölner Kommentar/Mertens, § 82 Rn. 36; Hüffer, AktG, § 82 Rn. 13; Großkommentar/Meyer-Landrut, § 82 Anm. 16.

[992] Palmer/Davies, S. 909, 61-02; Cozian/Viandier/Deboissy, S. 127 Rn. 262.

gegenüber ihren Vertragspartnern trotzdem verpflichtet wird. Zur Überschreitung der Geschäftsführungsbefugnis kann es einerseits dann kommen, wenn die vorgenommene Maßnahme die Grundlagen der Gesellschaft berührt und daher nicht mehr vom Geschäftsführungsbegriff gedeckt ist. Andererseits kann eine Überschreitung der Geschäftsführungsbefugnis vorliegen, wenn die oben genannten Beschränkungen missachtet wurden. So kann eine Überschreitung gegeben sein, wenn ein Geschäftsführer bei Gesamtgeschäftsführung ohne die Zustimmung seiner Mitgeschäftsführer oder bei Einzelgeschäftsführung gegen den Widerspruch eines anderen Geschäftsführers handelt.[993] Weiterhin kommt eine Überschreitung in Betracht, wenn der Geschäftsführer außerhalb des Rahmens der ihm zustehenden Befugnisse handelt, so z.B. wenn durch die Maßnahme die Zweckförderungspflicht nicht gedeckt ist, wenn der Geschäftsführer entgegen einem Zustimmungsvorbehalt der übrigen Geschäftsführer oder einem Weisungsrecht der Gesellschafter handelt. Schließlich kann eine Überschreitung vorliegen, wenn der Geschäftsführer außerhalb des Gesellschaftsgegenstandes tätig wird oder sonstige Bestimmungen im Gesellschaftsvertrag missachtet.[994]

Als Rechtsfolge der Überschreitung der Geschäftsführungsbefugnis kommen einerseits Schadensersatzansprüche, andererseits die Beendigung der Geschäftsleiterposition in Betracht, eventuell auch die Geltendmachung eines Unterlassungsanspruchs.

A. Schadensersatz

I. Die deutschen Personengesellschaften

Bei den deutschen Personengesellschaften ist die Behandlung der Fälle der Überschreitung der Geschäftsführungsbefugnis umstritten.[995] Das Reichsgericht nahm stets Geschäftsführung ohne Auftrag (GoA) an und unterwarf den Handelnden der scharfen Haftung der §§ 677 ff. BGB.[996] Auch nach heute verbreiteter Ansicht[997] sollen Ansprüche aus GoA bestehen, wenn der Gesellschafter seine Geschäftsführungsbefugnis überschritten und bei der Prüfung seiner Handlungsbefugnis die eigenübliche Sorgfalt im Sinne des § 708 BGB missachtet hat. Der Bundesgerichtshof lehnt das Eingreifen von GoA-Recht

[993] So bei der GbR, der oHG und der KG: MüKomm/Ulmer, § 709 Rn. 25; Hueck, S. 141.
[994] Beispielhaft für die SARL: Storck, J.-Cl. S. 4, Fasc. 74-20, S. 12 Nr. 68.
[995] Siehe hierzu: Klasen, S. 94 ff.
[996] RGZ 158, 302 (312 f.); so auch Staudinger/Keßler, § 708 Rn. 9; Siegmund/van Venrooy, Rn. 102.
[997] Sudhoff, E Rn. 49, 50; MüKomm/Ulmer, § 708 Rn. 10; Soergel/Hadding, § 709 Rn. 14 und § 708 Rn. 5.

in Fällen dieser Art ganz ab und wendet ausschließlich § 708 BGB an.[998] Er geht davon aus, dass es sich bei der Überschreitung der Geschäftsführungsbefugnis um - wenn auch fehlerhaftes - Geschäftsführerhandeln handelt, so dass die §§ 677 ff. BGB nicht anwendbar seien. In der Überschreitung der Geschäftsführungsbefugnis wird dann eine Pflichtverletzung im Sinne des § 280 I BGB[999] gesehen, die zur Schadensersatzpflicht führt, wenn dem Gesellschafter der Kompetenzverstoß vorgeworfen werden kann.[1000] Dabei begründet allein die schuldhafte Überschreitung der Befugnisse die Haftung. Die Überschreitung stellt einen Bruch der gesellschaftsrechtlichen Treuepflicht dar[1001] und hat zur Folge, dass der pflichtwidrig handelnde Gesellschafter für den gesamten Schaden ersatzpflichtig ist.[1002] Die Beweislast für den Schaden und dessen Verursachung liegt bei der Gesellschaft. Der Geschäftsführer muss nachweisen, dass er pflichtgemäß und nicht schuldhaft gehandelt hat.[1003] Bei den Personenhandelsgesellschaften haften die Geschäftsführer gegenüber der Gesellschaft, bei der GbR gegenüber der Gesamthand.[1004] Schadensersatzansprüche der Gesellschaft sind von den Geschäftsführern, gegebenenfalls von Gesellschaftern mit der actio pro socio geltend zu machen.[1005] Ein im Privatvermögen durch die Pflichtverletzung eines Mitgesellschafters geschädigter Gesellschafter hat auch einen eigenen Ersatzanspruch.[1006] Ein den Handelnden bindender Gesellschafterbeschluss oder eine nachträgliche Genehmigung befreien von der Verantwortlichkeit.[1007]

II. Die Gesellschaft mit beschränkter Haftung

Bei Überschreitung der Geschäftsführungsbefugnis haften die Geschäftsführer einer deutschen GmbH der Gesellschaft nach der allgemeinen Vorschrift des § 43 I und II GmbHG. § 43 II GmbHG erfasst jede Pflichtverletzung des

---

[998] BGH, WM 1988, 968 (970); auch OLG Köln, NJW-RR 1995, 547 (548).

[999] Nach der Neuregelung des Rechts der Leistungsstörungen aufgrund des Gesetzes zur Modernisierung des Schuldrechts vom 26.11.2001 (BGBl. I S. 3138) ist für Pflichtverletzungen allgemein § 280 I BGB anzuwenden. Davor handelte es sich um eine positive Forderungsverletzung. Siehe BGH, NJW-RR 1989, 1255; Jagenburg, S. 124 ff.

[1000] BGH, NJW 1997, 314.

[1001] Emde, WM 1996, 1205 (1208); Ebenroth/Boujong/Joost/Mayen, § 114 Rn. 36.

[1002] BGH, NJW 1997, 314; Ebenroth/Boujong/Joost/Mayen, § 114 Rn. 36; ablehnend z.B. Schlegelberger/Martens, § 114 Rn. 37; Ulmer, GbR, § 708 Rn. 10.

[1003] Heymann/Emmerich, § 114 Rn. 18; Schlegelberger/Martens, § 114 Rn. 38; Palandt/Sprau, § 713 Rn. 11; BGB-RGRK/v Gamm, § 713 Rn. 5.

[1004] Ulmer, GbR, § 708 Rn. 19.

[1005] Erman/Westermann, § 708 Rn. 8, § 705 Rn. 55.

[1006] Erman/Westermann, § 708 Rn. 8.

[1007] Erman/Westermann, § 708 Rn. 9.

Geschäftsführers in Ausübung der Organtätigkeit.[1008] Darunter fällt auch die Überschreitung der Geschäftsführungsbefugnis.[1009] Nach § 43 I GmbHG hat der Geschäftsführer die Sorgfalt eines ordentlichen Geschäftsmannes anzuwenden. Auf das Fehlen individueller Fähigkeiten kann der Geschäftsführer sich nicht berufen.[1010] Ist bereits die Überschreitung dem Geschäftsführer als Verschulden zuzurechnen, so kommt es auf ein weiteres Verschulden bei der Verursachung des Schadens nicht an.[1011] Der Haftungsmaßstab ist objektiv bestimmt.[1012] Sind mehrere Geschäftsführer für den entstandenen Schaden verantwortlich, so haften sie gemäß § 43 II GmbHG solidarisch, also gesamtschuldnerisch.[1013]

Die Gesellschaft muss den Schadenseintritt, den Sachverhalt, aus dem sich mindestens die Möglichkeit eines pflichtwidrigen Geschäftsführerverhaltens ergibt, sowie den ursächlichen Zusammenhang zwischen diesem Verhalten und dem Schadenseintritt nachweisen.[1014] Dagegen kann der Geschäftsführer seine Inanspruchnahme durch den Nachweis verhindern, dass das schadenauslösende Verhalten dem gesetzlichen Sorgfaltsmaßstab entsprochen habe oder dass ihn zumindest kein Schuldvorwurf treffe, oder durch den Nachweis, dass der Schaden auch dann eingetreten wäre, wenn der Geschäftsführer sich wie ein ordentlicher Geschäftsmann verhalten hätte.[1015] Die Geltendmachung von Ersatzansprüchen gegen Geschäftsführer bedarf eines Gesellschafterbeschlusses nach § 46 Nr. 8 GmbHG, der materielle Voraussetzung für die Geltendmachung auch im Außenverhältnis zum belangten Geschäftsführer ist.[1016] Auch in Prozessen gegen Geschäftsführer haben die Gesellschafter über die Vertretung der Gesellschaft zu beschließen. Dabei steht im Ermessen der Gesellschafter, wem sie die Vertretung der Gesellschaft übertragen wollen: einem Gesellschafter, einem anderen Geschäftsführer oder einem gesellschaftsfremden Dritten.[1017] Bei Vorhandensein eines mitbestimmten Aufsichtsrats obliegt die Prozessvertretung gemäß § 112 AktG zwingend diesem.[1018] Die Befolgung von Weisungen aufgrund eines ordnungsgemäßen Gesellschafterbeschlusses bedingt die Freistellung von der

---

[1008] Lutter/Hommelhoff, § 43 Rn. 1.
[1009] Hachenburg/Mertens, § 37 Rn. 31.
[1010] Rowedder/Koppensteiner, § 43 Rn. 7.
[1011] Hachenburg/Mertens, § 37 Rn. 31.
[1012] Beck´sches Handbuch der GmbH/Axhausen, § 5 Rn. 212; Sudhoff/Sudhoff, S. 138.
[1013] Sudhoff/Sudhoff, S. 141; Kisker, S. 44.
[1014] Hachenburg/Mertens, § 43 Rn. 66; Lutter/Hommelhoff, § 43 Rn. 26; Scholz/Schneider, § 43 Rn. 167a; Baumbach/Hueck/Zöllner, § 43 Rn. 30; a.A. Rowedder/Koppensteiner, § 43 Rn. 34.
[1015] Lutter/Hommelhoff, § 43 Rn. 26.
[1016] Baumbach/Hueck/Zöllner, § 46 Rn. 40; Lutter/Hommelhoff, § 46 Rn. 22.
[1017] Baumbach/Hueck/Zöllner, § 46 Rn. 42, 45; Lutter/Hommelhoff, § 46 Rn. 27.
[1018] Baumbach/Hueck/Zöllner, § 46 Rn. 45.

Haftung gegenüber der Gesellschaft.[1019] Auch durch die Erteilung der Entlastung wird die Gesellschaft, anders als im Aktienrecht, wo §§ 93 IV, 120 II 2 AktG eine Verzichtswirkung ausschließen, mit solchen Ansprüchen präkludiert, die für das entlastende Organ aufgrund der Rechenschaftslegung samt aller zugänglich gemachten Unterlagen erkennbar waren.[1020] Im Regelfall haften die Geschäftsführer den Gesellschaftern nicht unmittelbar.[1021]

III. Die deutsche Aktiengesellschaft

Überschreitet ein Vorstandsmitglied einer deutschen AG seine Geschäftsführungsbefugnis, so haftet er der Gesellschaft für den entstandenen Schaden aus § 93 II AktG.[1022] Die Vorstandsmitglieder haben gemäß § 93 I S. 1 AktG bei der Geschäftsführung die Sorgfalt eines ordentlichen und gewissenhaften Geschäftsleiters anzuwenden. Dieser Verschuldensmaßstab ist weitgehend objektiv zu verstehen und an den Anforderungen der Aufgabe zu messen, die das Vorstandsmitglied wahrnimmt.[1023] Die scharfe Haftung des Vorstands ist zwingend.[1024] Vorstandsmitglieder, die ihre Sorgfaltspflicht - schuldhaft[1025] - verletzen, haften der Gesellschaft gegenüber als Gesamtschuldner gemäß § 421 BGB auf Schadensersatz.[1026] Ein Verschulden hinsichtlich des Schadens selbst ist nicht erforderlich.[1027]

Der Aufsichtsrat hat gemäß § 112 AktG die Klage im Namen der Gesellschaft geltend zu machen. Die Gesellschaft muss einen Vermögensschaden und die Möglichkeit eines Zurechnungszusammenhangs zwischen der Vermögensminderung und dem Verhalten des Vorstandsmitglieds beweisen. Dem Vorstandsmitglied obliegt die Beweislast dafür, dass es die Sorgfalt eines ordentlichen Geschäftsleiters erfüllt hat oder dass der Schaden auch bei Anwendung dieser Sorgfalt entstanden wäre.[1028] Beruht die Schadensersatzhandlung auf einem Beschluss der Hauptversammlung, so tritt die Ersatzpflicht gemäß § 93 IV S. 1 AktG nicht ein. Ein nachträglicher billigender Beschluss reicht hingegen nicht aus.[1029] Auch die Billigung des Aufsichtsrats

---

[1019] BGHZ 31, 258 (278); BGHZ 122, 333 (336); Scholz/Schneider, § 43 Rn. 95; Lutter/Hommelhoff, § 43 Rn. 22; Hachenburg/Mertens § 43 Rn. 69.
[1020] Baumbach/Hueck/Zöllner, § 46 Rn. 26.
[1021] Scholz/Schneider, § 43 Rn. 212; Hachenburg/Mertens, § 43 Rn. 102.
[1022] Kölner Kommentar/Mertens, § 82 Rn. 37; Hartlieb, S. 238.
[1023] Henze, Aktienrecht, Rn. 451.
[1024] Kölner Kommentar/Mertens, § 93 Rn. 4.
[1025] Die Haftung aus § 93 AktG ist stets eine Verschuldenshaftung. Nirk/Reuter/Bächle, Handbuch der Aktiengesellschaft, Rn. 759.
[1026] § 93 II S. 1 AktG.
[1027] Kölner Kommentar/Mertens, § 82 Rn. 37.
[1028] Kölner Kommentar/Mertens, § 93 Rn. 101.
[1029] Kölner Kommentar/Mertens, § 93 Rn. 115.

schließt die Haftung nicht aus.[1030] Verzicht oder Vergleich über Ersatzansprüche der AG gegen Vorstandsmitglieder sind mit den Ausnahmen des § 93 IV S. 4 AktG nach § 93 IV S. 3 AktG erst nach Ablauf einer Dreijahresfrist möglich, wenn die Hauptversammlung zustimmt. Einen unmittelbaren Anspruch von Aktionären gegenüber den Vorstandsmitgliedern eröffnet das AktG grundsätzlich nicht. Die Gläubiger der Gesellschaft können unter den besonderen Bedingungen des § 93 V AktG den Ersatzanspruch der Gesellschaft direkt, d.h. selbständig gegen die Vorstandsmitglieder durchsetzen, wenn sie von der Gesellschaft für ihre Ansprüche keine Befriedigung erlangen.

IV. Die französischen Gesellschaften

Die Geschäftsführer aller französischen Gesellschaften haften der Gesellschaft sowie Dritten gegenüber persönlich für Verletzungen der gesetzlichen Regeln, der Statuten sowie für Fehler der Geschäftsführung.[1031] Hierunter fällt auch die Überschreitung der Geschäftsführungsbefugnis.[1032] Obwohl das Gesetz die Haftung der Geschäftsführer der Personenhandelsgesellschaften nicht formell vorsieht, ist unbestritten, dass dies auch für sie gilt.[1033] Gemeinsam ist allen Regelungen, dass als Voraussetzung der Haftung ein Fehler, ein Schaden sowie Kausalität des Fehlers für den Schaden vorliegen muss.[1034] Bei Überschreitung der Geschäftsführungsbefugnis tritt die Haftung gegenüber der Gesellschaft ein.[1035] Es handelt sich um eine interne Haftung.[1036] Dritte erleiden insofern keinen Schaden.[1037] Der Geschäftsführer muss für noch so geringfügige Fehler einstehen, die ein durchschnittlicher Geschäftsführer sich nicht zuschulden kommen lassen hätte.[1038] Der Fehler muss nicht arglistig begangen worden oder besonders schwer sein.[1039] Die Gesellschaft hat den Beweis über das Vorliegen des Fehlers und den ihr dadurch entstan-

---

[1030] § 93 IV S. 2 AktG.

[1031] Art. 1850 (1) CC, Art. L. 223-22 (1), 225-251 (1), 225-256 (1) CCom.

[1032] Cozian/Viandier/Deboissy, S. 167 Rn. 362; Merle, S. 438 Rn. 405; Caussain, J.-Cl. S. 4, Fasc. 133-50, S. 29 Nr. 150; Mercadal/Janin, S. 143 Nr. 319.

[1033] Guyon, Droit des affaires, S. 265 Rn. 268. Im Verhältnis zu Dritten wendet man das allgemeine Recht der Deliktshaftung der Art. 1382 und 1383 des CC an (Barbieri, S. 207; Cozian/Viandier/Deboissy, S. 565 Rn. 1458.), gegenüber der Gesellschaft besteht eine vertragliche Haftung (Dereu, J.-Cl. S. 3, Fasc. 55-30, S. 3 Nr. 12.).

[1034] Bézard/Letulle, J.-Cl. S. 3, Fasc. 48-40, S. 10 Nr. 47-53; Dereu, J.-Cl. S. 3, Fasc. 55-30, S. 4 Nr. 14-20; Guyon/Bars, J.-Cl. S. 4, Fasc. 132-10 S. 9 Nr. 30.

[1035] Cozian/Viandier/Deboissy, S. 163 Rn. 355.

[1036] Jauffret/Mestre, S. 184 Rn. 258.

[1037] Gibirila, J.-Cl. Civ., Art. 1832 à 1844-17, Fasc. 50, S. 4 Nr. 9.

[1038] Dereu, J.-Cl. S. 3, Fasc. 55-30, S. 4 Nr. 16.

[1039] Guyon/Bars, J.-Cl. S. 4, Fasc. 132-10 S. 9 Nr. 31.

denen Schaden zu erbringen.[1040] Sind mehrere Geschäftsführer vorhanden, so kann die Haftung je nach Einzelfall individuell oder gesamtschuldnerisch sein.[1041] Dabei ist im Prinzip jeder Geschäftsführer nur für seine eigenen Fehler verantwortlich.[1042] Liegt gemeinsames Verschulden vor, so haften die Geschäftsführer jedoch gesamtschuldnerisch. Jeder von ihnen kann auf Ersatz des ganzen Schadens in Anspruch genommen werden.[1043] Im Innenverhältnis berücksichtigt das Gericht den Beitrag jedes einzelnen beim Schadensausgleich.[1044] Der Geschäftsführer, der in Anspruch genommen wurde, kann bei den übrigen Geschäftsführern Rückgriff nehmen.[1045]

Für alle französischen Gesellschaften gilt, dass die Gesellschaft gegen den Geschäftsführer durch einen anderen Vertreter vorgehen kann (*action sociale „ut universi*“).[1046] Sind die Geschäftsführer untätig oder verschleppen sie die Klage, so können auch die Gesellschafter nach Art. 1843-5 (1) CC selbst im Namen der Gesellschaft Klage erheben (*action sociale „ut singuli*“).[1047] Für die SARL sowie die SAs ist dies im CCom noch einmal gesondert festgehalten. So kann die Haftung gegenüber der SARL auch von einem oder mehreren Gesellschaftern, die mindestens ein Zehntel des Kapitals repräsentieren, geltend gemacht werden.[1048] Der Schaden der SA kann von einem Aktionär, einer Assoziation nach Art. L. 225-120 CCom oder mehreren Aktionären, die mindestens ein Zwanzigstel des Kapitals repräsentieren, geltend gemacht werden.[1049] Hat ein Gesellschafter einen persönlichen Schaden erlitten, so kann er selbst Schadensersatz verlangen (*action individuelle*). Dies ist nicht speziell geregelt, ergibt sich jedoch indirekt aus Art. 1843-5 (1) CC, Art. L. 223-22 (3) sowie Art. L. 225-252 CCom.[1050] Handelt der Gesellschafter aufgrund eines Gesellschafterbeschlusses, so ist er von der Haftung befreit.[1051] Die Erteilung der Entlastung durch die Gesellschafterversammlung oder ein vorheriger Verzicht steht einer späteren Schadensersatz-

[1040] Vuillermet, , S. 160; Saintourens, Rép. Civ. Dalloz, Société civile, S. 12 Nr. 90.
[1041] Art. 1850 (2) Satz 1 CC, Art. L. 223-22 (1), 225-251 (1), 225-256 (1) CCom.
[1042] Merle, S. 202 Rn. 199; Jauffret/Mestre, S. 206, Rn. 295.
[1043] Juglart/Ippolito, S. 490 Rn. 437, S. 696 Rn. 814; Jauffret/Mestre, S. 206 Rn. 295.
[1044] Art. 1850 (2) Satz 2 CC, Art. L. 223-22 (2), 225-251 CCom.
[1045] Jauffret/Mestre, S. 206 Rn. 295; Cozian/Viandier/Deboissy, S. 331 Rn. 744.
[1046] Ripert/Roblot, S. 140 Rn. 1198; Cozian/Viandier/Deboissy, S. 167 Rn. 364.
[1047] Art. 1843-5 CC gilt für alle Gesellschaftsformen, Cozian/Viandier/Deboisssy, S. 168 Rn. 364.
[1048] Art. L. 223-22 (3), Art. 45 (1) *décret 67-236*.
[1049] Art. L. 225-252 CCom, Art. 200 *décret 67-236*.
[1050] Cozian/Viandier/Deboissy, S. 169 Rn. 365.
[1051] Storck, J.-Cl. S. 4, Fasc. 74-20 S. 12 Rn. 66; Guyon/Bars, J.-Cl. S. 4, Fasc. 132-10 S. 17 Nr. 73.

klage hingegen nicht entgegen.[1052] Da die Geschäftsführer häufig eine Mehrheit in den Gesellschafterversammlungen haben, könnten sie sich sonst eine fast absolute Haftungsfreiheit sichern.[1053] Einzelne Entlastungen sind jedoch wirksam, wenn sie in Kenntnis des Fehlers des Geschäftsführers und des Schadens der Gesellschaft entschieden wurden.[1054]

V. Die englischen *partnerships*

Ein *partner* kann auf Schadensersatz klagen, wenn ein oder mehrere *co-partner* durch ihr Verhalten gegen den *partnership*-Vertrag verstoßen haben.[1055] Hierzu zählt auch ein Verstoß gegen die im Innenverhältnis geltenden Einschränkungen der Befugnisse eines *partner*. Ein *partner*, der solche Einschränkungen überschreitet, ist den anderen *partners* gegenüber für den erlittenen Schaden ersatzpflichtig.[1056] Es gelten insofern die allgemeinen Regeln für Rechtsbehelfe (*remedies*) bei Vertragsbrüchen.[1057] Es müssen also Kausalität, Zurechenbarkeit und ein Schaden vorliegen.[1058] In diesem Fall haften die *partners* persönlich, allein und unbeschränkt, also „*several*", die übrigen *partners* haften nicht.[1059] Fraglich ist allerdings, ob der Schaden von der *partnership* geltend gemacht werden kann.[1060] Dies ist lediglich der Fall, wenn der Schaden bei der *firm* und nicht bei den einzelnen *partners* eingetreten ist.[1061] In diesem Fall müssen alle *partners* gemeinsam klagen.[1062] Die Beweislast liegt bei der Partei, die den Anspruch geltend macht.[1063] Der betroffene *partner* bzw. die *partnership* muss also sämtliche für den Anspruch erforderlichen Voraussetzungen vortragen und beweisen.

[1052] Art. 1843-5 CC, Art. L. 223-22, 225-253 CCom; Guyon/Bars, J.-Cl. S.4, Fasc. 132-10, S. 26 Nr. 126, 127; Cozian/Viandier/Deboissy, S. 169 Rn. 364.
[1053] Guyon/Bars, J.-Cl. S. 4, Fasc. 132-10, S. 26 Nr. 126.
[1054] Guyon/Bars, J.-Cl. S. 4, Fasc. 132-10, S. 26 Nr. 126.
[1055] Prime and Scanlan, Partnership, S. 241.
[1056] Burgess & Morse, S. 112; Lindley & Banks, S. 196, 10-95; Thole, S. 71.
[1057] Lindey & Banks, S. 672, 23-208.
[1058] Kelly/Holmes, S. 178, 8.7.1.
[1059] Thole, S. 71, 72.
[1060] Lindley & Banks, S. 670, 23-206.
[1061] Lindley & Banks, S. 672, 23-208 Fn. 47.
[1062] Lindley & Banks, S. 581, 23-05.
[1063] *Robins v. National Trust Co.* [1927] A.C. 515, 520; Phipson, S. 56, 4-03. „*Ei qui affirmat non ei qui negat incumbit probatio*" (*Lord Maugham* in *Constantine Line v. Imperial Smelting Corporation* [1942] A.C. 154, 174).

VI. Die englischen *companies*

Bei Überschreitung ihrer Befugnisse haften die *directors* einer englischen *company* nach den allgemeinen von der Rechtsprechung für Pflichtverletzungen entwickelten Grundsätzen, meist wegen Verletzung der treuhänderischen Pflichten (*fiduciary duties*).[1064]

Zunächst begeht ein *director*, der seine *company* dazu veranlasst, ein Geschäft einzugehen, das außerhalb der Handlungsfähigkeit der *company* liegt, eine Verletzung seiner „*fiduciary duty*" gegenüber der *company*.[1065] Er haftet der *company* daher für jeden Schaden, der durch dieses Geschäft entsteht.[1066] Ein *director* haftet verschuldensunabhängig sowie unabhängig davon, ob er Kenntnis von der Überschreitung des Gesellschaftsgegenstands hatte oder nicht.[1067] *Ultra vires* Handlungen können nach sec. 35 (3) CA 1985 mit Dreiviertelmehrheit von den Gesellschaftern genehmigt werden. Sec. 35 (3) CA 1985 verdeutlicht aber, dass die Haftung trotz sec. 35 (1) CA 1985 aufrecht erhalten bleibt. Um den *director* von seiner Haftung zu befreien, ist vielmehr ein zweiter Beschluss der Gesellschafter mit Dreiviertelmehrheit erforderlich. Die Funktion dieser Aufspaltung ist unklar. Sie könnte darin zu sehen sein, dass eine Genehmigung aus geschäftlichen Gründen angemessen sein kann, auch wenn der Maßnahme vorher nicht zugestimmt worden wäre.[1068] Der erste Beschluss hat jedoch tatsächlich keine Funktion, da die interne Billigung angesichts der externen Wirksamkeit wenig Sinn macht.[1069] Sec. 35A (5) CA 1985 erhält auch die Haftung der *directors* aufgrund von Überschreitungen ihrer Befugnisse aufrecht. Unbefugte Geschäfte, welche zu Verlusten oder Schäden auf Seiten der *company* führen, können einer Verletzung der „*fiduciary duties of good faith and proper purpose*" gleichkommen.[1070] Auch hier muss kein Verschulden vorliegen. Die Haftung entsteht sobald ein Schaden der *company* eintritt, weil ein *director* seine Pflicht, im Rahmen seiner Befugnisse zu handeln, überschritten hat.[1071] Anders als z.B. in Deutschland handelt es sich hier nicht um Verletzungen der Sorgfaltspflichten (*duty of skill and care*), sondern um Treuepflichtverletzungen (*fiduciary duty*). Daher ist der extrem subjektive Sorgfaltsmaßstab[1072], der es aus-

[1064] Pennington, Company Law, S. 112; Hartlieb, S. 216.

[1065] Barc/Parkinson, U3016; Gore-Browne, 3.4.1.

[1066] *Re Sharpe* [1892] 1 Ch 154, 165 f.; *Cullerne v London & Surburban Building Society* (1890) 25 QBD 485, 490; Gore-Browne, 3.4.1.

[1067] Barc/Parkinson, U3016; Dine, S. 47.

[1068] So auch Thole, S. 173.

[1069] Pennington, Company Law, S. 112.

[1070] Boyle & Birds, S. 116, 4.24; Gore-Browne, 5.1.3; Pennington, Company Law, S. 710.

[1071] Wilkinson, S. 244; Pennington, Company Law, S. 709.

[1072] Gower, S. 604.

reichen lässt, dass der *director* sich bemüht, im Rahmen seiner persönlichen Fähigkeiten zu handeln[1073], hier ohne Bedeutung.

Ein *director* haftet nur für solche Handlungen, an denen er selbst beteiligt war oder von denen er Kenntnis hatte oder die seinen Verdacht hätten erregen müssen.[1074] Ist die Pflichtverletzung mehreren *directors* vorzuwerfen, so haften sie als Gesamtschuldner (*joint and several*).[1075] Ein *director* ist verpflichtet, den gesamten Schaden auszugleichen. In diesem Fall kann er bei den übrigen beteiligten *directors* Rückgriff nehmen.[1076]

Die *directors* haften bei Vorliegen einer Pflichtverletzung in Ausübung ihrer Tätigkeit grundsätzlich nur gegenüber der *company*. Die *directors* sind weder den Gesellschaftern noch Dritten gegenüber aus einer fehlerhaften Unternehmensleitung verpflichtet.[1077] Die Geltendmachung der Ersatzansprüche kann nur von der Gesellschafterversammlung mit einfacher Mehrheit beschlossen werden.[1078] Von diesem Grundsatz gibt es jedoch Ausnahmen. So kann, wenn die Ablehnung der Gesellschaftsklage durch die Gesellschaftergesamtheit einen schweren Treubruch gegenüber der Minderheit darstellt oder wenn die Haftung durch Handlungen ausgelöst worden ist, die den Gesellschaftsgegenstand überschreiten (sec. 35 (2) in der Fassung von sec. 108 CA 1989) oder ungesetzlich ist, auch die Minderheit oder ein einzelner Gesellschafter die Klage geltend machen (*derivative action*).[1079]

Die Gesellschaft kann die *directors* gemäß sec. 310 (1) CA 1985 nicht im voraus von der Haftung für Pflichtverletzungen durch Bestimmungen in der Satzung, dem Gründervertrag oder in dem Anstellungsvertrag befreien. Alle Vereinbarungen, die den haftungsbegründenden Pflichtenkreis und den Verschuldensmaßstab reduzieren oder die *directors* von Ansprüchen Dritter freistellen, sind nichtig. Das Gericht kann jedoch die Haftung eines *director* verneinen, sofern dieser nachweisen kann, dass er redlich und vernünftig und deshalb schuldlos gehandelt hat.[1080] Die nachträgliche Freistellung von der internen Haftung, ist grundsätzlich zulässig, obwohl im Gesetz nicht gere-

---

[1073] *Re Brazilian Rrubber Plantations and Estates Ltd.* [1911] 1 Ch. 425, 437. Nach sec. 214 (4) I.A. 1986 ist ein objektiver Verschuldensmaßstab anzulegen.

[1074] *Re Lands Allotment Co.* [1894] 1 Ch. 616, 626, 635; Smith & Keenan, S. 323; Palmer/Davies, S. 960, 63-27.

[1075] *Re Faure Electric Accumulator Co.* (1889) 40 ChD 141, 158; Kisker, S. 67.

[1076] Palmer/Davies, S. 960, 63-27; Smith & Keenan, S. 323.

[1077] *Multinational Gas and Petrochemical Co. v. Multinational Gas and Petrochemical Services Ltd.* [1983] Ch. 258, 288; Pennington, Directors' Personal Liability, S. 149, 150.

[1078] *Bamford v. Bamford* [1970] Ch 212, 233.

[1079] *Foss v. Harbottle* [1843] 2 Hare 461; Loose/Griffiths/Impey, S. 165, 6.1.1.

[1080] Sec. 727 (1) CA 1985.

gelt.[1081] In England hat die Haftpflichtversicherung für *directors* Tradition.[1082]

B. Beendigung der Geschäftsführerstellung

In allen untersuchten Gesellschaftsformen riskiert der Geschäftsführer neben Schadensersatzansprüchen, die Beendigung seines Amtes als Geschäftsführer.[1083] In Frankreich bedeutet die Überschreitung der Geschäftsführungsbefugnis, zum Beispiel durch Verletzung von Einschränkungen in den Statuten, einen rechtfertigenden Grund (*juste motif*) zur Abberufung, so dass ein Schadensersatzanspruch des Geschäftsführers entfällt.[1084]

C. Unterlassungsanspruch

I. Deutschland

Der Bundesgerichtshof verneint für das deutsche Personengesellschaftsrecht eine allgemeine Unterlassungsklage bei Überschreitung der Geschäftsführungsbefugnisse, da damit ein unzulässiger Eingriff in die Geschäftsführung vorliege.[1085] Nur bezüglich einzelner konkret bezeichneter Handlungen könne vom Geschäftsführer Unterlassung gefordert werden.[1086] Diese Unterlassungsklage sei nur bei evidenter Verletzung des Gesellschaftsvertrags möglich.[1087] In der Literatur wird diese auf die Eigenverantwortlichkeit des Geschäftsführers gestützte Entscheidung zum Teil abgelehnt, da es nicht um die Autonomie des Geschäftsführers, sondern um das Überschreiten der Geschäftsführungskompetenz gehe.[1088] Jedenfalls in einem derartigen Fall kompetenzwidrigen Verhaltens müsse der Personengesellschaft ein vorbeugender Unterlassungsanspruch zustehen[1089] wie ihn der Bundesgerichtshof mittlerweile für das Kapitalgesellschaftsrecht ausdrücklich bejaht hat.[1090]

[1081] Pennington, Directors' Personal Liability, S. 100, 101; Dine, S. 197, 11.9.

[1082] Pennington, Directors' Personal Liability, S. 96, 97.

[1083] Zur Beendigung der Geschäftsführerstellung vgl. Teil 7 § 2.

[1084] Dereu, J.-Cl. S. 3, Fasc. 55-20, S. 12 Nr. 92; Storck, J.-Cl. S. 4, Fasc. 74-20, S. 6, 7 Nr. 27 ff.; Jauffret/Mestre, S. 184 Rn. 258.

[1085] BGH, DB 1980, 1114 (1116); Heidelberger Kommentar/Stuhlfelner, § 116 Rn. 4.

[1086] Siehe Grunewald, DB 1981, 407 ff.

[1087] Heidelberger Kommentar, § 116 Rn. 4.

[1088] Ebenroth/Boujong/Joost/Mayen, § 116 Rn. 18.

[1089] So z.B. Baumbach/Hopt, § 116 Rn. 4; Schlegelberger/Martens, § 116 Rn. 22; Emde, WM 1996, 1205.

[1090] BGHZ 83, 122 (133); Scholz/Schneider, § 43 Rn. 210.

Der Unterlassungsanspruch kann grundsätzlich von der Gesellschaft geltend gemacht werden. Ob auch ein einzelner Gesellschafter einen Anspruch auf Unterlassung hat oder ob er einen Anspruch der Gesellschaft geltend machen kann, ist jedoch unklar. Die h.M. lehnt einen eigenen Anspruch des Gesellschafters ab.[1091] Bei satzungswidrigen Handlungen sowie bei Handlungen, durch die der Geschäftsführer in die Zuständigkeit der Gesellschafterversammlung eingreift, besteht jedoch eine Klagebefugnis des einzelnen Gesellschafters. Diese beruht auf der Verletzung seiner Mitgliedstellung oder der Missachtung seiner satzungsmäßigen Mitbestimmungs- und Verwaltungsrechte.[1092]

II. Frankreich

Das französische Recht steht vorbeugendem Rechtsschutz generell sehr zurückhaltend gegenüber. Eine vorbeugende Unterlassungsklage ist als solche nicht bekannt.[1093] Dies schließt zwar nicht grundsätzlich aus, dass eine künftige Beeinträchtigung geltend gemacht wird, wenn ihr Grund in einem bereits vorliegenden Ereignis liegt.[1094] Jedoch erscheint eine Unterlassungsklage, um weitere Überschreitungen der Geschäftsführungsbefugnis zu verhindern, im Gesellschaftsrecht nicht gegeben zu sein. Jedenfalls wird in der französischen Literatur bei Kompetenzüberschreitungen der Geschäftsführer lediglich von der Sanktion der Abberufung oder der Haftung gesprochen.[1095]

III. England

Gegen einen *partner* oder *director*, der gegen den Gesellschaftsvertrag oder die „*duty of good faith*" verstößt, kann das Gericht eine Unterlassungsverfügung erlassen.[1096] Da dies jedoch ein „*equitable remedy*" ist, muss ein ausreichender und angemessener Grund vorliegen.[1097]

Sec. 35 (2) CA 1985 kodifiziert das Recht jedes Gesellschafters Unterlassungsverfügungen für *ultra vires* Handlungen zu begehren. Sec. 35 A (4) CA 1985 enthält ein solches Recht, für Handlungen, die außerhalb der

---

[1091] Scholz/Schneider, § 43 Rn. 210.
[1092] BGHZ 83, 122 (135); OLG Koblenz, ZIP 1990, 1570 (1573).
[1093] Ferid/Sonnenberger, S. 252, 1 C 177.
[1094] Ferid/Sonnenberger, S. 252, 1 C 177.
[1095] Z.B. Cozian/Viandier/Deboissy, S. 163 Rn. 355.
[1096] Dine, S. 197, 11.8; Wilkinson, S. 244; Bruce, S. 46, 5.20; Prime & Scanlan, Partnership, S. 235.
[1097] Prime & Scanlan, Partnership, S. 235.

Befugnisse der *directors* liegen.[1098] Um einen umfassenden Schutz Dritter zu gewährleisten, muss dies jedoch ohne Wirkung gegenüber Dritten bleiben.

D. Vergleich

In sämtlichen untersuchten Gesellschaften steht der Gesellschaft ein Schadensersatzanspruch bei Überschreitung der Geschäftsführungsbefugnis gegenüber der betreffenden Leitungsperson zu. Die Überschreitung muss kausal zu einem Schaden führen. Die Gesellschaft ist für den Fehler, die Kausalität und den Schaden beweispflichtig. Der Geschäftsführer hat nachzuweisen, dass er pflichtgemäß gehandelt hat. Jeder Geschäftsführer haftet nur für eigenes Verschulden. Dieses wird aber vermutet. Sind mehrere Geschäftsführer an der Überschreitung beteiligt, so haften diese im Regelfall als Gesamtschuldner. Dabei kann jeder Geschäftsführer für den gesamten Betrag in Anspruch genommen werden. Dem Geschäftsführer steht gegenüber den übrigen Geschäftsführern ein Rückgriffsrecht zu. Das Handeln aufgrund eines vorangegangenen Beschlusses der Gesellschafterversammlung schließt die Haftung aus. Es ergeben sich folgende Prinzipien:

Bei Überschreitung ihrer Befugnisse im Innenverhältnis haften die Geschäftsführer der Gesellschaft auf Schadensersatz, wenn der Gesellschaft durch die Überschreitung ein Schaden entstanden ist.

Die Beweislast für den Fehler, die Kausalität und den Schaden liegt bei der Gesellschaft. Die Beweislast für die Pflichtgemäßheit seines Handelns trägt der Geschäftsführer.

Sind mehrere Geschäftsführer an der Pflichtverletzung beteiligt, so haften sie als Gesamtschuldner.

Wer die Ersatzansprüche der Gesellschaft geltend macht, wird unterschiedlich gehandhabt. So können Ersatzansprüche in allen französischen Gesellschaften und den deutschen Personengesellschaften von den übrigen Vertretern der Gesellschaft geltend gemacht werden. In England und bei der GmbH ist hingegen ein Gesellschafterbeschluss erforderlich. In der deutschen AG ist der Aufsichtsrat für die Geltendmachung der Ansprüche zuständig. Unter bestimmten Voraussetzungen können auch einzelne Gesellschafter Klage im Namen der Gesellschaft erheben (*actio pro socio, action*

[1098] Boyle & Birds, S. 115, 4.24.

sociale, derivative action). Insoweit lässt sich folglich kein gemeinsames Prinzip entwickeln.

Des Weiteren steht den Gesellschaftern jeweils die Möglichkeit offen, einen Geschäftsführer, der seine Befugnisse überschreitet, von der Geschäftsführung durch Abberufung oder Entziehung der Befugnisse auszuschließen. Es gilt folgendes Prinzip:

Die Überschreitung der Befugnisse im Innenverhältnis stellt einen Grund für die Beendigung der Befugnisse dar.

Falls die Möglichkeit einer Unterlassungsklage überhaupt zugelassen wird, so ist sie nur unter strengen Voraussetzungen möglich. Ihr dürfte aber aufgrund der Abberufungs- bzw. Entziehungsmöglichkeit sowieso nur eine untergeordnete Bedeutung zukommen. Ein gemeinsames Prinzip besteht insoweit nicht.

11. Teil: Umfang und Grenzen der Vertretungsmacht

§ 1. Persönlicher Umfang der Vertretungsmacht

Ebenso wie bei der Geschäftsführungsbefugnis kann die Vertretungsmacht verschieden gestaltet werden, wenn mehrere Personen zur Vertretung berechtigt sind. So kann Einzelvertretungsmacht festgelegt werden. Dann darf eine Person die Gesellschaft allein vertreten. Der Vorteil der Einzelvertretungsmacht besteht in der größeren Flexibilität und Beweglichkeit der Gesellschaft. Auf der anderen Seite kann Gesamtvertretungsmacht vorgesehen werden. Hier sind die Leitungsorgane nur als Kollektiv berechtigt, die Gesellschaft nach außen zu verpflichten. Die hierdurch entstehende Verbundenheit und gemeinsame Verantwortung dient der gegenseitigen Kontrolle und damit der Sicherheit der Gesellschaft. Der eigennützige Missbrauch wird erschwert und das Risiko der Untreue verringert.[1099] Ferner kann die Möglichkeit bestehen, von diesen gesetzlichen Regelungen abzuweichen. Die Möglichkeit, statt Einzelvertretungsmacht vertraglich Gesamtvertretungsmacht zu vereinbaren, wird als Beschränkung der Vertretungsmacht angesehen. Umgekehrt liegt eine Erweiterung der Befugnisse vor. Zum Teil wird zwischen Aktiv- und Passivvertretung unterschieden. Da von den unterschiedlichen Regelungsmöglichkeiten eine Gefahr für die Sicherheit des Rechtsverkehrs ausgehen kann, nimmt die 1. Gesellschaftsrechtliche Richtlinie sich dieses Problems für die AG, die GmbH, die SA und die SARL sowie für die *private* und die *public company* an und sieht in Art. 9 (3) vor, dass vom Gesetz abweichende Satzungsbestimmungen Dritten nur entgegengehalten werden können, wenn sie im Sinne des Art. 3 der Richtlinie[1100] offen gelegt wurden. Dabei lässt die Richtlinie den Mitgliedstaaten Gestaltungsspielraum, ob sie satzungsmäßige Abweichungen von der gesetzlichen Regel überhaupt zulassen wollen und welche. Hinsichtlich der Regelung der Gesamt- oder Einzelvertretungsmacht bedient sich die Richtlinie also einer publizitätsrechtlichen Lösung. Für die Personengesellschaften wurde noch keine europäische Harmonisierungsmaßnahme vorgenommen. Im Folgenden ist zu untersuchen, welche Regelungsmöglichkeiten die Mitgliedstaaten in den einzelnen Gesellschaftsformen gewählt haben.

[1099] Horst, S. 148.

[1100] Siehe oben Teil 8.

A. Personengesellschaften

I. Die Gesellschaft bürgerlichen Rechts

Bei der GbR ist ein Gesellschafter gemäß § 714 BGB im Zweifel zur Vertretung ermächtigt, soweit ihm die Befugnis zur Geschäftsführung zusteht. Für die Aktivvertretung gilt entsprechend der Gesamtgeschäftsführungsbefugnis aller Gesellschafter nach § 714 i.V.m. § 709 I BGB die Gesamtvertretungsmacht aller Gesellschafter.[1101] Geschäftsführungsbefugnis und Vertretungsmacht stimmen gemäß § 714 BGB im Zweifel überein. Für die Aktivvertretung besteht also auch hier grundsätzlich Gesamtvertretungsmacht. Ein Gesamtvertreter, der ohne die Mitwirkung der übrigen handelt, ist Vertreter ohne Vertretungsmacht. Die anderen Gesamtgeschäftsführer können das Rechtsgeschäft jedoch nach § 177 BGB genehmigen. Im Rahmen der Passivvertretung ist jeder gesamtvertretungsberechtigte Gesellschafter allein zur Entgegennahme empfangsbedürftiger Willenserklärungen befugt und verpflichtet.[1102] Es genügt also, wenn die Erklärung an einen der Geschäftsführer erfolgt.

Der Gesellschaftsvertrag kann nach §§ 714, 709 II BGB vorsehen, dass die Vertretung ebenso wie die Geschäftsführung durch die Mehrheit von Gesellschaftern erfolgt.[1103] Die Vertretungsmacht kann ferner ebenso wie die Geschäftsführung gemäß §§ 714, 710 BGB auch einem oder mehreren Gesellschaftern unter Ausschluss der übrigen übertragen werden. Nach §§ 714, 711 BGB kann ebenfalls Einzelvertretungsmacht vereinbart werden. Normalerweise folgt die Vertretungsregelung der Geschäftsführungsregelung. Der Gesellschaftsvertrag kann aber die Vertretungsmacht abweichend von der Geschäftsführungsbefugnis regeln. Dies kann sich aus praktischen Gründen empfehlen, z.B. indem nach Mehrheitsentscheidungen der Geschäftsführung Einzelvertretung stattfinden kann.[1104] Vertretungsmacht ohne Geschäftsführungsbefugnis kann ebenfalls kraft Vertrags festgelegt werden.[1105] Gewöhnlich bleibt es aber beim Gleichlauf von Geschäftsführung und Vertretung, weil kaum Vertretungsakte denkbar sind, die nicht auch eine Geschäftsführungskompetenz voraussetzen.[1106] Häufiger sind Differenzierungen zwischen

---

[1101] Erman/Westermann, § 714 Rn. 4; Soergel/Hadding, § 714 Rn. 15.
[1102] Ulmer, GbR, § 714 Rn. 15; BGB-RGRK/v. Gamm, § 714 Rn. 3.
[1103] Soergel/Hadding, § 714 Rn. 13.
[1104] Erman/Westermann, § 714 Rn. 4.
[1105] Staudinger/Keßler, § 714 Rn. 7; Jauernig/Stürner, Anm. zu den §§ 714, 715 Rn. 5; Siegmund/van Venrooy, Rn. 106.
[1106] Erman/Westermann, § 714 Rn. 4.

Gesellschaftern, indem einzelnen Gesamtvertretung, anderen aber Einzelvertretung zusteht.[1107]

II. Die deutschen Personenhandelsgesellschaften

In Deutschland unterscheidet sich die dispositive gesetzliche Regel des § 125 HGB für die oHG und die KG (i.V.m. § 161 II HGB) von den Regeln für die anderen Gesellschaftsformen. Nach dem Grundsatz des § 125 HGB ist jeder Geschäftsführer einzelvertretungsberechtigt, während sowohl für die GbR als auch für die AG und die GmbH der Grundsatz der Gesamtvertretung gilt.[1108] Jeder vertretungsberechtigte Gesellschafter kann ohne Mitwirkung der anderen wirksam im Namen der Gesellschaft handeln.[1109] Besonders in den Fällen, in denen auch die Mitgesellschafter unbeschränkt haften, z.B. bei der oHG oder der KG mit mehreren Komplementären, setzt die Alleinvertretungsmacht ein großes gegenseitiges Vertrauen der Gesellschafter voraus.[1110]

Durch Gesellschafterbeschluss oder im Gesellschaftsvertrag kann allerdings gemäß § 125 II S. 1 HGB eine Gesamtvertretung aller oder mehrerer Gesellschafter vereinbart werden. Die so ermächtigten Gesellschafter können die für die Gesellschaft verbindlichen Erklärungen nur gemeinsam bewirken.[1111] Die Gesellschafter haben weiterhin die Möglichkeit, Gesamt- und Einzelvertretungsmacht zu kombinieren.[1112] Ferner kann nach § 125 III S. 1 HGB die sog. gemischte oder unechte Gesamtvertretung eines Gesellschafters gemeinsam mit einem Prokuristen vereinbart werden. In beiden Fällen ist die Ermächtigung einzelner zu bestimmten Geschäften oder Arten von Geschäften zulässig.[1113] Die Ermächtigung macht den Ermächtigten partiell zum organschaftlichen Alleinvertreter.[1114] Diese Möglichkeit der Ermächtigung mildert die Unbeweglichkeit der Gesellschaft in Folge der Gesamtvertretungsmacht.[1115] Unzulässig ist es jedoch, die Gesamtvertretung nur für bestimmte Arten von Geschäften anzuordnen, während es für andere Geschäfte

---

1107 Erman/Westermann, § 714 Rn. 4.
1108 Ebenroth/Boujong/Joost/Hillmann, § 125 Rn. 18.
1109 Ebenroth/Boujong/Joost/Hillmann, § 125 Rn. 18.
1110 Horst, S. 141.
1111 Baumbach/Hopt, § 125 Rn. 16.
1112 Ebenroth/Boujong/Joost/Hillmann, § 125 Rn. 21; Baumbach/Hopt, § 125 Rn. 14.
1113 § 125 II S. 2, III S. 2 HGB.
1114 BGHZ 64, 75; Baumbach/Hopt, § 125 Rn. 17; Ebenroth/Boujong/Joost/Hillmann, § 125 Rn. 30; a.A. Schlegelberger/Schmidt, § 125 Rn. 44.
1115 Horst, S. 143. Die Grenzen einer derartigen Ermächtigung sind strittig. Keinesfalls darf eine solche Ermächtigung aber soweit gehen, dass praktisch Einzelvertretung eingeführt wird, denn die gesellschaftsvertragliche Vereinbarung der Gesamtvertretung kann nur aufgrund eines Gesellschafterbeschlusses geändert werden. Siehe auch Lüdtke-Handjery, DB 1972, 565.

bei der Einzelvertretung verbleibt.[1116] Handelt ein Gesamtvertreter ohne Mitwirkung der anderen, so ist er Vertreter ohne Vertretungsmacht. Die übrigen Gesamtvertreter können dann gemäß § 177 BGB das Rechtsgeschäft genehmigen.[1117] Ist Gesamtvertretungsmacht vereinbart, so gilt für die Passivvertretung, d.h. den Empfang von Willenserklärungen, trotzdem Einzelvertretungsmacht.[1118]

Nach § 125 IV HGB war jede vom gesetzlichen Regelfall, also von der Einzelvertretung durch sämtliche Gesellschafter, abweichende gesellschaftsvertragliche Vertretungsregelung zur Eintragung in das Handelsregister anzumelden. Darunter fielen insbesondere die Anordnung von Gesamtvertretung und gemischter Gesamtvertretung und jede Änderung in der Vertretung gleichgültig, ob sie nur einzelne Gesellschafter oder die Vertretungsregelung insgesamt betrafen.[1119] Nunmehr ist in § 106 II Nr. 4 HGB geregelt, dass die Anmeldung zum Handelsregister die Vertretungsmacht der Gesellschafter zu enthalten hat. Nach § 107 HGB sind Änderungen der Vertretungsmacht ebenfalls anzumelden. Es wird hinsichtlich der Eintragung folglich nicht mehr zwischen der gesetzlichen Vertretungsmacht und einer abweichenden gesellschaftsvertraglichen Vertretungsmacht unterschieden.

III. Die französischen Personengesellschaften

Im Gegensatz zu den vorgenannten Regelungen kennt Frankreich nur gesetzliche Regelungen über die Ausübung der Vertretungsbefugnis. Abweichende Satzungsbestimmungen sind nicht möglich. Einschränkungen, z.B. durch Einführung der Gesamtvertretungsbefugnis, sind in jedem Fall ohne Drittwirkung.[1120] Frankreich verfolgt das Prinzip der strikten und zwingenden Einzelvertretung. [1121] Im Falle einer Mehrheit von Geschäftsführern gilt in den Personengesellschaften, dass jeder Geschäftsführer die Gesellschaft allein vertreten kann.[1122] Die Geschäftsführer handeln unabhängig voneinander, ohne sich vorher beraten zu müssen.[1123] Zum Schutz vor eigenmächtigem Handeln der einzelnen Geschäftsführer steht den übrigen Geschäftsführern in

---

[1116] Ebenroth/Boujong/Joost/Hillmann, § 125 Rn. 22; Schlegelberger/Schmidt, § 125 Rn. 32.

[1117] Heidelberger Kommentar/Stuhlfelner, § 125 Rn. 5.

[1118] § 125 II 3, III 2 HGB.

[1119] Ebenroth/Boujong/Joost/Hillmann, § 125 Rn. 52.

[1120] Ripert/Roblot, S. 140 Rn. 1197; Dereu, J.-Cl. S. 3, Fasc. 55-20, S. 10 Nr. 68; Merle, S. 155, Rn. 140; Cozian/Viandier/Deboissy, S. 584, Rn. 1500.

[1121] Bézard/Letulle, J.-Cl. S. 3, Fasc. 48-40, S. 8 Nr. 34; Dereu, J.-Cl. S. 3, Fasc. 55-20, S. 10 Nr. 70.

[1122] Art. 1849 (2) CC, Art. L. 221-5 (2) (i.V.m. 222-2) CCom.

[1123] Dereu, J.-Cl. S. 3, Fasc. 55-20, S. 10 Nr. 70.

diesen Gesellschaften jedoch ein Widerspruchsrecht zu.[1124] Der Widerspruch ist Dritten gegenüber nur wirksam, wenn diese davon Kenntnis gehabt haben.[1125] Einer Differenzierung zwischen Aktiv- und Passivvertretung bedarf es aufgrund der zwingenden Einzelvertretungsmacht nicht.

IV. Die englische *partnership*

Nach sec. 5 PA 1890 ist jeder *partner* ein *agent* der *firm* und der übrigen *partners*. Jeder *partner* vertritt die übrigen *partners* allein. Es besteht also Alleinvertretungsbefugnis.[1126] Die anderen *partners* müssen die Handlung weder gutheißen noch ihr zustimmen.[1127] In der *limited partnership* gilt für die unbeschränkt haftenden Gesellschafter nach sec. 7 LPA 1907 das gleiche. Eine Unterscheidung zwischen Aktiv- und Passivvertretung findet nicht statt.

Die *partners* können Einschränkungen und Erweiterungen der Vertretungsmacht einzelner oder aller *partner* vereinbaren.[1128] Üblich ist die Alleinvertretung nur eines *partner* sowie die Gesamtvertretung zweier *partners*.[1129] Die Aufteilung in verschiedene Geschäftsbereiche verhindert nicht, dass die *partnership* gebunden wird, obwohl der *partner* außerhalb seines Geschäftsbereichs gehandelt hat.[1130]

B. Kapitalgesellschaften

I. Die deutschen Kapitalgesellschaften

Bei der deutschen AG und GmbH wird bei einem mehrköpfigen Geschäftsführungsorgan für die Aktivvertretung vom Grundsatz der Gesamtvertretung ausgegangen.[1131] Rechtsgeschäftliche Erklärungen werden somit erst wirksam, wenn alle Gesamtvertreter ihre Erklärung als Teil der Gesamterklärung in entsprechender Form abgegeben haben. Tritt ein Gesamtvertreter als Einzelvertreter auf, so handelt er ohne Vertretungsmacht. Auf diesen Fall sind die §§ 177 ff. BGB anzuwenden. Die anderen Gesamtvertreter können nachträglich genehmigen.[1132] Das Rechtsgeschäft ist schwebend unwirksam, so-

---

[1124] Art. 1849 (2) CC, Art. L. 221-5 (2) (i.V.m. 222-2) CCom.
[1125] Merle, S. 155, Rn. 140.
[1126] Hohloch, Vereinigtes Königreich, Rn. 58.
[1127] Grier, S. 14.
[1128] Thole, S. 55.
[1129] Hofer, S. 111; Thole, S. 65.
[1130] Lindley & Banks, S. 306, 12-12.
[1131] § 78 II 1 AktG, § 35 II 2 GmbHG.
[1132] RGZ 122, 229 (231); BGH, WM 1965, 868 (869); Scholz/Schneider, § 35 Rn. 59; Kölner Kommentar/Mertens, § 78 Rn. 48 ff.

lange die Zustimmung nicht erteilt ist.[1133] Hinsichtlich der Passivvertretung gilt hingegen zwingend Einzelvertretungsmacht.[1134]

Abweichende Regelungen der Form der Aktivvertretung von der gesetzlichen Gestaltung sind durch die Satzung zulässig.[1135] So kann anstelle der Gesamtvertretungsbefugnis einzelnen oder allen Geschäftsführern Einzelvertretungsbefugnis verliehen werden. Möglich ist auch die beschränkte Gesamtvertretung (i.d.R. zwei von mehreren) oder die unechte Gesamtvertretung durch einen Geschäftsführer mit einem Prokuristen.[1136] Die Zulässigkeit der unechten Gesamtvertretung ist für die GmbH zwar nicht ausdrücklich in § 35 GmbHG aufgeführt. Sie wird aber im Anschluss an § 78 III AktG und § 125 III HGB in dem dort bestimmten Umfang allgemein anerkannt.[1137] Auch solche Möglichkeiten sind von Art. 9 (3) der 1. Gesellschaftsrechtlichen Richtlinie gedeckt, da hier von Personen, nicht von Organen gesprochen wird.[1138] Zulässig ist vor allem auch die Gesamtvertretung durch eine begrenzte Anzahl von Geschäftsführern. Schließlich kann die Gesamtvertretungsmacht eines Geschäftsführers auch an die Mitberechtigung eines anderen einzelvertretungsbefugten Geschäftsführers gebunden werden (sog. halbseitige Gesamtvertretung).[1139] Unzulässig ist hingegen die Bestimmung, dass die Einzelvertretungsmacht eines Geschäftsführers auf einen bestimmten Sachbereich begrenzt oder Gesamtvertretung nur in bestimmten Angelegenheiten erforderlich ist.[1140] Die zur Gesamtvertretung berechtigten Vorstandsmitglieder können nach § 78 IV AktG einzelne von ihnen zur Vornahme bestimmter Geschäfte oder Geschäftsarten ermächtigen. Dies gilt sinngemäß auch für die GmbH.[1141] Die Ermächtigung kommt bei unechter Gesamtvertretung auch im Verhältnis von Geschäftsführer und Prokurist in Betracht. Durch die Ermächtigung erstarkt die Gesamtvertretungsbefugnis zur Einzelvertretungsbefugnis.[1142]

[1133] Kölner Kommentar/Mertens, § 78 Rn. 50

[1134] § 78 II 2 AktG, § 35 II 3 GmbHG.

[1135] § 78 II 1, III AktG, § 35 II 1 GmbHG.

[1136] Allgemein zur unechten Gesamtvertretung siehe: Reinert, Unechte Gesamtvertretung und unechte Gesamtprokura im Recht der Aktiengesellschaft.

[1137] BGHZ 13, 61 (64); BGHZ 62, 166 (170); Scholz/Schneider, § 35 Rn. 71.

[1138] Siehe hierzu Fischer-Zernin, S. 235 f.

[1139] RGZ 90, 21 (22); Kölner Kommentar/Mertens, § 78 Rn. 31; Hachenburg/Mertens, § 35 Rn. 79.

[1140] Hachenburg/Mertens, § 35 Rn. 80; Kölner Kommentar/Mertens, § 78 Rn. 33; Lutter/Hommelhoff, § 35 Rn. 32; Scholz/Schneider, § 35 Rn. 69.

[1141] Hachenburg/Mertens, § 35, Rn. 96; Scholz/Schneider, § 35 Rn. 55.

[1142] BGHZ 64, 72 (75); BGHZ 91, 334 (336); Scholz/Schneider, § 35 Rn. 55; Rowedder/Koppensteiner, § 35 Rn. 34; Hachenburg/Mertens, § 35 Rn. 100; Lutter/Hommelhoff, § 35 Rn. 28; Kölner Kommentar/Mertens, § 78 Rn. 56; a.A. Flume, Juristische Person, S. 361 ff.

In der AG kann nach der deutschen Regelung, neben der Festlegung der gewünschten Vertretungsform in der Satzung, der Aufsichtsrat in der Satzung ermächtigt werden, die Vertretungsform zu bestimmen, § 78 III 2 AktG. Entsprechendes ist für die GmbH anerkannt.[1143] Fraglich ist, ob diese Regelung richtlinienkonform ist, da Art. 9 Abs. 3 der 1. Gesellschaftsrechtlichen Richtlinie bestimmt, dass die Übertragung der Vertretungsbefugnis auf die entsprechenden Personen *durch* die Satzung erfolgen muss, nicht nur *aufgrund* der Satzung. Die Richtlinie wollte abschließend regeln, in welcher Weise die Vertretungsmacht modifiziert werden kann. Eine Regelung der Vertretungsmacht durch einen Aufsichtsratsbeschluss auf Grund der Satzung kann einer Regelung durch die Satzung nur bei einer extensiven Auslegung der Richtlinie gleichgesetzt werden. Gegen eine solche Auslegung spricht aber, dass die Richtlinie mit ihren Bestimmungen gerade zu einer klaren und übersichtlichen Regelung der Vertretungsverhältnisse gelangen wollte.[1144] Bedarf es zu einer Änderung der Vertretungsverhältnisse einer Satzungsänderung, so ist sie gegenüber einem Beschluss erschwert und führt zu einer größeren Stabilität der Vertretung der Gesellschaft. Die praktischen Folgen sind jedoch gering, da die Wirksamkeit der Befugnisänderungen auch in diesem Fall mit der ordnungsgemäßen Offenlegung verbunden ist.

Welche Vertretungsbefugnisse den Geschäftsführungsorganen von GmbH und AG nach dem Gesellschaftsvertrag oder nach der gesetzlichen Regelung zukommen, sind im Handelsregister einzutragen.[1145] Das Gericht macht die Eintragungen durch den Bundesanzeiger und durch mindestens ein anderes Blatt bekannt, § 10 I HGB. Eintragung und Bekanntmachung müssen auch bei Beibehaltung der gesetzlichen Lösung vorgenommen werden.[1146] So heißt es im Tenor der Entscheidung des Europäischen Gerichtshof im Fall *Haaga*:

> „dass dann, wenn das Vertretungsorgan einer Gesellschaft aus einem oder mehreren Mitgliedern bestehen kann, nicht nur die bei einer Mehrheit von Vertretungsberechtigten geltende Vertretungsregelung offen zu legen ist, sondern auch anzugeben ist, dass bei Bestellung eines einzigen Vertretungsberechtigten, dieser die Gesellschaft allein vertritt, selbst wenn sich eine solche Befugnis ohne weiteres aus dem nationalen Recht ergibt."[1147]

[1143] RGZ 164, 177; BGH, NJW 1975, 1741; Scholz/Schneider, § 35 Rn. 64; Rowedder/Koppensteiner, § 35 Rn. 40; Hachenburg/Mertens, § 35 Rn. 78.

[1144] Einmahl, AG 1969, 167 (173).

[1145] § 39 I S. 2 AktG, § 10 I S. 2, § 8 IV GmbHG.

[1146] BGHZ 63, 261 (264).

[1147] *Firma Friedrich Haaga GmbH*, EuGHE 1974, 1201 (1208).

Im Interesse des Rechtsverkehrs zwischen Angehörigen verschiedener Mitgliedstaaten seien alle einschlägigen Angaben ausdrücklich in Registern oder amtlichen Unterlagen aufzuführen, denn von Außenstehenden könne keine vollständige Kenntnis der Rechtsvorschriften eines anderen Mitgliedstaates oder der dort vorherrschenden Handelsbräuche erwartet werden.[1148] Die Angaben über die Vertretungsbefugnis müssen so gefasst sein, dass sich die Vertretungsregelung allein und eindeutig aus dem Handelsregister ablesen lässt.[1149] Damit ist die in Art. 9 (3) der Richtlinie geforderte Publizität gewahrt. Eine Ermächtigung wird hingegen nicht im Handelsregister eingetragen, weil sie gegenständlich begrenzt ist und weil sie ad hoc erklärt werden kann.[1150]

II. Die französischen Kapitalgesellschaften

1. Die société à responsabilité limitée

Im Falle der Mehrheit der Geschäftsführer gilt in der SARL, dass jeder Geschäftsführer die Gesellschaft sowohl aktiv als auch passiv allein vertritt.[1151] Satzungsmäßige Abweichungen sind unzulässig und haben keine Wirkung gegenüber Dritten.[1152] Hier besteht folglich wie bei den französischen Personengesellschaften zwingend Einzelvertretungsmacht. Zum Schutz vor eigenmächtigem Handeln der einzelnen Geschäftsführer steht den übrigen Geschäftsführern in diesen Gesellschaften jedoch ein Widerspruchsrecht zu.[1153] Der Widerspruch ist Dritten gegenüber jedoch nur wirksam, wenn diese davon Kenntnis gehabt haben.

2. Die société anonyme

Der Generaldirektor der monistischen SA und der Vorstandsvorsitzende der dualistischen SA vertreten die Gesellschaft allein.[1154] Hier gilt also zwangsläufig Einzelvertretungsmacht. Dies gilt bei der dualistischen SA nach Art. L. 225-66 (1) CCom auch für den *directeur général unique*. Bei der monistischen SA können neben den Generaldirektor delegierte Generaldirektoren treten, die gemäß Art. L. 225-56 II. (2) CCom kraft Gesetzes ebenfalls Ein-

[1148] *Firma Friedrich Haaga GmbH*, EuGHE 1974, 1201 (1207).
[1149] OLG Zweibrücken, DB 1992, 2337.
[1150] Kölner Kommentar/Mertens, § 78 Rn. 54; Lüdtke-Handjery, DB 1972, 565 (571).
[1151] Art. L. 223-18 (7) CCom; Cass. Com. 25 juin 1996, Dr. sociétés 1996, No. 173, D. Vidal.
[1152] Cozian/Viandier/Deboissy, S. 514 Rn. 1312.
[1153] Art. L. 223-18 (7) CCom.
[1154] Art. L. 225-56 I. (2) Satz 1, 225-66 (1) CCom.

zelvertretungsmacht haben. Ebenso können neben den Vorstandsvorsitzenden nach Art. L. 225-66 (2) CCom sog. Generaldirektoren treten. Diese bilden kein Kollektiv mit dem Generaldirektor oder Vorstandsvorsitzenden, sondern handeln ebenso wie dieser mit Einzelvertretungsmacht. Diese Möglichkeit bedeutet daher lediglich eine personelle Erweiterung der Fähigkeit der Gesellschaft, im Rechtsverkehr tätig zu werden. Eine Übernahme der in Art. 9 (3) der 1. Gesellschaftsrechtlichen Richtlinie eingeräumten Möglichkeit, satzungsmäßige Abweichungen von der gesetzlichen Regelung zuzulassen, ist hierin nicht zu erblicken. Der französische Gesetzgeber macht von der in Art. 9 (3) der Richtlinie erwähnten Möglichkeit keinen Gebrauch.

3. Publizität

Aufgrund der zwingenden Einzelvertretungsmacht der Geschäftsleiter war die konkrete Vertretungsbefugnis der einzelnen Geschäftsführer lange Zeit im Registerauszug des Handels- und Gesellschaftsregisters nicht besonders ausgewiesen.[1155] Fraglich war jedoch, ob dies nicht gegen Art. 3 i.V.m. Art. 2 (1) (d) Satz 2 der 1. Gesellschaftsrechtlichen Richtlinie wie sie vom Europäischen Gerichtshof im Fall *Haaga* ausgelegt wurden, verstoßen hat.[1156] Seit 1995[1157] findet sich jedoch in Art. 15 A. 10 a) *décret 84-406* eine Vorschrift, die für jeden Geschäftsführer einer Handelsgesellschaft die Angabe fordert, ob er die Gesellschaft allein oder gemeinschaftlich vertritt. Diese Regelung betrifft aber nur die Eintragung, nicht hingegen die Bekanntmachung. Die entsprechende Regelung in Art. 73 A. 6 *décret 84-406* wurde nicht geändert. Damit dürfte die französische Regelung weiterhin hinter der Richtlinienlösung zurückstehen.[1158]

III. Die englischen *companies*

In England gilt für die *companies* nach einer *common law rule* grundsätzlich Gesamtvertretung.[1159] Ein *director* wird ernannt, um im *board* tätig zu werden. Nur wenn als *board* gehandelt wird, besteht die Befugnis, die *company* zu binden. Ein einzelner *director* hat in der Regel keine Befugnis, für die *company* aufzutreten.[1160] So spricht auch sec. 35 A (1) CA 1985 von der

---

[1155] Frank/Wachter, RIW 2002, 11 (15).

[1156] Siehe oben B. I.

[1157] *Décret No 95-374* vom 10. April 1995.

[1158] Abweichend Fischer-Zernin, der eine Pflicht zur Veröffentlichung nur in Mitgliedstaaten, die satzungsmäßige Abweichungen zulassen, für erforderlich hält (S. 265).

[1159] *Re Haycraft Gold Reuction and Mining Co* [1900] 2 Ch. 230, 235; Edwards, EC Company Law, S. 45.

[1160] Boyle & Birds, S. 425, 13.10.

„*power of the board of directors to bind the company*". Auch gesetzlich ist also Gesamtvertretungsmacht des *board* vorgesehen.[1161] Handlungen außerhalb dieser Vertretungsbefugnis können genehmigt werden. Handeln z.B. einzelne *directors* ohne das erforderliche Quorum, so kann ein ordentlich einberufenes *board meeting* die Handlung genehmigen.[1162]

Die Satzung kann Einzelvertretung festlegen.[1163] Art. 72 *Table A* gestattet dem *board*, Befugnisse an ein Komitee, einen *managing director* oder einen *executive director* zu delegieren. So ist insbesondere ein *managing director* für den gesamten Geschäftsbereich alleinvertretungsberechtigt.[1164]

Publizitätspflichtig ist jede Änderung der Zusammensetzung der *directors* einer *company.*[1165] Welche Vertretungsbefugnisse bestehen, ergibt sich hingegen allenfalls aus der ebenfalls zum Handelsregister einzureichenden Gründungsurkunde und der Satzung.[1166] Auch diese müssen jedoch nach sec. 711 (1) (a), (b) CA 1985 bekannt gemacht werden. Diese Regelung ist im Sinne des Art. 3 der 1. Gesellschaftsrechtlichen Richtlinie ausreichend, um die Publizität hinsichtlich der Gestaltung der Vertretungsmacht innerhalb des *board of directors* zu wahren. Doch ist zu bedenken, dass jedenfalls in der Modellsatzung nur die Verteilung der Befugnisse zwischen *board* und Gesellschafterversammlung geregelt wird. Bezüglich des *managing director* ist nur die Befugnis des *board* enthalten, diese zu ernennen. Ob dies auch tatsächlich geschehen ist und welche Befugnisse ihnen verliehen wurden, bleibt jedoch offen. Befugnisse eines *managing director* sind somit nicht in der Satzung enthalten. Dies folgt daraus, dass die *managing directors* durch Beschluss des *board* ernannt werden. Bei Handeln mit einem *managing director* sind Dritte folglich nicht ohne weiteres geschützt. Es gilt grundsätzlich das Recht der *agency*. Problematisch im Sinne der 1. Gesellschaftlichen Richtlinie ist also die mangelnde Publizität hinsichtlich der *managing directors*.

C. Vergleich

Für den Fall, dass mehrere Geschäftsführer vorhanden sind, sieht das Gesetz in allen untersuchten Rechtsordnungen entweder Einzel- oder Gesamtvertretungsmacht vor. Eine strikte Gesamtvertretung wurde in allen untersuchten Ländern als zu inflexibel abgelehnt. Dennoch wurde der gegenseitigen Kontrolle in den Kapitalgesellschaften überwiegend Vorrang vor der Flexibilität

[1161] Palmer/Schmitthoff, S. 245, 21-04.
[1162] Palmer/Schmitthoff, S. 246, 21-08.
[1163] Pennington, Company Law, S. 147.
[1164] Wilkinson, S. 211; Pennington, Directors' Personal Liability, S. 12; Bücker, S. 50, 51.
[1165] Hierzu siehe oben.
[1166] Sec. 10 (1) (a) CA 1985.

im Geschäftsleben eingeräumt. So ist in Deutschland und England die Gesamtvertretung für die Kapitalgesellschaften die gesetzliche Regel. Die Gesamtvertretung kann jedoch durch Satzungsbestimmungen abbedungen werden. Hiervon wird in der Praxis auch größtenteils Gebrauch gemacht. In Frankreich gilt hingegen für sämtliche Gesellschaftsformen einheitlich und zwingend Einzelvertretung. Abweichungen sind hier nicht möglich. Ein Widerspruchsrecht der übrigen Geschäftsführer bei Einzelvertretungsbefugnis ist nur in den französischen Personengesellschaften sowie der SARL vorgesehen. Auch dieses entfaltet jedoch keine Außenwirkung. In den SAs ist jeweils nur eine Person mit Vertretungsmacht ausgestattet: in der monistischen SA der Generaldirektor, in der dualistischen SA der Vorstandsvorsitzende. Werden hier zusätzlich delegierte Generaldirektoren bzw. Generaldirektoren bestellt, so haben auch diese Einzelvertretungsmacht. Für die Personengesellschaften besteht im deutschen und englischen Recht hingegen grundsätzlich Einzelvertretungsmacht. Eine Ausnahme macht das deutschen Recht für die GbR, wo Gesamtvertretung vorgesehen ist. Auch diese Regelungen sind in beiden Ländern abdingbar. Ferner erlaubt der deutsche Gesetzgeber in den Handelsgesellschaften gemischte oder unechte Gesamtvertretung. Eine Vertretung durch Prokuristen ist in England und Frankreich unbekannt. Damit ist die Auswahl an Regelungsmöglichkeiten in Deutschland am größten. Hier lassen sich folgende gemeinsame Prinzipien ableiten:

In Personengesellschaften sind die Geschäftsführer grundsätzlich einzeln zur Vertretung berechtigt (Einzelvertretungsmacht).

In Kapitalgesellschaften ist entweder nur eine vertretungsberechtigte Person vorhanden oder das Vertretungsorgan handelt kraft Gesetzes grundsätzlich gemeinschaftliche (Gesamtvertretungsmacht).

Wird grundsätzlich Gesamtvertretungsmacht vorgesehen, so sind satzungsmäßige Abweichungen zulässig.

Bezüglich der Passivvertretung gilt in allen untersuchten Gesellschaftsformen Einzelvertretungsbefugnis. Es ergibt sich folgendes Prinzip:

Hinsichtlich der Passivvertretung besteht immer Einzelvertretungsmacht.

Der persönliche Umfang der Vertretungsmacht stimmt überwiegend mit dem persönlichen Umfang der Geschäftsführungsbefugnis überein. Lediglich in den englischen *partnerships* ist im Innenverhältnis Gesamtgeschäftsführung als gesetzliche Regelung vorgesehen, während im Außenverhältnis grundsätzlich Einzelvertretungsmacht besteht.

Die Regelungen hinsichtlich des persönlichen Umfangs der Vertretungsmacht bei den Kapitalgesellschaften entsprechen überwiegend der 1. Gesellschaftsrechtlichen Richtlinie, wenn auch sehr unterschiedliche Konzeptionen gewählt wurden. Während der französische Gesetzgeber von der Möglichkeit nach Art. 9 (3) der Richtlinie keinen Gebrauch macht, lassen der deutsche und der englische Gesetzgeber eine Abweichung von der Gesamtvertretung durch die Satzung zu und sorgen für eine ausreichende Offenlegung dieser Abweichung. Problematisch ist lediglich die Möglichkeit der Bestimmung der Vertretungsform durch Beschluss des Aufsichtsrats im deutschen Recht sowie die mangelnde Bekanntmachung des persönlichen Umfangs der Vertretungsmacht im französischen Recht. Auch hinsichtlich des englischen *managing directors* fehlt es an der von der Richtlinie geforderten Publizität.

§ 2. Sachlicher Umfang der Vertretungsmacht

Die Regelung des sachlichen Umfangs der Vertretungsmacht ist von besonderer Bedeutung, da dies ein Aspekt des Gesellschaftsrechts ist, in dem widerstreitende Interessen von Gesellschaftern und Dritten lange Zeit von den einzelnen Rechtsordnungen recht unterschiedlich gehandhabt wurden. Dabei sind verschiedene Fragen zu unterscheiden. Zunächst hängt der Umfang der Vertretungsmacht davon ab, welche Kompetenzen den einzelnen Organen der Gesellschaft zugewiesen wurden. Ferner ist zu fragen, ob die Vertretungsmacht in irgend einer Form beschränkt ist oder beschränkt werden kann. Daran schließt sich die Frage an, ob die gefundene Regelung auch gegenüber Bösgläubigen gilt oder was im Falle von Interessenkonflikten geschieht. Die Fragen der Vertretung wurden bereits 1968 vom Rat der Europäischen Gemeinschaften als so wichtig angesehen, dass er für Kapitalgesellschaften eine Koordinierung auf Europäischer Ebene für erforderlich hielt. Die 1. Gesellschaftsrechtliche Richtlinie enthält daher in Art. 9 (1) und (2) Regelungen über den sachlichen Umfang der Vertretungsmacht.

A. Gesetzliche Kompetenzzuweisung als Schranke der Vertretungsmacht

Auch wenn dies nicht in allen Gesellschaftsformen ausdrücklich im Gesetz festgehalten wurde, ist allgemein anerkannt, dass die Kompetenzen anderer Organe die Vertretungsmacht der Geschäftsführer einschränken.

I. Die deutschen Gesellschaften

1. Die Kapitalgesellschaften

In Deutschland ist die Beschränkung der Vertretungsmacht der Geschäftsführer durch die gesetzliche Kompetenzverteilung auch ohne ausdrückliche gesetzliche Regelung anerkannt.[1167]

a. Die Gesellschaft mit beschränkter Haftung

Die Vertretungsmacht der Geschäftsführer wird durch Vertretungsbefugnisse oder Mitvertretungsbefugnisse eingeschränkt, die kraft Gesetzes einem anderen Organ zugewiesen sind. So vertritt gemäß § 52 GmbHG i.V.m. § 112 AktG der Aufsichtsrat die Gesellschaft im Verhältnis zu Geschäftsführern, soweit der Gesellschaftsvertrag nicht etwas anderes vorsieht. Für mitbestimmte Gesellschaften gilt § 112 AktG als zwingendes Recht.[1168] Die Nichtigkeitsklage nach § 75 GmbHG wird durch die Gesellschafter, die Geschäftsführer und ggf. den Aufsichtsrat gegen die Gesellschaft gerichtet. Dagegen finden die aktienrechtlichen Vorschriften über eine gemeinsame Vertretung der Gesellschaft bei Anfechtungs- und Nichtigkeitsklagen gegen Beschlüsse der Hauptversammlung oder den festgestellten Jahresabschluss bei der GmbH keine entsprechende Anwendung.[1169] Ferner ist nach § 15 MitbestErgG und § 32 MitbestG die Zustimmung des Aufsichtsrats erforderlich. Bei auf Umwandlung gerichteten Rechtsgeschäften hängt die Wirksamkeit im Außenverhältnis gemäß § 13 UmwG von einem Gesellschafterbeschluss ab. Beherrschungs- und Gewinnabführungsverträge werden auf Seiten einer abhängigen GmbH nur mit Zustimmung aller Gesellschafter wirksam. Auf die herrschende GmbH ist § 293 II AktG analog anzuwenden.[1170] Hinsichtlich des Anstellungsvertrages des Geschäftsführers wird die Gesellschaft durch die Gesellschafterversammlung vertreten. Das gilt auch für Prozesse betreffend die Bestellung oder Anstellung, die Entlastung oder Schadensersatzansprüche gegen einen amtierenden Geschäftsführer.[1171]

Soweit die Geschäftsführer die Gesellschaft nicht wirksam vertreten können, bestimmen sich die Rechtsfolgen i.d.R. nach §§ 177 ff. BGB.[1172] Solange das Rechtsgeschäft durch Zustimmung des zuständigen Organs noch

---

[1167] GroßkAktG/Meyer-Landrut, § 82 Anm. 2.

[1168] § 77 I BetrVG 1952, § 3 II MontanMitbestG, § 25 I Nr. 2 MitbestG.

[1169] BGH, GmbHR 1962, 134; Hachenburg/Mertens, § 35 Rn. 51.

[1170] Baumbach/Hueck/Zöllner, § 35 Rn. 46.

[1171] Lutter/Hommelhoff, § 35 Rn. 5.

[1172] Hachenburg/Mertens, § 37 Rn. 50.

genehmigt werden kann, liegt schwebende Unwirksamkeit vor. Bei Verweigerung der Genehmigung tritt endgültige Unwirksamkeit ein. Die Haftung der Geschäftsführer nach § 179 BGB ist denkbar, wird aber meist an § 179 III BGB scheitern, da die Mitwirkungserfordernisse allgemein bekannt sind. Die Geschäftsführer können keine Verpflichtung der Gesellschaft begründen, wenn ihnen die Kompetenz überhaupt fehlt, denn dann ist das Rechtsgeschäft aufgrund Verstoßes gegen zwingende gesetzliche Zuständigkeitsregeln nach § 134 BGB nichtig.[1173]

b. Die Aktiengesellschaft

Bei bestimmten Geschäften ist der Vorstand von der Vertretung der Gesellschaft ausgeschlossen, bei anderen nur gemeinsam mit einem weiteren Organ oder mit dessen Zustimmung vertretungsberechtigt. So kann der Vorstand die AG in den Fällen der § 84 I und III, 112, 147 III AktG nicht vertreten. Eine gemeinsame Vertretung durch Vorstand und Aufsichtsrat findet statt, wenn eine Anfechtungs- oder Nichtigkeitsklage gegen Hauptversammlungsbeschlüsse oder gegen den festgestellten Jahresabschluss erhoben wird (§§ 246 II 2, 249 I 1, 250 III, 251 III, 253 II, 254 I 1, 255 III, 256 VII, 257 II 1 AktG). Für gewisse Vertretungsmaßnahmen im Rahmen der körperschaftlichen Organisation der Gesellschaft ordnet das Gesetz die Beteiligung des Aufsichtsratsvorsitzenden an (§§ 184 I 1, 188 I, 195 I, 207 II, 223, 229 III, 237 IV 5 AktG). Die Zustimmung der Hauptversammlung ist mit Wirkung für das Außenverhältnis erforderlich in den Fällen der §§ 50, 52 I, 93 IV 3, 179 a I AktG, ferner bei strukturändernden Verträgen im Sinne der §§ 293, 295 AktG. Der Zustimmung des Aufsichtsrats bedarf es in den Fällen der §§ 89, 114 I, § 32 MitbestG und in den Fällen der Doppelvertretung (§§ 246 II, 249 I AktG). Die Vertretungsmacht des Vorstands der AG ist jedoch im Unterschied zur Geschäftsführungsbefugnis nicht durch § 221 AktG beschränkt. Die Ausgabe von Wandel- und Gewinnschuldverschreibungen ist gegenüber Dritten rechtswirksam, auch wenn der in § 221 AktG verlangte Beschluss der Hauptversammlung nicht vorliegt.[1174] Ebenso gilt die von *BGHZ 83, 122* für Ausnahmefälle anerkannte ungeschriebene Mitwirkungskompetenz der Hauptversammlung in Fragen der Geschäftsführung nicht für das Außenverhältnis.[1175]

Soweit der Vorstand die Gesellschaft nicht wirksam vertreten kann, bestimmen sich die Rechtsfolgen i.d.R. nach §§ 177 ff. BGB. Solange das

---

[1173] Hachenburg/Mertens, § 37 Rn. 50.

[1174] So die h.M.. Siehe Großkommentar/Meyer-Landrut, § 82 Anm. 2; Hüffer, AktG, § 221 Rn. 52.

[1175] BGHZ 83, 122 (132); Hüffer, AktG, § 82 Rn. 4.

Rechtsgeschäft durch Zustimmung des zuständigen Organs noch genehmigt werden kann, liegt schwebende Unwirksamkeit vor. Bei Verweigerung der Genehmigung tritt endgültige Unwirksamkeit ein. Die Haftung des Vorstands nach § 179 BGB ist denkbar, wird aber meist an § 179 III BGB scheitern, da die Mitwirkungserfordernisse allgemein bekannt sind.[1176] Der Vorstand kann keine Verpflichtung der Gesellschaft begründen, wenn ihm die Kompetenz überhaupt fehlt, denn dann ist das Rechtsgeschäft aufgrund Verstoßes gegen zwingende gesetzliche Zuständigkeitsregeln nach § 134 BGB nichtig.[1177]

2. Die Personengesellschaften

Bei den deutschen Personenhandelsgesellschaften sind die Kompetenzen hinsichtlich der Vertretungsmacht anders verteilt als hinsichtlich der Geschäftsführungsbefugnis. So ergibt sich aus § 126 HGB, dass die Vertretungsmacht sich auf alle gerichtlichen und außergerichtlichen Geschäfte und Rechtshandlungen einschließlich der Veräußerung und Belastung von Grundstücken sowie der Erteilung und des Widerrufs der Prokura erstreckt. Ein Vergleich mit dem Umfang der Geschäftsführungsbefugnis ergibt, dass bei der Vertretungsmacht keine Unterscheidung zwischen gewöhnlichen und außergewöhnlichen Geschäften erfolgt. Da zu außergewöhnlichen Geschäften somit keine Zustimmung aller Gesellschafter erforderlich ist, geht die Vertretungsmacht erheblich weiter als die Geschäftsführungsbefugnis der geschäftsführenden Gesellschafter der deutschen Personenhandelsgesellschaften.[1178] Auch bei der GbR findet sich keine Untergliederung in gewöhnliche und außergewöhnliche Geschäfte.

II. Die französischen Gesellschaften

1. Die Kapitalgesellschaften

In den französischen Kapitalgesellschaften wird die Begrenzung der Vertretungsmacht durch die gesetzliche Zuständigkeitsregelung ausdrücklich bestimmt.[1179] Greift ein Geschäftsführer in die ausschließlichen Befugnisse eines anderen Organs ein, so ist die Handlung nichtig und entfaltet keinerlei Wirkung nach außen.[1180] Der Gesetzestext gab jedoch bei beiden Typen der

---

[1176] Hüffer, AktG, § 82 Rn. 5.

[1177] Hüffer, AktG, § 82 Rn. 5; Kölner Kommentar/Mertens, § 78 Rn. 9, § 82 Rn. 4.

[1178] Krüger, S. 156.

[1179] Art. L. 223-18 (5), 225-56 (1), 225-64 (1) CCom.

[1180] Storck, J.-Cl. S. 4, Fasc. 74-10, S. 20 Nr. 94; Viandier/Mansuy, J.-Cl. S. 4, Fasc. 133-10, S. 27 Nr. 151; Caussain, J.-Cl. S. 4, Fasc. 133-50, S. 24 Nr. 123.

SA Anlass zu Missverständnissen. Bei der monistischen SA hat die *loi 2001-420* vom 15. Mai 2001 die Zuständigkeitsverteilung neu geregelt.

a. Die monistische société anonyme

Vor Inkrafttreten dieses Gesetzes übertrug Art. L. 225-35 alt CCom (Art. 98 *loi 66-537*) dem Verwaltungsrat der monistischen SA die umfassende Befugnis, im Namen der Gesellschaft zu handeln. Eine Grenze bildete nur die gesetzliche Zuständigkeit der Aktionärsversammlung. Dieser Wortlaut des Gesetzes legte eine Vertretungsmacht des Verwaltungsrats nahe. In der französischen Literatur wurde die Formulierung in Art. L. 225-35 alt CCom jedoch einheitlich als unglücklich betrachtet, da der Verwaltungsrat entscheiden, aber nicht handeln kann.[1181] So wurde allgemein angenommen, das dem Verwaltungsrat keine Vertretungsbefugnis zukam.[1182] „*Le président a le monopole de l'action au nom de la société*".[1183] Die Befugnis, die Gesellschaft Dritten gegenüber zu vertreten, stand nach allgemeiner Meinung allein dem Präsidenten zu. Dies wurde in Art. L. 225-51 (1) alt CCom (Art. 113 (1) *loi 66-537*) nochmals ausdrücklich festgelegt.[1184]

> „*Agir au nom de la société, c'est conclure des actes en son nom, la représenter auprès des tiers. Le conseil, qui est un organe collégial, ne représente pas la société. Ce pouvoir de représentation appartient en propre au président et aux directeurs généraux. Le conseil n'agit donc pas: il délibère et décide.*"[1185]

Die umfassende Befugnis des Verwaltungsrats konnte daher nur als umfassende Geschäftsführungsbefugnis verstanden werden.[1186] Diese konnte sich mit der ebenfalls weit reichenden Geschäftsführungsbefugnis des Präsidenten überschneiden. Ein Streit hatte jedoch nur interne Bedeutung.[1187]

Heute bestimmt Art. L. 225-35 (1) CCom, dass der Verwaltungsrat lediglich die Richtung der Aktivitäten der Gesellschaft festlegt und ihre Umsetzung überwacht. Der Verwaltungsrat ist also nunmehr nur für die Festlegung der Leitlinien der Unternehmenspolitik zuständig. Die Vertretung der Gesellschaft steht einzig dem Generaldirektor zu, der gemäß Art. L. 225-56 (1) Satz 1, (2) CCom weiterhin die umfassende Befugnis, im Namen der Ge-

---

[1181] Bureau, J.-Cl. S. 4, Fasc. 131-10, S. 9 Nr. 50.

[1182] Hamel/Lagard/Jauffret, S. 386 Nr. 650, S. 423 Nr. 668; Sinay Gaz. Pal. 91 (1971) 1 Doctr., S. 146, 163 Nr. 134; Giesen, S. 19.

[1183] Hamel/Lagard/Jauffret, S. 393 Nr. 653.

[1184] Ripert/Roblot, S. 440 Rn. 1670-2; Hémard/Terré/Mabilat Rev. Soc. 1970, 197 (218).

[1185] Didier, S. 227 f.

[1186] So auch Sinay, Gaz.Pal. 91 (1971) 1 Doctr., S. 146, 163 Nr. 134, 135; Fischer-Zernin, S. 274.

[1187] Hémard/Terré/Mabilat Rev. Soc. 1970, 197 (219).

sellschaft zu handeln, hat. Begrenzt wird die Vertretungsmacht des Generaldirektors durch die zwingend vom Gesetz der Aktionärsversammlung oder dem Verwaltungsrat zugewiesenen Kompetenzen.[1188]

b. Die dualistische société anonyme

Es wäre logisch, bei der dualistischen SA die Vertretungsmacht wie in Deutschland dem gesamten Vorstand gemeinschaftlich oder seinen Mitgliedern einzeln zuzuerkennen.[1189] Die Vertretungsmacht wurde durch das Gesetz von 1966 jedoch nicht allen Vorstandsmitgliedern erteilt. Der Vorstand der dualistischen SA hat im Innenverhältnis die umfassende Kompetenz, im Namen der Gesellschaft zu handeln. Eine Ausnahme bilden die Fälle, welche in den Kompetenzbereich der Aktionärsversammlung und des Aufsichtsrats fallen. Im Außenverhältnis hat der Vorstand jedoch keine Vertretungsmacht. Die Vertretungsbefugnis liegt gemäß Art. L. 225-66 (1) CCom allein beim Vorstandsvorsitzenden. Im Unterschied zum Generaldirektor der monistischen SA fehlt ihm aber im Innenverhältnis die alleinige Geschäftsführungsbefugnis. Der Vorstandsvorsitzende ist einfaches Vorstandsmitglied und nur im Rahmen dieses Kollegialorgans geschäftsführungsbefugt.[1190] Ihm steht kein eigenes Entscheidungsrecht zu. Er ist also nur ermächtigt, die vom gesamten Vorstand gefällten oder genehmigten Entscheidungen auszuführen.[1191] Nur dem *directeur général unique* stehen gemäß Art. L. 225-58 (1) Satz 2, 225-66 (1) CCom Geschäftsführungs- und Vertretungsbefugnisse in einer Person zu.[1192] Im übrigen tritt also der Vorstandsvorsitzende als alleiniges Vertretungsorgan ohne selbständige Geschäftsführungsbefugnis auf. Dies kann dazu führen, dass der Vorstandsvorsitzende Handlungen vornimmt, die nicht vom Vorstand beschlossen wurden bzw. denen nicht zugestimmt wurde. Es wurde daher die Ansicht vertreten, dass Handlungen des Präsidenten ohne oder gegen die Entscheidungen des Vorstands die Gesellschaft allenfalls nach Rechtsscheingrundsätzen (*théorie de l'apparence*) verpflichten könnten.[1193] Dies wäre aber mit den Zielen der 1. Gesellschaftsrechtlichen Richtlinie unvereinbar, weil Dritte dann nämlich überprüfen müssten, ob die Handlungen des Präsidenten mit Ermächtigung des Vorstands ergangen sind.[1194] Es ist daher entgegen dieser Auffassung davon auszugehen, dass der

---

[1188] Siehe hierzu oben Teil 10 § 2 A. 2. b. zum Umfang der Geschäftsführungsbefugnis.
[1189] Ripert/Roblot, S. 465 Rn. 1703.
[1190] Hérmard/Terré/Mabilat I, S. 963, Nr. 1094.
[1191] Didier, S. 230; Ripert/Roblot, S. 466 Rn. 1703.
[1192] Hérmard/Terré/Mabilat I, S. 973, Nr. 1108.
[1193] Siehe Fischer-Zernin, S. 267 f.
[1194] Caussain, J.-Cl. S. 4, Fasc. 133-50, S. 25 Nr. 127.

Vorstandsvorsitzende die gleichen Vertretungsbefugnisse hat wie der Generaldirektor der monistischen SA.[1195] Der Vorstandsvorsitzende kann folglich auch ohne Entscheidung des Vorstands handeln. In diesem Fall würde er sich allerdings schadensersatzpflichtig machen. Die Gesellschaft wäre Dritten gegenüber aber dennoch verpflichtet.[1196] Die Grenze der Vertretungsmacht des Vorstandsvorsitzenden liegt nur bei der zwingenden gesetzlichen Zuständigkeit der Aktionärsversammlung und des Aufsichtsrats.[1197]

2. Die Personengesellschaften

Ebenso wie in den französischen Kapitalgesellschaften ist die Vertretungsmacht der Geschäftsführer einer französischen Personengesellschaft durch die Befugnisse, die das Gesetz ausdrücklich anderen Organen zuschreibt, begrenzt.[1198] Die Gesellschaft wird durch Handlungen, die in die Kompetenzen anderer Organe eingreifen, nicht verpflichtet.[1199]

III. Die englischen Gesellschaften

1. Die companies

In den englischen *companies* gibt es keine gesetzliche Abgrenzung der Kompetenzen zwischen Gesellschafterversammlung, *board of directors* und *managing directors*. Die Kompetenzverteilung wird der Gesellschaftssatzung überlassen.[1200] Der CA 1985 beschränkt diese Satzungsfreiheit nur in wenigen Bereichen und sieht für einige fundamentale Angelegenheiten die Zuständigkeit der Gesellschafterversammlung vor. Hierzu gehören die Änderung der Gründungsurkunde und der Satzung (secs. 4, 9 CA 1985), die Erhöhung oder Herabsetzung des Kapitals der *company* (secs. 121 (4), 135 CA 1985), sowie die jährliche Ernennung der Rechnungsprüfer (sec. 384 CA 1985). In sec. 35 A (1) setzt der CA 1985 im übrigen voraus, dass dem *board of directors* die Vertretungsmacht zusteht. Darüber hinaus gelten für die Vertretung der Gesellschaft durch einen *managing director* die Grundsätze der *agency*. Der *managing director* hat folglich *implied authority* im Hinblick

[1195] Hérmard/Terré/Mabilat I, S. 971, Nr. 1105; Van Ommeslaghe, Cah.dr.europ. 1969, 619 (626).
[1196] Caussain, J.-Cl. S. 4, Fasc. 133-50, S. 25 Nr. 127.
[1197] Siehe hierzu oben Teil 10 § 2 A. II. 2. b. zum Umfang der Geschäftsführungsbefugnis.
[1198] Dereu, J.-Cl. S. 3, Fasc. 55-20, S. 7 Nr. 41; Merle, S. 155 Rn. 140.
[1199] Dereu, J.-Cl. S. 3, Fasc. 55-20, S. 7 Nr. 41
[1200] Gower, S. 178.

auf Geschäfte die den gewöhnlichen Betrieb des Unternehmens betreffen.[1201] Was darüber hinaus geht, muss durch den gesamten *board* entschieden werden.

2. *Die partnerships*

Bei den englischen *partnerships* beschränken die Befugnisse der Gesamtheit der *partners* insofern die Vertretungsmacht jedes einzelnen von ihnen, als die *authority* nach sec. 5 PA 1890 beschränkt ist und darüber hinausgehende Kompetenzen nur allen *partners* gemeinsam zustehen. Die Regel ist komplex und nicht ganz leicht zu verstehen. Um die Kompetenzen von Gesellschaftergesamtheit und Geschäftsführern voneinander abzugrenzen, ist sec. 5 PA 1890 zu analysieren. So ist die Vertretungsmacht zunächst durch den Gesellschaftszweck („*the purpose of the business of the partnership*") begrenzt. Weiterhin ist die Vertretungsmacht auf Handlungen im Rahmen des gewöhnlichen Geschäftsbetriebs („*business of the kind carried on by the firm*") beschränkt. Die Handlungen müssen ferner in einer im Geschäftsbetrieb üblichen Art und Weise („*in the usual way*") vorgenommen werden. Der Umfang der Vertretungsmacht bestimmt sich also gemäß sec. 5 PA 1890 danach, ob die Handlungen in einer im Geschäftsbetrieb üblichen Art und Weise innerhalb des gewöhnlichen Rahmens der Geschäftstätigkeit eines solchen Betriebs zur Verfolgung und im Rahmen des Unternehmenszwecks unternommen werden. Alle darüber hinausgehenden Geschäfte sind von der Gesellschaftergesamtheit vorzunehmen.

Es gibt eine umfangreiche Rechtsprechung zu der Frage was „*carrying on in the usual way*" bedeutet. Dies ist jedoch oft nur beschränkt brauchbar, da Geschäfte, die in einem Betrieb normal sind, dies nicht notwendigerweise auch in einem anderen sein müssen.[1202] Maßgeblich ist, um welchen Typus von Unternehmen es sich handelt. Die Rechtsprechung hat sich bemüht, Leitlinien für die Bestimmung des Umfangs der Vertretungsmacht zu finden. So wurden zwei Fallgruppen herausgebildet, denen die Unterscheidung zwischen *partnerships*, die Waren an- und verkaufen (sog. *trading partnerships*) und *non-trading partnerships* zugrunde liegt.[1203] Problematisch ist allerdings, dass das Kriterium des An- und Verkaufs von Waren keine präzise Definition der *trading partnership* zulässt und die Unterscheidung damit von zweifel-

[1201] *Freeman and Lockyer v. Buckhurst Park Properties (Mangal) Ltd. & Anor* [1964] 2 QB 480, 509; *Hely-Hutchinson v. Brayhead Ltd. & Anor* [1968] 1 QB 549, 583.

[1202] Generell *United Bank of Kuwait Limited v. Hammond* [1988] 1 WLR 1051; Geens/Pettet, Part II, Ch. 1, § 3 para. 398.

[1203] Drake, S. 36, Prime and Scanlan, Partnership, S. 117.

haftem Wert ist.[1204] Deshalb wird befürwortet, dass die den *partners* einer *trading partnership* zustehenden Kompetenzen auch auf die *partners* einer „*partnership of a general commercial nature*" übertragen werden.[1205] Diese Auffassung lässt der Einzelfallbetrachtung mehr Raum.

Zunächst können die *partners* aller *partnerships* im Rahmen ihrer Vertretungsmacht Rechtsgeschäfte vornehmen, die der Betrieb eines Unternehmens überhaupt mit sich bringt, so z.B. den An- und Verkauf von beweglichen Sachen, die Inempfangnahme und Quittierung von Zahlungen aus Geschäften mit Wirkung für die Gesellschaft, die Führung von Prozessen im Namen der Firma, die Beauftragung eines Rechtsanwalts sowie den Abschluss von Dienstverträgen mit Angestellten der *partnership*. Die *partners* einer *trading partnership* können im Rahmen ihrer Vertretungsmacht darüber hinaus Darlehen im Namen der Firma aufnehmen und den Gläubigern Sicherheiten am Vermögen der *partnership* bestellen.[1206] Ferner können sie Wechselverpflichtungen eingehen und Schecks ausstellen.[1207] Jeder *partner* kann weiterhin einem Gläubiger eine „*equitable mortgage*" am Grundvermögen der *partnership* bestellen, unabhängig von der notwendigen Übertragungsform.[1208] Es gibt jedoch auch Geschäfte, durch die der einzelne *partner* keine Verbindlichkeit der partnership begründen kann. So umfasst die Vertretungsmacht eines einzelnen *partner* in keinem Fall die Befugnis, Kredite im Namen der Firma aufzunehmen, deren Gegenwert nicht der Firma zugute kommt.[1209] Die Beteiligung an einem anderen Unternehmen, insbesondere an einer weiteren *partnership*, kann nur von allen *partners* eingegangen werden.[1210] Ebenfalls keine Bindung löst eine Handlung eines *partner* für die *partnership* aus, wenn der Dritte nicht weiß oder glaubt, dass es sich bei der handelnden Person um einen *partner* handelt.[1211] Sind die Voraussetzungen von sec. 5 PA 1890 nicht erfüllt, so wird die *partnership* nicht gebunden.[1212]

[1204] *Wheatley v. Smithers* [1906] 2 K.B. 321 at p. 322; *Higgins v. Beauchamp* [1914] 3 K.B. 1192; Drake, S. 38.

[1205] Drake, S. 38.

[1206] Prime and Scanlan, Partnership, S. 120; Keenan & Riches, S. 96.

[1207] Keenan & Riches, S. 96; Halsbury, Partnership, S. 36 para. 48; Hofer, S. 88.

[1208] *Re Bourne* (1906) 2 Ch. 427 (430).

[1209] Sec. 7 PA 1890; *Piercy v. Fynnay* (1871) L.R. 12 Eq. 69, 74; *Kendal v. Wood* (1870) L.R. 6 Ex. 243, 251.

[1210] *Singleton v. Knight* (1888) 13 App. Cas. 788, 790.

[1211] Sec. 5 letzter HS. PA 1890; Drake, S. 33.

[1212] Prime & Scanlan, Partnership, S. 111; Lindley & Banks, S. 306, 12-10.

IV. Vergleich

Auch die Vertretungsmacht ist allgemein durch die Kompetenzen anderer Organe begrenzt. Eine Verpflichtung der Gesellschaft durch Handlungen ihrer Geschäftsführer ist ausgeschlossen, wenn diese Handlungen außerhalb der ihnen durch das Gesetz eingeräumten Befugnisse liegen. Dabei lässt sich allgemein feststellen, dass die Zuständigkeit oder Mitwirkungspflicht der übrigen Gesellschaftsorgane in der Regel herausragende Handlungen betrifft. Es geht um grundlegende Fragen der Gesellschaft, die von großer Bedeutung sind, und nicht etwa um das tägliche Auftreten der Gesellschaft im normalen Rechtsverkehr. Diese grundsätzliche Kompetenzzuweisung müssen die Gläubiger kennen. Es ergibt sich das folgende Prinzip:

Die Vertretungsmacht ist durch die Kompetenzen anderer Organe begrenzt.

Die Zuständigkeitsgrenzen sind allerdings weit, unscharf und bisher nicht vereinheitlicht. Für die Aktiengesellschaften würde sich aus der Umsetzung der 5. Gesellschaftsrechtlichen Richtlinie (Strukturrichtlinie) eine gewisse Vereinheitlichung ergeben. Der Versuch die Organstruktur von Aktiengesellschaften durch diese Richtlinie zu vereinheitlichen, ist trotz mehrfacher Modifizierungen des Richtlinienvorschlags bisher jedoch nicht beendet worden.[1213] In der Richtlinie sollte eine "dualistische" Struktur zwingend sowie eine "monistische" Struktur fakultativ vorgesehen werden. Die EG-Kommission wollte so bei Respektierung der in den Mitgliedstaaten vorhandenen Strukturen eine klare Funktionstrennung schaffen.

B. Bedeutung des Gesellschaftsgegenstands

Als Grenze der Vertretungsmacht kommt vor allem der Gesellschaftsgegenstand in Betracht. Die Beschränkung der Vertretungsmacht durch den Gesellschaftsgegenstand ist eine Beschränkung der Vertretungsmacht durch die Satzung. Jedoch wird die Beschränkung durch den Gesellschaftsgegenstand zum Teil gesondert geregelt.

In einigen Personengesellschaften ist die Beschränkung der Vertretungsmacht durch den Gesellschaftsgegenstand noch heute zu finden. Vor Inkrafttreten der 1. Gesellschaftsrechtlichen Richtlinie spielte der Unternehmensgegenstand in einer Reihe von Ländern auch in den Kapitalgesellschaften eine erhebliche Rolle. Er kann in zweifacher Hinsicht Bedeutung für den

[1213] Vorschlag für eine fünfte Richtlinie des Rates nach Artikel 54 EWG-Vertrag über die Struktur der Aktiengesellschaft sowie die Befugnisse und Verpflichtungen ihrer Organe (siehe zuletzt den Vorschlag vom 20.11.1991, ABl.EG C 321/9).

Umfang der Vertretungsmacht erlangen: einmal als Beschränkung der Rechtsfähigkeit der Gesellschaft selbst, welche die äußerste Grenze der Vertretungsmacht bildet, und zum anderen, bei voller Rechtsfähigkeit der Gesellschaft, als reine Beschränkung der Vertretungsmacht.[1214] Besonders stark ausgeprägt war diese Vorstellung in der englischen *ultra vires*-Doktrin, die die Rechts- und Handlungsfähigkeit der Gesellschaft auf Geschäfte beschränkte, die sich auf den Gesellschaftsgegenstand bezogen. Daher soll zunächst ein kurzer Überblick über die Entwicklung der englischen *ultra vires*-Doktrin gegeben werden.

I. Die *ultra vires*-Doktrin im englischen *company law*

1. Geschichtliche Entwicklung der ultra vires-Doktrin

Die *ultra vires*-Doktrin hat sich zunächst im öffentlichen Recht entwickelt und diente dazu, den Bürger vor Akten der staatlichen Hoheitsgewalt zu schützen. In das Recht der Privatwirtschaft fand die Doktrin Eingang, als die Gerichte anfingen, den Bürger vor den Aktivitäten der durch Parlamentsgesetz im 18. und 19. Jahrhundert gegründeten Gesellschaften zu bewahren. Da die Gesellschaften ihr Bestehen dem Gesetz verdankten, befassten sich die Gerichte sehr genau mit dessen Bestimmungen und jede auch nur geringe Abweichung von den Bestimmungen hatte zur Folge, dass Handlungen der Gesellschaft für *ultra vires* und nichtig erklärt wurden.[1215] Von diesen durch Gesetz gegründeten Gesellschaften wurde die *ultra vires*-Doktrin auf die durch Eintragung entstandenen Gesellschaften übertragen. Der leitende Fall über die Anwendung des *ultra vires*-Grundsatzes findet sich in *Ashbury Railway Carriage and Iron Co v Riche.*[1216] Hier war der Gesellschaftsgegenstand in der Gründungsurkunde von *Ashbury* mit dem Bauen, Kaufen und Mieten von Eisenbahnwaggons festgelegt worden. Der Vertrag mit Riche hatte hingegen die Finanzierung eines Eisenbahnbaus zum Gegenstand. In einem darauf folgenden Rechtsstreit entschied das *House of Lords*, dass das Rechtsgeschäft mit Riche unwirksam sei. Die Finanzierung eines Eisenbahnbaus sei nicht ausdrücklich in der *objects clause* aufgeführt und stelle daher für die Gesellschaft ein Rechtsgeschäft *ultra vires* dar.

[1214] Lietzmann, AG 1961, 125 (126); Lutter/Pfrommer, GmbHR 1966, 201 (204).
[1215] Rajak, ZGR, Sonderheft 13, 1998, 187 (206).
[1216] (1875) LR 7 HL 653.

2. *Inhalt der ursprünglichen ultra vires-Doktrin*

Die *ultra vires*-Doktrin beschränkte die Rechts- und Handlungsfähigkeit der Gesellschaft auf Geschäfte, die sich auf den Gesellschaftsgegenstand (*objects clause*) bezogen. *Ultra vires* bedeutet „über die Befugnisse hinaus", und ist der Gegensatz zu *intra vires*. Sinn der *ultra vires*-Doktrin war es, die Gesellschafter davor zu schützen, ihr Geld in Geschäfte zu investieren, denen sie nicht zugestimmt haben. Die *objects clause* sollte klarstellen, für welche Zwecke ihre Kapitalanlage verwendet würden. Darüber hinaus sollte die *ultra vires*-Doktrin auch den Gläubigern der Gesellschaft Schutz liefern, indem diese sicherstellen konnten, dass das Gesellschaftskapital nicht durch unbefugte Aktivitäten verschwendet würde.[1217] Jede Transaktion außerhalb der so eingegrenzten Rechtsfähigkeit war null und nichtig.[1218] Da ein Vertreter keine Vertretungsmacht für Geschäfte haben kann, die der Vertretene selbst nicht ausführen kann, beeinflusste die *ultra vires*-Doktrin indirekt auch den Umfang der Vertretungsmacht. Der Gesellschaftsgegenstand bestimmte damit auch das Ausmaß der Vertretungsmacht der *directors*. Jede Handlung außerhalb dieser Vertretungsmacht war ein Geschäft *ultra vires* und damit grundsätzlich unwirksam.[1219] Beide Vertragsparteien konnten die sich hieraus ergebenden Ansprüche nicht durchsetzen.[1220] Das Geschäft konnte auch nicht nachträglich genehmigt werden.[1221] Nicht einmal der gutgläubige Dritte wurde geschützt, da unwiderleglich vermutet wurde, dass er Kenntnis von den beim Gesellschaftsregister hinterlegten Urkunden der Gesellschaft hatte (Lehre von der *constructive notice*)[1222], insbesondere also auch von der Umschreibung des Gesellschaftsgegenstands in der *objects clause* der Gründungsurkunde und von der Kompetenzverteilung in der Satzung der Gesellschaft. Die Aktivitäten der Gesellschaft unterlagen damit ganz dem Willen der Gesellschafter. Außerhalb der in der Satzung aufgestellten Grenzen war die Gesellschaft nicht fähig, geschäftlich aufzutreten.

3. *Folgen der ultra vires-Doktrin*

Die *ultra vires*-Doktrin hatte sowohl für die *directors* als auch für Dritte erhebliche Konsequenzen. Aufgrund des Risikos der *company*, *ultra vires* zu

---

[1217] Poole, Co Law 1991, 43; Dine, S. 44, 4.3.

[1218] Siehe z.B. *Introductions Ltd. v. National Provincial Bank* (1969) 2 W.L.R. 791.

[1219] Charlesworth & Morse, S. 53; Ryan, S. 108 para. 509.

[1220] Loose/Giffiths/Impey, S. 17, 1.5.3; Ryan, S. 108 para. 509.

[1221] *York Corporation v. H. Leethan & Sons Ltd.* [1924] 1 Ch 573, 557; *Re Jon Beaufort (London) Ltd.* [1953] 1 All E.R. 634, 637; Oliver and Marshall, S. 35, Charlesworth & Morse, S. 53.

[1222] Eingeführt durch *Ernest v. Nicholls* (1857) 6 HL Cas 401, 419.

handeln, und der damit für die *directors* entstehenden Probleme und der Gefahr, außerhalb ihrer *authority* zu agieren, mussten die *directors* den Gegenstand der *company* und die Satzung genaustens kennen. Handelte der *director ultra vires*, so konnte er persönlich gegenüber Dritten haftbar werden, und falls die *company* einen Schaden erlitt, machte er sich zudem wegen Pflichtverletzung gegenüber der *company* ersatzpflichtig. Dritte konnten weder auf die Transaktion vertrauen noch sie durchsetzen.[1223] Die *company* konnte sich aufgrund der *ultra vires*-Doktrin problemlos von der Zahlung ausstehender Verbindlichkeiten, die gutgläubig eingegangen waren, befreien.[1224] Die Feststellung, ob ein bestimmter Vertrag außerhalb der Rechtsfähigkeit der *company* war, war meist sehr schwierig. Dies lag daran, dass die meisten *companies objects clauses* hatten, die jeden möglichen Einzelfall enthielten und deshalb extrem umfangreich waren. Die exakten Grenzen der Rechtsfähigkeit konnten nur nach mühsamer Betrachtung aller Einzelheiten der *objects clause* bestimmt werden. Dies führte zu erheblicher Rechtsunsicherheit.

4. Lockerung der ultra vires-Doktrin durch die Gerichte

Da die *ultra vires*-Doktrin ihrer Schutzfunktion für Gesellschafter und Gläubiger nicht gerecht wurde, sondern vielmehr eine Falle für unaufmerksame Dritte darstellte[1225], lockerten die Gerichte die *ultra vires*-Doktrin von Fall zu Fall. Zunächst legten sie die Gesellschaftssatzung gläubigerfreundlich aus.[1226] Dann erkannten sie an, dass alles, was im Zusammenhang mit einer Satzungsbestimmung stand oder ihr förderlich war, *intra vires* sei.[1227] Schließlich gestanden sie zu, dass eine Satzungsklausel den Gesellschaftsgegenstand ins Ermessen der Geschäftsführer stellen konnte. Als *intra vires* galten damit alle Handlungen, die die *directors* als für die Gesellschaft dienlich angesehen haben.[1228] In *Rolled Steel Products (Holding) Ltd. v. British Steel Corporation*[1229] bekam die *ultra vires*-Doktrin kurzzeitig wieder Aufwind, was jedoch durch den *Court of Appeal* sofort unterbunden wurde. So erreichte die Rechtsfähigkeit einer *company* fast die Rechtsfähigkeit einer natürlichen Person.

[1223] Ryan, Company, S. 108 para. 509.

[1224] Siehe *Re Jon Beaufort (London) Ltd.* [1953] 1 All E.R. 634; Loose/Giffiths/Impey, S. 15, 1.5.3.

[1225] Gower, S. 204; Poole, Co Law 1991, 43.

[1226] *Re Kitson & Co. Ltd.* [1946] 1 All E.R. 435, 443.

[1227] *Attorney-General v. Great Eastern Railway* (1880) 5 App Cas 473; Rajak, ZGR, Sonderheft 13, 1998, 187 (207).

[1228] *Bell Houses Ltd. v. City Wall Properties Ltd.* [1966] 2 Q.B. 656 (679 ff.).

[1229] [1982] 3 All E.R. 1057 (1058).

5. Ansätze zur Reform

Die meiste Zeit ihrer hundertjährigen Existenz wurde über die Abschaffung der *ultra vires*-Doktrin diskutiert. Schon 1945 drängte das *Cohen Committee* zu einer Abschaffung und empfahl, dass eine *company* zugunsten Dritter alle Befugnisse einer natürlichen Person haben und die *objects clause* nur interne Wirkung entfalten solle.[1230] Über die Abschaffung der *constructive notice doctrine* gab es damals jedoch keine Empfehlung. 1962 ging das *Jenkins Committee* einen Schritt weiter und empfahl auch die Abschaffung der *constructive notice doctrine*.[1231] Keine dieser Empfehlungen wurde jedoch in die Tat umgesetzt. 1985 hat *Prentice* sich erneut mit den Konsequenzen einer Abschaffung der *ultra vires*-Doktrin befasst.[1232] Doch auch seine Ansätze wurden nicht uneingeschränkt übernommen.

6. Section 9 (1) of the European Communities Act 1972

Als England 1972 den Römischen Verträgen beitrat, wurde es erforderlich, Änderungen an der *ultra vires*-Doktrin sowie der *doctrine of contructive notice* vorzunehmen, um Art. 9 der 1. Gesellschaftsrechtlichen Richtlinie zu entsprechen.[1233] Diese Richtlinienbestimmung wurde durch Sec. 9 (1) des *European Communities Act 1972*, die dann in sec. 35 (1) alt CA 1985 übernommen wurde, umgesetzt. Danach durften gutgläubige Dritte zunächst darauf vertrauen, dass die Handlungen der *directors* im Rahmen der Rechtsfähigkeit der Gesellschaft und frei von Beschränkungen durch die Satzung erfolgen. Weiterhin wurde der Dritte von der Verpflichtung zur Nachforschung hierüber befreit. Diese Bestimmung wurde aber weitgehend als ungenügend zur Umsetzung der Richtlinie kritisiert, da zu viele Begriffe unklar und interpretationsbedürftig waren.[1234]

7. Der Companies Act 1989

Erst 1989 wurden weitere Reformen vorgenommen. Sec. 35 alt CA 1985 wurde mit CA 1989 (sec. 108 (1)) durch die neuen secs. 35, 35 A und 35 B CA 1985 ersetzt.[1235]

[1230] *Report of the Committee on Company Law Amendment*, Cmnd 6659, para. 12.

[1231] 1962, Cmnd 1749 paras 35-43.

[1232] *DTI Consultative Document: Reform of the Ultra Vires Rule*, London 1986. Siehe hierzu Hannigan, [1987] JBL 173; Pennington, Co Law 1987, 103.

[1233] Sealy, Cases, S. 149.

[1234] Gower, S. 207 f.; Sealy, Cases, S. 149; Wyatt (1978) 94 LQR 182 ff.; Farrar, S. 109.

[1235] Siehe hierzu: Hess, RIW 1992, 638; Ferran, Co Law 1992, 124; Glass, Co Law 1990, 138; Ryan, S. 113 para. 513; Billins, Bl. 20; Mayson, French & Ryan, S. 642.

a. Beschränkung der Rechtsfähigkeit der Gesellschaft durch den Gesellschaftsgegenstand als Grenze der Vertretungsmacht

In England kann nunmehr für *companies* nach sec. 35 (1) CA 1985 die Wirksamkeit einer Handlung der Gesellschaft nicht aufgrund fehlender Rechtsfähigkeit infolge einer Bestimmung der Gründungsurkunde der Gesellschaft in Frage gestellt werden. Hieraus folgt einerseits, dass Gesellschaften keine umfassende Rechtsfähigkeit besitzen, denn der Gesetzeswortlaut lässt bei wortgetreuer Interpretation die Beschränkung der Rechtsfähigkeit an sich unberührt.[1236] Andererseits ergibt sich, dass Dritte bei Handeln der Gesellschaft außerhalb ihrer Rechtsfähigkeit geschützt sind. Der Gesetzeswortlaut untersagt also, Rechtsfolgen im Außenverhältnis an eine Überschreitung der *objects clause* in der Gründungsurkunde zu knüpfen, so dass die Beschränkung der Rechtsfähigkeit faktisch aufgehoben ist.[1237] Problematisch hieran ist, dass Handlungen außerhalb der Rechtsfähigkeit im strengen Sinne nicht als Handlungen der Gesellschaft angesehen werden können.[1238] Diese Konzeption einer beschränkten Rechtsfähigkeit weicht von dem Art. 9 der 1. Gesellschaftsrechtlichen Richtlinie zugrunde liegenden institutionellen Ansatz einer unbeschränkten Rechtsfähigkeit der Gesellschaft als Grundlage für die Regelung der Vertretungsmacht ab. Gegenüber Dritten wird jedoch die Handlungsfähigkeit der Gesellschaft hinsichtlich solcher Handlungen, die ihre Rechtsfähigkeit überschreiten, fingiert. Gegenüber Dritten besteht die Handlungsfähigkeit der Gesellschaft aufgrund dieser Fiktion somit uneingeschränkt. Die *ultra vires*-Doktrin kann damit im Außenverhältnis weder von der company noch von Dritten geltend gemacht werden. Damit ist die *ultra vires*-Doktrin zwar nicht abgeschafft, entfaltet aber im Außenverhältnis keine Wirkung mehr. Dritte erfahren folglich dennoch den von Art. 9 (1) der Richtlinie vorgesehenen Schutz. Die Beschränkung der Rechtsfähigkeit der Gesellschaft durch den Gesellschaftsgegenstand kann demnach auch in England nicht mehr als Grenze der Vertretungsmacht angesehen werden.

b. Gesellschaftsgegenstand als Grenze der Vertretungsmacht

Der CA 1989 hat, anders als die ursprüngliche sec. 35 CA 1985, die Sachfragen der Rechtsfähigkeit der *company* und der Befugnisse der *directors* formal getrennt und in zwei verschiedenen *sections* behandelt. Die Vertre-

---

[1236] Gower, S. 211; Pennington, Company Law, S. 111. Die *Company Law Review Steering Group* schlägt nun für alle *companies* vor, dass der Gesellschaftsgegenstand generell als Grenze der Rechtsfähigkeit der *companies* abgeschafft werden sollte (*Final Report*, Vol. I, S. 339).

[1237] Charlesworth & Morse, S. 54; Pennington, Company Law, S. 111.

[1238] Ferran, Co Law 1992, 124 (125).

tungsmacht der *directors* wird nun von sec. 35 A CA 1985 geregelt. Danach werden die Befugnisse des *board of directors* als frei von etwaigen Beschränkungen in der Gesellschaftsverfassung angesehen. Unter diese Regelung fällt auch der in der *objects clause* der Gründungsurkunde festgelegte Gesellschaftsgegenstand. Der Gesellschaftsgegenstand beschränkt also auch nicht länger die Vertretungsmacht des *board.*

II. Die englischen *partnerships*

Ein Dritter ist seit jeher nur von der Frage betroffen, ob ein *partner* innerhalb seiner *authority* gehandelt hat, und war nie mit der zusätzlichen Frage belastet, ob eine *partnership* im Rahmen ihrer Befugnisse gehandelt hat, denn die *ultra vires*-Doktrin war auf *partnerships* nicht anwendbar.[1239] Dies ist einerseits darauf zurückzuführen, dass die *partnerships* keine eigene Rechtsfähigkeit besitzen, die eingeschränkt werden könnte. Andererseits muss nicht unbedingt ein schriftlicher *partnership*-Vertrag vorliegen und selbst wenn einer vorliegt, muss dieser nicht zwingend einen bestimmten Gesellschaftsgegenstand nennen. Wurde jedoch ein Gesellschaftsgegenstand im *partnership*-Vertrag festgelegt, so gilt sec. 8 PA 1890. Danach kann die Vertretungsmacht von einem oder mehreren *partners* beschränkt werden. Solche Beschränkungen entfalten jedoch nur Wirkung im Innenverhältnis der *partners*, können aber die *partners* nicht von ihren Verpflichtungen gegenüber gutgläubigen Dritten befreien.[1240] Der in sec. 8 PA 1890 verwendete Term „*any restriction*“ umfasst auch Beschränkungen durch den Gesellschaftsgegenstand. Die Vertretungsmacht in der englischen *partnership* ist also gegenüber gutgläubigen Dritten nicht durch den Gesellschaftsgegenstand begrenzt. Der Gesellschaftsgegenstand ist jedoch insofern von Bedeutung, als er zur Definition der gewöhnlichen Geschäfte im Sinne der sec. 5 PA 1890 herangezogen werden kann, auf die sich die Vertretungsmacht einzelner *partners* beschränkt.

III. Die französischen Kapitalgesellschaften

1. Gesellschaftsgegenstand als Grenze der Handlungsfähigkeit der Gesellschaft

Die *ultra vires*-Doktrin wurde in gemilderter Form in einer Vielzahl von Rechtsordnungen aufgenommen und ist im französischen Rechtskreis als die Lehre von der „*spécialité statutaire*“ bekannt. Danach kann die Gesellschaft

[1239] Milman/Flanagan, S. 67; Bourne S. 3.
[1240] Burgess/Morse, S. 112; Blackett-Ord, S. 337, 16.3.

theoretisch nur im Rahmen des Gesellschaftsgegenstands handeln. Diese Beschränkung existiert jedoch mehr theoretisch als tatsächlich.[1241] Zunächst wird der Gesellschaftsgegenstand meist weit gesteckt. Darüber hinaus haben die Gesellschafter die Möglichkeit, den Gesellschaftsgegenstand zu ändern, so dass sich die „*spécialité statutaire*" im Laufe des Gesellschaftslebens wandeln kann.[1242] In der Literatur wird diese Lehre als Beschränkung für die Rechtsfähigkeit der Gesellschaften daher abgelehnt, so dass die Rechtsfähigkeit insoweit nicht beschränkt ist.[1243] Es wird nur die Vertretungsmacht als durch den Gesellschaftsgegenstand (*objet social*) beschränkt angesehen.[1244] Für die Kapitalgesellschaften ergibt sich dies seit der *ordonnance 69-1176* vom 20. Dezember 1969 auch aus dem Wortlaut des Gesetzes. Die Geschäftsführer verpflichten die Gesellschaft auch durch Handlungen, die außerhalb des Gesellschaftsgegenstands liegen. Dies zeigt, dass es sich nicht um eine „*incapacité stricto sensu*" handelt.[1245] Lediglich die „*spécialité légale*" bildet eine absolute Beschränkung der Handlungsfähigkeit der Gesellschaft.[1246]

2. *Gesellschaftsgegenstand als Schranke der Vertretungsmacht*

In Frankreich wurde die Vertretungsmacht bei den Kapitalgesellschaften lange Zeit als durch den Gesellschaftsgegenstand beschränkt angesehen.[1247] Außerhalb dieses Rahmens liegende Geschäfte waren weder für die Gesellschaft noch für Dritte bindend. Sie konnten aber durch nachfolgende Ratifikation der Gesellschafterversammlung Wirksamkeit erlangen.[1248] Auch heute fasst der französische Gesetzgeber den Gegenstand des Unternehmens als Grenze für die rechtsgeschäftliche Bindung der Gesellschaft und damit der Vertretungsmacht der nach außen auftretenden Organe auf.[1249] Die Gesellschaft wird nunmehr jedoch in Anwendung von Art. 9 (1) Satz 1 der 1. Gesellschaftsrechtlichen Richtlinie grundsätzlich aus allen in ihrem Namen vorgenommenen Handlungen verpflichtet, auch aus solchen, welche den Gegen-

[1241] Micha-Goudet, J.-Cl. S. 1, Fasc. 9-10, S. 7 Nr. 23; Guyon/Dion, J.-Cl. S. 1, Fasc. 28-15, S. 18 Nr. 56.

[1242] Micha-Goudet, J.-Cl. S. 1, Fasc. 9-10, S. 7 Nr. 24.

[1243] Chaput, Objet social, Rép. Société Dalloz, S. 2 Nr. 9.

[1244] Berr, S. 74 f., No 95, 96; Lutter/Pfrommer, GmbHR 1966, 201 (204).

[1245] Micha-Goudet, J.-Cl. S. 1, Fasc. 9-10, S. 7 Nr. 25.

[1246] Chaput, Objet social, Rép. Société Dalloz, S. 2 Nr. 9. Siehe oben Teil 2 § 2 A. II und B. II, Beschreibung der französischen Gesellschaften.

[1247] Berr, S. 74 f., No 95, 96; Lutter/Pfrommer, GmbHR 1966, 201 (204).

[1248] Lutter/Pfrommer, GmbHR 1966, 201 (204).

[1249] Art. L. 223-18 (5), 225-56 (1), 225-64 (1) CCom.

stand des Unternehmens überschreiten.[1250] Der Gesellschaftsgegenstand bildet folglich lediglich ein Mittel der Kontrolle für die Gesellschafter im Innenverhältnis. Die Priorität wird jedoch auf den Schutz Dritter gelegt.[1251] Der Gesellschaftsgegenstand bildet damit keine Schranke der Befugnisse nach außen.[1252]

IV. Die französischen Personengesellschaften

In Frankreich hat der Gesetzgeber für die Regelung der Vertretungsmacht in der SC und den Personenhandelsgesellschaften in Art. 1849 (1) CC bzw. Art. L. 221-5 (1) CCom eine einheitliche Regelung getroffen. Danach verpflichtet der Geschäftsführer die Gesellschaft nur durch Handlungen, die im Bereich des Gesellschaftsgegenstandes liegen. Die Gesellschaft wird in diesem Bereich aber sogar durch Handlungen verpflichtet, die nicht im Interesse der Gesellschaft sind.[1253] In der Praxis ist es daher unerlässlich, zum Schutz der Gesellschafter den Gesellschaftsgegenstand genau zu definieren. Die Statuten können im Hinblick hierauf nicht präzise genug gefasst werden.[1254] In den Personengesellschaften wurde hier den Interessen der Gesellschafter somit ein größeres Gewicht beigemessen als den Interessen Dritter. Bei Überschreitung des Gesellschaftsgegenstands wird die Gesellschaft nicht verpflichtet. Nur der handelnde Geschäftsführer muss gegenüber seinem Vertragspartner die Konsequenzen seines Handelns tragen und haftet diesem persönlich.[1255]

V. Die deutschen Handelsgesellschaften

In Deutschland ist die Handlungsfähigkeit der Gesellschaften nicht durch den Gesellschaftsgegenstand beschränkt. Auch die Vertretungsmacht in den Kapitalgesellschaften war vor Inkrafttreten der 1. Richtlinie nicht auf den Gegenstand der Gesellschaft begrenzt. Zweck und Gegenstand des Unternehmens beschränken lediglich die interne Geschäftsführungsbefugnis, dagegen können im Außenverhältnis alle Rechtsgeschäfte für die Gesellschaft ohne Rücksicht auf den Gesellschaftsgegenstand wirksam vorgenommen werden.[1256] Auch in den Personenhandelsgesellschaften wird die Vertre-

---

[1250] Art. L. 223-18 (5), 225-56 (2), 225-64 (2) CCom.
[1251] Micha-Goudet, J.-Cl. S. 1 Fasc. 9-20, S. 2 Nr. 2.
[1252] Micha-Goudet, J.-Cl. S. 1, Fasc. 9-20, S. 2 Nr. 3.
[1253] Jeantin, S. 136 Rn. 260.
[1254] Cozian/Viandier/Deboissy, S. 561 Rn. 1450.
[1255] Jeantin, S. 136 Rn. 260; Cozian/Viandier/Deboissy, S. 164 Rn. 357.
[1256] GroßkAktG/Meyer-Landrut, § 82 Anm. 3; Scholz/Schneider, § 35 Rn. 22; Rowedder/Koppensteiner, § 37 Rn. 7; Lutter/Pfrommer, GmbHR 1966, 201 (203).

tungsmacht sachlich weder durch den Gesellschaftszweck noch durch das Handelsgewerbe der Gesellschaft beschränkt. Ebenso wenig besteht eine Beschränkung auf Handelsgeschäfte.[1257] Die *ultra vires*-Doktrin findet auch hier keine Anwendung.[1258] Ein Gesellschafter kann zwar im Innenverhältnis Beschränkungen unterliegen, diese Beschränkungen haben jedoch keine Auswirkungen auf seine Vertretungsmacht.[1259] Dies wird in § 126 Abs. 2 HGB noch einmal besonders betont. Hier heißt es u.a., dass insbesondere die Beschränkung, dass sich die Vertretung nur auf gewisse Geschäfte oder Arten von Geschäften erstrecken soll, Dritten gegenüber unwirksam ist.

VI. Die deutsche Gesellschaft bürgerlichen Rechts

Wie oben festgestellt, richtet sich der Umfang der Vertretungsmacht in der GbR nach der Geschäftsführungsbefugnis. Diese kann durch die Satzung auf den Gesellschaftsgegenstand beschränkt werden. Diese Einschränkung schlägt dann grundsätzlich auch auf das Außenverhältnis durch. Damit ist die GbR die einzige deutsche Gesellschaftsform, in der die Vertretungsmacht durch den Gesellschaftsgegenstand begrenzt werden kann. Bei Überschreitung der Vertretungsmacht greifen die Rechtsfolgen der §§ 177 - 179 BGB ein und der Handelnde ist Vertreter ohne Vertretungsmacht, falls sich die Verpflichtung der Gesellschaft nicht auf die Grundsätze der Anscheins- oder Duldungsvollmacht stützen lässt.[1260]

VII. Vergleich

Die englische *ultra vires*-Doktrin hatte den Schutz der Gesellschafter vor Augen. In jüngster Zeit hat man erkannt, dass es den Gesellschaftern, solange die Geschäfte gewinnbringend sind, nicht so sehr darauf ankommt, welche Art von Geschäften die *directors* im Namen der *company* betreiben. Nunmehr werden die Kapitalgesellschaften in allen untersuchten Rechtsordnungen aus Rechtsgeschäften verpflichtet, selbst wenn diese den Gegenstand der Gesellschaft überschreiten. Obwohl die englische Konzeption nicht von einer allgemeinen Rechtsfähigkeit der Gesellschaft ausgeht, schafft sie durch die Fiktion der Handlungsfähigkeit auch bei Überschreitung der Bestimmungen der Gründungsurkunde der Gesellschaft einen ausreichenden Schutz Dritter. Das Ziel von Art. 9 (1) der 1. Gesellschaftsrechtlichen Richtlinie wird also

---

[1257] Heymann/Emmerich, § 126 Rn. 2.
[1258] Schmidt, Gesellschaftsrecht, S. 1402, § 48 II 2 a; Baumbach/Hopt, § 126 Rn. 1; vgl. auch gegen die *ultra vires*-Doktrin Schmidt, AcP 184 (1984), 529 ff.
[1259] Beck´sches Handbuch der Personengesellschaften/Stengel, § 3 Rn. 5.
[1260] Ulmer, GbR, § 714 Rn. 20; Glasenapp, S. 36.

gewahrt. Auch die Vertretungsmacht der Leitungsorgane wird zumindest im Verhältnis zu Dritten als nicht durch den Gesellschaftsgegenstand beschränkt angesehen. Die Regelung in allen drei Rechtsordnungen entspricht damit der 1. Gesellschaftsrechtlichen Richtlinie. Die Sichtweisen in den einzelnen Rechtsordnungen sind jedoch nach wie vor unterschiedlich. Während in England bereits die Rechtsfähigkeit der Gesellschaft durch den Gesellschaftsgegenstand beschränkt ist, gilt dies in Frankreich nur für die Vertretungsmacht. In Deutschland wird lediglich die interne Geschäftsführungsbefugnis eingeschränkt. Obwohl in Frankreich von Vertretungsmacht und in Deutschland von Geschäftsführungsbefugnis die Rede ist, muss angenommen werden, dass hier das gleiche gemeint ist. Im Innenverhältnis sollen die Leitungsorgane den Gesellschaftsgegenstand beachten, während im Außenverhältnis keine Beschränkung durch den Gegenstand des Unternehmens vorliegt. Im Verhältnis zu Dritten hat die Richtlinie einen Angleichungserfolg insoweit erzielt, als Dritte nunmehr auch Geschäfte durchsetzen können, die den Gesellschaftsgegenstand überschreiten. Der Schutz Dritter ist also gegenüber dem Gesellschafterschutz in den Vordergrund gerückt. Die Gesellschafter können nur noch im Innenverhältnis gegen Überschreitungen des Gegenstands der Gesellschaft vorgehen. Es gilt folgendes gemeinsames Prinzip:

Die Vertretungsmacht der Geschäftsführer ist in den Kapitalgesellschaften nicht auf den Gegenstand der Gesellschaft begrenzt. Eine Kapitalgesellschaft wird also Dritten gegenüber durch Handlungen ihrer Geschäftsführer verpflichtet, selbst wenn die Handlungen nicht zum Gegenstand des Unternehmens gehören.

Die Regelung der Personengesellschaften ergibt hingegen kein einheitliches Bild. Während in den deutschen Personenhandelsgesellschaften keine Einschränkung durch den Gesellschaftsgegenstand stattfindet, ist dies für die französischen Personengesellschaften ausdrücklich im Gesetz geregelt. Auch in der deutschen GbR kann eine Einschränkung durch den Gesellschaftsgegenstand erfolgen. In der englischen *partnership* spielt der Gesellschaftsgegenstand insofern eine Rolle, als er zur Definition der gewöhnlichen Geschäfte, auf die sich die Vertretungsmacht einzelner *partners* beschränkt, herangezogen werden kann. Als satzungsmäßige Beschränkung wirkt der Gesellschaftsgegenstand hier jedoch nur im Innenverhältnis. Ein gemeinsames Prinzip lässt sich folglich nicht bilden.

C. Möglichkeit und Grenzen der Beschränkung der Vertretungsmacht durch Gesellschaftsvertrag oder Beschlüsse der zuständigen Organe

Die 1. Gesellschaftsrechtliche Richtlinie enthält für die Kapitalgesellschaften auch zur Frage der Beschränkbarkeit der Vertretungsmacht durch den Gesellschaftsvertrag oder die Beschlüsse anderer Organe eine Regelung. Art. 9 (2) der Richtlinie präzisiert den in Art. 9 (1) Satz 1 aufgestellten Grundsatz der nur durch das Gesetz beschränkten Vertretungsmacht. Einschränkungen der Vertretungsmacht durch die Satzung oder die Beschlüsse anderer Organe sind gegenüber Dritten ohne Bedeutung und können ihnen selbst im Falle ihrer Bekanntmachung nicht entgegengehalten werden. Die Vertretungsmacht ist also nach der Konzeption der Richtlinie nicht nur grundsätzlich unbeschränkt, sondern auch unbeschränkbar. Zu fragen ist, ob dies für alle untersuchten Gesellschaftsformen gilt.

I. Die deutschen Handelsgesellschaften

In Deutschland waren bereits vor Erlass der Richtlinie für die AG, die GmbH und die Personenhandelsgesellschaften entsprechende Regelungen vorhanden.

So heißt es in § 126 II 1. Hs. HGB für die Personenhandelsgesellschaften, dass eine Beschränkung des Umfangs der Vertretungsmacht Dritten gegenüber unwirksam ist. Dies wird im 2. HS genauer konkretisiert. Unwirksam ist insbesondere eine Beschränkung dergestalt, dass sich die Vertretung nur auf gewisse Geschäfte oder Arten von Geschäften erstrecken oder dass sie nur unter gewissen Umständen oder für eine gewisse Zeit oder an einzelnen Orten stattfinden soll. Diese Konkretisierung ist allerdings überflüssig, da der 1. Halbsatz bereits umfassend ist. Vom Grundsatz der Unbeschränkbarkeit der Vertretungsmacht bei der oHG und der KG macht § 126 III HGB unter Verweisung auf § 50 III HGB (Filialprokura) eine Ausnahme für den Fall, dass die Gesellschaft mehrere Niederlassungen unter verschiedenen Firmen betreibt. Die Vertretungsmacht von Gesellschaftern der oHG bzw. der KG kann dann mit Wirkung gegen Dritte auf Handlungen im Betrieb einer dieser Zweigniederlassungen beschränkt werden.

Für die AG steht in § 82 I AktG, dass die Vertretungsbefugnis des Vorstands nicht beschränkt werden kann. Für die GmbH heißt es in § 37 II S.1 GmbHG, dass eine Beschränkung der Befugnis der Geschäftsführer, die Gesellschaft zu vertreten, gegenüber dritten Personen keine rechtliche Wirkung hat. Auch hier findet durch Satz 2 eine Konkretisierung statt. Dort heißt es: Dies gilt insbesondere für den Fall, dass die Vertretung sich nur auf gewisse Geschäfte oder Arten von Geschäften erstrecken oder nur unter gewissen Umständen oder für eine gewisse Zeit oder an einzelnen Orten stattfinden soll oder dass die Zustimmung der Gesellschafter oder eines Organs der Gesellschaft für einzelne Geschäfte erfordert ist. Obwohl hier also teilweise andere Worte gewählt wurden, wird in allen Gesellschaftsformen dasselbe Ziel verfolgt und erreicht. Dritte sollen nicht die Satzungen lesen müssen, um über den Umfang der Vertretungsmacht informiert zu sein. Sie sind vor Einschränkungen durch die Satzung ebenso wie durch Beschlüsse anderer Organe geschützt. Dies gilt bei der GmbH auch für Weisungen durch die Gesellschafter.[1261] Der Schutz des Rechtsverkehrs hat hier eindeutig Vorrang vor den Interessen der Gesellschafter.

II. Die französischen Gesellschaften

Auch im französischen Recht waren entsprechende Regelungen bereits vor Erlass der 1. Gesellschaftsrechtlichen Richtlinie enthalten. Der französische Gesetzgeber hat für sämtliche untersuchten Gesellschaftsformen praktisch dieselbe Regelung getroffen. Da sie als besonders wichtig eingestuft wird, wurde sie jedoch für jede Gesellschaftsform gesondert normiert. So findet sich in Art. 1849 (3) CC für die SC die Regelung, dass Satzungsbestimmungen, die die Befugnisse der Geschäftsführer einschränken, Dritten nicht entgegen gehalten werden können. Für die SNC ist Art. L. 221-5 (3) CCom etwas genauer und besagt, dass Satzungsbestimmungen, die die Befugnisse der Geschäftsführer aus Art. L. 221-5 CCom einschränken, Dritten nicht entgegen gehalten werden können. Art. L. 223-18 (6) CCom enthält für die SARL eine wortgleiche Regelung. Für die monistische SA gilt nach Art. L. 225-56 (3) CCom, dass Satzungsbestimmungen oder Entscheidungen des Verwaltungsrats, die die Befugnisse des Generaldirektors einschränken, Dritten nicht entgegen gesetzt werden können. Für die dualistische SA gibt es zwei Regelungen. So regelt Art. L. 225-64 (3) CCom allgemein die Befugnisse des Vorstands. Ferner besagt Art. L. 225-66 (2) CCom insbesondere, dass Satzungsbestimmungen, die die Vertretungsmacht einschränken, Dritten nicht entgegen gehalten werden können. Diese Vorschriften variieren im Wortlaut nur geringfügig. Die Vertretungsmacht einschränkende Satzungsbestimmungen können also zwar getroffen werden,[1262] sind aber gegenüber Dritten unwirksam. Die Gesellschaft ist gegenüber Dritten selbst dann gebunden, wenn der Geschäftsführer die ihm in den Statuten eingeräumten Befugnisse überschritten hat.[1263]

[1261] Scholz/Schneider, § 35 Rn. 23.
[1262] Caussain, J.-Cl. S. 4, Fasc. 133-50, S. 25 Nr. 129.
[1263] Bézard/Letulle, J.-Cl. S. 3, Fasc. 48-40, S. 7 Nr. 33.

Einschränkungen durch Beschlüsse anderer Organe werden nur bei der monistischen SA im Gesetz erwähnt, nämlich Einschränkungen durch Beschlüsse des Verwaltungsrats. In den übrigen Gesellschaften besteht ohnehin kein Weisungsrecht der Gesellschafter oder sonstiger Organe, so dass eine Regelung hier entbehrlich ist.[1264]

III. Die englischen *companies*

In England wurde eine entsprechende Regelung für die *company* erst mit sec. 35 A CA 1985 eingeführt. Dort heißt es in Abs. 1, dass die Befugnisse des *board of directors* zugunsten gutgläubiger Dritter als frei von etwaigen Beschränkungen in der Gesellschaftsverfassung (*constitution*) betrachtet werden. Es wird also vermutet, dass die Vertretungsmacht frei von Beschränkungen ist, die in der Gründungsurkunde oder der Satzung enthalten sind. In Abs. 3 wird dies dahingehend erweitert, dass auch Beschränkungen durch Beschlüsse der Gesellschafterversammlung sowie Entscheidungen der Gesellschafter von dem Ausschluss der Drittwirkung umfasst sein sollen.[1265] Dies umfasst z.B. Einschränkungen aufgrund einer Weisung nach Art. 70 *Table A*.[1266] Problematisch ist, dass Beschränkungen durch Beschlüsse des *board of directors* nicht erfasst sind. Dies ist ein praktisch wichtiger Fall, da delegierte Befugnisse, z.B. diejenigen eines *managing director*, in der Regel in Beschlüssen des *board* definiert sind. Sind diese delegierten Befugnisse aber beschränkt, so greift sec. 35 A CA 1985 zum Schutz Dritter nicht ein.[1267]

Eine Schwierigkeit bei der Umsetzung der 1. Gesellschaftsrechtlichen Richtlinie für die *company* in England bereitete auch die Tatsache, dass dort der Begriff des Organs nicht geläufig war. Heute wird er auch im englischen Recht verwendet und so ausgelegt, dass er den *board* und die Mitglieder des *board* umfasst, die berechtigt sind, die *company* allein oder gemeinschaftlich zu vertreten.[1268] Der Organbegriff erfasst mithin auch *managing directors* sowie *chief executives*.[1269] Gesetzlich zugewiesen wurde die Rolle als Organ jedoch nur dem *board of directors*. Indem sec. 35 A (1) CA 1985 lediglich festlegt, dass die Befugnisse des *board of directors* als frei von Beschränkungen betrachtet werden, entspricht die Vorschrift damit nicht der Richtlinie. Zwar gilt auch die Befugnis, Vertretungsmacht auf einen *managing director*

[1264] Für die dualistische SA: Caussain, J.-Cl. S. 4, Fasc. 33-50, S. 24 Nr. 124.

[1265] Zur Frage, ob auch ein erforderliches Quorum bei *board meetings* eine Einschränkung im Sinne der sec. 35 A CA 1985 darstellt, siehe Howell, Co Law 2002, 96.

[1266] Howell, Co Law 2002, 96.

[1267] Edwards, Co Law 1995, 202 (206).

[1268] Edwards, Co Law 1995, 202 (206).

[1269] Poole, Co Law 1991, 43 (48).

zu delegieren, als nicht eingeschränkt. Im Hinblick auf den Umfang der Delegation selbst besteht eine solche Regelung jedoch nicht. Da sec. 35 A (1) CA 1985 die *managing* und *executive directors* also nicht erfasst, können die Befugnisse des *managing director* oder *chief executive* durch Satzungsbestimmungen oder Beschlüsse anderer Organe beschränkt werden.[1270] Hinsichtlich der *managing* und *executive directors* greifen dann aber zugunsten gutgläubiger Dritter die Grundsätze der *agency* ein. Handeln die *directors* im Rahmen ihrer *apparent authority* wird die Gesellschaft verpflichtet.[1271] *Apparent authority* ist die *authority* eines *agent* wie sie Dritten erscheint. *Apparent authority* besteht, wenn der *principal* durch Worte oder sein Verhalten darlegt, dass die Person *actual authority* besitzt und der Vertragspartner im Vertrauen auf diese *authority* in Vertragsbeziehungen mit der Person getreten ist.[1272] Der *principal* ist daran gehindert, zu behaupten, der *agent* hätte keine authority. Gutgläubige Dritte sind also letztlich auch hier ausreichend geschützt.

IV. Die englischen *partnerships*

In *partnership*-Verträgen finden sich häufig Bestimmungen, nach denen einzelne *partners* ausdrücklich von bestimmten Handlungen ausgeschlossen werden.[1273] So können Geschäfte auch von der Zustimmung der übrigen *partners* abhängig gemacht werden. Ferner können die *partners* abmachen, dass einige von ihnen nur bestimmte Geschäfte abschließen dürfen oder dass für einige Verträge nur derjenige haftet, der sie auch abgeschlossen hat.[1274] In diesem Fall ist die *actual authority* geringer als die *usual authority*. Wenn ein *partner* seine *actual authority* überschreitet, nimmt er prinzipiell ein verbotenes Geschäft vor.[1275] Dann fragt sich, ob er im Rahmen seiner *usual authority* gehandelt hat. Hat er dies, so sind auch in der englischen *partnership* die Vertretungsmacht einschränkende Satzungsbestimmungen nach sec. 8 PA 1890 gegenüber Gutgläubigen unwirksam.[1276] Der Gesetzestext umfasst insbesondere auch einschränkende Beschlüsse der Gesellschafter („*agreed between the partners*“). Jeder partner hat damit eine nach außen unbeschränkbare Vertretungsmacht.[1277]

1270 Edwards, Co Law 1995, 202 (206).
1271 Smith & Keenan, S. 106.
1272 *Armagas Ltd v. Mundogas SA* [1986] AC 717, HL, Lord Keith of Kinkel at p. 777.
1273 Underhill, S. 55.
1274 *Cox v. Hickman* (1860) 8 H.L. Cas. 268 at p. 304, Drake, S. 43.
1275 Underhill, S. 55.
1276 *Cox v. Hickman* (1860) 8 H.L. Cas. 268 at p. 304, Drake, S. 43
1277 *Baird's Case* (1870) LR 5 ChApp 725; Pollock/Gower, S. 30, 40; Drake, S. 33.

V. Die Gesellschaft bürgerlichen Rechts

Der Umfang der Vertretungsmacht ist für die deutsche GbR im BGB nicht geregelt. Er richtet sich deshalb gemäß der Auslegungsregel des § 714 im Zweifel nach dem Umfang der Geschäftsführungsbefugnis. Dies führt zu einem Gleichlauf von Geschäftsführungsbefugnis und Vertretungsmacht,[1278] d.h. Beschränkungen der Geschäftsführungsbefugnis wirken sich auch auf die Vertretungsmacht aus. Der Umfang der Vertretungsmacht ist also bei der GbR anders als bei den Personenhandelsgesellschaften nicht zwingend festgelegt und Dritten gegenüber beschränkbar.[1279] Ein Geschäftsführer, der außerhalb der durch die Satzung gesetzten Grenzen handelt, ist jedoch Vertreter ohne Vertretungsmacht und haftet Dritten nach § 177 ff. BGB.

Mit seinem Urteil vom 27.09.1999 hat der BGH allerdings entschieden, dass eine Beschränkung der Vertretungsmacht mit dem Ziel, die Mitgesellschafter nicht persönlich zu verpflichten, nach außen wirkungslos ist. Sie kann einen geschäftsführenden Gesellschafter nur im Innenverhältnis einschränken.[1280] Die Vertretungsmacht kann damit nicht vertraglich derart beschränkt werden, dass die Gesellschafter nur mit dem Gesellschaftsvermögen oder persönlich nur in beschränkter Höhe verpflichten werden. In der Literatur wird dieses Urteil so verstanden, dass der BGH praktisch auch die gesellschaftsrechtliche Vertretungsmacht in der GbR für unbeschränkbar erklärt habe, ebenso wie dies bei den Personenhandelsgesellschaften kraft Gesetzes der Fall ist (§ 126 II HGB) - ohne allerdings ausdrücklich eine Analogie zu den Handelsgesellschaften zu ziehen.[1281] Eine solch allgemeine Auslegung kann aufgrund des Urteils jedoch noch nicht getroffen werden. Andere Einschränkungen bleiben weiterhin möglich.

VI. Vergleich

Die Vertretungsmacht ist in allen untersuchten Gesellschaften bis auf die GbR unbeschränkbar. Interne Einschränkungen der Befugnisse wirken sich also nicht auf das Außenverhältnis aus. Dritte brauchen den Gesellschaftsvertrag und Beschlüsse anderer Organe nicht zu kennen und sind damit weitgehend geschützt. Die Gesellschafter müssen intern kontrollieren, ob die Geschäftsführer, die ihnen auferlegten Befugnisse einhalten. Bei der englischen Regelung sind hinsichtlich der Befugnisse der *managing* und *executive*

1278 Brandmüller/Sauer, Fach E Rn. 297.

1279 BGH, WM 1996, 2233; BGH, NJW-RR 1996, 673; Waldner/Wölfel, S. 25; Glasenapp, S. 36.

1280 BGH, BB 1999, 2152, 2153; Giefers/Ott, S. 183 Rn. 352.

1281 Giefers/Ott, S. 141 Rn. 267.

directors der *company* auch nach Erlass der Richtlinie weiterhin Beschränkungen möglich. Insoweit entspricht die englische Lösung also nicht der Richtlinie und weicht von den Regelungen der anderen Länder ab. Dritte sind nur durch die Grundsätze der *apparent authority* geschützt. Auch in der GbR schlagen interne Einschränkungen aufs Außenverhältnis durch. Dritte sind hier nur nach Rechtsscheingrundsätzen geschützt. Dennoch lässt sich folgendes gemeinsames Prinzip bilden:

Beschränkungen der Befugnisse der Geschäftsführer durch den Gesellschaftsvertrag oder einen Beschluss des zuständigen Organs können Dritten nicht entgegengesetzt werden.

D. Beschränkung der Vertretungsmacht gegenüber bösgläubigen Dritten

Aufgrund des umfassenden Schutzes, den Dritte nunmehr genießen, besteht die Gefahr des Missbrauchs durch bösgläubige Dritte. Daher bedürfen nun wiederum die Gesellschafter Schutz vor der bösgläubigen Ausnutzung dieser Schutzstellung durch Dritte. Im Folgenden werden daher die Grenzen des Drittschutzes analysiert.

I. Handeln außerhalb des Gesellschaftsgegenstands

Auch in Gesellschaftsformen, in denen der Gesellschaftsgegenstand die Vertretungsmacht nach außen nicht begrenzt, wirkt er im Innenverhältnis als Schranke. Für die Kapitalgesellschaften findet sich in Art. 9 (1) Satz 2 der 1. Gesellschaftsrechtlichen Richtlinie eine gesetzliche Grundlage dafür, dass eine Überschreitung des Gesellschaftsgegenstands durch Handeln des Vertretungsorgans Dritten entgegengehalten werden kann, wenn sie die Überschreitung kannten oder nach den Umständen darüber nicht in Unkenntnis sein konnten. Nach Art. 9 (1) Satz 2 der Richtlinie muss die Gesellschaft einem Dritten die Kenntnis oder das Kennenmüssen nachweisen. Die Beweislast liegt also bei der Gesellschaft. Hierbei reicht aber die Bekanntmachung der Satzung gemäß Art. 9 (1) Satz 2 der Richtlinie als Beweis nicht aus. Insbesondere die Rechtsfigur der „*constructive notice*“ des englischen Rechts soll keine Anwendung finden.

1. Die deutsche Regelung

Der deutsche Gesetzgeber hat von der durch Art. 9 (1) Satz 2 der Richtlinie eingeräumten Möglichkeit der Einschränkung der Vertretungsbefugnis des Leitungsorgans durch den Gesellschaftsgegenstand keinen Gebrauch gemacht. Vorstand und Geschäftsführer sind nur gegenüber der Gesellschaft verpflichtet, die vom Unternehmensgegenstand gezogenen Grenzen zu beachten. Der Gesellschaftsgegenstand bildet insofern eine satzungsmäßige interne Schranke, die keine Außenwirkung hat.[1282] Die Regeln über die Kollusion und den Missbrauch der Vertretungsmacht finden aber insoweit Anwendung. Rechtsgeschäfte sind in Fällen der Kollusion, also beim bewussten Zusammenwirken von Vertreter und Vertragspartner zum Nachteil der Gesellschaft, nach § 138 BGB nichtig.[1283] Als weiterer Fall wird der Missbrauch der Vertretungsmacht anerkannt. Voraussetzung hierfür ist, dass das Vertretungsorgan die Grenzen der Geschäftsführungsbefugnis überschreitet und der Dritte den Missbrauch erkennt oder dieser für ihn offenkundig (evident) sein müsste.[1284] Letzteres liegt vor, wenn der Missbrauch wegen massiver Verdachtsmomente für jedermann klar und sofort, also ohne Nachforschungen, erkennbar war.[1285] Bloße Fahrlässigkeit genügt hingegen schon deshalb nicht, weil der Geschäftsgegner die Vertretungsmacht des Geschäftsführers sonst positiv prüfen müsste.[1286] Die Rechtsfolgenseite beim Missbrauch der Vertretungsmacht ist strittig. Nach der h.M. kann sich der Dritte in Anwendung von § 242 BGB nicht auf die Wirksamkeit der Vereinbarung berufen.[1287] Die Gegenansicht tritt für eine analoge Anwendung der §§ 177 ff. BGB ein.[1288] Die h.M. erscheint hier vorzugswürdig, da die Vertretungsmacht gerade nicht fehlt, sondern die vorhandene Vertretungsmacht missbräuchlich genutzt wird. In Fällen der Kollusion und des Missbrauchs verdient der Geschäftspartner keinen Schutz. Der Gesellschaftsgegenstand kann als Grenze der Vertretungsmacht Dritten entgegengehalten werden.

2. *Die französische Regelung*

Der französische Gesetzgeber hat hinsichtlich der Kapitalgesellschaften von der in Art. 9 (1) Satz 2 der Richtlinie eingeräumten Option zur Begrenzung der Vertretungsmacht Gebrauch gemacht und diese Ausnahmeregelung in das

[1282] GroßkAktG/Meyer-Landrut, § 82 Anm. 3, 13; Fischer-Zernin, S. 305.

[1283] BGH, NJW 1989, 26 (27); Hüffer, AktG, § 82 Rn. 6, Baumbach/Hueck/Zöller, § 37 Rn. 26; Ebenroth/Boujong/Joost/Hillmann ,§ 126 Rn. 23; a.A. Lutter/Hommelhoff, § 35 Rn. 14.

[1284] Früher wurde von der Rechtsprechung ferner verlangt, dass der Vertreter bewusst zum Nachteil der Gesellschaft handelte (BGHZ 50, 112 (114); BGH, WM 1960, 611 (613)). Ein bewusster Verstoß wird heute nicht mehr verlangt (BGH, NJW 1988, 3012 (3013); Heymann/Emmerich, § 126 Rn. 24; Lutter/Hommelhoff, § 35 Rn. 13; Ebenroth/Boujong/Joost/Hillmann, § 126 Rn. 20). Siehe auch Steinbeck, WM 1999, 885 (891).

[1285] BGHZ 127, 239 (241 f.); BGH, NJW 1994, 2082 (2083).

[1286] Lutter/Hommelhoff, § 35 Rn. 14.

[1287] Ebenroth/Boujong/Joost/Hillmann, § 126 Rn. 23; Hüffer, AktG, § 82 Rn. 7; Kölner Kommentar/Mertens, § 82 Rn. 39.

[1288] So Lutter/Hommelhoff, § 35 Rn. 12; Scholz/Schneider, § 35 Rn. 132.

nationale Recht übernommen.[1289] Wenn die Gesellschaft beweisen kann, dass der Dritte die Überschreitung des Gesellschaftsgegenstands kannte oder hätte kennen müssen, wird die Gesellschaft nicht verpflichtet. Dabei muss die Gesellschaft nicht nur beweisen, dass der Dritte den Gesellschaftsgegenstand kannte, sondern gleichermaßen, dass er imstande war zu beurteilen, ob die Handlung den Gesellschaftsgegenstand überschritten hat oder nicht.[1290] Die bloße Veröffentlichung der Satzung reicht hierfür aber nicht aus. Die fehlende Gutgläubigkeit muss anhand der Umstände des konkreten Einzelfalls festgestellt werden.[1291] In den Personengesellschaften ist eine spezielle Regelung als Grenze des Drittschutzes nicht notwendig. Hier ist die Vertretungsmacht immer auf den Gesellschaftsgegenstand begrenzt.

3. Die englische Regelung

a. Die companies

Die frühere sec. 35 CA 1985, die sec. 9 (1) *European Communities Act 1972* entsprach, hatte noch vorgesehen, dass die Fiktion der Rechtsfähigkeit der *company* nur gegenüber Gutgläubigen gelten sollte. Gegenüber Bösgläubigen sollte die *ultra vires*-Doktrin weiterhin Anwendung finden. Die jetzige durch den CA 1989 geänderte sec. 35 CA 1985 enthält hingegen keine Einschränkung der Fiktion dahingehend, dass bösgläubigen Dritten eine Überschreitung des die Rechtsfähigkeit einschränkenden Gesellschaftsgegenstands entgegengehalten werden kann. Die Regelung ist objektiv und allgemein gültig (*objective and general*).[1292] Da Beschränkungen durch den Gesellschaftsgegenstand jedoch auch eine Einschränkung der Vertretungsmacht der *directors* durch die Gesellschaftsverfassung darstellen, kann sec. 35 A (1) CA 1985 für diesen Fall ebenfalls eingreifen, so dass die Vertretungsmacht der *directors* nur gegenüber Gutgläubigen unbeschränkbar ist und somit bösgläubige Dritte auch hier nicht geschützt sind. Ist das Geschäft außerhalb des Gesellschaftsgegenstandes und kann sich der Dritte nicht auf den Schutz der sec. 35 A (1) CA 1985 berufen, so ist das Geschäft nichtig.[1293]

Durch sec. 35 B i.V.m. sec. 711 A CA 1985 (eingefügt durch sec. 142 CA 1989) wurde ferner die Lehre von der „*constructive notice*" aufgehoben. Ein Dritter muss sich nicht mehr im einzelnen darüber informieren, ob eine

---

[1289] Art. L. 223-18 (5), 225-35 (2), 225-56 (2), 225-64 (2) CCom.

[1290] Micha-Goudet, J.-Cl. S. 1, Fasc. 9-20, S. 10 Nr. 38; Chaput, Rép. Société Dalloz, Objet social, S. 5 Nr. 56.

[1291] Houin, RTD com. 1696, 999 (1023).

[1292] Pennington, Company Law, S. 111.

[1293] Barc/Parkinson, U 3021.

Handlung durch die Gründungsurkunde der *company* gestattet ist oder ob Beschränkungen der Befugnisse der *directors* vorliegen, sec. 35 B CA 1985. Ferner wurde die Vermutung beseitigt, dass Dritte Kenntnis von bestimmten veröffentlichten Urkunden hatten. Insbesondere wird die Kenntnis gemäß sec. 711 A (1) CA 1985 nicht mehr allein deshalb vermutet, weil diese Urkunden dem Gesellschaftsregister vorliegen und dort eingesehen werden können oder durch die Gesellschaft Dritten zugänglich gemacht worden sind. Ein Dritter ist also nur dann bösgläubig, wenn er tatsächlich Kenntnis erlangt hat.[1294] Jedoch soll der Dritte nach sec. 711 A (2) CA 1985 Nachforschungen betreiben, wenn dies vernünftigerweise erwartet werden kann. Der Sinn dieser Regelung ist unklar und verwischt die durch sec. 35 B und 711 A (1) CA 1985 niedergelegte Regelung wieder. Wer vernünftigerweise Nachforschungen betreiben muss und wann, wird nicht näher beschrieben. Es bleibt also für Dritte sinnvoll, vorsichtshalber Einblick in die Urkunden der Gesellschaft zu nehmen.[1295] Sec. 711 A CA 1985 ist noch nicht in Kraft getreten.[1296] Aufgrund der Unklarheiten durch sec. 711 A (2) CA 1985 wäre es zweckmäßig, sec. 35 B CA 1985 als von sec. 711 A CA 1985 unabhängig zu sehen. Dann wäre eine klare Regelung darüber gegeben, wann ein Dritter bösgläubig ist.

Da sec. 35 A CA 1985 für die *managing directors* nicht gilt, bleiben hier die Regeln des Rechts der *agency* anwendbar. Hatte ein Dritter also Kenntnis von einer Einschränkung der *authority* des *managing director*, so wird die *company* nicht gebunden.[1297] Dasselbe gilt, wenn die Umstände, die die Handlung umgeben, ausreichend verdachterregend sind, um den Dritten zu Erkundigungen bezüglich der *authority* des *director* zu veranlassen (*put on inquiry*).[1298] In diesem Fall können die Gesellschafter sich also eher als nach sec. 35 A CA 1985 einem unbefugt eingegangenen Geschäft entziehen.

b. Die partnerships

Es gibt im *partnership law* lediglich eine Situation, in der Einschränkungen der *apparent authority* eines *partner* nach außen wirken und eine Bindung der *partnership* verhindern.[1299] So gilt gemäß secs. 5, 8 PA, dass Rechtsgeschäfte, die ein vollmachtloser Gesellschafter im Namen der Gesellschaft abschließt, die Gesellschaft dann nicht binden, wenn der Vertragspartner die Vollmachtsüberschreitung kennt. Diese Einschränkung des Drittschutzes gilt

---

[1294] Wilkinson, S. 35.
[1295] Sealy, Cases, S. 225.
[1296] Griffin, S. 120.
[1297] Boyle & Birds, S. 121.
[1298] Boyle & Birds, S. 121.
[1299] Prime & Scanlan, Partnership, S. 108.

auch bei Handeln außerhalb des im Gesellschaftsvertrag festgelegten Gesellschaftsgegenstands. Die Regelung verdeutlicht die allgemeine Regel des Rechts der *agency*, dass Beschränkungen der Vertretungsmacht nicht nach außen wirken, es sei denn der Dritte kennt die Beschränkung. Die Kenntnis kann einerseits durch ausdrückliche Mitteilung erlangt werden. Andererseits können in Einzelfällen auch die Umständen des entsprechenden Geschäfts ausreichen, um den Dritten in Kenntnis zu setzen (*put on inquiry*).[1300] Da hier also die bloße Kenntnis ausreicht, sind die Grenzen des Drittschutzes in der *partnership* dieselben wie für die *managing directors* einer *company*.

4. Vergleich

Im Hinblick auf Überschreitungen des Gesellschaftsgegenstands hat lediglich Frankreich von der Möglichkeit des Art. 9 (1) Satz 2 der 1. Gesellschaftsrechtlichen Richtlinie Gebrauch gemacht und eine spezielle Regelung zur Begrenzung des Drittschutzes in das nationale Recht aufgenommen. Eine solche spezielle Regelung findet sich weder im deutschen noch im englischen Recht. In England und Deutschland werden hinsichtlich der Überschreitung des Gesellschaftsgegenstands dieselben Regelungen herangezogen, die für die Überschreitung von Beschränkungen durch Satzungsbestimmungen allgemein gelten. Es ist davon auszugehen, dass diese auch in Frankreich ergänzend herangezogen werden. Im englischen CA 1985 werden insoweit von vornherein nur Gutgläubige geschützt. Hinsichtlich der *managing directors* gilt das Recht der *agency*. Für die *partners* einer englischen *partnership* haben die secs. 5, 8 PA 1890 die Regelungen der *agency* gesetzlich festgeschrieben. Die deutsche Rechtsordnung macht von den Regeln über den Missbrauch der Vertretungsmacht Gebrauch. Die Grundkonzeption ist also in den drei Mitgliedstaaten sehr unterschiedlich.

Während es in Frankreich ausreicht, dass der Dritte die Überschreitung des Gesellschaftsgegenstands kannte oder hätte kennen müssen, muss in Deutschland der Dritte die Überschreitung kennen oder sie muss offenkundig sein. Letzteres kann mit „kennen müssen" der französischen Regelung gleichgesetzt werden. Beide Begrifflichkeiten setzen ein Fahrlässigkeitselement voraus, obwohl es hier nicht um Verschulden geht. Im Ergebnis sehen das französische und das deutsche Recht damit die gleiche Grenze des Drittschutzes vor. Dasselbe gilt für die *partners* einer englischen *partnership* generell und für die *managing directors* einer englischen *company*. Hier reicht ebenfalls aus, dass der Dritte die Überschreitung des Gesellschaftsgegenstands kennt oder dass er sich aufgrund der Umstände des Falls zu Nachfor-

[1300] Lindley & Banks, S. 360, 12-164; Prime & Scanlan, Partnership, S. 108.

schungen veranlasst sieht. Damit wird auch hier ein Fahrlässigkeitselement vorausgesetzt. Hinsichtlich des *board of directors* in der englischen *company* ist die bloße Kenntnis hingegen nicht ausreichend. Hier muss eine kollusive Schädigung vorliegen. Die Kollusion bildet in jedem der Mitgliedsstaaten eine Grenze des Drittschutzes. Die Bekanntmachung der Satzung reicht allgemein nicht zum Beweis der Kenntnis einer Überschreitung der Vertretungsmacht aus. Auch in England wurde insoweit die Lehre von der „*constructive notice*" abgeschafft. Es gelten folgende gemeinsame Prinzipien:

Im Falle der Kollusion wird die Gesellschaft nicht durch Handlungen verpflichtet, die den Gesellschaftsgegenstand überschreiten.

Für Handlungen, die den Gesellschaftsgegenstand überschreiten, wird die Gesellschaft ferner dann nicht verpflichtet, wenn dem Dritten die Überschreitung bekannt war oder er nach den Umständen nicht in Unkenntnis sein konnte.

Die Bekanntmachung der Satzung reicht zu dem Beweis der Kenntnis der Überschreitung nicht aus.

II. Handeln außerhalb sonstiger durch die Satzung oder die Beschlüsse anderer Organe gesetzten Grenzen

Die Unbeschränkbarkeit der Vertretungsmacht gilt nur im Außenverhältnis gegenüber Dritten. Im Innenverhältnis besteht eine solche Beschränkung hingegen nicht. Hier können die Befugnisse des Geschäftsführungsorgans durch die Satzung oder Beschlüsse ausgestaltet oder eingeschränkt werden. Ein Vertretungsorgan, das entgegen seinen im Innenverhältnis beschränkten Befugnissen die Gesellschaft durch eine Vertretungshandlung außerhalb dieser Befugnisse verpflichten will, missbraucht seine Vertretungsmacht. Dritte werden trotz dieses Missbrauchs grundsätzlich geschützt. Fraglich ist jedoch, ob Dritte dann noch schutzwürdig sind, wenn sie die interne Beschränkung der Vertretungsmacht kennen. Eine Grenze des Drittschutzes kann sich aus dem Grundsatz von Treu und Glauben sowie dem Verbot sittenwidriger Schädigung ergeben.[1301] Ist jedoch der Drittschutz von vornherein auf einen Gutglaubensschutz begrenzt, so ist der Schutz der Gesellschafter vor Missbrauch der Vertretungsmacht gewährleistet, da die Anknüpfung an den guten Glauben eine missbräuchliche Ausnutzung durch bösgläubige Dritte von selbst ausschließt.[1302]

[1301] In Deutschland §§ 242, 138, 826 BGB.
[1302] Fischer-Zernin, S. 294.

1. *Die deutsche Regelung*

Eine Grenze der Vertretungsmacht bei Handeln außerhalb der durch die Satzung oder die Beschlüsse anderer Organe gesetzten Grenzen, bilden die Fälle der Kollusion und des Missbrauchs der Vertretungsmacht. Für die Voraussetzungen kann insoweit auf die Darstellung in Teil 11 § 2 D. I. 1. zum Handeln außerhalb des Gesellschaftsgegenstands verwiesen werden.

2. *Die französische Regelung*

In Frankreich werden Dritte dann nicht geschützt, wenn sie in absichtlich schädigender Weise mit den Vertretungsorganen zum Nachteil der Gesellschaft zusammenwirken (*collusion frauduleuse*).[1303] Der Schutz vor Missbrauch ist damit bereits erschöpft.[1304] Außer im Falle der betrügerischen Kollusion, verpflichten alle durch den Vertreter eingegangenen Verbindlichkeiten die Gesellschaft.[1305] Die Bedingung der Gutgläubigkeit existiert hier nicht. Die Unwirksamkeit einschränkender Bestimmungen in den Statuten gegenüber Dritten, setzt sich somit selbst dann durch, wenn der Dritte von ihr Kenntnis erlangt hat oder sie ignoriert.[1306]

3. *Die englische Regelung*

In der englischen *company* werden durch sec. 35 A CA 1985 von vornherein nur Dritte geschützt, die in „*good faith*“, also gutgläubig sind. Dabei besteht nach sec. 35 A (2) (c) CA 1985 die Fiktion, dass die dritte Person so lange in gutem Glauben gehandelt hat, bis das Gegenteil bewiesen ist. Die Beweislast liegt also bei der *company*.[1307] Eine Definition des bösen Glaubens (*bad faith*), findet sich in sec. 35 A (2) (b) CA 1985. Danach reicht die bloße Kenntnis davon, dass eine Handlung die Befugnisse der *directors* überschreitet noch nicht aus. Hinzukommen muss vielmehr ein weiterer Faktor, der die Bösgläubigkeit impliziert.[1308] Was hierunter zu verstehen ist, muss durch Rechtsprechung geklärt werden.[1309] Es ist aber anzunehmen, dass zu-

[1303] Bézard/Letulle, J.-Cl. S. 3, Fasc. 48-40, S. 6 Nr. 29; Dereu, J.-Cl. S. 3, Fasc. 55-20, S. 11 Nr. 86.
[1304] Van Ommeslaghe Cah.dr.europ. 1969, 619 (627); Berr, S. 77 No 100.
[1305] Legeais, S. 120 Rn. 280.
[1306] Bézard/Letulle, J.-Cl. S. 3, Fasc. 48-40, S. 6 Nr. 29; Dereu, J.-Cl. S. 3, Fasc. 55-20, S. 11 Nr. 86.
[1307] Smith & Keenan, S. 103
[1308] Poole, Co Law 1991, 43 (48); für Beispiele siehe Pennington, Company Law, S. 116.
[1309] Ferran , Co Law 1992, 177 (178).

mindest kollusives Zusammenwirken des Dritten mit den *directors* Bösgläubigkeit begründet.

Für die *managing directors* einer *company* und die *partners* einer *partnership* reicht die bloße Kenntnis der Beschränkung der Vertretungsmacht als Grenze des Drittschutzes aus.[1310]

4. Vergleich

Hinsichtlich einer Beschränkung durch Satzungsbestimmungen sowie durch Beschlüsse anderer Organe gilt sowohl in Deutschland und Frankreich als auch in England, dass diese einem Dritten dann entgegengesetzt werden können, wenn der Dritte in absichtlich schädigender Weise mit dem Vertretungsorgan zum Nachteil der Gesellschaft zusammengewirkt hat. In Frankreich ist die Einschränkung des Drittschutzes hierin erschöpft. Das gleiche gilt für den *board of directors* der englischen *company*. Enger ist die Grenze des Drittschutzes beim Handeln von *managing directors* und in der englischen *partnership*, wo ebenso wie in Deutschland die Kenntnis der Beschränkung bzw. ein Verdachtsmoment, der zu Nachforschungen Anlass gibt, ausreicht, um die Beschränkung der Vertretungsmacht Dritten entgegenzuhalten. Es gilt daher folgendes gemeinsames Prinzip:

Im Falle der Kollusion wird die Gesellschaft auch nicht durch Handlungen verpflichtet, die Beschränkungen im Gesellschaftsvertrag oder Beschränkungen durch Beschlüsse anderer Organe überschreiten.

Während in Deutschland und England die Grenze des Drittschutzes bei Überschreitung des Gesellschaftsgegenstands und bei Überschreitung von Beschränkungen durch Satzungsbestimmungen gleich ist, sieht Frankreich für Überschreitungen des Gesellschaftsgegenstands eine engere Grenze als für Beschränkungen durch die Satzung vor. Eine Grenze des Drittschutzes stellt bei Überschreitung von sonstigen Satzungsbestimmungen nur die Kollusion mit Dritten dar, während bei Überschreitung des Gesellschaftsgegenstands auch die Kenntnis oder das Kennen müssen der Überschreitung ausreicht.

E. Einschränkungen der Vertretungsmacht bei Interessenkonflikten

Handelt das Vertretungsorgan persönlich mit der Gesellschaft, so können Interessenkonflikte auftreten. Einerseits soll das Vertretungsorgan die Interes-

[1310] Siehe insoweit auch oben Teil 11 § 2 D. I. 3 zum Handeln außerhalb des Gesellschaftsgegenstands.

sen der Gesellschaft wahren, andererseits ist es daran interessiert, für sich selber das Beste zu erreichen. Bei der Untersuchung des Handelns des Vertretungsorgans mit der Gesellschaft ist zwischen den Anforderungen für den Normalfall und den qualifizierten Anforderungen für den Gesellschafter-Geschäftsführer in der Einpersonengesellschaft zu unterscheiden.

I. Anforderungen im Allgemeinen

1. Die deutsche Regelung

In Deutschland wird die Vertretungsmacht durch das Selbstkontrahierungsverbot des § 181 BGB (Verbot des Insichgeschäfts und der Doppelvertretung) eingeschränkt.[1311] Der Geschäftsführer kann im Namen der Gesellschaft weder mit sich selbst im eigenen Namen (Selbstkontrahieren) noch als Vertreter eines Dritten (Mehrvertretung) ein Rechtsgeschäft vornehmen, es sei denn dies dient der Erfüllung einer bereits bestehenden Verbindlichkeit oder ist für die Gesellschaft rechtlich nur vorteilhaft.[1312] Bei unzulässigem Selbstkontrahieren ist die Geschäftsführererklärung nach §§ 177 ff. BGB schwebend unwirksam und bedarf der Genehmigung.[1313] Dafür ist in der Regel die Gesellschafterversammlung zuständig; die Genehmigung kann jedoch auch durch die übrigen Geschäftsführer erfolgen.[1314] Dabei wirkt die Genehmigung gemäß § 184 I BGB zurück.

Es besteht aber die Möglichkeit, in der Satzung oder durch Beschluss der Gesellschafterversammlung von der Beschränkung durch das Selbstkontrahierungsverbot zu befreien, also das Selbstkontrahieren zu gestatten.[1315] Die Gestattung kann entweder im Einzelfall oder generell erfolgen.[1316] Strittig ist, ob für die Gestattung durch die Gesellschafterversammlung eine Grundlage im Gesellschaftsvertrag bestehen muss.[1317] Bei der GmbH ist die generelle Befreiung des Geschäftsführers von den Beschränkungen des § 181 BGB nach § 10 I S. 2 GmbHG zur Eintragung in das Handelsregister anzu-

[1311] Sudhoff, E Rn. 63; GmbH-Handbuch/Fuhrmann, Teil I, Rn. 2267.

[1312] BGH, NJW 1989, 2543; Lutter/Hommelhoff, § 35 Rn. 18; Baumbach/Hueck/Zöllner, § 35 Rn. 74.

[1313] BGH, GmbHR 1994, 122; Heymann/Emmerich, § 126 Rn. 16; Baumbach/Hueck/Zöllner, § 35 Rn. 74 a; Lutter/Hommelhoff, § 35 Rn. 18.

[1314] Heymann/Emmerich, § 126 Rn. 16; Baumbach/Hueck/Zöllner, § 35 Rn. 74 a; Lutter/Hommelhoff, § 35 Rn. 18.

[1315] Hachenburg/Mertens, § 35 Rn. 59; Altmeppen, NJW 1995, 1182; Ebenroth/Boujong/Joost/Hillmann, § 126 Rn. 12; Lutter/Hommelhoff, § 35 Rn. 19.

[1316] BGH, GmbHR 1983, 269; OLG Köln, GmbHR 1993, 37; Baumbach/Hueck/Zöllner, § 35 Rn. 75; Tiedtke, GmbHR 1993, 385 (388).

[1317] So BayObLG, DB 1984, 1517; OLG Köln, GmbHR 1993, 37; a.A. Baumbach/Hueck/Zöllner, § 35 Rn. 75; Hachenburg/Mertens, § 35 Rn. 59; Roth/Altmeppen, § 35 Rn. 60.

melden.[1318] Für die Personenhandelsgesellschaften nennt das Gesetz die Befreiung vom Verbot des Selbstkontrahierens nicht als eintragungspflichtige Tatsache. Angesichts des Bedürfnisses des Geschäftsverkehrs, sich auch bei einer Personenhandelsgesellschaft zuverlässig und rasch Kenntnis über die Befugnisse der mit deren Vertretung betrauten Personen zu verschaffen, ist nach allgemeiner Meinung auch dieser Umstand eine der Eintragung fähige Tatsache.[1319] Darüber hinaus dürfte sogar eine Eintragungspflicht entsprechend § 10 I S. 2 GmbHG zu bejahen sein.[1320]

Aufgrund von § 112 AktG ist die Lage in der AG etwas anders. Selbstkontrahieren des Vorstands ist gemäß § 112 AktG ausgeschlossen, da die Gesellschaft gegen Vorstandsmitglieder gerichtlich und außergerichtlich durch den Aufsichtsrat vertreten wird. § 181 BGB kann hier nur in der Variante der Mehrvertretung verwirklicht sein. Handelt das Vorstandsmitglied also i.S.d. § 181 BGB als Vertreter eines anderen, so steht § 112 AktG nicht entgegen.[1321]

2. *Die französische Regelung*

Der französische Gesetzgeber hat das Problem der Insichgeschäfte (*contrat avec soi-meme*) bzw. der Mehrvertretung (*cumul des représentations*) nicht abschließend geregelt. Einige spezielle Geschäfte sind generell verboten, andere unterliegen einer besonderen Prozedur.[1322]

a. *Die Personengesellschaften*

Dem Geschäftsführer einer Personengesellschaft ist es weder untersagt, Geschäfte mit sich selbst im Namen der Gesellschaft abzuschließen, noch für die Gesellschaft Geschäfte mit Unternehmen zu tätigen, an denen er Anteile besitzt. In der Praxis handelt der Geschäftsführer bei allen Verträgen dieser Art meist mit dem vorherigen Einverständnis der Gesellschafter.[1323] Erleidet die Gesellschaft Nachteile, weil ein Geschäftsführer seine Position missbraucht, so gilt das allgemeine Haftungsrecht für Geschäftsführer.[1324]

[1318] BGH, GmbHR 1983, 269; OLG Köln, GmbHR 1993, 37; OLG Frankfurt, GmbHR 1997, 349; GmbH-Handbuch/Fuhrmann, Teil I, Rn. 2273.

[1319] OLG Hamburg, ZIP 1986, 1186 (1187); BayObLG, ZIP 2000, 701 ff.

[1320] Ebenroth/Boujong/Hillmann, § 125 Rn. 53; Schlegelberger/Schmidt, § 125 Rn. 55; Baumbach/Hopt, § 125 Rn. 26.

[1321] Henn, Rn. 589.

[1322] Siehe hierzu Starck/Roland/Boyer, S. 111, 112 Nr. 270, 271.

[1323] Legeais, S. 146 Rn. 334.

[1324] Cozian/Viandier/Deboissy, S. 565 Rn. 1458.

b. Die société à responsabilité limitée

Lediglich für die Kapitalgesellschaften hat das Gesetz von 1966 einen Kontrollprozess im Hinblick auf Verträge der Gesellschaft mit ihren Geschäftsführern eingeführt. Es können drei Arten von Geschäften unterschieden werden: „*conventions réglementées*", „*conventions libres*" und „*conventions interdites*".

Verträge zwischen den Geschäftsführern einer SARL oder von ihnen vorgeschobenen Dritten und der Gesellschaft (Insichgeschäft) bedürfen nach Art. L. 223-19 (1) CCom grundsätzlich der Zustimmung der Gesellschafterversammlung (*conventions réglementées*). Dasselbe gilt gemäß Art. L. 223-19 (5) CCom, wenn der Vertrag zwischen der Gesellschaft und einer anderen Gesellschaft, in der der Geschäftsführer ebenfalls Geschäftsführer oder Gesellschafter ist (Mehrvertretung), geschlossen wird. Das Verfahren ist jedoch wesentlich einfacher als das bei der SA. Im Gegensatz zur SA ist keine vorherige Zustimmung vorgesehen. Die Kontrolle der Verträge erfolgt a posteriori durch die Gesamtheit der Gesellschafter aufgrund eines speziellen Berichts des Geschäftsführers oder des Rechnungsprüfers, wenn es einen gibt.[1325] Eine Ausnahme gilt für den Fremdgeschäftsführer, wenn kein Rechnungsprüfer existiert. In diesem Fall ist gemäß Art. L. 223-19 (2) CCom eine vorherige Zustimmung erforderlich. Über die Zustimmung beschließt die Gesellschafterversammlung, wobei der betroffene Geschäftsführer, sofern er auch Gesellschafter ist, bei der Abstimmung kein Stimmrecht hat; seine Anteile werden bei der Berechnung des Quorums und der Mehrheit nicht mitgezählt. Wird die Zustimmung erteilt, ist das abgeschlossene Geschäft wirksam. Auch die Verweigerung der Zustimmung macht den Vertrag nicht nichtig.[1326] Vielmehr muss der Geschäftsführer gemäß Art. L. 223-19 (4) CCom für Schäden der Gesellschaft haften.

Laufende Geschäfte, die unter normalen Bedingungen abgeschlossen wurden, sind gemäß Art. L. 223-20 CCom hingegen keinen Formalitäten unterworfen (*conventions libres*). Im Gegensatz dazu sind besonders gefährliche Geschäfte ganz verboten (*conventions interdites*). So ist die Gewährung von Krediten an die Gesellschaft oder die Einräumung eines Kontokorrentkredits seitens der Gesellschaft an den Geschäftsführer untersagt. Ferner darf sich der Geschäftsführer nach Art. L. 223-21 (1) CCom nicht für Verbindlichkeiten der Gesellschaft verbürgen oder Wechselbürgschaften eingehen. Handlungen, die unter Missachtung dieses Verbots getätigt wurden, sind

[1325] Cozian/Viandier/Deboissy, S. 527 Rn. 1356.
[1326] Merle, S. 218 R. 218.

nichtig. Die Nichtigkeit kann gutgläubigen Dritten indessen entsprechend Art. L. 235-12 CCom nicht entgegengehalten werden.[1327]

c. *Die société anonyme*

Auch in der monistischen SA bestehen strenge Regeln über Verträge zwischen Verwaltungsratsmitgliedern, dem Verwaltungsratspräsidenten, dem Generaldirektor oder den delegierten Generaldirektoren und der Gesellschaft, um Konflikte zwischen persönlichen Interessen und Gesellschaftsinteresse zu verhindern. Wie bei der SARL ist dabei zwischen „*conventions interdites*", „*conventions libres*" und „*conventions réglementées*" zu unterscheiden.

Verboten sind nach Art. L. 225-43 (1), (3) CCom Verträge, durch die der Geschäftsführer Darlehen bei der Gesellschaft aufnimmt oder die Gesellschaft für seine Verpflichtungen bürgen lässt (*conventions interdites*). Diese Verträge sind nichtig.

Das Gesetz 2001-420 vom 15. Mai 2001 hat die bestehenden Regelungen über die *conventions réglementées* und die *conventions libres* aufgrund des Gedankens der Transparenz erweitert.[1328] Verträge zwischen der Gesellschaft und einem Geschäftsführer, die zu den laufenden Angelegenheiten zählen und unter normalen Bedingungen abgeschlossen werden, können nach Art. L. 225-39 CCom ohne Formalitäten geschlossen werden (*conventions libres*).[1329] Neu ist, dass der interessierte Geschäftsführer den Vertrag gemäß Art. L. 225-39 (2) CCom gegenüber dem Verwaltungsratspräsidenten bekannt machen muss. Diese Vorschrift macht für den Generaldirektor nur Sinn, wenn Verwaltungsratspräsident und Generaldirektor verschiedene Personen sind.[1330] Eine Aufstellung und die Gegenstände dieser Verträge sind dem Verwaltungsrat und den Rechnungsprüfern durch den Präsidenten gemäß Art. L. 225-39 (2) CCom bekannt zu machen. Dabei muss die Aufstellung mindestens das Datum, den Namen des Interessierten und den Gegenstand des Vertrags enthalten.[1331] Weiterhin haben die Aktionäre nach Art. L. 225-115 Nr. 6 CCom ein Recht, die Aufstellung und die Gegenstände der so geschlossenen Verträge einzusehen.

Alle übrigen Verträge eines Geschäftsführers selbst oder durch einen vermittelnden Dritten mit der Gesellschaft müssen einen komplexen Prozess,

---

[1327] Legeais, S. 156 Rn. 355; Storck, J.-Cl. S. 4, Fasc. 74-10, S. 24 Nr. 111.

[1328] Bureau, Bull. Joly 2001, 553 (579 Nr. 54); siehe zu den Neuerungen auch Le Cannu, Les conventions réglementées après la loi no. 2001-420 du 15 mai 2001, Bull. Joly 2001, 720.

[1329] Lemeunier, S. 125.

[1330] Le Cannu, Bull. Joly 2001, 720 (726 Nr. 13).

[1331] Le Cannu, Bull. Joly 2001, 720 (727 Nr. 14).

der fünf Etappen beinhaltet, durchlaufen (*conventions réglementées*).[1332] Zunächst muss der interessierte Geschäftsführer den Verwaltungsrat informieren, sobald er Kenntnis von einem Geschäft hat, auf das Art. L. 225-38 CCom Anwendung findet. Als nächstes bedarf es nach Art. L. 225-38 (1) CCom der vorhergehenden Zustimmung des Verwaltungsrats. Der Vertrag muss weiterhin dem Rechnungsprüfer vorgelegt werden, der der Hauptversammlung einen speziellen Bericht vorlegt und schließlich aufgrund dieses Berichts von der Hauptversammlung gebilligt werden.[1333] Der Geschäftsführer darf weder an der Abstimmung des Verwaltungsrats noch an der Abstimmung der Hauptversammlung teilnehmen; seine Aktien werden bei der Bestimmung des Quorums gemäß Art. L. 225-40 (4) CCom nicht mitgezählt. Der Vertrag ist wirksam, sobald er der Hauptversammlung vorgelegt wurde, auch wenn sie ihn ablehnt.[1334] In diesem Fall kann die Gesellschaft nach Art. L. 225-41 (2) CCom Schadensersatz verlangen. Wird ein Vertrag ohne vorherige Zustimmung des Verwaltungsrats geschlossen, so kann er gemäß Art. L. 225-42 (1) CCom für unwirksam erklärt werden. Dasselbe gilt nach Abs. 2, wenn der Geschäftsführer indirekt am Vertrag interessiert ist, sowie nach Abs. 3 wenn die interessierte Person gleichzeitig Führungskraft einer anderen Gesellschaft ist.

Verträge zwischen der dualistischen SA und einem Vorstandsmitglied sind einer Prozedur unterworfen, die von derjenigen der SA mit Verwaltungsrat übernommen wurde.[1335] Lediglich bei den *conventions réglementées* tritt an die Stelle der Zustimmung durch den Verwaltungsrat die Zustimmung durch den Aufsichtsrat.

3. Die englische Regelung

a. Die companies

Directors einer englischen *company* unterliegen generell dem Billigkeitsprinzip (*equitable principle*), dass niemand, der *fiduciary duties* zu erfüllen hat, ein Geschäft abschließen darf, bei dem er in die Lage eines Interessenkonflikts kommen, oder das mit Interessen des Begünstigten in Konflikt geraten könnte.[1336] Deshalb darf ein *director* keine Geschäfte tätigen, die ein persön-

[1332] Siehe hierzu ausführlich: Bureau, J.-Cl. S. 4, Fasc. 130-50, S. 9, Nr. 43 ff.

[1333] Art. L. 225-40 (2) CCom.

[1334] Art. L. 225-41 (1) CCom.

[1335] Art. L. 225-86 bis 225-91 CCom.

[1336] *North-West Transportation co. Ltd. v. Beatty* (1887) 12 App. Cas. 589 at p. 593 (PC); *Bray v. Ford* [1896] AC 44 at pp. 51-2 (HL); *Regal (Hastings) Ltd. v. Gulliver* [1942] 1 All ER 378 at p. 381; [1967] 2 AC 134 at p. 137 (HL); Boyle & Birds, S. 458, 14.9; Farrar, S. 396.

liches Interesse involvieren, es sei denn dies wurde ausdrücklich in der Gesellschaftsverfassung oder von der Gesellschafterversammlung zugelassen.[1337] Aus diesem Grund ist der *director*, sofern nicht in der Satzung etwas anderes bestimmt ist, verpflichtet, den Gesellschaftern seine Interessen an einem solchen Geschäft offen zu legen, die dieses dann genehmigen können.[1338] Bei Verstoß gegen diese Verpflichtung ist der Vertrag gegenüber jedem, der von dem Pflichtverstoß Kenntnis hatte, durch die *company* anfechtbar.[1339] Ferner ist jeder Gewinn, den der *director* aus dem Geschäft zieht, der *company* zu ersetzen. Genehmigt die Gesellschafterversammlung allerdings das Geschäft, so ist es nicht länger anfechtbar und der *director* darf einen Gewinn behalten.[1340] Die Satzung sieht im allgemeinen eine generelle Ermächtigung der *directors* zu solchen Geschäften vor und befreit sie von der generellen Offenlegungspflicht gegenüber der Gesellschafterversammlung, so dass dann gemäß Art. 85, 86 *Table A* nur noch der *board of directors* zu informieren ist. In diesem Fall wird auch die Anfechtbarkeit des Geschäfts ausgeschlossen, Art. 85 *Table A*.

Diese generellen Regeln sind durch einige Vorschriften des CA 1985 ergänzt worden. Nach der allgemeinen Vorschrift der sec. 317 (1) CA 1985[1341] ist der *director* verpflichtet, die Natur seines direkten oder indirekten Interesses an einem Vertrag oder sonstigen Geschäft gegenüber dem *meeting of directors* offen zu legen. Anders als nach den grundlegenden Billigkeitsprinzipien verlangt sec. 317 CA 1985 nur Offenlegung gegenüber dem *board* und nicht gegenüber der Gesellschafterversammlung. Die Vorschrift ist zum Schutz der Gesellschafter unabdingbar.[1342] Die Regelung soll einerseits den anderen *directors* die Möglichkeit eröffnen, das Geschäft unter dem Gesichtspunkt zu bewerten, dass ein *director* nicht in Interessenkonflikte geraten soll. Andererseits soll sie versteckte Gewinne des *director* verhindern.[1343] Bei Verletzung dieser Pflicht, ist der Vertrag nicht ohne weiteres nichtig oder undurchsetzbar, sondern von Seiten der *company* anfechtbar.[1344] Nach sec. 317 (7) CA 1985 kann eine Geldstrafe verhängt werden.

[1337] *The Company Law Review Steering Group, Developing the Framework*, S. 38, 3.61; Ryan, S. 136, para. 611.

[1338] Palmer/Davies, S. 944, 63-13; Boyle & Birds, S. 460, 14.10.

[1339] *Hely-Hutchinson & Co. Ltd. v. Brayhead* [1968] 1 QB 549, 571 (CA); *Cowan de Groot Properties Ltd. v. Eagle Trust plc* [1991] BCLC 1045 at pp. 1116-7; Farrar, S. 396.

[1340] Boyle & Birds, S. 460, 14.10.

[1341] Für Änderungsvorschläge der *Company Law Review Steering Group* siehe *Completing the Stucture*, S. 58, 4.11 – 4.16.

[1342] Palmer/Davies, S. 945, 63-14.

[1343] Bruce, S. 81, 6.61.

[1344] Halsbury, Companies, S. 436 para. 594; Bruce, S. 82, 6.61; Farrar, S. 400.

Interessenkonflikte können vor allem in den folgenden Fällen auftreten. So müssen die Gesellschafter gemäß sec. 319 CA 1985 den Arbeitnehmerverträgen der *directors*, die vor Ablauf von fünf Jahren nicht gekündigt werden können, zustimmen. Auch wichtige Eigentumsübertragungen, bei denen die *directors* involviert sind, unterliegen den oben beschriebenen generellen Regeln, d.h. die Gesellschafter müssen dem Geschäft zustimmen. Die secs. 320-322 CA 1985 festigen diese Regel. Darlehen der *company* an ihre *directors* und gleichwertige Transaktionen sind nach den secs. 330 ff. CA 1985 generell verboten. Hiervon machen die secs. 334, 336, 337 und 338 CA 1985 jedoch wiederum Ausnahmen.[1345]

Ein weiteres generelles Prinzip ist, dass über jeden Gewinn eines *director* (*secret profits*) Rechenschaft abgelegt werden muss, es sei denn der *director* hat den Gewinn und die Umstände, unter denen er den Gewinn erlangt hat, der Gesellschafterversammlung offen gelegt und seine Einbehaltung wurde durch Mehrheitsbeschluss oder eine Vorschrift in der Satzung genehmigt.[1346] Dieses Prinzip überschneidet sich mit den Offenlegungspflichten bei Eigeninteresse eines *directors* an Verträgen mit der *company.*[1347] Die „*secret profits rule*“ wird in einer Reihe von Gesetzesbestimmungen bestätigt. So macht sec. 323 CA 1985 aus dem Abschluss von Prämiengeschäften im Hinblick auf die Aktien seiner *company* oder anderer *companies* der gleichen Gruppe (*to deal in options on the shares of his company*) eine strafbare Handlung. Sec. 324 CA 1985 legt den *directors* die Pflicht auf, ihr Interesse an Anteilen und Obligationen der *company* gegenüber den Gesellschaftern offen zu legen. Ferner fordern die secs. 312 - 316 CA 1986 Offenlegung durch die *directors* und Zustimmung der Gesellschafter im Falle von Zahlungen an *directors* bei Verlust des Amtes in Verbindung mit einer Übereignung oder Übernahme des Unternehmens. Eine weitere Gesetzesvorschrift in Bezug auf „*secret profits*“ ist das Verbot von Insidergeschäften.[1348]

b. Die partnerships

Die *partners* stehen genau wie die *directors* in einem treuhänderischen Verhältnis (*fiduciary relationship*). Sie haben gegenüber ihren *co-partners* die

---

[1345] Die *Company Law Steering Group* möchte eine weitere Ausnahme durch zustimmenden Beschluss der Gesellschafter zulassen. Siehe *Final Report*, Vol. I, S. 139, 6.15, 6.16 und *Completing the Structure*, S. 61, 4.21.

[1346] Boyle & Birds, S. 471, 14.18.

[1347] Boyle & Birds, S. 471, 14.18.

[1348] *Part V Criminal Justice Act 1993.*

fiduciary duty of good faith.[1349] So gilt nach sec. 28 PA 1890, dass die *partners* gegenüber ihren *co-partners* Rechenschaft ablegen und alle Informationen, die die *partnership* betreffen, vorlegen müssen. Nach sec. 29 (1) PA 1890 ist jeder *partner* seiner *firm* für jeden Gewinn, den er ohne Zustimmung der übrigen *partner* durch ein Geschäft der *partnership* oder durch Gebrauch des Eigentums, des Namens oder der Geschäftsbeziehungen der *partnership* erlangt hat, verantwortlich.[1350] Der *partner* soll also keine verdeckten Gewinne (*secret profits*) machen.[1351] Hierzu zählt auch der Fall, dass ein *partner* einen Gewinn erzielt, indem er Gegenstände, die in seinem Eigentum stehen, ohne Zustimmung seiner *co-partners* an die *partnership* veräußert.[1352] In diesem Fall ist der *partner* gegenüber den *co-partners* haftbar.[1353] Dieser Haftung kann nur durch vollständige Offenlegung der Interessen an einem solchen Geschäft entgangen werden.[1354] Die gleichen Prinzipien ergeben sich auch aus dem Recht der *agency.*[1355]

4. Vergleich

Die Einschränkung der Vertretungsmacht bei Interessenkonflikten wurde in den untersuchen Rechtsordnungen nicht einheitlich geregelt. Während in Deutschland mit § 181 BGB eine für alle Gesellschaften weitgehend einheitliche Regelung besteht, hat der französische Gesetzgeber Einzelfallregelungen geschaffen. In England besteht eine einheitliche Regelung aufgrund des *equity law*, die durch eine Reihe von Vorschriften des CA 1985 bzw. des PA 1890 ergänzt wurde. Dennoch lassen sich auch hier einige Gemeinsamkeiten finden.

Generell sind Geschäfte eines Geschäftsführers, bei denen Interessenkonflikte bestehen, nur mit Zustimmung zulässig. Die Zustimmung erfolgt in der Regel durch die Gesellschafterversammlung. In den deutschen Personengesellschaften sowie der GmbH kann die Zustimmung auch durch die übrigen Geschäftsführer erfolgen. In der monistischen SA sowie den englischen *companies* ist zusätzlich die Zustimmung des Verwaltungsrats bzw. des *board of directors* erforderlich. In der dualistischen SA ist ebenfalls zusätzlich die Zustimmung des Aufsichtsrats notwendig. Bei der AG erfolgt die Zustimmung ausschließlich durch den Aufsichtsrat. Bis auf die französischen

---

[1349] Prime & Scanlan, Partnership, S. 170; Lindley & Banks, S. 469, 16-01.

[1350] Siehe auch *Phipps v. Boardman* [1965] Ch. 992, per Lord Denning M.R. at pp. 1018-1019.

[1351] Prime & Scanlan, Partnership, S. 173.

[1352] *Bentley v. Craven* (1853) 18 Beav 75; Prime & Scanlan, Partnership, S. 173; Miller, S. 162; siehe auch *Dunne v. English* (1874) 18 Eq. 524.

[1353] Lindley & Banks, S. 472, 16-8.

[1354] Lindley & Banks, S. 474, 16-12.

[1355] Pollock/Gower, S. 84.

SAs kann die Zustimmung sowohl vor als auch nach Abschluss des Geschäfts erfolgen. Bei den französischen SAs ist die Zustimmung des Verwaltungsrats bzw. des Aufsichtsrats vor Abschluss des Vertrages einzuholen, die Zustimmung der Gesellschafterversammlung kann auch hier nachträglich vorgenommen werden. In Deutschland und England kann die Zustimmung auch generell im Gesellschaftsvertrag erfolgen. Es lässt sich folgendes gemeinsames Prinzip entwickeln:

Verträge zwischen dem Geschäftsführer und der von ihm vertretenen Gesellschaft bedürfen grundsätzlich der Zustimmung der Gesellschafter. Ist neben der Gesellschafterversammlung und dem Geschäftsführer ein weiteres Gesellschaftsorgan vorhanden, so muss auch dieses dem Vertrag zustimmen.

Eine Ausnahme hiervon scheinen die französischen Personengesellschaften zu machen, in denen Insichgeschäfte generell erlaubt zu sein scheinen. In der Praxis holen die Geschäftsführer jedoch auch hier zumeist die vorherige Zustimmung der Gesellschafterversammlung ein. In Deutschland sind Insichgeschäfte ausnahmsweise ohne Zustimmung erlaubt, wenn sie lediglich in der Erfüllung einer Verbindlichkeit bestehen oder für die Gesellschaft lediglich rechtlich vorteilhaft sind. In den französischen Kapitalgesellschaften sind ferner tägliche Geschäfte von dem Zustimmungserfordernis befreit.

Andererseits sind in den französischen und englischen Kapitalgesellschaften einige Geschäfte ganz verboten. Hierunter fällt z.B. die Gewährung von Krediten der Gesellschaft an ihre Geschäftsführer.

II. Anforderungen für den Gesellschafter-Geschäftsführer in der Einpersonengesellschaft

1. Die Gesellschaft mit beschränkter Haftung

Der einzige Gesellschafter einer GmbH kann sich ohne weiteres zum Geschäftsführer bestellen. In diesem Fall muss auch er bei Geschäften mit der GmbH § 181 BGB beachten und durch eine Gestattungsklausel im Gesellschaftsvertrag Vorsorge treffen, weil § 35 IV S. 1 GmbHG ausdrücklich auch in diesem Fall die formale Konstellation für maßgeblich erklärt und hier keinen „Durchgriff“ auf die materielle Interessenlage erlaubt. Eine Interessenkollision zwischen Vertreter und Vertretenem fehlt hier an sich.[1356] Die Gestattung kann nur in der Satzung erfolgen, ein einfacher Beschluss der Ge-

[1356] Hachenburg/Mertens, § 35 Rn. 60.

sellschafterversammlung genügt hier nicht.[1357] Entgegen dem Wortlaut des § 35 IV S. 1 GmbHG gilt dies auch dann, wenn neben dem Gesellschafter-Geschäftsführer noch weitere Fremdgeschäftsführer vorhanden sind.[1358] Die Befreiung von dem Verbot, Geschäfte der GmbH mit sich selbst abzuschließen, ist im Handelsregister einzutragen, § 10 I S. 2 GmbHG. Zu beachten ist ferner, dass durch die Umsetzung der 12. Gesellschaftsrechtlichen EG-Richtlinie[1359] durch den deutschen Gesetzgeber zum 1.1.1992[1360] die Pflicht eingeführt wurde, Insichgeschäfte unverzüglich schriftlich festzuhalten. Der Einpersonengesellschafter ist somit nach § 35 IV S. 2 GmbHG verpflichtet, nicht nur Verträge, sondern alle Rechtsgeschäfte zwischen ihm und der von ihm vertretenen Gesellschaft, auch wenn er nicht alleiniger Geschäftsführer ist, unverzüglich nach ihrer Vornahme in eine Niederschrift aufzunehmen.

2. *Das entreprise unipersonelle à responsabilité limitée*

Der Einpersonengesellschafter eines EURL kann sich selbst die Aufgaben der Geschäftsführung übertragen. In diesem Fall gelten für ein Handeln des Gesellschafter-Geschäftsführers mit der Gesellschaft dieselben Regeln wie für einen Geschäftsführer der SARL.[1361] Die *conventions libres* bedürfen keiner Formalitäten, die *conventions interdites* sind generell verboten. Lediglich das Verfahren hinsichtlich der *conventions réglementées* wurde als ungeeignet für den Gesellschafter-Geschäftsführer des EURL abgeschafft.[1362] Das Geschäft ist ohne Zustimmung der formal - praktisch aber aus dem Allein-Gesellschafter-Geschäftsführer - bestehenden Gesellschafterversammlung wirksam.[1363] Der Gesellschafterversammlung muss auch kein spezieller Bericht über das Geschäft vorgelegt werden.[1364] Stattdessen wird der Vertrag im Gesellschaftsregister der gefassten Beschlüsse (*registre des décisions*) registriert, Art. L. 223-19 (3) CCom. Dieses Register ist am Gesellschaftssitz zu führen.[1365]

[1357] Baumbach/Hueck/Zöllner, § 35 Rn. 79; Lutter/Hommelhoff, § 35 Rn. 20; Deutler, GmbHR 1980, 145 (146); Altmeppen, NJW 1995, 1182 (1185 f.).

[1358] Lutter/Hommelhoff, § 35 Rn. 23; Baumbach/Hueck/Zöllner, § 35 Rn. 78; Scholz/Schneider, § 35 Rn. 107; Ekkenga, AG 1985, 40 (43); a.A. Hachenburg/Mertens, § 35 Rn. 61.

[1359] Vom 21.12.1989 (89/667/EWG), ABL.EG Nr. L 395/40 v. 30.12.1989.

[1360] „Gesetz zur Durchführung der Zwölften Richtlinie auf dem Gebiet des Gesellschaftsrechts betreffend Gesellschaften mit beschränkter Haftung mit einem einzigen Gesellschafter" vom 18.12.1991, BGBl. I 1991, 2206.

[1361] Merle, S. 242 Rn. 243; Daigre/Roussille, J.-Cl. S. 4, Fasc. 82-10, S. 12 Nr. 61.

[1362] Merle, S. 243 Rn. 243.

[1363] Daigre/Roussille, J.-Cl. S. 4, Fasc. 82-10, S. 12 Nr. 62.

[1364] Cozian/Viandier/Deboissy, S. 541 Rn. 1414.

[1365] Art. 42-2 *décret 67-236*.

3. Die single member private limited company

Im Falle einer *single member private limited company*, in der der einzige *director* auch der einzige Gesellschafter ist, muss jeder Vertrag zwischen der *company* und dem *director*, der außerhalb der gewöhnlichen Geschäfte der *company* ist, nach sec. 322 B CA 1985 schriftlich niedergelegt werden[1366]. Handelt es sich nicht um einen schriftlichen Vertrag, müssen die Vertragsbedingungen in einer Vertragsniederschrift oder in dem Protokoll des ersten *board meetings* nach Vertragsschluss aufgezeichnet werden. Ein Verstoß gegen diese Vorschriften macht den Vertrag aber nicht nichtig.[1367] Jedoch ist die *company* und jedes Mitglied der Unternehmensleitung (*officer*) der *company*, das diese Handlung vorsätzlich autorisiert oder erlaubt hat, einer Rechtsverletzung schuldig.[1368] Auf Verträge im ordentlichen Geschäftsgang des Unternehmens der *company* ist die Vorschrift nicht anwendbar.[1369]

Ferner muss auch sec. 317 CA 1985 befolgt werden. Der *director* muss danach eine Versammlung abhalten und die Einzelheiten des Vertrags in einem Protokoll offen legen.[1370] Ist eine andere Person wie etwa der Urkundsbeamte anwesend, so muss die Erklärung laut verlesen werden und ebenfalls im Protokoll verzeichnet werden.

4. Vergleich

Besonderheiten hinsichtlich der Regelung von Interessenkonflikten gelten für den Gesellschafter-Geschäftsführer in einer Einpersonengesellschaft. Einigkeit besteht hier aufgrund der 12. Gesellschaftsrechtlichen Richtlinie darüber, dass der Vertrag unverzüglich schriftlich festzuhalten ist. In Frankreich erfolgt dies jedoch im Register der gefassten Beschlüsse und nicht in einer einfachen Niederschrift. Bezüglich der Zustimmungserfordernisse besteht hingegen keine Einigkeit. Während Frankreich ganz auf eine Zustimmung verzichtet, ist in Deutschland nur die Gestattung in der Satzung zulässig. In England wird ganz formal an der Offenlegung vor der Hauptversammlung und deren Genehmigung festgehalten. Es gilt damit das folgende gemeinsame Prinzip:

[1366] Eingeführt durch die *Companies (Single Member Private Limited Companies) Regulations 1992*, SI 1992/1699.

[1367] Sec. 322 B (6) CA 1985.

[1368] Secs. 322 B (4), 730 (5) und Sch 24. Prime & Scanlan, Private Limited Companies, S. 24.

[1369] Oliver/Marshall, S. 40.

[1370] Wilkinson, S. 225; Bruce, S. 82, 6.61.

Verträge zwischen dem Gesellschafter-Geschäftsführer einer Einpersonengesellschaft und der von ihm vertretenen Gesellschaft, sind grundsätzlich in einer Niederschrift aufzunehmen oder schriftlich abzufassen.

Der englische Gesetzgeber macht von der Möglichkeit des Art. 5 (2) der 12. Richtlinie Gebrauch und fordert diese Niederschrift nicht bei gewöhnlichen Geschäften.

12. Teil: Auswertung und Darstellung der allgemein-europäischen Prinzipien

Im Folgenden sollen die im deutschen, englischen und französischen Recht der Geschäftsführung und Vertretung gefundenen Regelungen und Grundsätze noch einmal unter dem Aspekt des Gleichlaufs bzw. der Trennung von Geschäftsführung und Vertretung betrachtet werden. Daran schließt sich eine Auswertung der bereits gezogenen Vergleiche an. Schließlich erfolgt eine Zusammenfassung der aufgrund des Vergleichs gefundenen allgemein-europäischen Prinzipien mit einer kurzen Erläuterung abweichender Regelungen einzelner Gesellschaftsformen.

§ 1. Gleichlauf bzw. Trennung von Geschäftsführung und Vertretung

Während in Deutschland seit längerem zwischen Geschäftsführung und Vertretung unterschieden wird, ist eine solche Differenzierung dem englischen und auch französischen Recht erst seit kurzem bekannt. Es fragt sich nun inwieweit Geschäftsführung und Vertretung trotz Differenzierung gleichlaufen und wann eine strikte Trennung vorgenommen wird.

A. Deutsches Recht

Beim Tätigwerden für die Gesellschaft sind Geschäftsführung und Vertretung zu unterscheiden. Die Geschäftsführung soll das rechtliche Dürfen im Innenverhältnis der Gesellschafter untereinander, die Vertretung das rechtliche Können der Gesellschafter im Außenverhältnis gegenüber Dritten erfassen.[1371] Damit soll jedoch nicht das Gegensatzpaar Innen-/Außenverhältnis gebildet werden. Vielmehr umfasst die Geschäftsführung auch das rechtsgeschäftliche Handeln für die Gesellschaft und damit das Außenverhältnis, jedoch unter dem Blickwinkel der Befugnis zum Handeln gegenüber den Mitgesellschaftern, während das Vertretungsrecht allein die Frage betrifft, inwieweit die Gesellschaft durch das Handeln eines oder mehrerer Gesellschafter in ihrem Namen verpflichtet wird. Dieselbe Maßnahme wird also aus zwei rechtlichen Perspektiven beurteilt.[1372] Einmal wird sie von der internen Verantwortlichkeit her, das andere Mal auf die externe Wirksamkeit hin be-

[1371] Reinhart/Schultz, Rn. 68.
[1372] Hüffer, Gesellschaftsrecht, S. 60; Soergel/Hadding, § 709 Rn. 2; Reinhart/Schultz, Rn. 68; Heymann/Emmerich, § 125 Rn. 3; Hueck, S. 117; Krage, S. 11.

trachtet. Jede Vertretung im Namen der Gesellschaft ist daher immer auch eine Geschäftsführungsmaßnahme.[1373] Umgekehrt ist jedoch nicht jede Maßnahme der Geschäftsführung Vertretungshandeln. Der Begriff der Geschäftsführung ist damit umfassender als der der Vertretung.[1374]

Hinsichtlich der Personalkompetenz muss zwischen Personen- und Kapitalgesellschaften differenziert werden. Die Geschäftsführer der Kapitalgesellschaften erhalten mit ihrer Bestellung sowohl die Befugnis zur Geschäftsführung als auch zur Vertretung der Gesellschaft. Hier liegt also ein Gleichlauf der Befugnisse vor. Als Geschäftsführer und Vertreter können keine verschiedenen Personen ernannt werden. Auch erlöschen Geschäftsführungs- und Vertretungsbefugnis zeitgleich. Bei den Personengesellschaften hingegen ist die Unterscheidung von Geschäftsführung und Vertretung auch eine Frage der Zuständigkeiten.[1375] Beide Funktionen können in den Händen verschiedener Gesellschafter liegen.[1376] Ebenso können die Funktionen getrennt voneinander entzogen werden. In der Praxis wird jedoch auch hier meist aus Praktikabilitätsgründen ein Gleichlauf gegeben sein.

Bezüglich des persönlichen Umfangs von Geschäftsführungs- und Vertretungsbefugnis besteht nach der gesetzlichen Regelung ein Gleichlauf der Befugnisse. Die Geschäftsführer haben grundsätzlich sowohl Gesamtgeschäftsführungs- als auch Gesamtvertretungsbefugnis. Lediglich in den Personenhandelsgesellschaften besteht nach dem Gesetz Einzelgeschäftsführungs- und Einzelvertretungsbefugnis. Von diesen gesetzlichen Vorgaben können aber sowohl im Innenverhältnis als auch im Außenverhältnis abweichende Regelungen getroffen werden, die dann zu einer Trennung der persönlichen Befugnisse führen können.

Eine deutliche Trennung zwischen Geschäftsführungsbefugnis und Vertretungsmacht zeigt sich bei den Handelsgesellschaften hingegen beim sachlichen Umfang dieser Befugnisse. Während im Innenverhältnis die Geschäftsführungsbefugnis mehr oder weniger weit reichende Einschränkungen erfahren kann, sind diese im Außenverhältnis ohne Wirkung gegenüber Dritten. Dies gilt sowohl für Beschränkungen durch die Satzung oder Beschlüsse anderer Organe als auch für den besonderen Fall der Beschränkung durch den Gesellschaftsgegenstand. Diese Trennung wird jedoch im Falle der Bösgläubigkeit des Dritten wieder durchbrochen. Auch hinsichtlich der Beschränkung der Befugnisse durch die Kompetenzen anderer Organe besteht ein

---

[1373] Soergel/Hadding, § 709 Rn. 2; Staudinger/Keßler, Vorbem. vor §§ 709 - 715 Rn. 1; Glasenapp, S. 7; Siegmund/van Venrooy, Rn. 89 halten die Vornahme von Vertretungshandlungen für eine besonders intensive Form der Geschäftsführung.

[1374] Jagenburg, S. 8.

[1375] Soergel/Hadding, § 709 Rn. 2.

[1376] Staudinger/Keßler, Vorbem. vor §§ 709 - 715 Rn. 1.

Gleichlauf, da diese sowohl im Innen- als auch im Außenverhältnis zu beachten sind. Lediglich bei der GbR besteht aufgrund der gesetzlichen Auslegungsregel des § 714 BGB grundsätzlich immer ein Gleichlauf der Befugnisse.

B. Französisches Recht

Obwohl das Abstraktionsprinzip des deutschen Rechts dem französischen Recht im Prinzip fremd ist, führt auch das französische Gesetz im Gesellschaftsrecht eine fundamentale Unterscheidung zwischen den Befugnissen des Geschäftsführers im Verhältnis zu den Gesellschaftern (*gestion*) und den Befugnissen des Geschäftsführers im Verhältnis zu Dritten (*représentation*) durch.[1377] Diese Unterscheidung findet sich für alle Geschäftsführer. Sie ist eine der Konstanten im Gesellschaftsrecht.[1378] Während der Begriff der *gestion* in den Vorschriften aller Gesellschaften ausdrücklich genannt wird, wird die *représentation* nur in den SA ausdrücklich im Gesetz erwähnt. Die Vorschriften der übrigen Gesellschaften sprechen hingegen lediglich von den *pouvoirs* der Geschäftsführer. Hier wird vorausgesetzt, dass die Geschäftsführer zur Vertretung berechtigt sind und lediglich die Vertretungsmacht definiert. Wie im deutschen Recht wird also auch zwischen der Geschäftsführung und Geschäftsführungsbefugnis bzw. der Vertretung und der Vertretungsmacht unterschieden. Der Begriff der Geschäftsführung wird in Übereinstimmung mit dem deutschen Begriff weit gefasst und umfasst sowohl interne als auch externe Geschäfte. Es wird insofern auch von der *gestion intern* und der *gestion externe* gesprochen. Dabei kann die *gestion externe* mit der Vertretung gleichgesetzt werden.

Bei der Personalkompetenz wird diese Unterscheidung von Geschäftsführung und Vertretung zumeist verwischt. Die Geschäftsführer haben eine doppelte Funktion. Sie sind zugleich Organ der inneren Verwaltung und der Repräsentation der Gesellschaft im allgemeinen Rechtsverkehr.[1379] Lediglich bei der dualistischen SA findet auch hier eine Trennung statt. Während der Vorstand für die Geschäftsführung als Kollegialorgan zuständig ist, übernimmt der Vorstandsvorsitzende die Vertretung der Gesellschaft nach außen. Diese Trennung kann aber auch hier durch die Ernennung von Generaldirektoren aus dem Vorstand reduziert werden. Die Voraussetzungen, die für das Amt als Geschäftsführer bzw. als Vertreter erfüllt werden müssen, sind also jeweils dieselben. Auch beginnen die Funktionen gleichzeitig. Im Gegensatz

---

[1377] Vidal, S. 152 Rn. 410; Ripert/Roblot, S.205 Rn. 1314; Merle, S. 197 Rn. 194; Martin, RTD com. 1973, 185 (189 Nr. 5 ff.).

[1378] Guyon, Droit des affaires, S. 245 Rn. 238, S. 263 Rn. 264.

[1379] Guyon, Droit des affaires, S. 261 Rn. 262.

zu den deutschen Personengesellschaften existiert auch keine Differenzierung zwischen der außerordentlichen Beendigung der Geschäftsführungs- und Vertretungsbefugnis.

Bei den Gestaltungsmöglichkeiten von Geschäftsführungs- und Vertretungsmacht im Falle mehrerer Geschäftsführer lässt sich wiederum eine deutliche Trennung feststellen. Während im Außenverhältnis strikte Einzelvertretungsmacht gilt, können im Innenverhältnis Abweichungen vereinbart werden, wie z.B. Gesamtgeschäftsführung oder Geschäftsführung durch ein Geschäftsführungskomitee, das einstimmig oder nach dem Mehrheitsprinzip entscheiden kann. Solche Abweichungen von der gesetzlichen Regel wirken jedoch nicht gegenüber gutgläubigen Dritten. Ebenso wirken Widerspruchsrechte der übrigen Geschäftsleiter gegen Handlungen eines Geschäftsführers nicht gegenüber gutgläubigen Dritten.

Die Unterscheidung von Geschäftsführung und Vertretung zeigt sich jedoch vor allem in der unterschiedlichen Gestaltung des Umfangs von Geschäftsführungs- und Vertretungsbefugnis. Im Außenverhältnis definiert das Gesetz sehr präzise unter welchen Bedingungen die Gesellschaft verpflichtet wird. Die Vorschriften sind Bestandteil des *ordre public*.[1380] Im Innenverhältnis hingegen besteht eine begrenzte Freiheit der Gesellschafter, ihren Willen im Gesellschaftsvertrag zum Ausdruck zu bringen.[1381] Im Außenverhältnis wie im Innenverhältnis müssen die Geschäftsführer aller Gesellschaften die Befugnisse anderer Organe beachten. Bei der Behandlung der Beachtung des Gesellschaftsgegenstandes zeigen sich hingegen Unterschiede zwischen Personen- und Kapitalgesellschaften. Denn bei den Personengesellschaften stellt der Gesellschaftsgegenstand sowohl eine Begrenzung der Geschäftsführungs- als auch der Vertretungsbefugnis dar, während dies bei Kapitalgesellschaften gegenüber gutgläubigen Dritten nicht der Fall ist. Schließlich können im Innenverhältnis Einschränkungen durch die Statuten vorgenommen werden. Diese sind in allen Gesellschaften Dritten gegenüber unwirksam, so dass die Gesellschaft trotzdem verpflichtet wird.

C. Englisches Recht

Der Begriff der *agency* umfasst im englischen Recht begrifflich sowohl das Innenverhältnis zwischen *principal* und *agent* als auch das Außenverhältnis zwischen *agent* und Geschäftspartner. Im Recht der *partnerships* wurden jedoch mit sec. 24 (8) PA 1890 einerseits und secs. 5, 8 PA 1890 andererseits verschiedene Regelungen für das Innen- und Außenverhältnis getroffen. Obwohl eine der grundlegenden Wirkungen der Teilhabe an der Geschäftsfüh-

---

1380 Guyon, Droit des affaires, S. 245 Rn. 238.

1381 Chartier, La Gestion, S. 70.

rung der partnership darin besteht, die *partnership* aus Geschäftsführungsmaßnahmen zu berechtigen und zu verpflichten, darf die Geschäftsführung nicht mit der allgemeinen Befugnis eines *partner*, rechtswirksam für die *partnership* im Außenverhältnis aufzutreten, gleichgesetzt werden.[1382] Im CA 1985 wird dies hinsichtlich der *directors* einer *company* nicht so deutlich. Auch hier kann die Satzung, wie es *Table A* tut, das Innenverhältnis regeln, während für das Außenverhältnis secs. 35, 35 A CA 1985 gelten.

Hinsichtlich der Personalkompetenz bestehen verschiedene Regelungen für *partnerships* und *companies*. So ist eines der Unterscheidungsmerkmale von *company* und *partnership*, dass in einer *partnership* jedes Mitglied als *agent* der *partnership authority* hat, um die *partnership* im gewöhnlichen Geschäftsverkehr zu vertreten, während ein Gesellschafter einer *company* als solcher keine *authority* hat, die Gesellschaft zu binden. Die *company* kann als eigenständige Person nur von den Personen gebunden werden, die von der Satzung dazu ermächtigt wurden, für die Gesellschaft zu handeln. Für Geschäftsführung und Vertretung sind in der Regel die gleichen Personen zuständig. Die Befugnisse im Innen- und Außenverhältnis beginnen und enden gleichzeitig. In der *partnership* kann jedoch im Innenverhältnis vertraglich vereinbart sein, dass ein *partner* von der Geschäftsführung ausgeschlossen ist, aber dennoch rechtswirksam für die anderen *partners* im Außenverhältnis auftreten kann.[1383]

Bezüglich des persönlichen Umfangs der Befugnisse besteht bei den *companies* ein Gleichlauf. Der *board of directors* handelt mit Gesamtgeschäftsführungs- und Gesamtvertretungsbefugnis. Wird ein *managing director* bestellt, so hat dieser sowohl im Innenverhältnis als auch im Außenverhältnis Einzelbefugnisse. Anders ist die Situation in den *partnerships*. Hier besteht für das Außenverhältnis Einzelvertretungsmacht eines jeden *partner*, während im Innenverhältnis Gesamtgeschäftsführungsbefugnis besteht. Während hier die Geschäftsführungsbefugnis beliebige Abweichungen erfahren kann, sind abweichende Regelungen gegenüber Dritten nur wirksam, wenn diese davon Kenntnis erlangen, denn jeder *partner* verpflichtet die *partnership* solange er mit *usual authority* handelt.

Der sachliche Umfang der Vertretungsmacht hat sich in den englischen *companies* lange am Umfang der Geschäftsführungsbefugnis orientiert. Mit Umsetzung der 1. Gesellschaftsrechtlichen Richtlinie wurde jedoch ein Prozess in Gang gesetzt, der ebenso wie in den kontinentalen Staaten zu einer Trennung von Geschäftsführungsbefugnis und Vertretungsmacht führte. Interne Beschränkungen durch den Gesellschaftsgegenstand, sonstige Sat-

---

[1382] Bippus, S. 281.

[1383] Lindley & Banks, S. 464, 15-03; ebenso zwischen Geschäftsführung und Vertretungsmacht differenzierend sec. 6 (1) LPA 1907.

zungsbestimmungen oder Beschlüsse anderer Organe wirken nun nicht mehr nach außen. Dies gilt jedenfalls hinsichtlich des *board of directors*. Hinsichtlich der *managing directors* besteht noch immer ein Gleichlauf von Geschäftsführungs- und Vertretungsbefugnis, wobei Dritte jedoch geschützt sind, solange der *managing director* innerhalb seiner *apparent authority* gehandelt hat. Auch bei den *partnerships* wirken interne Beschränkungen gemäß sec. 8 PA 1890 nicht nach außen. Der Gesellschaftsgegenstand ist nur für die Bewertung der *usual authority* von Bedeutung. Kompetenzen anderer Organe stellen jedoch sowohl im Innenverhältnis als auch im Außenverhältnis eine Beschränkung der Befugnisse dar und führen für diesen Aspekt daher zu einem Gleichlauf der Befugnisse.

§ 2. Auswertung des Vergleichs

Wie schon bei den Vergleichen der einzelnen Regelungen zu sehen war, gibt es eine ganze Reihe von Übereinstimmungen zwischen den Regelungen und Grundsätzen der drei Rechtsordnungen auf dem Gebiet der Geschäftsführung und Vertretung.

Dies ist bei den Kapitalgesellschaften unter anderem auf die Harmonisierung durch die 1. Gesellschaftsrechtliche Richtlinie zurückzuführen. Durch diese Richtlinie ist im Bereich der Publizität sowie der Regelungen der Vertretung eine weitgehende Angleichung erzielt worden. Die Regelungen der Mitgliedstaaten entsprechen größtenteils der Richtlinie. Trotz der teilweise unterschiedlichen Konzeption der Regelungen ist das Ziel der Richtlinie, nämlich ein weit reichender Drittschutz, in allen Ländern überwiegend verwirklicht. Die unbeschränkte und unbeschränkbare Vertretungsmacht führt zu einer hohen Rechtssicherheit für Dritte, die mit der Gesellschaft Geschäfte schließen. Durch die übereinstimmenden Publizitätsvorschriften hat sich die Überschaubarkeit der Rechtslage für Dritte verbessert. In Deutschland und Frankreich war der Schutz Dritter bereits vor Erlass der Richtlinie überwiegend gewährleistet. England hatte hingegen zunächst Schwierigkeiten mit der Umsetzung der Richtlinie. Viele der in England vorhandenen Probleme mit der Umsetzung von Art. 9 der Richtlinie entsprangen den im englischen Rechtskreis ungewohnten Konzepten aus dem deutschen Recht.[1384] Viele Probleme sind aber auch auf die Unzulänglichkeiten und die unglückliche Formulierung des ursprünglichen Ausführungsgesetzes, sec. 9 (1) *des European Communities Act 1972*, zurückzuführen.[1385] In Bezug auf Art. 9 (1) der Richtlinie wurden viele der Probleme durch den C.A. 1989 ge-

[1384] Edwards, Co Law 1995, 202 (205).
[1385] Edwards, Co Law 1995, 202 (205).

löst. Defizite ergeben sich hauptsächlich im Hinblick auf *managing* und *executive directors* in England. Der gesetzgeberische Aufwand erscheint in diesem bedeutenden Bereich des Drittschutzes damit gerechtfertigt und sinnvoll. Es sollte überlegt werden, ob die Gedanken der Richtlinie nicht ebenfalls auf die Personengesellschaften, wie dies bereits in Frankreich hinsichtlich der Publizitätsregelungen geschehen ist, ausgedehnt werden sollten. Die Personengesellschaften nehmen zunehmend am grenzüberschreitenden Verkehr teil. Der Umfang der Vertretungsmacht wird hier jedoch teilweise noch unterschiedlich geregelt. Während bei den englischen *partnerships* und den deutschen Personenhandelsgesellschaften der Gesellschaftsgegenstand beispielsweise keine Grenze der Vertretungsmacht darstellt, ist dies in den übrigen Personengesellschaften der Fall. Dritte werden also innerhalb des europäischen Binnenmarktes nicht einheitlich geschützt.

Aber auch in anderen Bereichen lassen sich viele Übereinstimmungen feststellen, die nicht aufgrund europäischer Harmonisierung entstanden sind. Diese ergeben sich aus einer übereinstimmenden Abwägung der Interessen von Gesellschaftern, Gesellschaft, Geschäftsführern und Dritten. Auch die zu Beginn der Arbeit dargestellten Funktionen setzen zum Teil ähnliche Regelungen voraus. So wird der Begriff der Geschäftsführungsbefugnis allgemein weit verstanden und gesetzlich nicht näher eingegrenzt. Grund hierfür ist, dass die Geschäftsführung die Funktionsfähigkeit der Gesellschaft sicherstellen soll und daher nicht zu weit eingegrenzt werden kann. Die Regelung, dass jede Gesellschaft mindestens einen Geschäftsführer haben muss, ist darauf zurückzuführen, dass die Gesellschaft sonst nicht handlungsfähig ist. In den Personengesellschaften wird überwiegend dem persönlichen Vertrauen der Gesellschafter untereinander der Vorrang vor einer kompetenten Führungsmannschaft eingeräumt, weshalb hier grundsätzlich nur die Gesellschafter selbst die Geschäftsführung vornehmen. In den Kapitalgesellschaften hat diese Abwägung überwiegend zu dem umgekehrten Ergebnis geführt, dass der Besitz von Aktien nicht ausschlaggebend für die Stellung als Geschäftsführer sein soll. In den offenen Gesellschaften ist die Führungsorganisation zudem entscheidend davon geprägt, ob sie dem zweistufigen Vorstands-Aufsichtsratssystem oder dem einstufigen *Board*-System folgt. Der Aufsichtsrat war ursprünglich eine Eigenart des deutschen Aktienrechts.[1386] Frankreich ist traditionell dem einstufigen System verhaftet. Doch können die Gesellschaften seit der Reform von 1966 auch das zweistufige System wählen, wovon allerdings bisher nur zögernd Gebrauch gemacht wird. Das englische Recht hält demgegenüber am einstufigen System fest. In der Praxis hat sich jedoch eine Funktionenteilung zwischen den *managing* oder *executive*

[1386] Raiser, Kapitalgesellschaften, S. 32 § 7 Rn. 7.

directors und den *non-executive directors* herausgebildet, die Ähnlichkeit mit dem deutschen System erkennen lässt, ohne es institutionell festzuschreiben.[1387] Die Geschäftsführung liegt in den Händen der *managing directors*, die nicht selten eine ähnliche Unabhängigkeit erlangen wie der Vorstand im deutschen Recht, während sich die *non-executive directors* mehr oder weniger auf die Überwachung der Geschäftspolitik beschränken.[1388] Das zweistufige System ist außerdem nur für die AG zwingend vorgeschrieben. Andere deutsche Gesellschaften einschließlich der GmbH können frei entscheiden, ob sie einen Beirat oder Aufsichtsrat bestellen und damit ein zweigliedriges Leitungsorgan schaffen.[1389] Im Bereich der internen Organisation ist ein Harmonisierungsversuch für die offenen Gesellschaften durch die 5. Gesellschaftsrechtliche Richtlinie bisher gescheitert. Aufgrund der durch die Praxis entstandenen ähnlichen Regelungen erscheint eine Harmonisierung auf europäischer Ebene hier jedoch auch weniger sinnvoll.

Bei den Personengesellschaften in Deutschland und Frankreich kann zwischen Zivilgesellschaften und Handelsgesellschaften unterschieden werden. Diese Unterscheidung wird im Bereich der Geschäftsführung und Vertretung z.B. bei der SC im Vergleich zu den französischen Personenhandelsgesellschaften deutlich, wenn dort Geschäftsführer besonders zu bestellen sind, während bei den SNC und der SCS grundsätzlich sämtliche Geschäftsführer kraft ihrer Mitgliedschaft in der Gesellschaft geschäftsführungsberechtigt sind. Die GbR sieht z.B. im Unterschied zu der oHG bzw. der KG Gesamtgeschäftsführung vor. Zudem sind die Gesellschafter hier an keine Publizitätserfordernisse gebunden. Eine solche Differenzierung gibt es in England nicht.[1390] Jedoch verwischt sich diese Trennung jedenfalls im Bereich der Geschäftsführung und Vertretung auch im deutschen und französischen Recht. So bestehen im französischen Recht häufig wortgleiche Regelungen für die SC wie für die SNC und die SCS. In England spielt die Unterscheidung *trading - non-trading partnership* lediglich bei der Bestimmung des Umfangs der Vertretungsmacht eine Rolle.

Entgegen dem früher in Frankreich und England bestehenden Verständnis, lassen sich nun in allen drei untersuchten Rechtsordnungen Innen- und Außenverhältnis sowohl begrifflich als auch vom Regelungsinhalt voneinander unterscheiden. Diese Unterscheidung ist besonders einschneidend hinsichtlich des sachlichen Umfangs der Befugnisse. Während die Befugnisse im Innenverhältnis mehr oder weniger frei eingeschränkt werden dürfen, sind diese Beschränkungen im Außenverhältnis Dritten gegenüber un-

---

[1387] Hopt, ZGR 2000, 779 (784 ff.).
[1388] Raiser, Kapitalgesellschaften, S. 33 § 7 Rn. 7.
[1389] So auch Hopt, ZGR 2000, 779 (784).
[1390] Lindley & Banks, S. 28, 2-47.

wirksam. Lediglich bei der GbR ist immer noch ein Gleichlauf von Geschäftsführungs- und Vertretungsbefugnis gegeben.

Wenn man die Regelungen Deutschlands, Frankreichs und Englands als den großen Rechtsordnungen des *civil* und *common laws* zugrundelegt, kann nach den Vergleichen bei den einzelnen Problemfeldern und den hier dargestellten Überlegungen festgehalten werden, dass es in Europa im Bereich der Geschäftsführung und Vertretung von Gesellschaften allgemein akzeptierte Regelungsprinzipien gibt. Welches diese Regelungsprinzipien sind, wurde bereits innerhalb der Vergleiche dargestellt und wird im folgenden noch einmal zusammenfassend präsentiert.

§ 3. Allgemein-europäische Prinzipien der Geschäftsführung und Vertretung

A. Grundlagen

(1) Die Geschäftsführer leiten und vertreten die Gesellschaft.

Hinsichtlich der GbR war lange umstritten, ob die Geschäftsführer die GbR als Gesellschaft vertreten können. Nunmehr sind lediglich in der *partnership* die Gesellschafter gleichzeitig *prinzipal* und *agent*.

(2) Unabhängig davon, ob eine Gesellschaft Rechtsfähigkeit besitzt oder nicht, benötigt sie natürliche Personen, um handlungs- und funktionsfähig zu sein. Deshalb muss jede Gesellschaft mindestens einen Geschäftsführer haben.

In offenen Gesellschaften müssen zum Teil mindestens zwei Geschäftsführer vorhanden sein. Das gleiche gilt für die mitbestimmte GmbH.

(3) Innen- und Außenverhältnis sind zu unterscheiden. Die Geschäftsführungskompetenz betrifft das Innenverhältnis, die Vertretungskompetenz das Außenverhältnis.

(4) Die Geschäftsführung wird inhaltlich in laufende Geschäfte und Leitungsaufgaben untergliedert.

(5) Es sind ferner gewöhnliche und außergewöhnliche Geschäfte zu unterscheiden.

(6) Laufende Geschäfte, Leitungsaufgaben, gewöhnliche und außergewöhnliche Geschäfte können verschiedenen Organen übertragen sein.

(7) Grundlagengeschäfte, wie z.B. die Änderung des Gesellschaftsvertrags oder die Auflösung der Gesellschaft, sind nicht vom Begriff der Geschäftsführung umfasst. Sie unterliegen der Kompetenz der Gesellschaftergesamtheit.

B. Begründung der Geschäftsführerstellung

Es ist zwischen sog. „geborenen" und „gekorenen" Geschäftsführern zu unterscheiden. Geborene Geschäftsführer erhalten ihre Stellung kraft ihrer Mitgliedschaft in der Gesellschaft. Gekorene Geschäftsführer werden durch Bestellungsakt in ihr Amt eingesetzt.

I. Kapitalgesellschaften

Die Geschäftsführer einer Kapitalgesellschaft werden durch förmlichen Bestellungsakt in ihre Stellung berufen.

1. Voraussetzungen

(1) In den geschlossenen Kapitalgesellschaften sind ein oder mehrere Geschäftsführer zu bestellen. Eine Höchstgrenze besteht nicht.

Eine Ausnahme stellt insofern nur die mitbestimmte GmbH dar, in der ein zusätzlicher Arbeitsdirektor zu bestellen ist. Für die offenen Kapitalgesellschaften lässt sich kein gemeinsames Prinzip herleiten.

(2) Sowohl Gesellschafter als auch Dritte können als Geschäftsführer einer Kapitalgesellschaft bestellt werden.

Auch der Generaldirektor der monistischen SA in Frankreich kann sowohl Dritter oder als Verwaltungsratspräsident Aktionär sein. Verwaltungsratsmitglieder müssen jedoch abweichend Aktionäre sein.

(3) Geschäftsführer von Kapitalgesellschaften können nur natürliche Personen sein.

Die französische monistische SA sowie die englischen *companies* lassen juristische Personen als Verwaltungsrats- bzw. *board*-Mitglieder zu. Als Generaldirektor bzw. *managing director* darf jedoch lediglich eine natürliche Person bestellt werden.

(4) Erwachsene, die ihre Vermögensangelegenheiten nicht selber regeln können, können nicht Geschäftsführer einer Kapitalgesellschaft werden.

Ob Minderjährige als Geschäftsführer von Kapitalgesellschaften bestellt werden können, wird unterschiedlich beurteilt. Daher kann kein allgemeines Prinzip gebildet werden.

(5) In geschlossenen Kapitalgesellschaften besteht keine Altersgrenze für Geschäftsführer.

(6) Ist in offenen Kapitalgesellschaften eine Altersgrenze für Geschäftsführer vorgesehen, so liegt diese grundsätzlich bei fünfundsechzig bzw. siebzig Jahren.

Der Geschäftsführer einer *private company* unterliegt denselben Regeln, wie der Geschäftsführer einer *public company*, wenn es sich um eine Tochtergesellschaft einer *public company* handelt.

In der deutschen AG ist kein Alterslimit vorgesehen. Altersgrenzen bestehen jedoch in den französischen SAs. Über siebzig jährige *directors* einer *public company* müssen jährlich neu ernannt werden.

(7) Geschäftsführer sind von der Geschäftsführung einer Kapitalgesellschaft ausgeschlossen, wenn in ihrer Person bestimmte Ausschlussgründe erfüllt sind. Ausschlussgrund ist insbesondere die Verurteilung wegen einer Konkursstraftat.

(8) Geschäftsführer sind von der Geschäftsführung einer Kapitalgesellschaft ausgeschlossen, wenn Inkompatibilitäten mit anderen Ämtern vorliegen, beispielsweise zwischen der Funktion als Vorstandsmitglied und der Funktion als Aufsichtsratsmitglied.

(9) In Kapitalgesellschaften können weitere Eignungsvoraussetzungen für Geschäftsführer in der Satzung festgelegt werden, sofern dadurch nicht in die zwingende Kompetenzverteilung der Gesellschaft eingegriffen wird.

2. Bestellungskompetenz und -verfahren

(1) In den geschlossenen Kapitalgesellschaften erfolgt die Bestellung der Geschäftsführer durch einfache Mehrheitsentscheidung der Gesellschafter.

Unter geschlossenen Kapitalgesellschaften werden hier die GmbH, die SARL sowie die *private companies* gefasst.

(2) In den offenen Kapitalgesellschaften mit monistischer Struktur erfolgt die Bestellung des Leitungsorgans durch einfache Mehrheitsentscheidung der Gesellschafter. Diejenigen Geschäftsführer, welche die tägliche Geschäftsführung ausüben, werden hingegen von dem Leitungsorgan bestellt.

Unter die offenen Kapitalgesellschaften mit monistischer Struktur fallen die monistische SA sowie die *public company*.

(3) In den offenen Kapitalgesellschaften mit dualistischer Struktur ist der Aufsichtsrat für die Bestellung zuständig.

Unter die offenen Kapitalgesellschaften mit dualistischer Struktur fallen die AG und die dualistische SA.

(4) Die Bestellung bedarf der Annahme der zu bestellenden Person.

(5) Die Bestellung kann befristet oder auf Lebenszeit erfolgen.

(6) In den geschlossenen Kapitalgesellschaften erfolgt die Bestellung auf Lebenszeit, es sei denn der Gesellschaftsvertrag legt eine andere Dauer fest.

In den *private companies* wird häufig eine Bestellung für drei Jahre vorgesehen.

(7) In den offenen Kapitalgesellschaften ist die Bestellung befristet. Eine Wiederwahl ist in der Regel möglich.

Die vorgesehene Dauer variiert zwischen zwei und sechs Jahren. Bei der dualistischen SA ist keine Wiederwahl im Gesetz vorgesehen.

3. Notbestellung

Bei Fehlen eines notwendigen Geschäftsführers kann das Gericht auf Antrag für die Bestellung eines Geschäftsführers sorgen, wenn der Kapitalgesellschaft ein Schaden droht und die Bestellung dringlich ist.

II. Personengesellschaften

1. Gesetzlicher Regelfall

(1) In Personengesellschaften erhalten die persönlich haftenden Gesellschafter die Geschäftsführerstellung als originäre Befugnis kraft ihrer Mitgliedschaft in der Gesellschaft.

Etwas anderes gilt nur bei der SC, in der die Bestellung durch Gesellschafterbeschluss vorgesehen ist.

(2) Die beschränkt haftenden Gesellschafter (Kommanditisten) sind von der Geschäftsführung und Vertretung einer Personengesellschaft ausgeschlossen.

2. Gesellschaftereigenschaft

(1) Das Recht zur Geschäftsführung und Vertretung der Personengesellschaft steht den persönlich haftenden Gesellschaftern unabhängig davon zu, ob sie natürliche oder juristische Personen sind. Die Ausübung dieser Rechte kann jedoch in jedem Fall nur durch natürliche Personen vorgenommen werden. Daher handelt für juristische Personen deren jeweiliger Vertreter.

In Deutschland können auch Personenhandelsgesellschaften Geschäftsführer von Personengesellschaften sein.

(2) Grundsätzlich können auch Minderjährige Geschäftsführer einer Personengesellschaft sein.

Voraussetzungen und Grenzen wurden von den verschiedenen Gesetzgebern jedoch unterschiedlich gesteckt.

(3) Auch beschränkt Geschäftsfähige können Geschäftsführer einer Personengesellschaft sein.

(4) Für gesamthänderische Personengesellschaften bestehen regelmäßig keine weiteren Eignungsvoraussetzungen.

(5) Personengesellschaften, die als juristische Personen ausgestaltet sind, sehen Ausschlussgründe und berufliche Inkompatibilitäten vor.

Lediglich in der französischen SNC und SCS, in denen als drittes Organ ein Rechnungsprüfer existiert, darf eine Person nicht gleichzeitig beide Ämter ausüben. Ferner bestehen für die französischen Personengesellschaften mit dem Verbot der Verwaltung einer Gesellschaft Ausschlussgründe. Auch gelten bei den französischen Personengesellschaften berufliche Inkompatibilitäten.

(6) Im Gesellschaftsvertrag einer Personengesellschaft können weitere Eignungsvoraussetzungen festgelegt werden.

3. Abweichende Vereinbarungen

(1) Die Übertragung der Geschäftsführungs- und Vertretungsbefugnis auf einen oder mehrere persönlich haftende Gesellschafter unter Ausschluss der übrigen Gesellschafter ist zulässig.

In Frankreich kann die Bestellung Dritter zu Geschäftsführern in den Statuten erfolgen. In der Praxis ist dies jedoch aufgrund des damit verbundenen Risikos selten.

(2) Die Übertragung der Geschäftsführungs- und Vertretungsbefugnis kann im Gesellschaftsvertrag oder durch späteren Beschluss der Gesellschafter erfolgen.

(3) Die Übertragung erfolgt in der Regel einstimmig, d.h. auch unter Einbeziehung der beschränkt haftenden Gesellschafter (Kommanditisten). Im Gesellschaftsvertrag kann Entscheidung durch die Mehrheit vereinbart werden.

In der SCS genügt die Einstimmigkeit der persönlich haftenden Gesellschafter sowie die Mehrheit der beschränkt haftenden Gesellschafter aus.

(4) Die Übertragung der Vertretungsmacht auf beschränkt haftende Gesellschafter (Kommanditisten) ist ausgeschlossen.

In Frankreich und England dürfen beschränkt haftende Gesellschafter nicht mit Geschäftsführungsbefugnis ausgestattet werden. Die bloße Beteiligung an der Geschäftsführung wird hier mit der persönlichen Haftung dieser Gesellschafter bestraft. In Deutschland können die beschränkt haftenden Gesellschafter hingegen an der Geschäftsführung beteiligt werden.

C. Beendigung der Geschäftsführerstellung

I. Ordentliche Beendigung

(1) Die Geschäftsführerstellung endet mit dem Tod der berechtigten Person.

(2) Die Geschäftsführerstellung endet mit Wegfall der vorgesehenen Eignungsvoraussetzungen bzw. mit Eintritt der gesetzlichen Ausschlussgründe.

(3) Die Geschäftsführerstellung endet bei Befristung mit Fristablauf.

(4) Die Geschäftsführerstellung endet spätestens mit Beendigung der Abwicklung.

II. Außerordentliche Beendigung

(1) Die Stellung als Geschäftsführer kann zumindest dann, wenn ein wichtiger Grund vorliegt, durch die Gesellschaft beendet werden.

In den deutschen Personengesellschaften sowie der AG wird das Vorliegen eines wichtigen Grundes verlangt. Der französische Gesetzgeber sieht für die Abberufung durch die Gesellschafter bei Fehlen eines *juste motif* Schadensersatzansprüche des Geschäftsführers vor. Bei einer Abberufung durch das Gericht muss ein *cause légitime* vorliegen. Der Verwaltungsratspräsident, die Geschäftsführer der GmbH sowie die Geschäftsführer englischer Gesellschaften können ohne Grund abberufen werden.

(2) In Personengesellschaften kann die Geschäftsführungsbefugnis eines gesetzlichen Geschäftsführers beendet werden; in einigen Gesellschaften jedoch nur unter Ausschluss aus der Gesellschaft oder unter Auflösung der Gesellschaft.

In der Gesellschaft bürgerlichen Rechts sowie den englischen *partnerships* ist eine außerordentliche Beendigung nur der Geschäftsführungsbefugnis nicht im Gesetz vorgesehen. Hier bleiben demnach nur der Ausschluss des Gesellschafters aus der Gesellschaft oder die Auflösung der Gesellschaft selber. Auch in den französischen SNC und SCS zieht die Abberufung die Auflösung der Gesellschaft nach sich, wenn die Weiterführung nicht in den Statuten festgelegt oder von den Gesellschaftern einstimmig beschlossen wurde.

(3) Die Geschäftsführerstellung eines vertraglich oder durch Beschluss berufenen Geschäftsführers kann ebenfalls beendet werden. Die Beendigung führt nicht zur Auflösung der Gesellschaft.

(4) Die Vertretungsmacht endet in der Regel zeitgleich mit der Geschäftsführungsbefugnis.

Für die deutsche Gesellschaft bürgerlichen Rechts ist dies speziell in § 715 BGB geregelt. Bei oHG und KG kann die Entziehung gemäß § 127 HGB getrennt erfolgen. Beide Entziehungen werden jedoch in der Regel miteinander verbunden.

(5) Bei den Personengesellschaften erfolgt die Beendigung der Geschäftsführerstellung durch einstimmigen Beschluss der übrigen Gesellschafter.

In der SC und bei der Abberufung eines Fremdgeschäftsführers in der SNC reicht ein Mehrheitsbeschluss aus. In der SCS genügt für die Abberufung eines in den Statuten ernannten Gesellschafter-Geschäftsführers die Einstimmigkeit der persönlich haftenden Gesellschafter sowie die Mehrheit der beschränkt haftenden Gesellschafter.

(6) In geschlossenen Kapitalgesellschaften erfolgt die Abberufung durch Mehrheitsbeschluss der Gesellschafter.

(7) In offenen Kapitalgesellschaften mit monistischer Struktur erfolgt die Abberufung des Leitungsorgans durch Mehrheitsbeschluss der Gesellschafter. Diejenigen Geschäftsführer, welche die tägliche Geschäftsführung ausüben, können durch das Leitungsorgan abberufen werden.

Der *managing* director und der Präsident des Verwaltungsrates können weiterhin als Mitglieder des Leitungsorgans auch durch die Gesellschafter abberufen werden. Dies gilt jedoch nicht für den Generaldirektor.

Für die offenen Kapitalgesellschaften mit dualistischer Struktur lässt sich kein gemeinsames Prinzip bilden. Der Vorstand der AG wird vom Aufsichtsrat abberufen, während der Vorstand der dualistischen SA von den Gesellschaftern abberufen wird. Eine konkurrierende Abberufung durch den Aufsichtsrat kann hier jedoch in den Statuten festgelegt werden.

(8) Bei Beendigung der Geschäftsführerstellung durch die Gesellschaft ist der Geschäftsführer vorher anzuhören.

GmbH-Geschäftsführer sowie Mitglieder des Verwaltungsrats und der Verwaltungsratspräsident können auch ohne vorherige Anhörung abberufen werden.

(9) Die Stellung eines Geschäftsführers, der durch den Gesellschaftsvertrag oder den Beschluss eines anderen Organs bestellt wurde, kann zumindest dann, wenn ein wichtiger Grund vorliegt, durch den Geschäftsführer selber beendet werden.

D. Publizität

(1) Die Offenlegung erfolgt durch Eintragung in einem Register und Bekanntmachung in einem nationalen Amtsblatt (Publizitätsmittel).

(2) Bestellung, Beendigung sowie Änderungen in der Zusammensetzung der Geschäftsführungs- und Vertretungsorgane einer Kapitalgesellschaft sind unter Angabe der Personalien der betroffenen Personen offen zu legen. Dabei ist insbesondere auch anzugeben, ob die zur Vertretung der Gesellschaft befugten Personen die Gesellschaft allein oder nur gemeinschaftlich vertreten können (Publizitätsgegenstand).

In Frankreich gilt diese Regelung auch für Personengesellschaften. Nach § 106 II Nr. 4 HGB ist die Vertretungsmacht auch in der oHG und KG eintragungspflichtig.

(3) Ist eine einzutragende Tatsache nicht eingetragen und bekannt gemacht, so kann sich die Kapitalgesellschaft auf diese Tatsache nur berufen, wenn sie beweist, dass der Dritte die Tatsache kannte (negative Publizität).

(4) Die Kapitalgesellschaft kann sich Dritten gegenüber erst mit Eintragung und Bekanntmachung auf die eintragungspflichtige Tatsache berufen. Beweist der Dritte jedoch, dass er keine Möglichkeit der Kenntnisnahme der veröffentlichten Tatsache hatte, so können Änderungen hinsichtlich der Geschäftsführungs- und Vertretungsorgane ihm erst mit Ablauf von 15 Tagen nach Veröffentlichung entgegengehalten werden (positive Publizitätswirkung).

(5) Weicht die Bekanntmachung von der Eintragung ab, so kann die bekannt gemachte Tatsache Dritten nicht entgegengesetzt werden. Dritte können sich auf die Bekanntmachung nur berufen, wenn sie keine Kenntnis von deren Unrichtigkeit haben.

(6) Sobald die Bestellung des bzw. der Geschäftsführer ordnungsgemäß bekannt gemacht wurde, kann ein Mangel der Bestellung in den Kapitalgesellschaften Dritten nur entgegengehalten werden, wenn die Dritten den Mangel kannten.

In England geht der Schutz Dritter sogar noch weiter, da es hier einer Bekanntmachung nicht bedarf, um die Wirksamkeit von Handlungen der fehlerhaft bestellten *directors* zu gewährleisten.

Nach der englischen und französischen Regelung können sich auch Dritte nicht auf die Irregularität der Bestellung berufen.

(7) Handelt ein Geschäftsführer nach Beendigung seiner Befugnisse weiter, so kann sich die Kapitalgesellschaft auf die Beendigung nur berufen, wenn die Abberufung ordnungsgemäß bekannt gemacht wurde oder der Dritte von der Abberufung Kenntnis hatte.

E. Anstellungsvertrag und Vergütung

I. Personengesellschaften

Ein Anspruch auf Vergütung für die Geschäftsführertätigkeit besteht in Personengesellschaften grundsätzlich nicht. Eine Vergütung kann aber für die Tätigkeit als Geschäftsführer festgelegt werden. Die Festlegung erfolgt in den Personengesellschaften grundsätzlich durch einstimmigen Beschluss der Gesellschafter.

II. Kapitalgesellschaften

(1) Neben der Geschäftsführerstellung ist in Kapitalgesellschaften der Abschluss eines Anstellungsvertrages zulässig.

(2) Die Anstellung ist von der Bestellung zu unterscheiden.

(3) Die Geschäftsführungskompetenzen sind von den Rechten und Pflichten aus dem Anstellungsverhältnis zu trennen.

(4) Die Abberufung führt nicht automatisch zu einer Beendigung des Anstellungsverhältnisses.

(5) Ein Anspruch auf Vergütung für die Geschäftsführertätigkeit besteht in Kapitalgesellschaften grundsätzlich nicht. Eine Vergütung kann aber für die Tätigkeit als Geschäftsführer festgelegt werden. Die Kompetenz für die Festlegung der Vergütung richtet sich in den Kapitalgesellschaften nach der Bestellungskompetenz.

(6) Die Vergütung für die Tätigkeit als Geschäftsführer ist von einem Gehalt aus dem Anstellungsverhältnis zu unterscheiden.

F. Umfang und Grenzen der Geschäftsführungsbefugnis

I. Persönlicher Umfang der Geschäftsführungsbefugnis

(1) Die Festlegung des persönlichen Umfangs der Geschäftsführungsbefugnis ist dem Gesellschaftsvertrag überlassen.

Lediglich der Generaldirektor der monistischen SA kann seiner alleinigen Geschäftsführungsbefugnis nicht beraubt werden.

(2) In Kapitalgesellschaften sind die Geschäftsführer nach der gesetzlichen Auffangregel grundsätzlich nur gemeinschaftlich zur Geschäftsführung befugt (Gesamtgeschäftsführung).

In der SARL gilt hingegen Einzelgeschäftsführungsbefugnis. Die übrigen Geschäftsführer haben ein Widerspruchsrecht.

Für die Personengesellschaften lässt sich kein gemeinsames Prinzip finden. Während für die *partnerships* und die GbR Gesamtgeschäftsführung die gesetzliche Regel ist, sieht das Gesetz für die oHG bzw. KG und die französischen Personengesellschaften Einzelgeschäftsführung mit Widerspruchsrecht der übrigen Geschäftsführer vor.

(3) Besteht nach den gesetzlichen Auffangregeln Einzelgeschäftsführungsbefugnis, so steht den übrigen Geschäftsführern ein Widerspruchsrecht zu.

(4) In Kapitalgesellschaften können Geschäftsführungsaufgaben auf verschiedene Ressorts verteilt werden. Die ausdrücklich dem Geschäftsführungsorgan zugewiesenen Aufgaben sind jedoch vom Geschäftsführungsorgan als ganzem auszuführen.

II. Sachlicher Umfang der Geschäftsführungsbefugnis

(1) Die Geschäftsführungsbefugnis ist durch die Kompetenzen anderer Organe beschränkt. Eine solche Beschränkung liegt in der Regel bei grundlegenden Geschäftsführungsmaßnahmen vor.

So haben die Gesellschafter oder ein vorhandenes Aufsichtsorgan zum Teil Mitwirkungsrechte, zum Teil hat der Gesetzgeber ihnen aber auch ausdrücklich die Kompetenz für wichtige Geschäftsführungsmaßnahmen verliehen.

(2) Die Geschäftsführungsbefugnis ist durch den Gesellschaftsgegenstand beschränkt. Der Gesellschaftsgegenstand ist ausdrücklich im Gesellschaftsvertrag aufzuführen.

(3) Die Geschäftsführungsbefugnis ist weiterhin durch den Gesellschaftsvertrag beschränkbar. Es darf jedoch nicht in die grundlegende Kompetenzordnung der Gesellschaft eingegriffen werden.

Lediglich in der AG sind aufgrund von § 23 V AktG keine weiteren Einschränkungen der Geschäftsführungsbefugnis des Vorstands in der Satzung zulässig.

(4) Die Geschäftsführungsbefugnis ist grundsätzlich nicht durch Weisungen der Gesellschafterversammlung beschränkbar.

(5) Besteht ein Weisungsrecht, so hat der Geschäftsführer die Weisungen der Gesellschafterversammlung zu befolgen.

In der GmbH steht den Gesellschaftern ein Weisungsrecht kraft Gesetzes zu. § 23 V AktG verbietet es in der AG den Gesellschaften ein Weisungsrecht einzuräumen. Auch in den SAs würde durch die Festlegung eines Weisungsrechts in den Statuten zu sehr in die gesetzliche Kompetenzordnung eingegriffen.

(6) Die Geschäftsführungsbefugnis ist auch durch Bestimmungen in der Geschäftsordnung des Geschäftsführungsorgans beschränkbar.

III. Überschreitung der Geschäftsführungsbefugnis

(1) Bei Überschreitung ihrer Befugnisse im Innenverhältnis haften die Geschäftsführer der Gesellschaft auf Schadensersatz, wenn der Gesellschaft durch die Überschreitung ein Schaden entstanden ist.

(2) Die Beweislast für den Fehler, die Kausalität und den Schaden liegt bei der Gesellschaft. Die Beweislast für die Pflichtgemäßheit seines Handelns trägt der Geschäftsführer.

(3) Sind mehrere Geschäftsführer an der Pflichtverletzung beteiligt, so haften sie als Gesamtschuldner.

(4) Die Überschreitung der Befugnisse im Innenverhältnis stellt einen Grund für die Beendigung der Befugnisse dar.

G. Umfang und Grenzen der Vertretungsmacht

I. Persönlicher Umfang der Vertretungsmacht

(1) In Personengesellschaften sind die Geschäftsführer grundsätzlich einzeln zur Vertretung berechtigt (Einzelvertretungsmacht).

Lediglich die GbR sieht kraft Gesetzes zunächst Gesamtvertretung vor.

(2) In Kapitalgesellschaften ist entweder nur eine vertretungsberechtigte Person vorhanden oder das Vertretungsorgan handelt kraft Gesetzes grundsätzlich gemeinschaftlich (Gesamtvertretungsmacht).

Eine Ausnahme bildet insofern die französische SARL. Hier können mehrere Geschäftsführer vorhanden sein, denen Einzelvertretungsbefugnis zusteht.

(3) Wird grundsätzlich Gesamtvertretungsmacht vorgesehen, so sind satzungsmäßige Abweichungen zulässig.

Umgekehrt gilt dies zwar bei der oHG, KG und den englischen *partnerships*, nicht jedoch bei sämtlichen französischen Gesellschaftsformen.

(4) Hinsichtlich der Passivvertretung besteht immer Einzelvertretungsmacht.

II. Sachlicher Umfang der Vertretungsmacht

(1) Die Vertretungsmacht ist durch die Kompetenzen anderer Organe begrenzt.

(2) Die Vertretungsmacht der Geschäftsführer ist in den Kapitalgesellschaften nicht auf den Gegenstand der Gesellschaft begrenzt. Eine Kapitalgesellschaft wird also Dritten gegenüber durch Handlungen ihrer Geschäftsführer verpflichtet, selbst wenn die Handlungen nicht zum Gegenstand des Unternehmens gehören.

Dieselbe Regelung ergibt sich für die englischen *partnerships* sowie die oHG und KG. Der Gesellschaftsgegenstand begrenzt jedoch die Vertretungsmacht in den französischen Personengesellschaften. In der GbR kann eine Einschränkung durch den Gesellschaftsgegenstand erfolgen. Für die Personengesellschaften lässt sich folglich kein gemeinsames Prinzip bilden.

(3) Beschränkungen der Befugnisse der Geschäftsführer durch den Gesellschaftsvertrag oder einen Beschluss des zuständigen Organs können Dritten nicht entgegengesetzt werden.

Problematisch ist hier jedoch die Regelung der sec. 35 A CA 1985, da sie nur den *board of directors*, nicht aber die einzelnen *managing directors* umfasst. Ihre Befugnisse können daher beschränkt werden. Dritte sind dann nur durch die Grundsätze der *apparent authority* geschützt. Ebenso sind solche Beschränkungen bei der GbR möglich.

(4) Im Falle der Kollusion wird die Gesellschaft nicht durch Handlungen verpflichtet, die den Gesellschaftsgegenstand überschreiten.

(5) Für Handlungen, die den Gesellschaftsgegenstand überschreiten, wird die Gesellschaft ferner dann nicht verpflichtet, wenn dem Dritten die Überschreitung bekannt war oder er nach den Umständen nicht in Unkenntnis sein konnte.

(6) Die Bekanntmachung der Satzung reicht zu dem Beweis der Kenntnis der Überschreitung nicht aus.

(7) Im Falle der Kollusion wird die Gesellschaft auch nicht durch Handlungen verpflichtet, die Beschränkungen im Gesellschaftsvertrag oder Beschränkungen durch Beschlüsse anderer Organe überschreiten.

(8) Verträge zwischen dem Geschäftsführer und der von ihm vertretenen Gesellschaft bedürfen grundsätzlich der Zustimmung der Gesellschafter. Ist neben der Gesellschafterversammlung und dem Geschäftsführer ein weiteres Gesellschaftsorgan vorhanden, so muss auch dieses dem Vertrag zustimmen.

In den französischen und englischen Kapitalgesellschaften ist ferner die Vornahme bestimmter Geschäfte generell verboten.

In der deutschen AG vertritt der Aufsichtsrat die Gesellschaft gegenüber dem Vorstand (§ 112 AktG), so dass das Problem eines Interessenkonfliktes nicht entsteht.

(9) Verträge zwischen dem Gesellschafter-Geschäftsführer einer Einpersonengesellschaft und der von ihm vertretenen Gesellschaft, sind grundsätzlich in einer Niederschrift aufzunehmen oder schriftlich abzufassen.

Der englische Gesetzgeber macht von der Möglichkeit des Art. 5 (2) der 12. Richtlinie Gebrauch und fordert diese Niederschrift nicht bei gewöhnlichen Geschäften.

Literaturverzeichnis

Adom, Kibalo, La révocation des dirigeants de sociétés commerciales, in Rev. Soc. 1998, 487

Alibert, Bernard, La pluralité de gérants dans les sociétés à responsabilité limitée, in Rev. Soc. 1975, 605

Altmeppen, Holger, Gestattung zum Selbstkontrahieren in der GmbH, in NJW 1995, 1182

Andrieux, Philippe/Direz, H., Traité pratique des sociétés anonymes, Paris 1986

Baillod, Raymonde, Le „juste motif" de révocation des dirigeants sociaux, RTD com. (36) 1983, 395

Ballerstedt, Kurt, Der gemeinsame Zweck als Grundbegriff des Rechts der Personengesellschaften, in JuS 1963, 253

Balser, Heinrich/Bokelmann, Gunther/Piorreck, Friedrich, Die GmbH: Ein Handbuch für die wirtschaftliche, notarielle und gerichtliche Praxis mit Erläuterungen, Beispielen, Formularen, 12. Aufl., Freiburg im Breisgau, 2000

Banks, R.C.I'Anson, Lindley & Banks on Partnership, 18. Edition, London 2002

Barbieri, Jean-Francois, Droit des sociétés et des groupements d'affaires, Paris, Milan, Barcelona, Mexico 1988

Barc, Stephen, Tolley's Company Law, Looseleaf Service, Issue 43, Croydon, February 1999

Barella, Max, Außergewöhnliche Geschäfte bei der Kommanditgesellschaft, in DB 1952, 944

Bastian, Daniel/Germain, Michel, Jura Europae, Das Recht der Länder der Europäischen Gemeinschaft, Gesellschaftsrecht, Band II, Frankreich, 21. Ergänzungslieferung, München, Paris, Ausgabedatum Oktober 1994

Baumbach, Adolf/Hopt. Klaus J., Handelsgesetzbuch: mit GmbH & Co., Handelsklauseln, Bank- und Börsenrecht, Transportrecht (ohne Seerecht), 31. Aufl., München 2003

Baumbach, Adolf/Hueck, Alfred, GmbH-Gesetz: Gesetz betreffend die Handelsgesellschaften mit beschränkter Haftung, 17. Aufl. München 2000

Baums, Theodor, Der Geschäftsleitervertrag: Begründung, Inhalt und Beendigung der Rechtsstellung der Vorstandsmitglieder und Geschäftsführer in den Kapitalgesellschaften und Genossenschaften, Köln 1987

Beale, Hugh G., Chitty on Contracts, Vol. 1, General Principles und Vol. 2, Specific Contracts, 28. Edition, London 1999

Becker, Patricia, Die zivilrechtliche Haftung des französischen Geschäftsführers einer S.A.R.L. gegenüber der Gesellschaft, in GmbHR 2003, 162

Beck'sches Handbuch, siehe *Müller/Hoffmann*

Behrens, Peter, Die Gesellschaft mit beschränkter Haftung im internationalen und ausländischen Recht, 2. Aufl., Berlin, New York 1997

Bergmann, Friedrich, Die rechtliche Abhängigkeit des Anstellungsvertrages der Vorstandsmitglieder einer Aktiengesellschaft von der Bestellung und den für sie geltenden Bestimmungen, Lübeck 1971

Bernstorff, Christoph Graf von, Einführung in das englische Recht, 2. Aufl., München 2000

Berr, Claude, L‘ exercice du pouvour dans les sociétés commerciales, gérance et administration des sociétés commerciales, Paris 1961

Bézard, Pierre, La Société Anonyme, Paris 1986

Bézard, Pierre/Letulle, Henry, Sociétés civiles - Gérance, Statut, in Juris Classeur, Sociétés 3, Fascicule 48-30, 1998

Bézard, Pierre/Letulle, Henry, Sociétés civiles - Gérance, Pouvoirs. Responsabilité, in Juris Classeur, Sociétés 3, Fascicule 48-40, 1998

BGB-RGRK, Das bürgerliche Gesetzbuch mit besonderer Berücksichtigung der Rechtsprechung des Reichsgerichts und des Bundesgerichtshofs; Kommentar, herausgegeben von den Mitgliedern des Bundesgerichtshofes, Band II 4. Teil, §§ 631 - 811, 12. Aufl., Berlin, New York 1978

Billins, Roger, Agency Law, Looseleaf Service, Rel. 1, London 1993

Birds, John/Boyle, A.J./Ferran, Eilís/Villiers, Charlotte, Boyle & Birds‘ Company Law, 3. Edition, Bristol 1995

Blackett-Ord, Mark, Partnership - The modern law of trade, business and professional partnership in England and Wales, 2. Edition, London, Edinburgh & Dublin 2002

Boden, Rainer W., Die Vertretungsmacht der Verwaltungsorgane in den Kapitalgesellschaften der EWG-Staaten und Artikel 9 der Ersten Richtlinie des Rates vom 9. März 1968 (68/151/EWG), Paderborn 1970

Bouère, Jean-Pierre, P-DG ou président et directeur général? In Bulletin Joly Sociétés 2001, 695

Bougnoux, Anne, Sociétés par actions - Formalités constitutives, Rédaction des statuts, Contenu, in Juris Classeur, Sociétés 4, Fascicule 113-20, 1997

Bougnoux, Anne, Sociétés en commandite simple - Fonctionnement, Gérance. Controle de la gérance. Décisions collectives, in Juris Classeur, Sociétés 3, Fascicule 62-50, 1998

Bougnoux, Anne, Société à responsabilité limitée - Organes de controle, Jurisclasseur, Sociétés 4, Fascicule 76-10, 2001

Bourne, Nicholas, Principles of Company Law, 3. Edition, London, Sydney 1998

Bowstead and Reynolds, siehe *Reynolds*

Boyle, AJ/Potts, Robin/Sealy, Leonard S., Gore-Browne on Companies, Looseleaf Service, Volume 2, 44. Edition, Supplement 39, Bristol, November 2001

Brandmüller, Gerhard, Der GmbH-Geschäftsführer im Gesellschafts-, Steuer- und Sozialversicherungsrecht, 11. Aufl., Bonn, Berlin 1999

Brandmüller, Gerhard/Sauer, Otto M., Bonner Handbuch Personengesellschaften: Textsammlung, Erläuterungen, Muster, Rechtsprechung, Band I, Loseblatt-Ausgabe, 2. Aufl., Bonn, Berlin, 1989, 46. Lieferung 19. Juli 2002

Breuninger, Gottfried E., Die BGB-Gesellschaft als Rechtssubjekt im Wirtschaftsverkehr, Voraussetzungen und Grenzen, Köln 1991

Brodmann, Erich, Aktienrecht, Kommentar, Berlin, Leipzig 1928

Brodmann, Erich, Gesetz betreffend die Gesellschaft mit beschränkter Haftung, Kommentar, 2. Aufl., Berlin, Leipzig 1930

Brox, Hans, Allgemeiner Teil des Bürgerlichen Gesetzbuches, 27. Aufl., Köln, Berlin, Bonn, München 2003

Bruce, Martha, Rights and Duties of Directors, 3. Edition, London, Edinburgh and Dublin 2000

Bücker, Franz Eggert, Die Stellung des Direktors einer englischen Private Company, dargestellt unter Berücksichtigung der Stellung des Geschäftsführers einer deutschen GmbH, Bamberg 1967

Buder-Steinhoff, Gabriele, Die GmbH im Rechtsvergleich Deutschland, Österreich, Ungarn, Frankreich, Wien 1996

Bürck, Harald, Selbstorganschaft oder Drittorganschaft in OHG und KG?, Kiel 1968

Bureau, Dominique, Administration - Contrats entre les administrateurs et la société, in Juris Classeur, Sociétés 4, Fascicule 130-50, 1999

Bureau, Dominique, Administration - Conditions de nomination des administrateurs, in Juris Classeur, Fascicule 130-20, 1998

Bureau, Dominique, Administration - Conseil d'administration, in Juris Classeur, Sociétés 4, Fascicule 131-10, 2000

Bureau, Dominique, La loi relative aux nouvelles régulations économiques. Asprects de droit des sociétés, in Bulletin Joly Sociétés 2001, 553

Burgard, Jean, L`Age des Diregeants, Rev. Soc. 1971, 137

Burgess, Robert/Morse, Geoffrey, Partnership Law and Practice in England and Scotland, London 1980

Cathelineau, Anne, Assemblées d'actionnaires - Assemblées générales extraordinaires. Pouvoirs. Principe d'omnipotence, in Juris Classeur, Sociétés 5, Fascicule 140-20, 1999

Caussain, Jean-Jacques, Conseil de surveillance, in Juris Classeur, Sociétés 4, Fascicule 133-60, 2002

Caussain, Jean-Jacques, Directoire, in Juris Classeur, Sociétés 4, Fascicule 133-50, 2002

Centrale für GmbH, GmbH-Handbuch: Gesellschaftsrecht, Rechnungswesen, Steuerrecht, Arbeits- und Sozialversicherungsrecht, Verträge und Formulare, Loseblatt-Ausgabe, Teil I, Gesellschaftsrecht, 15. Aufl. Köln 1998, 98. Lieferung, April 2002

Chaput, Yves, Objet social, in Encyclopédie Juridique Dalloz, Répertoire des sociétés, Tome IV, Januar 1992

Chaput, Yves, Droit des sociétés, Paris 1993

Charlesworth & Morse, siehe *Morse*

Chartier, Yves, Droit des affaires 2, Sociétés commerciales, Paris 1985

Chartier, Yves, La gestion et le controle des sociétés anonymes dans la jurisprudence, Paris 1978

Chartier, Yves/Mestre, Jacques, Les grandes décisions de la jurisprudence: Les sociétés, Paris 1988

Chaussade-Klein, Bernadette, Gesellschaftsrecht in Frankreich: Eine Einführung mit vergleichenden Tabellen, 2. Aufl. München 1998

Cheffins, Brian R., Company Law: Theory, Structure, and Operation, Oxford 1997

Cheshire, Fifoot & Furmston, siehe *Furmston*

Chitty, Joseph, siehe *Beale*

Christie, Michael, The directors' fiduciary duty not to compete, in (1992) 55 MLR 506

Couret, Alain, La loi sur les nouvelles régulations économiques - La régulation du pouvoir dans l'entreprise, in JCP G 2001 I 339

Couret, Alain, Le nouveau droit des sociétés, Synthése de la Journée d'etudes du 4 octobre 2001, in Le Dalloz 2001, 2027

Cozian, Maurice/Viandier, Alain/Deboissy, Fl., Droit des sociétés, 15. Édition, Paris 2002

Daigre, Jean-Jacques/Roussille, Myriam, Entreprise unipersonnelle à responsabilité limitée, in Juris Classeur, Sociétés 4, Fascicule 82-10, 2000

Delebecque, Philippe, Conseil d'administration, in Encyclopédie Juridiques Dalloz, Répertoire des sociétés, Tome II, Auguste 1996

Dereu, Yves, Société en nom collectif - Responsabilité du gérant, in Juris Classeur, Sociétés 3, Fascicule 55-30, 1997

Dereu, Yves, Sociétés en nom collectif - Gérance, Naissance des engagements sociaux, in Juris Classeur, Sociétés 3, Fascicule 55-20, 1998

Dereu, Yves/Zaboussova, Ekatarina, Société en nom collectif - Gérance, Nomination des gérants. Statut. Cessation des fonctions, in Juris Classeur, Sociétés 3, Fascicule 55-10, 2001

Deutler, Karl.-F., Änderungen des GmbH-Gesetzes und anderer handelsrechtlicher Vorschriften durch die GmbH-Novelle 1980, in GmbHR 1980, 145

Didier, Paul, Droit commercial, Tome 2, L'entreprise en société, 2. Édition, Paris 1997

Dine, Janet, Disqualification of directors, in (1991) 12 Co Law 6

Dine, Janet, Company Law, 3. Edition, 1998

Dorresteijn, Adriaan/Kuiper, Ina/Morse, Geoffrey, European Corporate Law, Deventer, Boston 1994

Dose, Stefan, Die Rechtsstellung der Vorstandsmitglieder einer Aktiengesellschaft, 3. Aufl., Köln 1974

Drake, Charles D., Law of Partnership, 2. Edition, London 1977

Ebenroth, Carsten Thomas/Boujong, Karlheinz/Joost, Detlev, Handelsgesetzbuch, Band 1, §§ 1 - 342 a, München 2001

Edwards, Vanessa, Ultra vires and directors' authority - an EC perspective, in (1995) 16 Co Law 202

Edwards, Vanessa, EC Company Law, Oxford 1999

Einmahl, Jürgen, Die erste gesellschaftsrechtliche Richtlinie des Rates der europäischen Gemeinschaften und ihre Bedeutung für das deutsche Aktienrecht, in AG 1969, 167

Einmahl, Matthias, Die Verantwortlichkeit der Mitglieder von Geschäftsführungs- und Aufsichtsorganen im Innenverhältnis, Eine vergleichende Studie des Gesellschaftsrechts Deutschlands, Frankreichs und Englands zur Herausarbeitung gemeineuropäischer Prinzipien (im Erscheinen)

Eisenhardt, Ulrich, Gesellschaftsrecht, 10. Aufl., München 2002

Ekkenga, Jens, Insichgeschäfte geschäftsführender Organe im Aktien- und GmbH-Recht unter besonderer Berücksichtigung der Einmann-Gesellschaft, in AG 1985, 40

Emde, Raimond, Die Klage der Kommanditisten auf Rücknahme kompetenzwidrig vorgenommener Geschäftsführungsmaßnahmen, in WM 1996, 1205

Erman, Walter, Bürgerliches Gesetzbuch: Handkommentar mit AGBG, EGBGB, ErbbauVO, HausratsVO, HausTWG, ProdHaftG, SachenRGerG, SchuldRAnpG, VerbrKrG, Hrsg. Westermann, Harm Peter, 10. Aufl., Köln 2000

Fabricius, Fritz, Relativität der Rechtsfähigkeit - Ein Beitrag zur Theorie und Praxis des privaten Personenrechts, München, Berlin 1963

Farrar, John H./Hannigan, BM., Farrar's Company Law, 4. Edition, London, Edingburgh, Dublin 1998

Ferid, Murad/Sonnenberger, Hans Jürgen, Das Französische Zivilrecht, Band 1/1, Erster Teil: Allgemeine Lehren des Französischen Zivilrechts: Einführung und Allgemeiner Teil des Zivilrechts, 2. Aufl., Heidelberg 1994

Ferran, Eilís, The Reform of the Law on Corporate Capacity and Directors' and Officers' Authority: Part I and II, in (1992) 13 Co Law 124, 177

Ferran, Eilís, Company Law and Corporate Finance, Oxford 1999

Fischer-Zernin, Cornelius, Der Rechtsangleichungserfolg der Ersten gesellschaftsrechtlichen Richtlinie der EWG, Tübingen 1986

Fleischer, Holger, Zum Grundsatz der Gesamtverantwortung im Aktienrecht, in NZG 2003, 449

Flume, Werner, Allgemeiner Teil des Bürgerlichen Rechts, Erster Band, Zweiter Teil, Die juristische Person, Berlin, Heidelberg, New York, Tokyo 1983

Frank, Susanne/Wachter, Thomas, Frankreich: Neuere Entwicklungen im französischen GmbH-Recht, in RIW 2002, 11

Fridman, G.H.L., The Law of Agency, 7. Edition, London u.a. 1996

Furmston, Michael P., Cheshire, Fifoot & Furmston's Law of Contract, 13. Edition, London, Edinburgh, Dublin 1996

Gaillard, Emmanuel, Le pouvoir en droit privé, Paris 1985

Geens, Koen (editor), International Encyclopaedia of Laws, Corporations and Partnerships, General Editor Blanpain, Roger, Looseleaf Service, Volume 4, United Kingdom by Ben Pettet, The Hague, London, Boston 1991, Suppl. 26 (August 1999)

Geßler, Ernst, Einberufung und ungeschriebene Hauptversammlungszuständigkeiten, in Festschrift für Walter Stimpel zum 68. Geburtstag, Berlin New York 1985

Geßler, Jörg H., Aktiengesetz Kommentar mit dem „Dritten Buch des HGB" (§§ 238 - 335 HGB), Umwandlungsgesetz, Europäische Betriebsräte-Gesetz, RechKredV, RechVersV, Vermögensgesetz n.F., Vermögenszuordnungsgesetz u.a., - unter Berücksichtigung des Euro-Einführungsgesetzes -, Loseblatt-Ausgabe, 1. Aufl., Bonn, 29. Lieferung, Dezember 1999

Gibirila, Deen, Société - Dispositions générales. Hypothèque consentie par la société, in Juris Classeur, Civil, Art. 1832 à 1844-17, Fascicule 50, 2001

Giefers, Hans-Werner/Ott, Hans, Die Gesellschaft bürgerlichen Rechts: Umfassende Erläuterungen, Beispiele und Musterformulare für die Rechtspraxis, 4. Aufl., Freiburg, Berlin, München, Zürich 2000

Gierke, Otto von, Die Genossenschaftstheorie und die Deutsche Rechtsprechung, Berlin 1887

Giesen, Hans-Michael, Organhandeln und Interessenkonflikt - Vergleichende Untersuchung zum deutschen und französischen Aktienrecht -, Berlin 1984

Glasenapp, Wulf, Verletzung der Geschäftsführungsbefugnisse eines Gesellschafters der Personengesellschaft, München 1970

Glass, David S., „Ultra Vires" - the saga continues!, in (1990) 11 Co Law 138

GmbH-Handbuch, siehe *Centrale für GmbH*

Goldberg, G.D., Article 80 of Table A of the Companies Act 1948, in 33 MLR 177 (1970)

Goldstein, Christian, Le statut du gerant de société à responsabilite limitée au regard du droit fiscal et de la securite sociale, Strasbourg 1976

Gore-Browne, siehe *Boyle/Potts/Sealy*

Götz, Heinrich, Die Sicherung der Rechte der Aktionäre der Konzernobergesellschaft bei Konzernbildung und Konzernleitung - zugleich auch eine Besprechung der „Holzmüller"-Entscheidung des Bundesgerichtshofes, in AG 1984, 85

Gower, Laurence C.B., Gower's Principles of Modern Company Law, by Paul L. Davies, with a contribution from D.D. Prentice, 6. Edition, London 1997

Grier, Nicholas, UK Company Law, Chichester 1998

Griffin, Stephen, Company Law, Fundamental principles, 3. Edition, London 2000

Groß, Volker, Das Anstellungsverhältnis des GmbH-Geschäftsführers im Zivil-, Arbeits-, Sozialversicherungs- und Steuerrecht: Statusbeurteilung im Spannungsfeld von Sozialschutznormen und Gesellschaftsrecht, Köln 1987

Großfeld, Bernhard, Kernfragen der Rechtsvergleichung, Tübingen 1996

Großkommentar, Aktiengesetz, Erster Band, 1. Halbband, §§ 1 - 75 und 2. Halbband, §§ 76 - 147, 3. Aufl., Berlin, New York 1973

Grunewald, Barbara, Rechtsschutz gegen fehlerhafte Maßnahmen der Geschäftsführung, in DB 1981, 407

Guigou, Hubert, L`unification des sociétés civiles et commerciales vers un droit commun? Gestion et controle, in RTD com. (36) 1983, 525

Güthoff, Julia, Gesellschaftsrecht in Großbritannien: Eine Einführung mit vergleichenden Tabellen, 1. Aufl., München 1993

Guyon, Ives, Droit des Affaires, Tome 1, Droit commercial général et Sociétés, 10. Édition, Paris 1998

Guyon, Ives/Bars, Benoit le, Administration - Responsabilité civile des administrateurs, in Juris Classeur, Sociétés 4, Fascicule 132-10, 2002

Guyon, Yves/Dion, Nathalie, Personnalité morale des sociétés - Effets, in Juris Classeur, Sociétés 1, Fascicule 28-15, 1997

Habersack, Mathias, Die Haftungsverfassung der Gesellschaft bürgerlichen Rechts - Doppelverpflichtung oder Akzessorietät, in JuS 1993, 1

Hachenburg, Max, Gesetz betreffend die Gesellschaften mit beschränkter Haftung (GmbHG), Großkommentar, Zweiter Band §§ 35 - 52, 8. Aufl. Berlin, New York 1997

Hadding, Walther, Zur Rechtsfähigkeit und Parteifähigkeit der (Außen-) Gesellschaft bürgerlichen Rechts sowie zur Haftung ihrer Gesellschafter für Gesellschaftsverbindlichkeiten, Zugleich Besprechung des Urteils BGH WM 2001, 408, in ZGR 2001, 712

Hadding, Walther, Zur Einzelklagebefugnis des Gesellschafters einer Personengesellschaft, in JZ 1975, 159

Hager, Johannes, Das Handelsregister, in Jura 1992, 57

Halsbury, siehe *Lord Hailsham of St Marylebone*

Hamel, Joseph/Lagarde, Gaston/Jauffret, Alfred, Droit commercial, Tome I, 2. Volume, 2. Édition, Paris 1980

Handkommentar, Bürgerliches Gesetzbuch, von Heinrich Dörner, Ida Ebert, Jörn Eckert, Thomas Hoeren, Rainer Kemper, Reiner Schulze, Ansgar Staudinger, Baden-Baden 2001, zitiert: Hk-BGB/Bearbeiter

Hannigan, Brenda M., The Reform of the Ultra Vires Rule, in [1987] JBL 173

Hansen, Herbert, Die GmbH als weiterhin umsatzstärkste Rechtsform, Anzahl der GmbH beträgt Ende 2001 ca. 850000, in GmbHR 2002, 148

Happ, Wilhelm, Aktienrecht: Handbuch - Mustertexte - Kommentar, Köln, Berlin, Bonn, München 1995

Hartlieb, Gerd Walter, Die Haftung des „Directors" einer englischen Kapitalgesellschaft, des Vorstandsmitgliedes einer AG sowie des GmbH-Geschäftsführers nach deutschem Recht, Eine rechtsvergleichende Betrachtung, Berlin 1987

Heidelberger Kommentar, Zum Handelsgesetzbuch: Handelsrecht, Bilanzrecht, Steuerrecht - Kommentar zum Handelsgesetzbuch mit den Rechnungslegungsvorschriften nach dem Bilanzrichtlinien-Gesetz und den Steuern der kaufmännischen Personenunternehmen, von Peter Glanegger, Georg Güroff, Stefan Küsterer, Jochen Niedner, Monika Peuker, Werner Ruß, Johannes Selder und Ulrich Stuhlfelner, 5. Aufl., Heidelberg 1999

Hémard, Jean, Société à responsabilité limitéé (S.A.R.L.), in Encyclopédie Juridique Dalloz, Répertoire des sociétés, Tome V, Avril 1985

Hémard, Jean/Terré, Francois/Mabilat, Pierre, La douzième réforme du droit des sociétés commerciales, in Rev. Soc. 1970, 197

Hémard, Jean/Terré, Francois/Mabilat, Pierre, Sociétés commerciales, Tome Premier, Paris 1972

Henn, Günter, Handbuch des Aktienrechts, 7. Aufl., Heidelberg 2002

Henrich, Dieter, Einführung in das englische Privatrecht, 3. Aufl., Heidelberg 2003

Henze, Hartwig, Aktienrecht - Höchstrichterliche Rechtsprechung, 5. Aufl., Köln 2002

Henze, Hartwig, Handbuch zum GmbH-Recht: Höchstrichterliche Rechtsprechung, 2. Aufl., Köln 1997

Herrmann, Gerald, Ver.di - Stellungnahme zum Umbau der Konzernführung der Deutsche Bank AG, in BKR 2002, 193

Hess, Klaus-Peter, Der „ultra-vires"-Grundsatz im britischen Gesellschaftsrecht, in RIW 1992, 638

Heymann, Ernst, Handelsgesetzbuch (ohne Seerecht) hrsg. von Norbert Horn, bearbeitet von Klaus Peter Berger, Volker Emmerich, Martin Heussler, Harald Herrmann, Norbert Horn, Harro Otto, Jürgen Sonnenschein, Rainer Walz, Birgit Weitemeyer, Band 2, Zweites Buch, §§ 105 - 237, 2. Aufl., Berlin, New York 1996

Hitchens, Lesley, Directorships - How many is too many? in The Company Financial and Insolvency Law Review 2000, 359

Hofer, Rudolf, Die externe Haftung der englischen „Partnership", Mit einer allgemeinen Einführung in das englische Recht und das Recht der englischen Handelsgesellschaften, Zürich 1922

Hoffmann, Dietrich/Liebs, Rüdiger, Der GmbH-Geschäftsführer: Handbuch für die Praxis des Unternehmers und Managers, 2. Aufl., München 2000

Hoffmann-Becking, Michael, Zur rechtlichen Organisation der Zusammenarbeit im Vorstand der AG, in ZGR 1998, 497

Hohlfeld, Matthias, Der Notgeschäftsführer der GmbH, in GmbHR 1986, 181

Hohloch, Gerhard, EU-Handbuch Gesellschaftsrecht, Loseblatt-Ausgabe, Herne, Berlin 1997

Hommelhoff, Peter, Unternehmensführung in der mitbestimmten GmbH, in ZGR 1978, 119

Hommelhoff, Peter, Satzungsmäßige Eignungsvoraussetzungen für Vorstandsmitglieder einer Aktiengesellschaft, in BB 1977, 322

Hommelhoff, Peter, Die deutsche GmbH im System der Kapitalgesellschaften, in Günter H. Roth, Das System der Kapitalgesellschaften im Umbruch - ein internationaler Vergleich; GmbH, AG und entsprechende Gesellschaftsformen in Deutschland, Frankreich, Großbritannien, Italien, Japan, Kanada, Österreich, der Schweiz, den USA und im Recht der EG, Köln 1990, S. 26

Hopt, Klaus J., Company Law in the European Union: Harmonisation and/or Subsidiarity?, in (1999) International and Comparative Corporate Law Journal, Vol. 1, Issue 1, page 42

Hopt, Klaus J., Gemeinsame Grundsätze der Corporate Governance in Europa? Überlegungen zum Einfluß der Wertpapiermärkte auf Unternehmen und ihre Regulierung und zum Zusammenwachsen von common law und civil law im Gesellschafts- und Kapitalmarktrecht, in ZGR 2000, 784

Horst, Karl-Heinz, Geschäftsführung, Vertretung und Beschlußfassung bei Personenhandeslgesellschaften: Eine empirische Untersuchung der Vertragspraxis, Frankfurt am Main, Bern 1981

Houin, R., Sociétés par action, in RTD com. (22) 1969, 999

Howell, Claire, Section 35 A of the Companies Act 1985 and an inquorate board: one won`t do, in Co Law 2002, 96

Huber, Ulrich, Das Auskunftsrecht des Kommanditisten, in ZGR 1982, 537

Hübner, Ulrich/Constantinesco, Vlad, Einführung in das französische Recht, 3. Aufl., München 1994

Hubrecht, Georges/Couret, Alain/Barbiéri, Jean-Jacques, Droit commercial, 11. Édition, Paris 1988

Hueck, Alfred, Das Recht der offenen Handelsgesellschaft, 4. Aufl., Berlin, New York 1971

Hüffer, Uwe, Gesellschaftsrecht, 6. Aufl., München 2003

Hüffer, Uwe, Aktiengesetz, 5. Aufl., München 2002

Hüffer, Uwe, Der Aufsichtsrat in der Publikumsgesellschaft - Pflichten und Verantwortlichkeit der Aufsichtsratsmitglieder, in ZGR 1980, 348

Jaeger, Georg, Der Anstellungsvertrag des GmbH-Geschäftsführers, 2. Aufl. München 1992

Jagenburg, Walter, Geschäftsführung, Geschäftsführungsbefugnis und die Folgen ihrer Überschreitung im Recht der Personengesellschaften Düsseldorf 1969

Jauernig, Othmar, Bürgerliches Gesetzbuch. Mit Gesetz zur Regelung des Rechts der Allgemeinen Geschäftsbedingungen, Herausgegeben von Othmar Jauernig, erläutert von Christian Berger, Othmar Jauernig, Peter Schlechtriem, Rolf Stürner, Arndt Teichmann, Max Vollkommer, 10. Aufl., München 2003

Jauffret, Alfred/Mestre, Jacques, Droit commercial, 22. Édition, Paris 1995

Jeantin, Michel, Droit des sociétés, 2. Édition, Paris 1992

Juglart, Michel de/Ippolito, Benjamin, Les sociétés commerciales, Cours de droit commercial, 2. Volume, 10. Édition, par Jacques Dupichot, Paris 1999

Keenan, Denis, Smith & Keenan's Company Law for Students, 10. Edition, London 1996

Keenan, Denis/Riches, Sarah, Business Law, 6. Edition, London 2002

Kelly, David/Holmes, Ann, Business Law, 3. Edition, London, Sydney 2000

Kessler, Manfred H., Die Leitungsmacht des Vorstandes einer Aktiengesellschaft: -Der Versuch der Integratioön eines ökonomietheoretischen Konzeptes in die Verbandsrechtsordnung zur Auflösung organspezifischer Kompetenzkonflikte-, Tübingen 1991

Kisker, Arnd, Die Struktur der deutschen GmbH im Vergleich zur Struktur der englischen Private Limited Company, Münster 1992

Klasen, Mathias, Zu den Grundlagen und zur Begrenzung der Haftung im Hinblick auf den OHG- und KG-Gesellschafter sowie den GmbH-Geschäftsführer, Regensburg 2000

Klunzinger, Eugen, Grundzüge des Gesellschaftsrechts, 12. Aufl., München 2002

Kölner Kommentar zum Aktiengesetz, Band 2 §§ 76 - 117 AktG und Mitbestimmung im Aufsichtsrat, 2. Aufl., Köln, Berlin, Bonn, München 1996, Hrsg. Wolfgang Zöllner

Konzen, Horst, Geschäftsführung, Weisungsrecht und Verantwortlichkeit in der GmbH und GmbH & Co KG, in NJW 1989, 2977

Kraft, Alfons/Kreutz, Peter, Gesellschaftsrecht, 11. Aufl., Neuwied 2000

Krage, Wolfgang, Der geschäftsführende Gesellschafter der oHG als Adressat weisunggebender Beschlüsse, Göttingen 1975

Krüger, Dirk, Zweckmäßige Wahl der Unternehmensform: Eine synoptische Darstellung des Handels-, Gesellschafts- und Steuerrechts für die GbR, EWIV, OHG, KG, Unterbeteiligung, Stille Gesellschaft, GmbH,

KGaA, GmbH & Co. KG und die Betriebsaufspaltung; Konzernrecht, Umwandlung- und Umwandlungsteuerrecht, 5. Aufl., Bonn 1992

Kruse, Hans-Stefan, Die Vertretung bei der Offenen Handelsgesellschaft des Deutschen und der Société en nom collectif des Französischen Rechts, Berlin 1971

Kübler, Friedrich, Gesellschaftsrecht: Die privatrechtlichen Ordnungsstrukturen und Regelungsprobleme von Verbänden und Unternehmen; ein Lehrbuch, 5. Aufl., Heidelberg 1998

Kucera, Stefan, Die arbeitsrechtliche Stellung des Vorstandsmitgliedes einer kleinen Aktiengesellschaft, Münster 1998

Lang, Volker/Fraenkel, Hans Christian, Die Gesellschaft bürgerlichen Rechts, - Eine Betrachtung zum Stand der Rechtsprechung unter besonderer Berücksichtigung der Sichtweise der Kreditwirtschaft -, in WM 2002, 260

Larenz, Karl, Lehrbuch des Schuldrechts, Band II, Besonderer Teil, 12. Aufl., München 1981

Larenz, Karl/Wolf, Manfred, Allgemeiner Teil des Bürgerlichen Rechts, 8. Aufl., München 1997

Le Cannu, Paul, Les conventions réglementées après la loi no 2001-420 du 15 mai 2001, in Bulletin Joly Sociétés 2001, 720

Leblond, Jean, Des incompatibilités existant entre le mandat d'administrateur et certaines fonctions ou professions, in Journal des Sociétés 1960, 257

Lecompte, Henri, La société anonyme avec directoire, in Journal des Sociétés 1968, 84

Lefebvre, Francis, Memento pratique des sociétés commerciales, Paris 1972

Legeais, Dominique, Droit commercial, 11. Édition, Paris 1997

Lemeunier, Francis, Société Anonyme: Constitution - Gestion, 16. Édition Paris 1994

Lenze, Jürgen, Amtsniederlegung durch das Vorstandsmitglied einer Aktiengesellschaft, Münster 1982

Lietzmann, Heinrich, Die Vertretungsmacht gegenüber Dritten im Schnittpunkt der geplanten europäischen Aktiengesellschaft, in AG 1961, 125

Lindacher, Walter F., Grundfälle zur Haftung bei Personengesellschaften, in JuS 1981, 431

Lindley, siehe *Banks*

Loose, Peter/Giffiths, Michael/Impey, David, The Company Director: Powers and Duties, 8. Edition, Bristol 2002

Lord Hailsham of St. Marylebone, Halsbury's Laws of England, 4. Edition 1996 Reissue, Vol. 7 (I), Companies, London 1996

Lord Hailsham of St. Marylebone, Halsbury's Laws of England, 4. Edition 1994 Reissue, Vol. 35, Partnership to Personal Property, London 1994

Lüdtke-Handjery, Christian, Die „Ermächtigung" eines gesamtvertretungsberechtigten OHG-Gesellschafters zum Alleinhandeln, in DB 1972, 565

Lutter, Marcus, Organzuständigkeit im Konzern, in Festschrift für Walter Stimpel zum 68. Geburtstag, Berlin New York 1985

Lutter, Marcus, Die erste Angleichungs-Richtlinie zu Art. 4 Abs. 3 lit. g) EWGV und ihre Bedeutung für das geltende deutsche Unternehmensrecht, in Europarecht 1969, 1

Lutter, Marcus, Das neue französische Gesellschaftsrecht, in NJW 1967, 1153

Lutter, Marcus/Hommelhoff, Peter, GmbH-Gesetz, Kommentar, 15. Aufl. Köln 2000

Lutter, Marcus/Pfrommer, Harald, Die rechtliche Stellung des Geschäftsführers in den GmbH-Rechten der EWG-Länder, in GmbHR 1966, 201

Mack, Martin, Der Gleichlauf von Geschäftsführungsbefugnis und Vertretungsmacht, Frankfurt am Main, Berlin, Bern, New York, Paris, Wien 1998

MacKenzie, Judith-Anne, „Who Controls the Company?" - the Interpretation of Table A, in Co Law 1983, 99

Maier-Bridou, Arno, Die GmbH in Frankreich, in: Die GmbH-Rechte in den EG-Staaten, Hrsg. Centrale für GmbH, S. 77, Köln 1993

Mansuy, Francine, Assemblées d'actionnaires (1) - Assemblées générales ordinaires. Tenue et pouvoirs, in Juris Classeur, Sociétés 5, Fascicule 136-40, 1998

Martens, Klaus-Peter, Der Grundsatz gemeinsamer Vorstandsverantwortung, in Festschrift für Hans-Joachim Fleck, herausgegeben von Reinhard Goerdeler, Peter Hommelhoff, Marcus Lutter, Herbert Wiedemann, Berlin, New York 1988

Martin, Didier, Les pouvoirs des gérants de sociétés de personnes, RTD com. (26) 1983, 185

Maw, Nigel Graham/Horsell, Lord Lane of/Craig-Cooper, Sir Michael, Maw on Corporate Governance, Aldershot 1994

Mayson, Stephen W./French, Derek/Ryan, Christopher, Mayson, French & Ryan on Company Law, 18. Edition, London 2001 - 2002

Mercadal, Barhélémy/Janin, Philippe, La société civile nouveau régime, Paris 1978

Merle, Philippe, Droit commercial: Sociétés commerciales, 8. Édition, Paris 2001

Micha-Goudet, R., Objet social - Influence sur les pouvoirs des dirigeants, in Juris Classeur, Sociétés 1, Fascicule 9-20, 1999

Micha-Goudet, R., Objet Social - Notion et influence sur la condititon juridique de la société, in Juris Classeur, Sociétés 1, Fascicule 9-10, 1999

Michalski, Lutz, Heymanns Taschenkommentare, OHG-Recht, Kommentar zum Recht der offenen Handelsgesellschaften, §§ 105 - 160 HGB, Köln, Berlin, Bonn, München 2000

Mildenberger, Martin, Der Geschäftsführervertrag - Eine Untersuchung des Verhältnisses von Organstellung und Anstellung des GmbH-Geschäftsführers unter besonderer Berücksichtigung der historischen Grundlage, Tübingen 2000

Miller, James Bennett, The Law of Partnership in Scotland, 2. Edition, edited by Gordon H. Brough, Edinburgh 1994

Milman, David/Flanagan, Terence, Modern Partnership Law, London 1983

Morse, Geoffrey, Charlesworth & Morse, Company Law, 16. Edition, London 1999

Mülbert, Peter O., Aktiengesellschaft, Unternehmensgruppe und Kapitalmarkt - Die Aktionärsrechte bei Bildung und Umbildung einer Unternehmensgruppe zwischen Verbands- und Anlegerschutz, 2. Aufl. München 1996

Mülbert, Peter O., Die rechtsfähige Personengesellschaft, in AcP 199 (1999), 38

Müller, Welf/Hoffmann, Wolf-Dieter, Beck´sches Handbuch der Personengesellschaften: Gesellschaftsrecht - Steuerrecht, München 1999

Müller, Welf/Hense, Burkhard, Beck´sches Handbuch der GmbH: Gesellschaftsrecht - Steuerrecht, 2. Aufl., München 1999

Münchener Kommentar, Bürgerliches Gesetzbuch, Band 5, Schuldrecht Besonderer Teil III, §§ 705 - 853, 3. Aufl., München 1997

Neuling, Jasper, Deutsche GmbH und englische private company: Monismus oder Dualismus im System des Kapitalgesellschaftsrechts, Köln, Berlin, Bonn, Münschen 1997

Nirk, Rudolf/Reuter, Hans-Peter/Bächle, Hans-Ulrich, Handbuch der Aktiengesellschaft: Gesellschaftsrecht - Steuerrecht - Arbeitsrecht, Loseblatt-Ausgabe, 3. Aufl. Köln 1994, 30. Lieferung Februar 1999

Oldenburg, Werner, Fremdgeschäftsführung und -vertretung in den Personengesellschaften, Göttingen 1973

Oliver, Mary C./Marshall, Enid A., Company Law, 12. Edition, London 1994

Omar, Paul J., France, Company law reform: the economic imperative, in Co Law 2000, 30

Ommeslaghe, Pierre van, La premiere directive du conseil du 9 mars 1968 en matiere de societes, in Cahiers de droit européen 1969, 619
Oppetit, Bruno, Le représentant permanent d'une personne morale administrateur d'une société anonyme, in J.C.P. 1969 I 2227
Oppetit, Bruno/Sayag, Alain, Les structures juridiques de l'entreprise, 3. Èdition 1982

Palandt, Otto, Bürgerliches Gesetzbuch, 62. Aufl., München 2003
Palmer, siehe *Schmitthoff*
Partnership Law, A Joint Consultation Paper, The Law Commission Consultation Paper No. 159, The Scottisch Law Commission Discussion Paper No. 111, London: The Stationery Office, London, Edinburgh 2000
Pennington, Robert R., Reform of the Ultra Vires Rule, in (1987) 8 Co Law 103
Pennington, Robert R., Company Law, 8. Edition, London, Dublin and Edinburgh 2001
Pennington, Robert R., Directors' Personal Liability, London 1987
Pétel, Philippe, Représentation, in Encyclopédie Juridique Dalloz, Répertoire de droit civil, Tome IX, August 1993
Petit, Bruno, Cumul d'un contrat de travail et d'un mandat social, in Encyclopédie Juridique Dalloz, Répertoire des sociétés, Tome II, 1995
Phipson, Sidney L./Howard, M.N., Phipson on Evidence, 15. Edition, London 2000
Plaisant, Robert/Delaisi, P., Directoire et conseil de surveillance, in Encyclopédie Juridique Dalloz, Répertoire des sociétés, Tome II, 1970
Pollock, Frederick/Gower, L.C.B., Pollock on the Law of partnership, Fifteenth Edition, London 1952
Poole, Jill, Abolition of the Ultra Vires Doctrine and Agency Problems, in (1991) 12 Co Law 43
Prentice, D.D., Some Asprects of the Corporate Governance Debate, in D.D. Prentice and P.R.J. Holland, Contemporary Issues in Corporate Governance, Oxford 1993, S. 25
Prime, Terence/Scanlan, Gary, The Law of Private Limited Companies, London, Dublin, Edinburgh, 1996
Prime, Terence/Scanlan, Gary, The Law of Partnership, London, Dublin, Edinburgh 1995

Raiser, Thomas, Recht der Kapitalgesellschaften: Ein Handbuch für Praxis und Wissenschaft, Aktiengesellschaft, Kommanditgesellschaft auf Aktien, Gesellschaft mit beschränkter Haftung, Kapitalgesellschaft &

Co., Umwandlungsrecht, Konzernrecht, Internationales Gesellschaftsrecht, unter Mitwirkung von Rüdiger Veil, 3. Aufl. München 2001
Raiser, Thomas, Mitbestimmungsgesetz, 3. Aufl., Berlin, New York 1998
Rajak, Harry, Gestaltungsfreiheit im Gesellschaftsrecht des Vereinigten Königreichs, in ZGR, Sonderheft 13, Gestaltungsfreiheit im Gesellschaftsrecht, 1998, 187
Reinert, Uwe, Unechte Gesamtvertretung und unechte Gesamtprokura im Recht der Aktiengesellschaft, München 1990
Reinhart, Rudolf/Schultz, Dietrich, Gesellschaftsrecht: ein Lehrbuch, 2. Aufl., Tübingen 1981
Rémond, Martine, La Révocation du Gérant selon l´Article 18 de la Loi du 24 Juillet 1966, Rev. Soc. 1972, 421
Reynolds, Francis M.B., Bowstead and Reynolds on Agency, 16. Edition, London 1996
Rheinstein, Max, Einführung in die Rechtsvergleichung, 2. Aufl. München 1987
Ring, Viktor/Schachian, Herbert, Die Praxis der Aktiengesellschaft, Berlin, Leipzig 1929
Ripert, Georges/Roblot, R., Traité de droit commercial, Tome 1 - Volume 2: Les sociétés commerciales, Bearbeitet von Michel Germain, 18. Èdition, Paris 2002
Rittner, Fritz, Zur Verantwortung des Vorstandes nach § 76 Abs. 1 AktG 1965, in Festschrift für Ernst Gessler, herausgegeben von Kurt Ballerstedt und Wolfgang Hefermehl, München 1971
Roth, Günter H., Handels- und Gesellschaftsrecht, Das Recht des kaufmännischen Unternehmens, 6. Aufl., München 2001
Roth, Günter H./Altmeppen, Holger, Gesetz betreffend die Gesellschaften mit beschränkter Haftung (GmbHG), 4. Aufl., München 2003
Rowedder, Heinz, Gesetz betreffend die Gesellschaft mit beschränkter Haftung (GmbHG), Kommentar, 4. Aufl., München 2000
Ryan, Christopher, Company Directors: Liabilities, Rights and Duties, 3. Edition, London 1990

Säcker, Franz Jürgen, Die Anpassung der Satzung der Aktiengesellschaft an das Mitbestimmungsgesetz, in DB 1977, 1791
Saintourens, Bernard, Société civile, in Encyclopédie Juridique Dalloz, Répertoire Civil, Tome IX, Mars 1997
Saintourens, Bernard, L`Entreprise en Société à Responsabilité Limitée, Paris 1994

Sarrut, Jean/Moricand-Sarrut, Lise (Fondateurs), Dirigeants sociaux, Dictionnaire Permanent Droit des Affaires 2, Feuillets 157, 1. November 2000

Sarrut, Jean/Moricand-Sarrut, Lise (Fondateurs), Gérant de société en nom collectif, Dictionnaire Permanent Droit des Affaires 2, Feuillets 157, 1. November 2000

Sayag, Alain, Mandat social et contrat de travail: Attraits, limites et fictions, Rev. Soc./ J. Soc. (99) 1981, 1

Schick, Werner, Anmerkung zu LG Düsseldorf, ZIP 1991, 932 in ZIP 1991, 938

Schiessl, Maximilian, Gesellschafts- und mitbestimmungsrechtliche Probleme der Spartenorganisation (Divisionalisierung), in ZGR 1992, 64

Schlegelberger, Franz, Handelsgesetzbuch: Kommentar erläutert von Ernst Geßler, Wolfgang Hefermehl, Wolfgang Hildebrandt, Georg Schröder, Klaus-Peter Martens, Karsten Schmidt, Band III, 1. Halbband, §§ 105-160, 5. Aufl., München 1992

Schmidt, Karsten, Die BGB-Außengesellschaft: rechts- und parteifähig, Besprechung des Grundlagenurteils II ZR 331/00 vom 29.1.2001, in NJW 2001, 993

Schmidt, Karsten, Ultra-vires-Doktrin: tot oder lebendig? - Bemerkungen zur Organvertretungsmacht, in AcP 184 (1984), 529

Schmidt, Karsten, Gesellschaftsrecht, 4. Aufl., Köln, Berlin, Bonn, München 2002

Schmitthoff, Clive M., Palmer's Company Law, Volume 1, The Treatise, 24. Edition, London, Edinbourgh 1987

Scholz, Franz, Kommentar zum GmbH-Gesetz: mit Anhang Konzernrecht, I Band, §§ 1 - 44 Anh. Konzernrecht, 9. Aufl. Köln 2000

Scholz, Kai-Steffen, Die BGB-Gesellschaft nach dem Grundsatzurteil des BGH vom 29.1.2001, in NZG 2002, 153

Sealy, Leonard S., Cases and Materials in Company Law, 6. Edition, London, Edinburgh, Dublin 1996

Sealy, Leonard S., Disqualification and Personal Liability of Directors, 4. Edition, Bicester 1993

Semler, Johannes, Leitung und Überwachung der Aktiengesellschaft: Die Leitungsaufgabe des Vorstandes und die Überwachungsaufgabe des Aufsichtsrates, 2. Aufl., Köln, Berlin, Bonn, München 1996

Shearman, Jennifer, Die Private Limited Company in England und Wales, in: Die GmbH-Rechte in den EG-Staaten, Hrsg. Centrale für GmbH, S. 49, Köln 1993

Siegmund, Iris/van Venrooy, Gerd J., Gesellschaftsrecht: Lehrbuch auf der Grundlage der Rechtsprechung, Baden-Baden 1983

Sinay, Robert, La premiére directive européenne sur les sociétés et la mise en harmonie du droit francais, in Gaz. Pal. 91 (1971) 1 Doctr. S. 146
Smith & Keenan, siehe *Keenan*
Smith & Williamsen Chartered Accountants, Tolley´s Professional partnership Handbook, 3. Edition, Croydon 2000
Soergel, Hans Theodor, Bürgerliches Gesetzbuch: mit Einführungsgesetz und Nebengesetzen, Band 4, Schuldrecht III §§ 705 - 853, 11. Aufl., Stuttgard, Berlin, Köln, Mainz 1985
Sonnenberger, Hans Jürgen/Autexier, Christian, Einführung in das französische Recht, 3. Aufl., Heidelberg 2000
Sonnenberger, Hans-Jürgen, Französisches Handels- und Wirtschaftsrecht, 2. Aufl., Heidelberg 1991
Souleau, Henri, La démission des dirigeants des sociétés comerciales, in RTD com 1972, 21
Spörlein, Peter/Tausend, Hermann, Handbuch für den Geschäftsführer der GmbH: Rechte - Pflichten - Haftung nach Steuerrecht und nach Handels-recht, 16. Aufl., Stuttgart, München, Hannover, Berlin, Weimar, Dresden 1995
Starck, Boris/Roland, Henri/Boyer, Laurent, Obligations, Titre II, Contrat, 5. Èdition Paris 1995
Staudinger, Julius von, J. von Staudingers Kommentar zum Bürgerlichen Gesetzbuch: mit Einführungsgesetz und Nebengesetzen, Zweites Buch, Recht der Schuldverhältnisse, §§ 652 - 740, 12. Aufl., Berlin 1991
Stein, Ursula, § 6 Abs. 2 Satz 2 GmbHG, § 76 Abs. 3 Satz 2 AktG: Verfassungswidrige Berufsverbote? In AG 1987, 165
Stein, Ursula, Konzernherrschaft durch EDV? - Gesellschaftsrechtliche und konzernrechtliche probleme der EDV-Auslagerung auf ein konzernverbundenes Unternehmen, in ZGR 1988, 163
Stein, Ursula, Das faktische Organ, Köln, Berlin, Bonn, München 1984
Steinbeck, Anja, Besicherung von Gesellschafterverbindlichkeiten durch die GmbH - Mißbrauch der Vertretungsmacht durch den Geschäftsführer?, in WM 1999, 885
Stertkamp, Ulrich, Eine rechtsvergleichende Untersuchung zur Stellvertretung ohne Vertretungsmacht im deutschen und französischen Zivilrecht, Frankfurt am Main, Berlin, Bern, New York, Paris, Wien 1999
Stone, Richard, Principles of Contract Law, 4. Edition, London, Sydney 2000
Storck, Michel, Sociétés à responsabilité limitée - Gérance, Organisation, Pouvoirs, in Juris Classeur, Sociétés 4, Fascicule 74-10, 1998
Storck, Michel, Sociétés à responsabilité limitée - Gérance, Cessation des fonctions et responsabilité du gérant, in Juris Classeur, Sociétés 4, Fascicule 74-20, 1998

Sudhoff, Heinrich, Personengesellschaften, 7. Aufl., München 1999
Sudhoff, Heinrich/Sudhoff, Martin, Rechte und Pflichten des Geschäftsführers einer GmbH und einer GmbH & Co., 14. Aufl., Köln 1994
Sullivan, G.R., The relationship between the board of directors and the general meeting in limited companies, 93 LQR 569 (1977)

Teichmann, Arndt, Gestaltungsfreiheit in Gesellschaftsverträgen, München 1970
The Company Law Review Steering Group, Modern Company Law, For a Competitive Economy, Final Report, Volume I and II, 2001
The Company Law Review Steering Group, Modern Company Law, For a Competitive Economy, Developing the Framework, A Consultation Document, March 2000
The Company Law Review Steering Group, Modern Company Law, For a Competitive Economy, Completing the Structure, A Consultation Document, November 2000
Thole, Bernhard, Die geeignete Gesellschaftsform für kleine Unternehmen und Familienbetriebe in England, Berlin 2000
Tiedtke, Klaus, Zur Form der Gestattung von Insichgeschäften des geschäftsführenden Mitgesellschafters einer GmbH, zugleich Besprechung des BFH-Urteils vom 17.9.1992 - I R 89 - 98/91, in GmbHR 1993, 385
Tieves, Johannes, Der Unternehmensgegenstand der Kapitalgesellschaft, Köln 1998
Triebel, Volker/Hodgsen, Stephen/Kellenter, Wolfgang/Müller, Georg, Englisches Handels- und Wirtschaftsrecht, 2. Aufl., Heidelberg 1995

Ulmer, Peter, Die Gesamthandsgesellschaft - ein noch immer unbekanntes Wesen?, in AcP 198 (1998), 113
Ulmer, Peter, Gesellschaft bürgerlichen Rechts und Partnerschaftsgesellschaft: Systematischer Kommentar, 3. Aufl., München 1997
Underhill, Sir Arthur, Underhill´s Principles of the Law of Partnership, 12. Edition, London 1986

Vatinet, Raymonde, Des hypothèses de non-cumul d´un contrat des travail et d´un mandat social, Rev. Soc. (117) 1999, 273
Venandet, Guy, Sociétés à responsabilité limitée - Délibérations des associés, in Juris Classeur, Sociétés 4, Fascicule 75-10, 2001
Venandet, Guy, Classification des sociétés, Sociétés civiles et sociétés commerciales, Juris Classeur, Sociétés 1, Fascicule 20-30, 2002

Viandier, A./Durand-Lepine, Gaetane, Administration - Direction, Directeur général, directeur technique. Comités d'étude et de direction, in Juris Classeur, Sociétés 4, Fascicule 133-20, 2000

Viandier, Alain/Mansuy, Francine, Administration. Direction. „Président-Directeur général", in Juris Classeur, Sociétés 4, Fascicule 133-10, 2001

Vidal, Dominique, Droit des sociétés, Paris 1993

Vogel, Wolfgang, Aktienrecht und Aktienwirklichkeit - Organisation und Aufgabenteilung von Vorstand und Aufsichtsrat - Eine empirische Untersuchung deutscher Aktiengesellschaften, 1. Aufl., Baden-Baden 1980

Vollmer, Lothar, Die mitbestimmte GmbH - Gesetzliches Normalstatut, mitbestimmungsrechtliche Satzungsgestaltungen und gesellschaftsrechtlicher Minderheitenschutz, in ZGR 1979, 135

Vollmer, Lothar, Die Abberufung von Geschäftsführern der mitbestimmten GmbH, in GmbHR 1984, 5

Vuillermet, G./Hureau, G., Droit des sociétés commerciales, Nouvelle Législation, 3. Édition, Paris 1969

Wainman, David, Company Structures, London 1995

Waldner, Wolfram/Wölfel, Erich, GbR, OHG, KG: Gründen - Betreiben - Beenden, 4. Aufl. München 1999

Wander, Jean, Die Organe der Aktiengesellschaft und ihr gegenseitiges Verhältnis nach deutschem, französischem und schweizerischem Recht, Bern 1958

Wareham, Robert/Smailes, David, Tolley's Company Law Handbook 1997, Fourth Edition, Croydon 1997

Wendt, Susanne, Die Kontrolle der Geschäftsführung von Personen- und Kapitalgesellschaften - eine rechtsvergleichende Untersuchung des deutschen, englischen und französischen Rechts - (im Erscheinen)

Werner, Winfried, Anstellung von GmbH-Geschäftsführern nach dem Mitbestimmungsgesetz, in Festschrift für Robert Fischer, Hrsg. von Marcus Lutter, Walter Stimpel, Herbert Wiedemann, Berlin, New York 1979

Werra, Matthias, Zum Stand der Diskussion um die Selbstorganschaft: Die Einflußnahme von Nichtgesellschaftern und Kommanditisten auf die Geschäftsführung und Vertretung von Personengesellschaften, Berlin 1991

Westermann, Harm Peter, Vertragsfreiheit und Typengesetzlichkeit im Recht der Personengesellschaften, Berlin, Heidelberg, New York 1970

Westermann, Harm Peter, Handbuch der Personengesellschaften: Gesellschaftsrecht, Betriebswirtschaft, Unternehmensrechnung, Steuerrecht,

Arbeitsrecht, Sozialversicherungsrecht, Loseblatt-Ausgabe, 4. Aufl., Köln 1994, 25. Lieferung, Juni 1998

Wieland, Karl, Handelsrecht, Erster Band, Das kaufmännische Unternehmen und die Handelsgesellschaften, München, Leipzig 1921

Wilkinson, Jacqueline, Company Law, 2. Aufl., London 2000

Würdinger, Hans, Aktienrecht und das Recht der verbundenen Unternehmen, 4. Aufl., Heidelberg, Karlsruhe 1981

Wyatt, Derrick, The first directive and company law, in (1978) 94 LQR 182

Yavasi, Mahmut, Shareholding and board structures of German and U.K. companies, in Co Law 2000, 47

Zöllner, Wolfgang, GmbH und GmbH & Co. KG in der Mitbestimmung, in ZGR 1977, 319

Zweigert, Konrad/Kötz, Hein, Einführung in die Rechtsvergleichung, 3. Auflage, Tübingen 1996

Europäische Integration
und internationale Wirtschaftsbeziehungen
Rechtswissenschaftliche Studien

Herausgegeben von Peter Behrens

Band 1 Hella Kinder: Die Außenindustriepolitik der Europäischen Gemeinschaft dargestellt am Beispiel von Antidumpingmaßnahmen. 1996.

Band 2 Stefan Flach: Rechtsbindung einer industriepolitischen Instrumentalisierung öffentlicher Aufträge. 1996.

Band 3 Nicolas Baron von Behr: Multinationale Unternehmen und Exportkontrollen. Völkerrechtliche Zulässigkeit und Grenzen extraterritorialer Ausfuhrbeschränkungen. With an English Summary. 1996.

Band 4 Andreas Pense: Die personalistische Eurokapitalgesellschaft als Instrument der Unternehmenskooperation in der EU. Ein Entwurf auf rechtsvergleichender Grundlage. 1997.

Band 5 Marcus Mackensen: Institutionelle Anleger im Unternehmensrecht Deutschlands und der USA. 2000.

Band 6 André Schwanna: Die Gründung von Gesellschaften in Deutschland, Frankreich und Großbritannien. Gemeineuropäische Prinzipien des Gesellschaftsrechts. 2002.

Band 7 Ulfert Frenzel: Die Beurteilung von Forschungs- und Entwicklungskooperationen zwischen Herstellern und Zulieferern in der deutschen Automobilindustrie nach europäischem und deutschem Kartellrecht. 2003.

Band 8 Fabian Stancke: Einstweilige Anordnungen im dezentralen Vollzug des Gemeinschaftsrechts. Einstweilige Anordnungen und die Kohärenz des gemeinschaftlichen Rechtsschutzsystems bei der Anwendung des Gemeinschaftsrechts durch deutsche Verwaltungs- und Zivilgerichte. 2004.

Band 9 Katerina Buchtova: Marktstrukturelle Kriterien bei der kartellrechtlichen Beurteilung vertikaler Bindungen im europäischen und im tschechischen Kartellrecht. 2004.

Band 10 Katja Koch: Handelspräferenzen der Europäischen Gemeinschaft für Entwicklungsländer. Typologie, Konditionierungen, WTO-Konformität. 2004.

Band 11 Julia Richter: Gatekeeper Positionen in der europäischen Fusionskontrolle. Marktabschottungsgefahren bei Zusammenschlüssen im Informations- und Kommunikationssektor. 2004.

Band 12 Ulrike Schmidt-Tiedemann: Geschäftsführung und Vertretung im Gesellschaftsrecht Deutschlands, Frankreichs und Englands. Eine rechtsvergleichende Untersuchung zur Feststellung gemeineuropäischer Prinzipien des Gesellschaftsrechts. 2004.

Band 13 Kerstin Dittmann: Öffnung von Märkten durch kartellrechtlichen Kontrahierungszwang. Eine Analyse von § 20 Abs. 1 GWB und Art. 82 EG unter Berücksichtigung der *essential facilities-doctrine*. 2004.

FSC
www.fsc.org
MIX
Papier | Fördert gute Waldnutzung
FSC® C083411

Kolibri 360 GmbH
Ferdinand-Jühlke-Straße 7
99095 Erfurt, Deutschland
produktsicherheit@kolibri360.de

Druck:
CPI Druckdienstleistungen GmbH
im Auftrag der
Kolibri 360 GmbH
Ferdinand-Jühlke-Str. 7
99095 Erfurt